대원불교
학술총서
02

대원불교
학술총서
02

불교의 무의식

THE BUDDHIST UNCONSCIOUS

• • •

인도불교사상의 맥락에서
알라야식

• • •

윌리엄 왈드론 지음
안성두 옮김

• • •

운주사

발간사

오늘날 인류 사회는 4차 산업혁명을 통해 완전히 새로운 세상을 맞이하고 있습니다. 전통적인 인간관과 세계관이 크게 흔들리면서, 종교계에도 새로운 변혁이 불가피하게 되었습니다. 이런 상황에서 대한불교진흥원은 다음과 같은 취지로 대원불교총서를 발간하려고 합니다.

첫째로, 현대 과학의 발전을 토대로 불교를 현대적으로 재해석할 필요가 있습니다. 불교는 어느 종교보다도 과학과 가장 잘 조화될 수 있는 종교입니다. 이런 평가에 걸맞게 불교를 현대적 용어로 새롭게 이해할 수 있도록 하려고 합니다.

둘째로, 현대 생활에 맞게 불교를 이해할 필요가 있습니다. 불교가 형성되던 시대 상황과 오늘날의 상황은 너무나 많이 변했습니다. 이런 변화된 상황에서 부처님의 가르침을 제대로 이해할 수 있도록 하려고 합니다.

셋째로, 불교의 발전과정을 종합적으로 이해할 필요가 있습니다. 북방불교, 남방불교, 티베트불교, 현대 서구불교 등은 같은 뿌리에서 다른 꽃들을 피웠습니다. 세계화 시대 부응하여 이들 발전을 한데 묶어 불교에 대한 총체적 이해가 가능하도록 하려고 합니다.

대원불교총서는 대한불교진흥원의 장기 프로젝트의 하나로서 두 종류로 출간될 예정입니다. 하나는 대원불교학술총서이고 다른 하나는 대원불교문화총서입니다. 학술총서는 학술성과 대중성 양 측면을 모두 갖추려고 하며, 문화총서는 젊은 세대의 관심과 감각에 맞추려고 합니다.

본 총서 발간이 한국불교 중흥에 조금이나마 기여할 수 있기를 바랍니다.

불기 2566년(서기 2022년) 5월

(재)대한불교진흥원

서언

이 세상에서 우리의 삶은 무수한 방식으로 규정된다. 인간으로서 우리는 말하기 등의 능력들을 갖고 있지만, 날아다니거나 음파탐색과 같은 능력은 없다. 남성이나 여성으로서 우리는 분명한 생물학적, 사회적 조건뿐만 아니라 분명하지 않은 조건들을 상속받는다. 미국인과 중국인, 인도인 또는 러시아인으로서 우리는 태어나면서부터 그것들에 수반되는 모든 행동규범, 인지적 규칙성 그리고 도덕적 명령을 지닌 특정한 세계관 속으로 동화된다. 이 세상에서 우리의 행동들은 우리가 태어나고 자라난 조건들을 창조하는 데 거의 작동하지 못했지만, 그럼에도 그 조건들은 우리의 일상적 경험들의 매개변수들을 강하게 제한하고 있다.

이는 우리의 심心의 능력들에서도 진실이다. 우리의 일상적 지각들의 범위, 전형적인 식욕과 적성의 배열 그리고 심지어 최고의 세속적인 성취를 위한 능력들조차 그것들이 종에 특정한 정도에서 크게 우리가 인간존재로 태어나는 순간 이미 각인되어 있다. 예를 들어 우리 대부분은 태양을 노란색으로 보거나, 또는 상처를 입었을 때 고통을 느끼며, 또 물리적으로 공격받았을 때 두려워하거나 화가 나는지를 선택할 수 없다. 이 모든 것은 우리의 의식적인 선택 없이 또 상대적으로 의식적인 의도에 영향받지 않고 자동적으로 일어난다. 이런 "경험의 무의식적 구조"는 다른 시대와 장소에서 다양한 정도로 그리고 다양한 세련도를 갖고 인식되었다.

이하의 글은 5세기 인도라는 하나의 그런 시대와 장소의 이야기로서, 여기서 알지 못하는 영역에 대한 앎과 그것이 의식적인 자기변화에 대해 제기하는 도전이 매우 특별한 수준으로 발전되었다. 이 알지 못하는 것에 대한 앎을 처음으로 체계적으로 개념화한 인도 유가행파 불교도들은 그 역동성을 설명할 수 있고 또 상당히 상세하게 그 윤곽을 묘사할 수 있다고 느꼈다. 그들은 알라야식(ālaya-vijñāna)이라고 불리는 무의식적 심리과정들의 차원을 전식(pravṛtti-vijñāna)이라고 불리는 의식적인 인지적 앎의 차원과 명백하게 구별했을 뿐 아니라, 또한 무의식적 심의 개념을 지지하는 경험적이고 논리적이며 교의적인 주장들을 정교하게 설했다. 우리는 이하 유가행파를 다루는 본서의 핵심적인 몇몇 장에서 이 주장들을 매우 자세하게 검토할 것이다.

그러나 이 '불교의 무의식'은 허공에서 생겨난 것은 아니다. 이 '알라야'식의 기술과 또 알라야식을 옹호하면서 제시된 그것의 발전과 존재이유를 추동하는 문제의식들은 모두 (약 BCE. 200년에서 CE. 600년에 걸친) 아미달마의 정교한 전통들이라는 특정한 지적, 종교적 배경에서 전개되었다. 그 전통들에 대한 "먼지만큼 건조한"이라는 스콜라주의적인 평판에도 불구하고, 아비달마 전통들은 위대한 지적 활력을 보여준다. 종교적 신념에 의해 추동되고, 요가수행에 의해 내용이 채워지고, 매우 힘들게 체계적 술어로 표현된 아비달마의 분석의 유형은 그 이후에 불교사상과 실천에 지울 수 없는 영향을 미쳤다. 그 전통들은 수행자들이 일상적이고 심지어 비일상적인 인지형태의 근저에 있는 조건들과 제한들을 경험적으로뿐 아니라 지적으로도 명확하게 알게 될 정도로 심과 심리과정들에 대한 철학적 분석을 발전시켰다. 바로 이런 맥락에서 복합적인 알라야식 개념이 발전되었으며, 그것 안에서 이 '불교의 무의식(Buddhist Unconscious)'을 지지하는 복잡하고 서로 뒤섞인 근거들이 가장 잘 이해된다. 이 개념의 근거들은 너무 조밀하고, 너무 많은 교설들을 전제하며, 아비달마 맥락에 외부에서 이해되기에는 지나치게 전문적이다. 따라서 제2장은 이를 발생시키는 기원에 관한 필수불가결한 세부사항들을 제공하는데 전념할 것이다.

아비달마 전통들도 마찬가지로 허공에서 발전된 것은 아니다. 그것들은 다소간 붓다로부터 전승된 교설의 체계화를 대변한다. 초기 교설 중에서 일상의식적인, 대상을 향한 인지적 앎으로서의 식(vijñāna, Pāli: viññāṇa)과 지속하는, 근저에 놓인 근본적 지각의 차원으로서의 식 사이에는 어떤 명시적인 구별은 없었다. 'vijñāna'라는 단일한 용어가 그 함축성을 포괄했다. 그렇지만 이런 구별은 특히 후대 발전의 관점에서 그 교설들의 주의깊은 분석을 통해, 알아차릴 수 있다. 이는 사실상 어떻게 유가행파가 식과 무의식적 심리과정 사이에서 그들의 혁신적인 구별을 후대의 보다 정교한 아비달마의 분석의 관점의 맥락에서 초기 교설을 검토함에 의해 정당화했는지의 문제이다. 우리는 이런 현저한 발자취를 따르고, 특히 식(viññāṇa)의 개념에 초점을 맞추면서 먼저 붓다의 최초의 교설로 향할 것이다. 여기서 식은 '의식'이나 '인지적 앎'으로 내용에 따라 적절히 번역될 것이다. 비전문가를 위한 기본적인 불교의 세계관을 소개하는 자료들과 함께 이것이 제1장의 대부분을 포괄한다.

비록 우리가 결코 식의 초기개념에 대한 유가행파의 해석을 복제하거나 정당화하기 위해 시작하는 것은 아니지만, 동일한 가르침에 대한 우리의 연구는 비슷한 결론으로 우리를 이끈다. 원래 초기자료에서 차별되지 않았던 식의 '두 측면들'은 점차로, 그리고 옹호될 수 없을 정도로 아비달마의 맥락에서 문제가 되었으며, 그 여파로 무의식적 심리과정들에 대한 다양한 개념들을 유발한다. 그리고 그것의 하나가 바로 '알라야식(ālaya-vijñāna)'인 것이다. 따라서 우리는 알라야식 자체에 주의를 돌리기 전에 간략하게 제2장에서 다른 아비달마 자료들과 함께 업의 잠재력의 지속과 잠재적 번뇌, 해탈도에 따른 그것들의 점진적인 청정이라는, 동일한 문제들에 대한 상이한 반응들을 검토할 것이다. 그리고 제3장에서 제5장까지 알라야식은 핵심적인 유가행파 문헌들에서 체계적으로 제시되고 기술된 바에 의거해 다룰 것이다.

물론 우리는 허공에서부터 작업하지는 않는다. 프로이트와 융의 다른 이론들에 대해 어떻게 생각하든 간에 대부분의 과학적으로 교육받은 사람들은 비록 대부분의 것은 아니지만 많은 것들이 무의식적으로 일어난다고 하는 것을 기꺼이 인정한다. 실제로 '인지적 무의식'이란 개념은 이제 인지과학과 심리철학에서 널리 인정되고 있다.[1] 비록 우리 연구가 전적으로 '불교의 무의식'에 초점을 맞추고 있지만 우리 목적의 하나는 이런 매력적인 개념을 현대 서양의 무의식적 심의 논의에 소개하려는 것이다. 폭넓은 청중들에게 말하기 위해서 특히

1 Kihlstrom(1987); Lakoff & Johnson(1999: 9-15); Flanagan(1992: 173): "대부분의 심적 과정은 무의식적이고 병렬적으로 일어난다는 사실에 동의하고 있다."

1장과 2장에서는 인도와 불교 전문가들에게는 잘 알려진 것이지만, 이하의 보다 커다란 주장을 위한 필요불가결한 구성요소로서 작동하는 많은 기본 개념들을 소개할 것이다.

그 초기 자료들은 또한 다른 이유에서 이 커다란 주장에 핵심적이다. 우리의 주요한 논제는 알라야식이 초기불교교설의 아비달마적인 발전에 대한 반응에서 일어났다는 것이기 때문에 우리는 그런 초기 교설들을 첫 번째는 아비달마적 혁신들과 그것들이 일으킨 문제점들의 성격을 이해하기 위해서, 그리고 두 번째는 어떻게 알라야식 개념이 아비달마 혁신들을 초기 개념적 틀을 갖고 능란하게 해석함에 의해 그런 문제점들을 다루었는지를 정확히 보기 위해 검토할 필요가 있다. 알라야식의 복합성을 가장 잘 구별시키는 것은 바로 이런 초기와 아비달마에서의 심의 이해의 융합인 것이다. 이것이 왜 인도불교사상의 맥락 내에서 알라야식을 완전히 이해하기 위해 고전적인 배경과 그 당시의 맥락을 검토하는 것이 필요한가의 이유이다.

그러므로 이것은 약 일천 년에 걸친 인도불교사상의 자료들을 연결하려는 하나의 융합적인 작업이다. 비록 이들 자료의 대부분은 전문가들에게 친숙한 것이지만 그것들은 전 세계에서 여러 다른 언어들로 흩어져 출판되어 있다. 따라서 심각한 공백이 남아 있으며, 이 책은 그것을 메꾸려 하는 것이다. 아직까지 복잡한 알라야식 개념을 포괄하는 다수의 다양한 흐름들을 함께 모아서, 그 흐름들을 통합되고 접근가능하며[2] 설득력있는 내러티브로 묶은, 서양언어로 저작된 책이 아직

2 Waldron(1994)에서 보다 전문적인 독자들을 위해 거의 전적으로 산스크리트 용어와 아비달마 용어로 표현된 이런 논점들의 많은 것들을 다루었다.

존재하지 않는다. 그리고 이 개념은 실제로 다수이고 다양하다. 그런 혼란스러운 동의어와 속성들의 배열은, 콘즈(Conze 1973: 133)가 특징적으로 묘사했듯이, 이 "괴물 같은 개념"을 둘러싸고 응고했기 때문에, 알라야식은 관련된 불교사상의 분야에 비교적 정통한 사람들에게 있어서조차 난해한 주제로 남아 있다. 따라서 우리는 연대기적 접근을 취했다. 이 접근 속에서 알라야식의 다양한 속성들과 그것들이 보여주는 문제점들이 점차 도입되고, 오랫동안 축적되고, 마침내 복잡하고 풍부한 내용을 가진 심의 모델로 분명히 발전하게 되었다. 그렇지만 그것을 구성하는 요소들은 각각 자체적으로 검토되고 있다. 독자들이 제2부의 유가행파에 관한 장들에 이르게 될 때 이 모델의 개요들은 이미 자리를 잡기 시작했을 것이며, 그래서 알라야식은 아이러니하게도 아비달마 불교의 혁신적인 발전에 의해 발생된, (부록 2에서 다룬) 경험적, 주석적, 교리적 난제들을 다루는 가장 간결한 방법으로 보일 것이다.

주제에 따른 서문

자아와 세계의 구성에 대한 불교의 비판

붓다는 '윤회(saṃsāra)'라고 불리는 반복적인 행동패턴을 영속화시키는 행위들에 대한 하나의 이해를 제시했다. 그것은 몇 가지 핵심적인 점에서 당대의 인도의 요가전통들과 다른 것이다. 불교의 관점에서[1] 중생들을 윤회에 가두는 것은 불변하고 독립적으로 존속하는 실체 또는 '자아(ātman)'라는 깊이 뿌리박힌 잘못된 견해였으며 또한 그런 자아에 대한 집착에 의해 야기된 잘못된 행위들이었다. 붓다는 어떤 영원하고 독립적인 개체는 세상에서 발견되지 않기 때문에 그 행위들은 잘못된 것이라고 단언한다. 대신에 중생들은 끊임없이 변하는 생리학적, 심리학적 과정들을 가진 오온으로 이루어졌다고 간주된다. 오온을 유지시키는 원인과 조건들이 지속하는 한에서 그 과정들은 생겨나고 존속할 뿐이다. 이런 지속하는 조건들 중에서 주요한 것은 역설적으로 삶의 기본적 사실에 대한 무명이며, 또 어떤 영원한 것을 잡으려는 시도를 통해 그것들을 극복하거나 부정하려는 헛된 갈망과 행위들이다. 이것이 무명과 욕망에 의해 영향받은 행위들을 윤회존재의 '추동력'으로 만드는 것이다. 중생들을 반복된 행위패턴의 해로운 순환 속에 가두게 하는 이런 미혹과 행위들에 대한 견해는 곧 다루게

---

1 여기서 '불교(Buddhist)'는 무수한 다양한 전통들과 관점들을 나타내는 일반명사로 사용되었다.

될 붓다의 초기설법에서 이미 매우 분명하다. 그렇지만 그것들의 형이상학적 차원을 제외하더라도 그 주제들은 현대의 인문학적 용어로 충분히 이해될 수 있다. 우리는 이를 다음 몇 페이지에서 다룰 것이다.

불교사상은 영원성과 자재성, 자기지속성을 물질적이건 심리학적인 것이건 또는 개념적인 것이건 간에 무상하고 유위적인 현상과 동일시함에 의해 그것을 얻으려는 우리의 시도를 철저히 비판한다. 우리는 내재적 의미와 가치를 그 현상들에게 투사하고, 그것들의 획득이 우리의 본질적 가치와 행복을 어떻게든 증대시켜 주리라 생각한다. 이는 우리가 우리의 경험세계를 주관적 세계와 객관적 세계라는 두 개의 구별되는 차원으로 분열시키고 있음을 함축한다. 다시 말해 우리는 언어적, 문화적, 그리고 사회적 규약들을 통해 불가피하게 중개되는 '객관적' 사물의 관점에서 세계를 경험하며, 그것들이 행복과 건강, 안녕을 주는 내재적 힘을 갖고 있다고 상상한다. 환언하면 그런 '사물들'은 그것들의 물리적 존재를 넘어 상징적 가치[2]를 가진 것이다. 이런 지속적이지만 추상적인 대상들에 사로잡혀, 우리는 말하자면 마치 견고한 듯 보이지만 피할 수 없을 정도로 중재된 '사물들'의 생활세계를 창조하는 것이다. 상징을 만드는 자로서 사람은[3] 그 자신의 세계를 구성하며, 그 속에서 그의 거처를 만드는 것이다.

그러나 이것은 단지 그림의 절반에 지나지 않는다. 또한 우리는

---

2 어떻게 '상징'이 여기서 사용되고 있는지에 대한 상세한 논의는 5장 n.15를 참조.

3 우리는 인간 일반을 나타내기 위해 남성명사와 남성대명사를 사용하는데 대한 반대를 의식하고 있지만, 여기서는 양식상의 목적으로 또 이하에서는 원전 자료에 따라 이를 사용했다.

이미지와 관념, 그리고 상징적인 '자아'에 대한 깊이 뿌리박힌 집착을 구축한다. 그래서 자아는 저들 독립적인 대상들을 경험하고 향수할 수 있으며, 또 마찬가지로 독립적이고 내재적인 존재성을 가진 것처럼 보인다. 우리는 자아와 '나'라는 관념에 대한 지속하는 지시대상으로서 주관적 경험의 장소(locus)를 상상적으로 창조하면서, 그런 자아를 우리 자신이라고 동일시하는 것이다. 우리는 우리가 주위의 외적 대상들과 독립해서 존재하고, 그것들을 소유하고 향수할 수 있는 실제 지속하는 주체라고 상상한다. 우리의 전체적인 경험세계는 이런 스스로가 만든 자아와 관련해서 경험되는 것이다. '스스로를 만드는' 자로서 인간은 그 자신의 존재의 주체를 구성하며, 그 구성된 주체는 자신에 의해 구성된 거처에 주하는 것이다.

대상과 주관의 실체화라는 이런 병렬적인 과정들이 일상적 의식에 대한 불교, 특히 유가행파의 비판의 초점이다. 한편으로, 우리는 외적 대상들을 현실적 존재라고 증익하면서, 그것들을 즉각적인 경험으로부터 내재적인 힘과 가치를 소유한 추상적인 대상으로 변형시키고, 그것들을 문화적으로 중개된, 상징적 우주 속에서 구성한다. 다른 한편으로, 우리는 어느 정도 일관성과 지속성을 가진 경험과 기억, 감수의 축적에 의거하여 마찬가지로 추상화된 자기동일성의 감정을 만든다. 이런 지속하는 동일성의 감정이 우리가 이해하고 대상화하는 지속하는 대상들의 주관적인 대응물이다. 분리된 '어떤 것'을 소유하고 경험하는 독립적인 '누군가'가 존재해야만 한다.

이제 우리는 어떻게 이런 모든 것들이 초래되었는지를 물어야 한다. 왜 우리는 지속하는 생명과정의 연속체로부터 정적이고 상징적인 주관적, 객관적 경험의 상징적 양상을 추상화하고, 그것들을 두 개의 주관과 객관의 한 쌍의 실체화 속으로 이분하는 방식으로 실재성을 구성하는가? 그런 창조적 행위가 개인이나 사회, 또는 종(species)으로서의 우리에게 기여하는 바가 무엇인가? 어떤 문제점들이 이 과정에 수반되는가?

경험의 무상성과 우리의 통합과 생존에 대한 항시 현존하는 물리적, 심리학적 위협에 직면하여 우리처럼 고등한 신경조직을 가진 생명체는 우리의 다양한 경험형태의 근저에 놓인 반복적인 패턴을 인식하고 이해할 수 있고 또한 예기하고 추정하고 예상할 수 있는 작업 모델을 구성해야만 한다. 이런 의미에서 초기의 경험의 흐름으로부터 상대적으로 고정된 자기를 지시하고 자기라는 인식을 제공하는 장소 속으로 '자아'의 출현은 생물학적 진화의 가장 특기할 만한 성취의 하나이며, 아마 가장 근본적인 인간의 기술일 것이다.

그렇지만 '자아'와 '세계'라는 이런 한 쌍의 구성물에 대한 불교의 비판은 크게 그것들의 위험한 귀결에 의거하고 있다. 언어학적이고 문화적으로 중개된 상징체계를 통해 달성된 '자아'와 '대상'이라는 한 쌍의 실체화가 단지 유용한 방편, 즉 우리 자신의 상대적인 목표에 기여하기 위한 내외의 회오리바람과 같은 세계를 다루기 위한 실천적인 도구에 지나지 않는다는 것을 인식하는 데 보통 실패한다. 고정되고 예측할 수 있고 풍요한 삶을 확보하려는 우리의 끊임없는 투쟁 속에서 우리는 이런 실용적 도구와 임시적인 목적을 현실성과 궁극적 목적이라고 오인한다. 우리가 실제로 그런 자아라고 상상함에 의해 우리는 모든 경험적 현상들이 고정되지 않고 구성되어 있다는 사실을 충분히 이해하지 못하게 된다.

그러므로 자아라는 관념은 일관성과 지속성이라는 한 쌍의 문제들을 말하지만, 그것은 무상성에 의해 야기된, 근저에 놓인 불안이라는 또 다른 문제를 제기한다. 끊임없이 진행하고 있는 것은 바로 복잡한 상호작용의 산물이기 때문에 문화적으로 중개된 우리의 상징적 자아도 또한 우리가 그것을 직시하자마자 사라져버리는 시각적 환상처럼 우리가 그것을 붙잡기 이전에 계속해서 지나가버린다. 비존재에 대한 우리의 공포, 이런 구성된 '자아'는 쉽게 파손될 수 있다는 생각은 우리의 모든 사고와 행위의 근저에 놓인 채 항시 구석에 도사리고 있는 것이다. 따라서 우리는 우리의 고통과 집착, 우리의 동일성에 대해 더 많이 집착하고, 그러면서 우리와 비존재 사이에 있는 유일한 것은 실제로 자신에 의해 만들어진 자아라는 사실을 막연하게 느낀다. 만일 이 자아가 상실된다면, 우리가 자신이라고 생각하는 어떤 자 내지 어떤 것이 〔상실될 것이라고〕 두려워한다. 따라서 에른스트 베커(Ernst Becker)의 말대로 우리는 다음과 같이 반응하는 것이다.

> 방벽들을 구축하기. 이 방벽들은 그에게 자신이 가치가 있고, 의미가 있으며, 강력하다는 근본적인 느낌을 준다. 그것들은 그가 그의 삶과 죽음을 지배하고 있으며, 그가 실제로 살아있고 자유로운 개체로서 행동하고 있으며, 그가 고유한 동일성을 갖고 있고, 그가 중요한 인물이라고 느끼게 한다. (Becker 1973: 55)

그러나 이는 우리가 과거의 경험들을 기억과 감정을 통해 연습하고,

우리의 미래의 경험들을 욕망과 상상을 통해 예감하면서 항시 이런 자아의식을 재구성해야 한다는 것을 의미한다. 우리는 우리의 '자아들'에 역사와 미래를 끊임없이 부여해야만 한다. 마치 뇌가 손상된 환자들이 통렬하게 예시해주듯이, 그것 없이는 우리는 거의 인간일 수 없는 것이다. 아이러니하게 우리의 그치지 않는 불안과 불안정감을 보장하고 또한 구성된 패턴을 영속화하는 우리의 행위를 촉진하는 것도 바로 이런 자기에 의해 만들어진 자아를 유지하고 그것의 실존적 통합성을 유지하려는 시도인 것이다. '역사를 만드는' 자로서 인간은 즉각적 경험의 생생한 자료를 변화시키고, 세간적 존재의 견고한 구조를 구성하는 것이다.

자아의 동일성이라는 구성된 성격은 다른 말로 하면 생생한 거짓이며, 베커에 따르면 "우리 자신과 우리의 전체적 상황에 대한 필수적인, 기본적인 부정직함이며"(Becker 1973: 55), "그것을 〔우리 자신과〕 삶의 사실 사이에 위치시키려는 목적 때문에"(Becker 1973: 59) 구성된 것이다. 경험의 근저에 있는 주체라는 감정은, 비록 구성된 것이라고 해도, 매우 기본적인 것이며, 의식적인 앎의 밖에서 대부분 자동적으로 일어나는 습관적인 것이다. 이런 무의식적 자기집착이 모든 의식적이고 지향적 행위들의 근저에 있는 것이며, 우리의 에너지는 그 자체의 지시체계를 산출하고 영속화시키는, 습관적인 사고패턴들의 지속을 향해, 즉 자아와 세계라는 한 쌍의 실체화를 향해 항시 나아가고 있는 것이다. 이런 점에서 사실상 모든 문화와 믿음 체계들, 특히 성격과 습관들은 사람을 즐겁게 만들고 그가 그 자신의 중심에 있지 않다는 사실을 스스로 알지 못하게 만드는 편안한 그물망과 같다. 우리가 실제로 어떤 에너지를 사용하는지에 대해 무지한, 자아를 망각하는 방식으로 지지되도록 우리 모두는 움직여진다. 그것은 안전하고 평화롭게 살기 위해 우리가 만든 일종의 허구이다. (Becker 1973: 55)

따라서 문화뿐 아니라 성격도 상징적인 소원의 성취로서 이해될 수 있다. 만일 실질적인 자율적 존재와 같은 우리가 진정 원하는 것을 얻을 수 없다면, 우리는 실재성을 상징으로 대체하고 대체 수단에 의해 목적을 달성한다. 무상성과 불안정에 직면하고 또 우리 삶의 덧없고 불확실한 모습을 인정하는 대신에, 우리는 부와 의미, 삶과 즐거움의 지속적인 상징을 구성함에 의해 그것들을 인식하기를 피하고자 할 것이다. 그 〔상징〕과 관련하여 우리가 상상하는 영원한 자아는 마찬가지로 죽지 않는, 따라서 불가피하게 생명이 없는 주체로서 존재하게 된다. 만일 사물들 자체가 지속가능한 어떤 존재성을 갖고 있지 않다면, 적어도 합의에 따라 중개된 그것들의 상징은 지속가능한 존재성을 가질 것이다. 만일 우리의 삶에 분명한 영원성이 없다면, 적어도 그것이 나타내는 '자아'의 추상적 상징도 그러할 것이다. 다시 말해 우리는 우리 자신의 상상력에 의해 구성된 상징적 세계에서 살아간다. 우리는 비록 무의식적인 차원에서긴 하지만 항시 적극적으로 우리 존재의 근본적인 상호의존적 성격에 무지하며, 그 자리에 "잘못된 우상"을 세우는 것이다. 그렇지만 그것은 영원성과 개인적인 자율적 존재를 향한 우리의 보답받지 못한 욕구를 대변하는 죽지 않는, 따라서 생명력이 없는 상징에 지나지 않는다.

물론 이것은 고의적인 행동의 과정은 아니다. 그것은 단지 깊이 체화된 인지적, 정서적 능력들의 확장일 뿐이며, 어떤 점에서 보면 인간의 생존에 매우 유용한 것으로 입증된 것이다. 이는 많은 문화적, 종교적 전통에 공통된 비극적 전망이다. 우리를 괴롭히는 것은 바로 우리 자신의 성공인 것이다. 왜냐하면 베커가 단언하듯이, 그것들은 필요하고 유용한 허구로서, 필요한 기술을 제공하며 세간적이지만 생생한 관심에 기여한다.[4] 그러나 그것들은 허구로서, 조작된 환상 속에서 세계를 은폐하고, 모든 경험을 우리 자신의 구성된 아견我見과 관련하여 해석한다. 우리는 스스로를 호모 사피엔스라고 부르는 오만함에 의해 도취되어 자기를 만들고 세계를 만드는 신과 같은 우리 자신의 힘에 취해 있다. 이런 방식으로 우리는 우리 스스로의 속박된, 세간적 존재의 결박에 묶여 있는 것이다.

---

4 뇌과학자 Michael Gazzaniga(1998: 151)는 이렇게 표현한다. 자아의 감정은 "우리가 모든 우리의 행위들과 추론들을 콘트롤하고 있다는 환상을 만든다. … 그것은 진실로 생식의 성공을 높이는 데 있어 경쟁우위를 제공하는 하나의 적응으로서 인간의 본능인가? 나는 그렇다고 생각하며, 우리로 하여금 환경의 무상함을 정복하는 데 도움이 된 바로 그 장치가 우리로 하여금 種으로서의 우리 자신에게 심리학적으로 흥미로운 존재가 되게 한다고 추정한다." 그리고 이를 보다 다채롭게 말하자면, "'제기랄, 나는 나이고, 나는 콘트롤할 수 있다.' 정신 과학자들이 뇌와 마음에 대해 발견한 것이 무엇이든 간에, 그들은 우리 각자로부터 그러한 감정을 빼앗아 갈 어떤 방법도 없어. 좋아, 인생은 허구이지만, 그것은 우리의 허구이지, 그리고 좋지, 우리는 그것을 책임지고 있어."(1998: 172)

* * *

현대 사상의 여러 흐름들 속에서 매우 분명하고 예리하게 표현된 이들 주제는 해당 페이지에서 논의했던 관념들과 매우 유사하다. 우리는 불교의 형태를 띤 그 관념들에 반복해서 돌아갈 것이다. 실제로 그것들은 이 텍스트를 통해 사용된 핵심 개념들의 초기작업 용어집에서 제시되었다.

- 염오의(kliṣṭa-manas), 무의식적인 자아에 대한 집착으로서 세간적 존재의 매 찰나에 일어난다. 이것은 다음에 의해 알려진다.
- 번뇌, 대부분의 우리의 행위들을 염오시키는 인지적이고 정서적인 태도. 특히
- 아만(asmimāna) 〔즉, '나는 ~이다'(asmi)라는 생각〕
- 유신견(satkāyadṛṣṭi)
- 아애(我愛, ātmasneha)
- 무명(avidyā), 이것들에 의해 촉발된 행위들이 〔다음을〕 일으킨다.
- 행(行, saṃskāra), 업의 형성으로서, 과거의 행위들에 의해 구축된, 구성된 생리학적, 심리학적 구조이며, 그것들의 재출현을 강화한다. 또한 그것은 어떤 맥락에서 그런 행위 자체를 가리키기도 한다. 그것들은 종종 아래 요소들에 의해 수반된다.
- 취(取, upādāna), 이것은 신체와 사고, 감수를 자기 자신의 것으로서 또 그렇게 취해진 "대상들"을 취하는 과정이다. 그리고 그것들은 아래가 생기는 것을 지지하는 작용을 한다.
- 식(vijñāna), 이것은 실체화된 "주관"과 "객관"의 공통된 세계를 일으

킨다. 반대로 그것은 전체 과정을 강화하는, 계속적인 행위들로 이끄는 번뇌들을 촉발한다. 이것이 '윤회'라 불리는 해로운 사이클을 만드는 것이다.

그렇지만 현대의 인문학적 접근과 대조적으로 인도의 종교체계는 경험을 주관과 객관으로 이분하는 것으로서 우리의 '자아들'과 우리의 '세계'를 만드는 과정들이 실제적인 우주론적 또는 존재론적 결과들을 함축한다고 여긴다. 라마 고빈다(Govinda)가 설명하듯이, 불교의 세계관에서

> 우리가 그것들을 반복해서 산출하는 것은 바로 그런 삶의 형태들에 대한 우리의 집착 때문이다 . … 우리가 살아가는 세계를 만들고 그것에 적합한 감관을 만드는 것은 바로 우리의 의지이며, 간절한 욕망이다. (Govinda 1969: 54)

이 책은 무의식적인 자아에 대한 집착에 의해 항시 수반되는, 잠재적인 '근본식根本識, 택식宅識'[5]인 유가행파의 알라야식 개념에 초점을

---

5 우리는 "home, store, and clinging"의 다의적 뜻을 지닌 ālaya의 의미 범위를 만족스럽게 번역할 수 있는 어떤 단일한 용어도 발견할 수 없었다. "Store-house consciousness"는 매우 어색하게 보이며, "container consciousness"도 너무 기계적이다. 심지어 "consciousness"조차도 우리 텍스트에서 찰나적으로 생멸하는 인지적 앎의 또 다른 형태인 별도의 다르마를 나타내는 용어를 미묘하게 구현하는 것처럼 보인다. 따라서 우리는 ālaya라는 단어를 번역하지 않고, 독자들이 그것의 의미론적 뉘앙스를 스스로 알아차리게 남겨 두겠다.

맞추면서 이들 과정들과 그것들이 작동시키는 귀결들을 확장해서 검토하고 있다. 일차적으로 알라야식은 습관화되어 있지만, 무의식적 자아와 세계의 실체화의 이런 지속하는 장소를 대변하며, 따라서 윤회의 결박으로부터의 해탈을 방해하는 핵심적인 장애를 이룬다. 다른 요가전통들이 고전 굽타왕조 시대에 발전했던 것처럼, 유가행파 사상가들도 엘리아데가 기술했듯이 "고행주의적이고 명상적 삶에 대한 가장 큰 장애들은 무의식의 활동에서부터, 제행(saṃskāras)과 습기(vāsanā)들로부터 나온다. '수태'와 '잔여물', '잠재성'들은 심층심리학이 무의식의 내용이며 구조라고 부른 것을 구성하는 것이다."(Eliade 1973: p.xvii) 비록 우리가 상세히 그 장애들로부터의 해탈의 결과나 그것을 향한 수행들을 논의하지는 않겠지만 알라야식에 대한 우리의 검토는 적어도 유가행파의 관점에서 우리가 무엇으로부터 해탈해야 하는지를 정확히 설명해준다. 윤회라고 불리는 반복적인 행동패턴의 해로운 사이클을 영속화시키는 역동적인 인지패턴과 행동패턴으로부터이다.

그렇지만 알라야식으로 하여금 습관적인 행동패턴들을 대표하게 했던 저 역사적 발전을 이해하기 위해서는 우리는 붓다의 초기 교설에서 표현된 바로서의 그 관념들을 먼저 검토해야 한다. 우리는 여기서 후대에 알라야식이라는 유가행파의 무의식적 심의 모델을 포괄하는 거의 모든 기본 요소들을 초보적 형태로 발견한다. 이 주제를 제1장에서 다룰 것이다.

제1부

알라야식의 배경과 맥락

I. 초기불교의 배경

1. 존재의 세 가지 특징

우리의 조건지어진 존재의 고유한 성질인[1] 불만족과 불편함 그리고 고통(P. dukkha, S. duḥkha)[2]은 모든 불교 교설의 주요 동기이며, 그것의 소멸은 불교 교설의 최우선 목적이다.[3] 이 고통을 일으키는 조건들의

---

1 제1장에서 거의 대부분의 문헌자료들이 초기 팔리어 텍스트에서 발견되기 때문에 우리는 팔리어 형태를 (P.)로 그리고 필요한 경우 산스크리트어를 (S.)로 표기할 것이다.

2 S IV 259는 전통적인 苦(dukkha)의 분류를 고 자체(dukkha-dukkhatā, 苦苦性)와 무상성에 기인한 유위법의 고(sankhāra-dukkhatā, 行苦性), 그리고 변화 속에 내재한 고(vipariṇāma-dukkhatā, 壞苦性)로 분류한다.(Nyanatiloka 1980: 46)

3 현대의 관점은 종교 전통들은 항시 다수의 중복되는 종교적, 심리학적, 사회학적 기능을 하고 있다는 점에 의거하여 불교 가르침과 수행에 대한 하나의 단일한 목적이 있다는 관념을 의문시할 것이다. 그렇지만 대부분의 불교전통들은 그들의 궁극적인 목표가 윤회로부터의 해탈이라고 주장하며, 또 우리가 일차적으로 탐구하는 것은 바로 그런 규범적 관점이다. 규범적 관점을 인정하는 것은 "붓다는

이해와 그것의 소멸로 이끄는 행위의 수행은 붓다의 이름으로 전승된 가르침과 수행인 붓다의 가르침의 내용과 목적이다.[4] 이 불만족과 고통의 근본 원인들은 어떻게 사물들이 실제 존재하는지를 알지 못하는 무명(P. avijjā; S. avidyā)과 지속적 존재에 대한 탐욕 내지 갈애(P. taṅhā; S. tṛṣṇā) 그리고 이들 양자가 초래하는 불선한 업(akuśala-kamma)들이다. 이와 같은 미혹과 욕망들에 시달리는 무의식적인 심적 과정이라는 불교의 개념의 발전에 관한 이 글은 사성제의 두 번째 진리인 집제의 내용을 이루는 저 기본요소들 사이의 역동적인 상호작용에 거의 전적으로 관심을 갖고 있다.

무명은 전통적으로 무상한 것을 영원한 것으로, 고통스러운 것을 즐거운 것으로, 무아를 자아로 간주하는 것으로 정의되고 있다. 왜냐하면 불교도들의 주장에 따르면 불교는 병으로 가득 차고 내재적인 자기동일성을 여윈 무상한 것은 어떤 독립적이고 지속하는 만족을 줄 수 없기 때문이다.[5] 이런 기본적인 실재성을 알지 못하면서 우리는

…라고 말했다"라는 역사적 과거와 "고통의 원인은 …이다"이라는 철학적 현재 사이의 부자연스러운 동요를 설명해 준다.

4 이것들은 각기 첫 번째와 세 번째, 그리고 두 번째와 네 번째 진리를 나타낸다.

5 S III 22. "무상한 것은 고통이다. 고통인 것은 무아이다. 무아인 것은 여실하게 정지를 갖고 다음과 같이 보아야 한다. '이것은 자아에 속한 것이 아니며, 나는 이것이 아니며, 이것은 나의 자아가 아니다."

이 장에서 팔리어 문헌의 인용은 일차적으로 Wisdom Publications에서 출판된 최근 번역에서 온 것이다.(약자 A, D, S, M은 참고문헌 항을 볼 것) 따로 표시하지 않은 경우 일반적으로 팔리성전협회(PTS)의 번역을 사용했다. 대부분의 경우에 우리는 일관성을 위해 특정 용어를 변경했다. 특히 viññāṇa는 의식(consciousness)에서 인지적 앎(cognitive awareness)으로, saññā는 지각(perception)에서 통각

그럼에도 그런 무상성과 그런 고통으로부터 벗어나려고 시도하며 또 우리 자신을 영원하고 즐거운 상태와 동일시하면서 궁극적으로 무상하고 고통스러운 현상에 집착하게 된다. 그것들의 외형적인 견고성과 고정성에 집착하면서 우리는 자신을 그런 현상에 묶고, 그럼으로써 우리 자신의 미혹된 존재를 증대시키고 영속화시킨다. 붓다[6]는 다음과 같이 설한다.

> 이 세상에서 사랑스럽고 즐거운 것처럼 보이는 어떤 것을 영원하다고 보고, 낙이라고 보고, 좋다고 보고, 안전하다고 보는 사람들은 갈애를 증대시킨다. 갈애를 증대시키는 그들은 〔존재의〕 토대를 증대시킨다. 토대를 증대시키면서 그들은 고통을 증대시킨다. 고통을 증대시키면서 그들은 출생과 늙어감, 고통, 비탄, 절망으로부터 벗어나지 못한다. 나는 그들이 병으로부터 벗어나지 못했다고 선언한다. (S II 109, PTS)

(apperception)으로, sankhāra는 의욕적 형성(volitional formations)에서 업의 형성(karmic formations)으로, saḷāyatana는 6종 감각토대(six sense bases)에서 6종 감각영역(six sense spheres)으로, upādāna는 취착(clinging)에서 취함(grasping)으로, bhava는 존재(existence)에서 유(becoming)로 바꾸었다. 또한 Bhikṣus는 "승려들(monks)"로 바꾸었다.

(역주: 하지만 한글번역에서는 저자가 강조하는 식의 두 종류의 구별을 감안해서 viññāṇa를 식과 인지적 앎으로 구별했지만, 다른 용어의 경우 불교술어이기 때문에 소통의 필요상 가능하면 한문 용어를 사용했다. 이 경우 처음 나오는 곳에서 저자의 번역을 병기했다.)

6 전통에 따라 우리는 초기 가르침들을 일단은 붓다에게 귀속시킬 것이다. 초기불교운동과 초기의 문헌들 그리고 붓다의 생애 자체에 대한 대부분의 역사적 사실은 확실함과는 거리가 있다.

무엇보다 우리는 영원하고 즐거운 상태를 향수할 수 있는 경험의 불변하는 장소로서 영원하고 실체적인 자아가 존재하거나, 우리가 그런 자아라고 생각하면서 우리 자신의 생명을 고착시키거나 실체화시킨다. 우리는 붓다가 설하듯이 잘못 생각하고 있다.

> 나의 이 자아가 말하고 경험하고 아는 자이며, 이곳저곳에서 행위의 과보를 좋거나 실망스럽게 경험하는 자이다. 바로 나의 이 자아가 영원하고 고정되고 상주하며 변화에 종속되지 않고, 영원토록 굳건히 주하는 것이다. (M I 8, PTS)[7]

그렇지만 불교의 관점에서 그러한 영원하고 불변한 자아는 발견되지 않는다. 오히려 우리의 항시 변하는 심리적, 물리적 과정들은 단지 흐름을 만들고 지속시키는 여러 조건들에 의존해서 생겨나서 흐르다가 사라지는 강물의 흐름과 비슷하다. 인간존재를 이루는 〔심리적, 물리적〕 과정들은 붓다가 '취착의 〔대상인〕 온(upādāna-skandha, 取蘊)'이라고 부른 다섯 그룹(蘊, aggregate)으로 범주화되었다. 왜냐하면 우리는 그것들을 우리의 '자아'와 동일시하고 그것들을 취착하려는 경향이 있기 때문이다. 그것들은 색온, 수온, 상온, 행온, 식온이다. 그렇지만 '온'이라는 용어가 가리키듯이, 그것들은 자체적으로 독립적인 실체라기보다는 구별되는 종류의 과정들이다. 그것들 중의 어느 것도 영원한

---

7 M I 18. (yo me ayaṃ attā vado vedeyyo tatra tatra kalyāṇapāpakānaṃ kammānaṃ vipākaṃ paṭisamvedeti, so kho pana me ayaṃ attā nicco dhuvo sassato avipariṇāmadhammo sassatisamaṃ tath' eva ṭhassatīti).

자아와의 관계 속에서 고려되어서는 안 되며(S III 46), 또한 그런 자아는 그들 과정들과 동떨어진 것이라고 간주되어서도 안 된다. 왜냐하면 그것들 모두는 소위 무상과 고통, 무아라는 존재의 세 가지 특징들에 의해 구성되기 때문이다.[8]

그럼에도 우리는 끈질기게 그런 자아 개념에 집착하고, 또 그것을 지지해 주는 것처럼 보이는 대상들이 지속하는 만족을 어떻게든 확보해 준다고 생각하면서 그것들에 집착한다. 아이러니하게도 불교의 관점에서 편안함이 아닌 고통을, 해탈이 아닌 속박을 야기하는 것은 바로 어떤 것을 '나'나 '나의 것'으로 동일시하는, 자아에 대한 강박관념인 것이다. 붓다는 다음과 같이 관찰한다.

> 그는 수를 자아라고, 상想을 자아라고, 행을 자아라고, 식을 자아라고 간주하며, 또는 자아를 식을 가졌다고, 또는 식을 자아 속에 있다고, 또는 자아를 식 속에 있다고 간주한다. 그의 식은 변화하고 변모한다. 식의 변화와 변모와 더불어 그의 식은 식의 변화에 사로잡히게 된다. 식의 변화에 사로잡혀 생겨난 심리적 상태들의 동요와 배열은 그의 심을 사로잡는다. 그의 심이 사로잡혀 있기 때문에 그는 놀라고

---

8 S III 23. 붓다는 묻는다. "색은 무상하다. 〔수·상·행·식도 마찬가지다.〕 색의 발생의 원인과 조건도 무상하다. 〔나머지들도 마찬가지다.〕 색이 무상한 것에서 발생했다면 어떻게 그것이 영원하겠는가? 〔나머지들도 마찬가지다.〕 … 색 〔등〕은 고통스럽다. 색 〔등〕의 발생의 원인과 조건은 고통스럽다. 색이 고통으로부터 발생했다면, 어떻게 그것이 즐거운 것일 수 있겠는가? 색 〔등〕은 본질이 없는 것(=무아)이다. 색 〔등〕의 발생의 원인과 조건도 본질이 없는 것이다. 색이 본질이 없는 것에서 발생했다면, 어떻게 그것이 자아일 수 있겠는가?"

괴로워하고 초조하고 집착을 통해 동요하게 된다. (S III 16f.)

물론 이는 악순환이다. "즐겁고 좋고 안락하고 편안한" 것에 대한 갈애 속에서, 그것들을 향수하는 자아를 상상하면서 우리는 고통과 불안, 괴로움으로 이끄는 조건들을 의도하지 않게 증대시킨다. 왜냐하면 자아에 대한 집착과 갈애가 존재하는 한, 계속적인 괴로움은 존재하고, 그 괴로움에 대한 반응에서 계속적인 괴로움 등으로 이끄는 업이 있게 될 것이기 때문이다. 요약하면 '윤회'라고 불리는 반복적인 인지적 · 행동적 유형으로 우리를 지속적으로 얽매는 것은 바로 조건지어진 세계 내에서 진실로 지속하는 만족한 존재들을 향한 우리의 오도된 욕망들 및 그것을 확보하기 위해 취해진 행동들이다. 이 악순환으로부터의 탈출은 무명과 취착, 그것들이 촉발하는 행동들과 그것들이 인도하는 결과들 사이의 상호작용하는 역동성이라는, 그것들의 근저에 있는 원인들을 이해함에 의해, 또 점진적으로 그것들의 해로운 결과들을 되돌림에 의해 나온다. 그리고 이것이 연기의 정형구의 궁극적인 목적이다.

2. 연기의 정형구

행위와 심 사이의 관계는 수천 년 동안 철학자들과 신비주의자들을 괴롭혀왔다. 우리의 행위와 우리의 사고, 우리의 앎과 우리의 행동 사이의 관계는 무엇인가? 사고는 항시 행위를 지도하는가 아니면 그 반대인가? 하나는 다른 것에 비해 우선권을 가지는가? 하나는 근본적이고 다른 하나는 부차적인가? 초기 불교전통들은 저 선택지들 중에서 어떤 것도 반대했으며 대신 심과 행동 사이의 상호 관계를 묘사했다. 그 관계 속에서 우리의 과거 행동은 우리의 현재의 심의 상태에 영향을 주고, 우리의 현재의 심의 상태는 현재의 행동에 영향을 주며, 현재의 행동들은 역으로 미래의 심의 상태에 영향을 주는 것이다. 우리가 지금 피드백이라고 부르는 것을 최초로 개념화한 이 상호적 관계가 연기(P. paṭicca-samuppāda; S. pratītya-samutpāda)의 정형구에서 묘사되었다. 이는 초기불교사상의 가장 특징적인 측면으로서, 그것의 영향은 불교사상사를 통해 지속적으로 펼쳐질 것이다.

이 장에서 우리는 정형구와 그것의 함축성을 어느 정도 상세히 검토할 것이다. 왜냐하면 연기의 개념은 모든 현상은 다른 현상에 의존하고 있다는 불교사상의 핵심을 표현할 뿐 아니라, 연기의 다양한 형태들은 다양하고 엇갈리는 구성요소들을 통해 후대에 알라야식의 심의 모델과 연결된 핵심적인 개념들과 문제점들에 연관되어 있기 때문이다. 따라서 우리는 '의식(consciousness)'과 '인지적 앎(cognitive awareness)'이라는 식(vijñāna)의 의미와 기능들뿐 아니라 또한 업(karma) 및 그 업들을 촉발하는 인지적이고 정서적인 번뇌(kilesa; S. kleśa)들과 그 [식]의 복합적이고 상호작용적인 관계의 확장된 검토를 위한 기본적 틀을 제공하기 위해 이 연기의 정형구를 사용할 것이다.

우리 주장의 개요는 연기의 여러 정형구에서 식은 '의식'과 '인지적 앎'의 두 가지 다른 측면이나 기능을 보여준다는 것이다. 첫 번째 측면은 다생에 걸쳐 끊이지 않는 심의 흐름 속에서 흐르는 근저에 있는 지각성으로서의 식을 가리키며, 반면 두 번째 측면은 대응하는 인식대상과 상응하여 찰나적으로 일어나는 6종의 양태를 가진 인지적 앎의 관점에서의 식을 가리킨다. 비록 초기 텍스트들은 두 측면의 식 사이의 불화는 고사하고, 명백한 구별을 보여주지 않지만, 그러한 구별은 후대 주석문헌들에서 거의 늘 그러하듯이 주의깊은 문헌적, 개념적 분석을 통해 식별될 수 있다. 이 구별은 두 가지 이유에서 알라야식 개념의 발전을 재구성하는 데 중요하다. 첫 번째로, 이어지는 아비달마의 심의 분석은 일차적으로 인지적 앎에 초점을 맞추고 있다. 알라야식은 크게 이 상황에 대한 반응일 것이다. 두 번째로, 저 초기문헌들에서 식별될 수 있는 식의 두 '측면들'은 분명히 유가행파에서 식을 알라야식으로 대표되는 지속하는 잠재적이고 축적하는 의식과 전식(轉識, pravṛtti-vijñāna)으로 대표되는 표층적인 형태의 앎으로 양분하는 것을 예견하고 있다. 따라서 우리는 초기불전에서 이러한 후대의 개념들의 선구자들을 발견하는 것이다.

식의 이런 두 '차원들'은 마찬가지로 인지적 번뇌와 정서적 번뇌(P. kilesa; S. kleśa) 사이의, 또 그것들의 지속하는 잠재적 형태로서의 수면(P. anusaya; S. anuśaya)과 그것들의 찰나적인 능동적 분출로서의 '전纏'(P. pariyuṭṭhāna; S. paryavasthāna) 사이의 유사한 구별과 밀접히 관련되어 있다. 이 구별은 식이 그러했던 것과 동일한 이유에서 아비달마 교설에서 문제가 되었던 것이다. 이는 결과적으로 유가행파로 하여금 염오의(kliṣṭa-manas)라고 불리는, 알라야식 자체와 대략 병렬해 있는, 무의식적인 자아-파악이라는 독립적인 층위를 개념화하는 데로 이끌었다. 그래서 우리는 초기불교교리에서 이 자아중심적인 번뇌들이 수행하는 역할을 간략히 검토할 것이다. 그것들은 합쳐서 의식과 인지적이고 정서적인 번뇌들, 그것들이 촉발하는 업들 및 그것들이 집단적으로 축적하는 결과들 사이의 순환적 인과성의 관점을 분명히 나타내고 있다. 이 관점은 연기 계열에서 표현되고 있다.

*   *   *

연기(paṭicca-samuppāda)의 이론은 무명과 번뇌 그리고 그것들이 발생시키는 업 사이의 역동적 관계를 그것들을 지지해 주는 조건들에 의존해서 그것들이 생겨나고 존속하고 사라지는 패턴들을 분석함에 의해 이해하려고 시도한다. 다시 말해 우리의 조건지어진 존재를 영속화시키는 과정들은 완전히 우연적이지도 않고 완전히 결정된 것도 아니라는 것이다. 오히려 그것들은 규칙적이고 식별될 수 있는 생기의 패턴을 따른다. 연기의 정형구에 의해 표현되고 있는 것은 바로 이 패턴들이다. 그 정형구의 이해는 그것들의 해로운 귀결을 되돌리는 데 필수적이라고 간주되었다. 조건에 의존하는 이 생기는 다음과 같이 가장 단순하게 표현되고 있다.

> 이것이 존재할 때 저것도 존재하며, 이것이 일어나기 때문에 저것도 일어난다. 이것이 존재하지 않을 때 저것도 존재하지 않고, 이것의 소멸과 함께 저것도 소멸한다. (M II 32)[9]

---

9 M II 32. (imasmiṃ sati idaṃ hoti; imass' uppādā idaṃ uppajjati. imasmiṃ asati idaṃ na hoti; imassa nirodhā idaṃ nirujjhati).

우리가 보듯이 이것은 두 방향으로 정식화되고 있다. 한 요소의 존재로부터 다른 것의 생기로 이끄는 순차적(anuloma) 조건들과 그것들의 소멸로 이끄는 역순(paṭiloma)의 조건들이다. 이 인과성의 이론은 완전히 동시적이지도 않고 또 전적으로 차례적이지도 않다. 그것은 동시수반적(concomitant) 관계이다. X가 있을 때 Y가 있으며, X가 생겨날 때 Y도 생겨난다는 등이다. 인연품(Nidāna-vagga)이라는 문헌에서 붓다는 전통적인 12지 연기를 이와 비슷한 방식으로 제시한다. 먼저 이 고통의 세계의 생기로 이끄는 조건들을 기술하고, 이어 역순으로 그것의 소멸로 이끄는 조건들을 기술한다.

비구들이여, 연기란 무엇인가? 무명을 조건으로 해서 행(行, karmic formation)들이 〔있고〕, 행들을 조건으로 해서 식識이, 식을 조건으로 해서 명색이, 명색을 조건으로 해서 6처가, 6처를 조건으로 해서 촉觸이, 촉을 조건으로 해서 수受가, 수를 조건으로 해서 애愛가, 애를 조건으로 해서 취取가, 취를 조건으로 해서 유有가, 유를 조건으로 해서 생生이, 생을 조건으로 해서 노-사와 우·비·고·뇌가 있다. 그것이 고통의 무더기의 발생이다. 비구들이여, 이를 연기라고 설한다.

그러나 남김없이 무명의 사라짐과 소멸을 조건으로 해서 행들의 소멸이, 행들의 소멸을 조건으로 해서 식의 소멸이, 식의 소멸을 조건으로 해서 명색의 소멸이, 명색의 소멸을 조건으로 해서 6처의 소멸이, 6처의 소멸을 조건으로 해서 촉의 소멸이, 촉의 소멸을 조건으로 해서 수의 소멸이, 수의 소멸을 조건으로 해서 애의 소멸이,

애의 소멸을 조건으로 해서 취의 소멸이, 취의 소멸을 조건으로 해서 유의 소멸이, 유의 소멸을 조건으로 해서 생의 소멸이, 생의 소멸을 조건으로 해서 노-사와 우·비·고·뇌의 소멸이 있다. 그것이 고통의 무더기의 소멸이다. (S II 1)[10]

비록 이 12지 계열이 표준적인 것이 되지만 그것의 변형태들은 초기불전 도처에서 발견된다. 우리는 그중에서 다수를 아래에서 검토할 것이다. 그렇지만 인연품은 각각의 12支(aṅga)를 다음과 같이 간략히 서술한다.

무명(avijjā)은 사성제와 관련해 "고통과 고통의 원인, 고통의 소멸, 고통의 소멸로 이끄는 도에 대한 무명"(S II 4)으로서 정의된다. 말하자면, 이 슬픔과 고통의 세계의 생기의 조건의 하나는 세속적 존재 자체의 불만족스러움과 그것들의 불만족스러움의 원인, 그것들의 소멸과 그것들의 소멸로 이끄는 도에 관한 무명이다.

무명은 신·구·의의 작용을 형성하는 제행(saṅkhārā)이 일어나는 조건이다. 이 복합적인 개념은 과거 행동으로부터 형성되었던 형성력 및 미래의 형성을 일으키는 형성적인 행위들을 함축하고 있다. 이는 우리가 후에 다룰 '과정-산물(process-product)'의 양가성을 나타낸다.[11]

---

10 번역과 이하의 토론을 위해 우리는 Nyanatiloka(1980: 157-67), Sopa(1986: 105-19), D. W. Williams(1974: 35-63)을 참조했다.

11 철학자 A. W. Sparkes(1991: 76)는 그가 "'과정-산물 모호성'이라고 부른 것이 과정 (또는 보다 정확히 행위) … 및 그 행위의 산물을 가리키는 것으로 사용된다." 고 기술한다. painting, building과 같은 현재분사는 종종 이런 모호성을 보여준다.

제행은 인도불교사상의 핵심 개념의 하나로서 알라야식 복합체 내에서 특히 중요한 역할을 한다.

이러한 제행은 의식(consciousness)이나 인지적 앎이 일어나는 조건이다. 비록 식이 이 문헌에서 6종의 감각적이고 인지적인 앎으로 설명되고 있지만, 이 〔연기의〕 계열에서는 보통 재생식으로서,[12] 아래 붓다의 대화에서 묘사되듯이 〔모태로〕 하강하고, 새롭게 형성하는 배아를 집수하고 따라서 살아있게 하는 것으로 간주되고 있다.

> 나는 식이 명색의 조건이라고 설했다. 아난다여, 만일 식이 모태 속으로 들어가지 않는다면, 명색은 그곳에서 응고할 수 있겠는가? 세존이시여, 그렇지 않습니다.
> 만일 식이 모태 속으로 하강한 후에 떠나게 된다면, 명색은 현생에서 태어날 수 있는가? 세존이시여, 그렇지 않습니다. (D II 62f.; PTS)

다음 지支인 명색(nāma-rūpa)은 보통 자궁 내 단계에서 발전하기 시작하고 한 생애 동안 지속하는 인간경험의 심리학적이고 생리학적인 측면들을 가리킨다. 이것들은 인간의 심리적이고 신체적인 기본과정들을 대변하며, 위에서 언급했던 '집착의 〔대상인〕 오온(upādāna-skandha)'[13]과 밀접히 대응한다.

---

12 인지적 앎(viññāṇa)은 짧은 경(S II 3-4)에서 안식, 이식, 비식, 설식, 신식, 의식으로 나열되고 있다. 우리는 이 문제에 대해 뒤에서 다룰 것이다.

13 色(rūpa)은 특히 "네 가지 중대한 물질적 요소"를 포괄하는 물질성과 그것으로부터 파생된 것들을 가리킨다. (cattāro ca mahābhūtā catunnañ ca mahābhūtānaṃ

주석시기에서 유래한 전통적 해석들에서 앞의 두 요소인 무명과 제행은 과거생으로부터 전달된 업의 조건들을 함축하는 반면에, 모태로 들어가고 명색의 발전의 조건이 되는 식은 새로운 생의 시작을 나타낸다. 이런 형태의 식은 후에 유가행파에 의해 알라야식으로 간주되었다. 이들 세 가지 요소는 또한 번뇌들과 그것들이 영향을 끼치는 업들, 그리고 그것들이 촉발하는 결과 사이의 피드백 관계에서 초기 단계를 나타낸다. 우리는 아래에서 상당히 상세하게 그 관계를 검토할 것이다. 연기계열에서의 이어지는 단계는 어떻게 식이 역으로 계속해서 번뇌들과 업을 일으키는 조건이 되는지를 서술하고 있다.(부록 1 참조)

6처와 촉, 수, 애라는 이어지는 네 가지 요소들은 모두 살아있는 심리적-물질적 유기체(nāma-rūpa)의 현존에 의존한다. 전체적으로 그것들은 전형적인 지각과정을 요약한 것이다. 다시 말해 지각은 팔리어 문헌에서 5종의 감각기관 + 의근意根의 여섯 개의 감각영역과 관련해서 설명된다. 어떤 것이 이것들 중의 하나에 들어오면 촉(phassa)이 일어난다. 이 감각은 즐겁거나 즐겁지 않거나 또는 중립적인 감수(vedanā)로 경험된다. 이 감수가 (만일 즐겁다면) 계속해서 그 '대상'에 대한 갈애(taṇhā)의 생기의 조건이 된다.[14] 이 요소들은 기본적인 인지

---

upādāya rūpaṃ). 名(nāma)은 여기서 "受·想·思·觸·작의"로 특정되고 있다.(S II 3f. vedanā, saññā, cetanā, phassa, manasikāro)

14 '대상'은 여기서 하나의 다르마로서, Nyanatiloka가 설명하듯이 그것은 "심의 대상으로서 과거나 현재, 미래의 것이거나, 물질적이거나 심리적인 것, 유위거나 무위, 실재하거나 가상적인 것일 수 있다."(Nyanatiloka 1980: 56)

과정을 보여줄 뿐 아니라, 또한 전형적으로 계속적으로 업을 낳는 활동들을 촉진하는 주요한 번뇌들로 이끈다. 위에서 보았듯이(S II 109), 갈애는 죽음과 재생의 사이클을 작동시키는 역동적 요소들의 하나이다.

따라서 애愛를 조건으로 해서 취(取, upādāna)가 일어난다. 비록 텍스트가 취를 "감각적 욕망에 대한 취착, 견해에 대한 취착, 계금취에 대한 취착, 자아라는 견해에 대한 취착"으로서 전통적인 나열을 보여주지만, upādāna는 단지 '취착' 이상의 보다 넓은 함축성을 갖고 있다. 그것은 또한 "그것에 의해 능동적 과정이 계속 살아있거나 진행되는 토대"(PED 149)를 가리킨다. 이 경우에 과정이란 무한한 재생의 연속과정을 의미한다. 그러므로 '취'는 새로운 '有(bhava, becoming)'의 과정과 자연스럽게 연결된다. 이런 두 가지 取의 의미는 알라야식 모델에서 중요한 역할을 한다.

종종 '존재(being, existence)'로 번역되는 유(有, bhava)는 삼계 중의 어느 하나로 "미래에서의 반복된 재생"(āyatim punabhava-abhinibbatti: A I 223)으로 정의된다.[15] 유有는 삼세에 대한 연기계열의 주석에서 세 번째와 마지막 요소라는, 다른 생의 시기로의 전이를 나타낸다.(부록 1 참조) 그러므로 다음과 같이 경이 말하듯이 유有는 새로운 생(生, jāti)의 조건이 된다.

여러 존재영역에서 다양한 유정들의 생, 그들의 태어남, 〔모태로〕

15 전통적인 불교의 우주론에 따르면 욕계와 색계, 무색계는 유정들이 그곳에서 태어나는 상이한 존재영역이다.

들어감, 생기, 온들의 출현, 감각기관들의 획득, 이것이 생이라고 불린다. (S II 3)

12지 계열의 마지막 요소인 노-사 등은 자명하다.

이 정형구의 원 형태와 범위에 관해서는 불확실성이 많다. 그것은 초기문헌들에서 매우 다양한 형태를 갖고 있기 때문에 그것이 원래 어떤 형태를 가졌는지는 전혀 명확하지 않다.[16] 그렇지만 모든 변형태들이 보여주는 것은 현상계의 생기, 특히 불만족스러운 우리의 경험은 어떤 단일한 이유에 의해서가 아니라, 무수한 조건들의 동시수반에 의해 초래된다는 것이다. 그리고 그 조건들은 명백히 반복된 패턴 속에서 일어나는 것이다.

그렇지만 이런 인과성의 그림은 동시수반적일 뿐 아니라 또한 순환적이다. 전체로서의 정형구는 재귀적으로 자체를 강화해 거의 끝없는 윤회라 불리는 재생의 차례들로 이끌 뿐만이 아니라, 정형구 내에서

16 변형태가 존재하며, 거기서 명색, 6처, 생과 有라는 핵심적 요소들이 누락되어 있다. 그럼으로써 어떤 요소들은 전혀 다른 요소를 조건짓거나 또는 동일한 원리들이 완전히 다른 용어들에 적용되고 있다. 이 계열은 어떤 편찬본들에서는 다른 곳에서 시작하고 끝나며, 다른 支들의 끝이 전체 계열의 끝을 초래한다. 따라서 Conze는 다음과 같이 제안하고 있다. "원래 이 정형구는 재생의 문제와 무관했으며, 또한 삼세로 그것을 배대하는 것은 스콜라주의적 보충일 뿐이라는 사실은 불가능하지 않다. 나머지 여덟 요소들은(1-3, 6-10) 주어진 시간에 작동하면서 고통과 잘못된 생각의 기원을 설명하는 기본적인 심리적 조건들을 제공하는 것으로서 해석될 수 있었을 것이다. 아마 이 정형구는 원래 연속적인 생명의 과정을 직접 지시함이 없이, 병의 발생과 소멸을 설명하는 것에 지나지 않았을 것이다."(Conze 1973: 157)

핵심적 요소들도 그렇다. 이하에서 보게 되겠지만, 제행과 식은 이 계열에서 두 차례 나온다고 이해될 수 있다. 먼저는 명시적으로 두 번째와 세 번째 요소로서, 그리고 다음에는 함축적이고 역순으로, (인지적 앎의 발생을 보여주는 6처와 촉 등의) 인지에 포함된 과정들이 먼저 수를 일으키고 이어 업의 측면에서 산출적인 갈애와 취, 유를 일으킬 때이다. 다른 말로 하면, 제행은 먼저 식을 조건짓는데, 그러고서 식은 계속해서 업의 형성을 일으키는 행위들에 중심적으로 연루되어 있는 것이다. 우리는 이 관계를 아래에서 검토할 것이지만, 그것은 포함된 핵심 용어의 다의성에 의존하고 있다. 자세한 것은 아래를 참조하라.

이 정형구의 역사적 기원이 어떠하든 간에 대부분의 인도불교학파들은 (삼세에 따라 해석하는) 12지 계열을 주요한 교설 도구로서 사용하게 되었으며, "생명의 바퀴"의 형태로 그것을 예시하는 것은 아직까지도 불교권의 사원에서 발견된다. 전체적인 불교의 가르침을 요약하기 위한 발견적(heuristic) 장치로서, 12지는 광범위한 교설을 간결하게 요약하고 있다. 어떤 경우이건 그것의 보다 심오한 함축성은 특정한 맥락에서 구체화될 필요가 있을 것이다. 그러므로 이하 단락에서 우리는 이 정형구의 핵심 요소들을 분석하고, 어떻게 식이 한 생에서 다음 생으로 업과 반작용의 자기-강화하는 사이클에 의해 추동되는지를 검토할 것이다. 우리가 다룰 것은 우리의 잘못된 이해와 이 잘못된 이해가 촉발하는 행위들, 그리고 그것들이 인도하는 심리학적이고 '심리-존재론적' 결과 사이의 복합적인 피드백 관계이다. 그러나 먼저 우리는 업이 지시하는 것이 무엇인지를 분명히 해야 하며, 만일 실재하는 '자아'가 없다면 누가 또는 무엇이 태어나는가 하는 영원한 질문을 던져야 한다.

1) 자아 없는 인과와 지속성

'saṃsāra(윤회)'는 문자적으로 순환을 뜻한다. 그 사이클을 굴리는 것은 의도적인 행위들과 그것들의 결과라는 업의 강력한 과정들이다.[17] 다르게 말하자면, 연기의 계열이 기술하는 것은 업이 일어나는 방식과 그것들이 촉발하는 결과, 그리고 어떻게 그것들이 역으로 계속해서 업으로 이끄는가이다. 요약하면 그것이 윤회라는 악순환이다.

* * *

비록 업(karma)이 인도의 모든 종교체계에서 핵심적인 것으로 풍부히 직조되어 왔던 용어이지만 그것은 언뜻 보기보다 그렇게 분명하지는 않다. 인도의 배경에서 유래한 다른 많은 용어들에서처럼 붓다는 '종교적 행위 의례'를 의미하는 karman이라는 이 산스크리트 단어를 재해석하고 그것에 새롭고 보다 심리학적 의미를 부여했다.

> 비구들이여, 나는 업이 의도라고 설한다. 의도한 후에 그는 신·구·의를 통해 행위를 한다. (A III 415)[18]

---

17 팔리어에서 kamma이다. 우리는 산스크리트어 karman에서 유래한 영어식 표현인 karma를 사용하는데, 이 단어는 문자적으로 "행위"나 "행동"을 의미한다.

18 A III 415. PTS. (cetanāhaṃ bhikkhave kammaṃ vadāmi; cetayitvā kammaṃ karoti kāyena vācāya manasā). 이것은 전통적으로 업을 신·구·의의 3종으로

보다 특정하게, 업은 마침내 결과를 낳는 의도적 행위(sañcetanika-kamma)를 가리킨다. 이것은 뒤따르는 모든 논쟁에 영향을 끼칠 하나의 규정이다.

> 아난다여, 신체의 〔행위들이〕 있을 때 개인의 즐거움과 고통이 신체〔와 말, 마음〕의 〔행위들의〕 의도의 결과로서 일어난다. (S II 39-40. PTS)

그렇기에 의도(cetanā, 思)는 결과를 낳는 행위에, 그것이 업적인 행위가 되는 것에 필수적이다. 그러므로 예를 들어 거리를 걷다가 발로 부주의하게 짓밟은 곤충들이나 또는 머리를 빗으면서 알지 못한 채 이를 죽이는 것은 살생의 업을 짓는 것이 아니다. 왜냐하면 그들을 죽이려는 어떤 의도도 없기 때문이다. 그러나 모기를 잡거나 범죄자를 처형하는 것은 〔살생의 업을〕 짓는 것이다.

그렇지만 업이라는 용어의 의미와 사용은 초기불전에서조차 피할 수 없는 모호성을 갖고 있다. 업은 관련된 복합성, 즉 "원인과 결과 양자에 관한 행위"(PED 191)를 지시한다.[19] 그러므로 비록 업이 종종 특정하게 원인으로서의 행위를 가리킨다고 해도, 다른 맥락에서 그것은 어떤 행위의 결과(karma-phala '업의 결과', 또는 karma-vipāka '업의

구분하는 것을 반영하고 있다. 호흡은 신체적 행위이고, 거친 생각과 미세한 생각(vatakka-vicāra)은 언어 행위이고, 想과 受는 심의 행위이다.(M I 301)

19 Piatigorski는 "그 〔업〕이 실제 행하는 유일한 것은 원인과 결과를 **연결시키는** 것이다."라고 주장한다.(1984: 50, 강조는 원문)

이숙')를 가리킨다. 그렇지만 그런 구별은 항시 명백하게 이루어지지는 않고 때로 상당히 모호성을 야기한다. 보다 커다란 모호함으로 이끄는 것은 다른 맥락에서 업이 결과를 위한 잠재성, 다시 말해 (원인으로서의) 행위를 수행했지만 아직 (결과로서의) 과보를 받기 이전의 중간 시기를 가리킬 경우이다. 이 의미에서 업은 축적되고 적집된다고 설해진다. 그는 "업을 적집하거나" 또는 "일단의 선업"을 모은다. 이러한 중요한 업의 의미는 불가피하게 남게 된 만큼 문제가 되었다.

이 업적 잠재성의 축적의 영향을 극복하는 것이 불교수행의 중대한 관심사의 하나이다. 왜냐하면 윤회존재는 그런 행위들과 그 결과 그리고 추후의 결과를 낳기 위해 항시 현존하는 잠재력에 의해 영속화되고 또 크게 규정되기 때문이다. 그러므로 붓다는 다음과 같이 설하신다.

> 비구들이여, 나는 의도되고 수행되고 축적된 업들은 그것들의 결과들이 현세에서나 내세에서 또는 이어지는 재생에서 경험되지 않는 한, 결코 소진되지 않는다고 말한다. 그리고 의도되고 수행되고 축적된 그 업들의 결과들이 경험되지 않는 한, 고통의 끝을 행하지 못할 것이다. (A V 292. Nyanaponika 1999: 265)

그렇지만 이는 결코 강한 결정론이 아니다. 왜냐하면 그것은 인도종교들에 종종 투사되곤 하는 운명론적 태도로 이끌 것이지만, 붓다는 이를 거부하고 있기 때문이다.

과거의 업을 결정적인 요소로서(sārato paccāgacchataṃ) 의지하는

> 자들은 이것을 행하고 저것을 행하지 않을 추동력과 노력을 결여할 것이다. 그들은 이것이나 저것이 행해져야만 하고 행해져서는 안 된다고 단언할 어떤 타당한 근거도 갖지 못할 것이다. … 〔그들은〕 정념 없이 그리고 자기제어 없이 살아간다. (A I 174, III 61. Nyanaponika 1999: 62)

더욱 업에 대한 결정론적 관점은 업의 조건화로부터 해탈할 가능성을 배제할 것이다. 이에 반대해서 붓다는 다음과 같이 주의를 준다.

> 만일 누가 어떤 방식으로든 업을 행하는 바로 그 순간에 그 결과를 경험한다고 어떤 이가 말한다면, 그 경우에는 성스러운 삶(을 위한 가능성)도 없게 될 것이며, 고통을 완전히 종식시킬 기회도 없게 될 것이다. 그러나 만일 업을 행하는 누가 그 업이 다양하게 경험될 수 있으며, 그것의 결과를 상응하게 받는다고 어떤 이가 말한다면, 그 경우에 성스러운 삶(을 위한 가능성)도 있게 될 것이며, 고통을 완전히 종식시킬 기회도 있게 될 것이다. (A III 110. Nyanaponika 1999: 315, n.70)[20]

그러므로 초기불전에서 붓다는 업들은 그것들을 촉발하는 동기들에 상응하게 결과로 인도하지만, 전적으로 결정하는 것은 아니라고 가르쳤다.

---

20 Nyanaponika(1999: 315, n.70)에서 A III 110은 PTS판 A I 249에 해당된다. Johansson(1979: 146)을 보라.

* * *

그럼에도 불구하고 하나의 핵심적인 의문은 남는다. 만일 지속하는 자아가 없다면 그 업의 결과를 향수하는 자는 누구인가? 이 질문은 회피될 수 없고, 또한 그에 대한 답변은 우리가 불교 내부의 논쟁에서 보듯이 보기처럼 명백하지는 않다.

많은 다른 논점들에서처럼 붓다는 여기서도 두 개의 극단 사이의 중도로 이끌고 있다. 개아를 원인과 조건들에 의존해서 생겨나고 소멸하는 심리-물리적 과정들의 지속적인 흐름으로 묘사하면서, 붓다는 업의 결과를 경험하는 자는 정확히 동일한 개아도 아니고 완전히 다른 개아도 아니라고 말한다. 강물이 매 순간 항시 변화하기 때문에 우리가 동일한 강물에 두 번 들어갈 수 없듯이, 마찬가지로 우리는 정확히 동일한 개아가 아니다. 왜냐하면 우리의 생명을 구성하는 조건들과 과정들은 매 순간 항시 변화하기 때문이다. 또한 우리는 완전히 다르지도 않다. 왜냐하면 강물의 흐름들이 그것들을 지지하는 조건들의 지속성에 의존해서 일관된 패턴으로 떨어지듯이 개아의 '심의 흐름들'의 지속성도 그것들의 원인과 조건들의 지속성에 의존하기 때문이다. 따라서 비록 우리가 한 찰나 이전의 (또는 전주나 작년, 또는 전생의) 우리와 결코 완전히 동일한 개아일 수는 없지만 우리는 또한 전적으로 다르지도 않은 것이다. 오히려 우리는 지속적으로 진행하는 다수의 과거의 업들과 사건들의 결과이며, 그것들의 '상속자'인 것이다.[21] 따라서 붓다는 선언한다.

---

21 M III 204, Cūḷakammavibhaṅga Sutta(업에 대한 작은 분별경): "유정들은 그들의 업의 소유자이고 상속자이다. 그들은 그들의 업으로부터 나오며, 그들의 업에

이 신체는 너에게 속하지 않으며, 또한 다른 어떤 이에게도 속하지 않는다. 그것은 구성되었고, 의도되었고, 지금은 경험되어져야 하는 과거의 업의 〔결과라고〕 보아야 한다. (S II 64)[22]

따라서 변화하고 조건지워진 이 세계와 무관하게 불변하는 경험의 장場으로서의 자율적인 주체라는, 고대 인도 당시의 자아에 대한 관념 대신에 우리는 업의 개념에서 표현되고 또 연기의 반복적인 패턴 속에서 예시된, 인-과 관계의 관점에서 지각을 가진 존재의 지속성을 가장 잘 이해할 수 있다고 붓다는 가르쳤다. 다른 말로 하면, 무명이 제행을 조건짓고, 제행은 식을 조건짓는다는 등이다. 연기의 계열에서 설명된 대로 업과 그것의 결과의 작동은 불교적인 지속성의 이론이다. 즉, 제행과 인지적 앎 사이의 의존관계의 지속성이다.[23]

묶여 있고, 그들의 업을 귀의처로 가진다."(Ñāṇamoli 1995: 1053) A V 57: "나는 나의 업들의 소유자이며, 나의 업들의 상속자이다. 업들은 (그것으로부터 내가 나온) 자궁이며, 업들은 나의 친척이고, 업들은 나의 보호물이다. 내가 선하거나 악한 어떤 행위를 하든 간에 나는 그것들의 상속자가 될 것이다."(Nyanaponika 1999: 135) 팔리어 경장에는 이와 유사한 무수한 문장들이 있다.

22 S II 64. (nāyam … kāyo tumhākaṃ na 'pi aññesaṃ. purāṇam idam kammam abhisankhatam abhisañcetayitam vediniyaṃ daṭṭhabbaṃ) (Johansson 1979: 148) 번역은 수정.

23 이를 몇 단어로 표현하는 것은 충분히 쉽지만, 이 단순한 아이디어의 함축성은 과대평가하기 어렵다. Kaisa Puhakka가 말하듯이, "연기의 교설에 따르면 현상들은 서로 의존해서 생멸하고, 그런 상호의존성은 바로 현상의 본질이다. … 〔그러나〕 만일 '본질'이 별개의 독립적으로 존재하는 사물을 의미한다면, 실제로 어떤 본질도 없다. 대조적으로 서구에서 의존성은 현상들 간의 공간적이고 시간적

비록 인도불교사상의 주류 흐름에서 이 기본적 관점에서 심각하게 벗어나는 것은 없지만, 그것의 세부사항에 대해서는 무수한 논쟁들이 있었다. 실제로 알라야식의 존재 이유의 하나는 무아라는 특정 개념 하에서 오직 그것만이 업의 영향의 지속성을 설명할 수 있다는 점이다. 이는 이미 초기문헌들에서 아미달마의 맥락 하에서 (모든 의미에서) 식과 업 사이에서 표현된 관계를 재구성함에 의해 일차적으로 달성되었다. 그 업의 영향들이 식과 밀접히 연결된, 그치지 않는 심의 흐름을 통해 한 생에서 다음 생으로 존속한다고 생각되기 때문에, 우리는 이 핵심적인 관계를 주의깊게 검토해야만 한다. 왜냐하면 우리는 유가행파의 알라야식 개념을 위한 토대를 놓은 것은 바로 식(viññāṇa) 개념의 다의성과 식의 다양한 역할이라고 주장하기 때문이다.

3. 연기의 정형구에서 식(viññāṇa)

이 핵심적인 절에서 우리는 연기의 계열 내에서 제행(sankhārā)과

관련성에 영향을 주지만 그것들의 별개의 동일성에 영향을 주지는 못한다고 보통 생각된다. …"

"추상적이고 외부적인 원리로서의 서구의 인과성 개념과 구별되는 것으로서 업의 원리는 그것이 지배하는 현상에 대해 구체적이고 내재적인 것으로 특징지어 질 수 있다. 이미 거기에 있는 것은 현상에 작용하는 외부적인 힘이라기보다는 현상을 **구성하는 것이기** 때문에 내재적인 것이다. 그것이 현상 상의 추상적 관계를 가리키기보다는 현상 자체를 가리키기 때문에 구체적인 것이다. 달리 말하면 업은 현상에 작용하는 것이 아니라 현상이 바로 업의 작동인 것이다."(Puhakka 1987: 424, 강조는 원문)

식(viññāṇa) 사이의 상호적이고 업의 측면에서 산출적인 관계를 분석할 것이다. 다시 말해 〔연기의〕 정형구는 우리의 과거 행위와 그 행위들이 산출하는 식, 그리고 그것들이 이끌어내는 행위들 사이의 악순환을 묘사한다. 이 관계는 계속해서 제행과 식의 형태 등으로 이끈다. 우리는 식과 제행 사이의 복잡하지만 매력적인 관계의 세부사항들에 몰두할 때에 이 넓은 그림을 염두에 두어야 한다.

전체적인 알라야식 개념은 아마도 초기의 식識 개념을 둘러싼 모호함에서부터 생겨났을 것이다. 왜냐하면 그것은 두 개의 구별되는 의미영역을 보여주기 때문이다. 팔리어 viññāṇa와 어원이 동일한 산스크리트어 vijñāna는 접두어 vi-(라틴어 dis-와 관련)에 어근 jñā "to know"(그리스어 gnosis, 라틴어 (co)gnitio, 영어 know와 어원을 공유)를 더해 만들어진 것으로, "구별하는, 요별하는 행위, 앎"(PED 287, 611; SED 961)을 의미한다. 비록 '요별'이 보다 적절한 번역어이지만 '인지적 앎(cognitive awareness)'이 특정 감각영역에서 특정한 대상에 대한 앎으로서의 식의 의미를 보다 잘 나타낸다. 반면 '의식(consciousness)'은 하나 생에서 다음 생으로 존속하는 지각(sentience)으로서의 식의 측면을 강조한다.

따라서 두 개의 구별되는 의미가 viññāṇa(識)가 초기불전과 연기의 정형구에서 생기는 방식에서 식별될 수 있다. 그 측면들에 대해 팔리 학자인 위제세케라(Wijesekera 1964: 254f.)는 "윤회적 식(saṃsāric viññāṇa)"과 "인지적 의식(cognitive consciousness)"이라고 불렀다.[24] 전

---

24 O. H. de A. Wijesekera는 viññāṇa의 두 측면 사이의 관계를 다음과 같이 논하고 있다. "불교의 viññāṇa 개념의 성격에 관해 위에서 말했던 것으로부터 왜 대부분의 저자들이 viññāṇa란 용어가 불교문헌에서 여러 의미를 갖고 있다는 결론에 도달하

자 "윤회적 식"은 자체로 식으로서 모든 생명체에게 필수적인 기본적인 지각성이다. 그것이 불교사상에서 항시 지지하는 조건들에 의존해 있고, 또 업들에 의해 영속화되는 것이다. 이 의미에서 viññāṇa는 재생의 순간에 초기 배아에게 들어오고, 전 생애 동안 신체에 주하며, 죽음의 순간에 〔신체를〕 떠나 다른 삶으로 전이하는 것이다. "viññāṇa(식)"의 이 측면은 거의 인식대상과 무관하게 언급되었다. 반면에 "인지적 viññāṇa"는 거의 삶의 매 찰나에 일어나는 의식적인 인지적 앎의 형태를 가리키며, 인간존재에서 5종의 감관과 의意라는 여섯 양태들 속에서 일어난다. 그것은 거의 항시 그 필수조건의 하나로서 그것의 특정한 대상들과 관련해 규정된다.[25] 두 형태의 〔식〕 사이의

게 되었는지를 이해하는 것은 어려운 일이 아니다. … 그것은 대부분의 구절들에서 인지적인 또는 지각적인 의식의 의미를 가진다. 그렇지만 덧붙여서 viññāṇa는 팔리어에서 saṃvattanika viññāṇa라는 특별한 용어에 의해 표시되듯이 개체 내의 존속하는 요소를 의미하기도 한다. … 소위 viññāṇa의 '별개의 의미들'이 많은 다른 실체를 지시하는 것이 아니라 동일한 현상의 **측면들**을 가리키는 것이다. … 따라서 팔리어 경장에 반영된 초기불교의 견해에서 viññāṇa는 윤회나 경험적 존재 속에 지속하는 것처럼 개체에 속한, 모든 의식적이고 무의식적인 심리적 출현을 위한 토대이다.(Wijesekera 1964: 259, 강조는 원문)

25 PED의 항목이 viññāṇa란 용어의 다의성을 잘 보여주기 때문에 그것을 온전히 인용할 가치가 있다. "(불교 형이상학에서의 특별한 용어로서) 개체의 구성요소와 (개체의) 생애의 담지자, (재생을 넘어 확장되는) 생명력, 의식적인 삶의 원리, (심과 물질의 기능으로서의) 일반 의식, 재산출적인 힘, 활력, 윤회하고 한 개체의 생을 〔사후에〕 다음 생으로 〔업에 따라〕 전환시키는 것으로서의 심이다. 이런 (근본적) 적용에서 그것은 보통 '심'으로 표현되는 감각적, 지각적 행위로 특징지어질 것이다. viññāṇa에 하나의 단어만을 부여하기는 어렵다. 왜냐하면 예전의 불교도와 현대의 관점 사이에는 많은 차이가 있으며, 또한 경장 자체에서도

차이는 식의 생기를 위한 두 개의 전형적인 정식으로 표현되고 있다.

제행(sankhārā)에 의존해서 식(viññāṇa)은 일어난다. (S II 2)
안眼과 색色에 의존해서 안식眼識이 일어난다. (S II 73)

그렇지만 계속 분석해 보면 우리는 식의 두 '측면들' 사이의 보다 깊고 기대하지 않았던 관계를 알아차릴 수 있다. 그것들은 실제로 서로 조건이 된다. 한편으로 '윤회적' 식은 어떤 '인지적' 식이 일어나기 위한 조건의 하나를 이룬다. 왜냐하면 지각성은 모든 생명체에 반드시 동시수반하기 때문이다. 다시 말해 오직 유정들만이 인지적 앎을 갖고 있다. 다른 한편으로 인지적 앎으로서의 식은 업들이 일어나는 다양한 과정들의 중심에 있다. 다시 말해, 인지과정들은 전형적으로 의도를 통해, 따라서 무한한 재생을 통해, 끊이지 않는 흐름 속에서 지속하는 윤회적인 식의 '측면'을 궁극적으로 영속화하는 업으로 인도한다. 앞으로 보게 되듯이 식의 두 '측면들' 사이의 복합적인 관계는 (갈애 등에 의해 영향받은 업과 상응하면서) 심 자체의 내적 역동성의 관점에서 대체로 설명될 수 있는, 자기를 영속화하는 피드백 사이클의 핵을 이룬다. 후대의 알라야식의 모델에서 식의 두 측면들은 명시적으로 구별되었고, 또 그것들의 관계는 명시적으로 상호적이고 동시적인 조건(anyonya-sahabhāva-pratyayatā)의 견지에서 기술되었다. 우리가

이 용어는 다양하게 사용되고 있기 때문이다. … 승원의 학문적 교의는 viññāṇa를 (a) 온(skandha), (b) 界(dhātu), (c) 연기, (d) 食(āhāra), (e) 신체(kāya)의 범주 하에서 고찰한다."(PED 618)

생각하기에 이 관계는 초기불전에서 처음으로 스케치된, 식의 두 '측면들' 사이의 상호작용의 체계화로서 가장 잘 이해된다. 비록 식의 두 '측면들'이 초기 교설에서 크게 구별되지 않았지만, 그것들이 나오는 개소에 대한 의미론적, 기능적 맥락의 분석은 대부분의 전통적이고 현대적인 주석자들로 하여금 거의 비슷한 결론으로 이끌었다.

이를 입증하기 위해 우리는 의식과 인지적 앎으로서의 viññāṇa(識)의 이중적 역할을 연기의 정형구 속에서 특히 식의 형태들과 제행 사이의 복합적인 관계에 초점을 맞추어 분석할 필요가 있다. 이 과정에서 우리는 식이 핵심적 역할을 수행하는, 세 개의 다르지만, 상호관련된 영역들을 구별할 것이다. (1) 심리학적 영역: 일상적인 지각과 개념, 의도의 과정들. (2) 심리적-존재론적 영역: 저 심리학적 과정들과 (그것들이 촉발하는 업, 그리고) 윤회 내에서 개체의 장기간에 걸친 운명 사이의 인과관계. (3) 구제론적 영역: 그런 존재를 영속화하는 업의 에너지를 포함한 식의 소멸이다. 우리는 '의식'으로서의 식(viññāṇa)의 심리학적-존재론적 차원과 구제론적 차원을 간단히 논의하고, 이어 그것의 명백한 심리학적 측면들을 검토할 것이다.

1) 의식으로서의 식

초기문헌들에서 순수한 지각성 또는 의식으로서의 viññāṇa(識)는 전체로서의 윤회적 존재와 실제로 거의 외연이 같다. 그것은 그의 전 세간적 삶을 통해 중단되지 않고 생겨난다. 그것은 각각의 생의 시작에 모태 속으로 "하강하며", 그것이 끝날 때 "떠난다." 그리고 그것은 단지 윤회적 존재의 끝인 열반에서 완전한 소멸에 이른다.

이 특징들은 나중에 알라야식에게도 마찬가지로 귀속될 것이다.

식(viññāṇa)은 윤회존재의 지속과 영속성과 다양한 방식으로 밀접히 관련되어 있다. 먼저 식은 4식(食, āhāra)의 하나로서 거친 음식과 접촉, 심적 의도와 함께 각각의 단일한 삶과 삶의 흐름을 "유지시킨다."[26] 갈애에 의해 추동되어 식의 지속성은 재생 자체의 선행조건의 하나가 된다. 붓다께서는 설하신다.

> 식은 그곳에서 안주하고 증대된다. 식이 안주하고 증대되는 곳에 명색의 하강이 있다. 명색의 하강이 있는 곳에 제행의 증대가 있다. (S II 101)[27]

식(viññāṇa)은 따라서 현세에서 새로운 지각력이 있는 신체(nāma-rūpa, 名色)의 증대를 위한 선행조건일 뿐 아니라 "제행(sankhārā)의 증대"를 위한 선행조건이다. 재생 후에 식과 생명의 다른 수반요소들인 '명근(āyu)'과 '체온(usmā)'은 끊임없이 전 생애를 통해 지속하며, 그것들이 떠날 때에 그는 죽는 것이다.[28] 그 후에 이러저러한 조건들에

---

26 S II 13. "viññāṇa라는 자양분(viññāṇāhāro)은 미래의 새로운 재생의 조건이다. (viññāṇāhāro āyatiṃ punabbhavābhinibbattiyā paccayo). 알라야식도 MSg I.37에서 식이라는 자양분으로 불린다.

27 S II 101. (kabaliṃkāre … phasse … manosañcetanāya … viññāṇe ce … āhāre atthi rāgo atthi nandī atthi taṇhā patiṭṭhitaṃ tattha viññāṇaṃ virūḷhaṃ. yattha patiṭṭhitaṃ viññāṇaṃ virūḷhaṃ atthi tattha nāmarūpassa avakkanti). 위에서 인용한 D II 62와의 차이에 대해 주목하라. 거기서 모태로 하강하는 것은 명색이 아니라 식이다.

의존해서 "식은 안주하고 증대하면서 미래에 새로운 존재가 된다."(S II 65)[29] 따라서 위제세케라는 다음과 같이 언급한다.

> 식(viññāṇa)이란 용어가 초기불교에서 모태로부터 다시 모태로 들어감(gabbā gabbaṃ: Sn.278, cp. D iii 147)에 의해 보통 윤회라고 알려진 반복된 재생을 낳는, 개체의 **존속하는 요소**를 가리킨다는 사실을 피하기 어렵다는 결론이 나온다. (Wijesekera 1964: 256, 강조는 원문에 따름)[30]

식(viññāṇa)의 과정들이 자라고 증대하며 그럼으로써 윤회존재를 존속시키는 반면에, 그것들도 적정하고 고요하게 되고 종식되고 생사의 순환의 끝을 나타낼 수 있다. 실제로 (다른 네 개의 온과 함께)

---

28 S III 143 (PTS). "명근과 체온, 식의 세 요소가 이 신체를 떠날 때, 그것은 마치 생기없는 나뭇조각처럼 던져지고 버려진다." Cf. M I 296 및 AKBh II 45a-b. (Schmithausen 1987: 285, n.165)

29 S II 65 (PTS). (tasmiṃ patiṭṭhite viññāṇe virūḷhe āyatiṃ punabbhavābhinibbati hoti). D II 68, S III 54도 한 생에서 다음 생으로의 식의 지속성을 기술한다. S I 122 + S III 124 (PED 618)에서 식은 다른 신체로 이행한다.

30 Wijesekera는 경장과 주석문헌들에서 재생하는 식을 나타내는 무수한 용어들을 제시한다. 그것은 "전문술어로 saṃvattanika-viññāṇa 또는 유전하는 식이라고 불린다." "후대에 이를 대신해서 paṭisandhi-viññāṇa(結生識)이란 용어가 사용된다. … 이제 이 윤회하는 viññāṇa는 식의 흐름(viññāṇa-sota)과 다른 것일 수 없다. 그것은 장부에서 (D iii 105; cf. Sn 1055 etc.) 세계로 확장하는 것으로 언급되고, 상응부(S iv 291)에서 존재의 흐름(bhava-sota)으로 불린다."(Wijesekera 1964: 255)

식의 소멸은 한 구절에서 해탈과 동일시된다. "염리와 이욕, 식의 소멸에 의해 그는 취착없이 해탈된다. 그는 진실로 해탈되었다."(S III61)[31] 이런 식의 소멸은 윤회존재를 영속화하는 업을 대치하는 불교 수행에 의해 산출된다.[32] 그런 수행의 결과로 식은 더 이상 취착에 의해 증대되지 않는다. 반대로 취착이 없는(anupādāna) 비구는 열반을 얻는다.(M II 265)[33] 따라서 "식이 안주하지 않고, 증대되지 않고, 의욕작용이 없을(anabhisankhāra) 때, 그것은 해탈한다."(S III 53)[34] 따라서 붓다나 아라한은 식이 아직도 계속해서 윤회에 안주하는 세속적 존재와 달리, 그들의 식은 더 이상 윤회존재에 안주하지 않는다(appatiṭṭhita-viññāṇa).[35] 유가행파도 이 개념을 알라야식의 소멸과 연결시키고 있다. 업적으로 추동된 재생의 과정들의 끝에서 열반을 증득하면서,

---

31 S III 61. (viññāṇassa nibbidā virāgā nirodhā anupādā vimuttā te suvimuttā). (번역: Johansson 1965: 200)

32 S III 61. "사성제는 식의 소멸로 이끄는 길이다."(번역: 상동)

33 M II 265. (anupādāno … bhikkhu parinibbāyati). Johansson 1979: 71.

34 S III 53. (tad apatiṭṭhitaṃ viññāṇaṃ avirūḷhaṃ anabhisankhārañ ca vimuttaṃ). Dutt는 다음과 같이 주석하고 있다. "apatiṭṭhita-viññāṇa의 의미는 상응부에서 주어졌다. 거기서 그것은 신체의 물질 요소들에 대한 탐욕(rāga)〔이 일어날〕 때에만 일어나는 식으로 설명되었으며 여기서 다른 네 가지 구성요소들은 제거되었다. 그것은 구성된 것이 아니며, 증대되지 않고, 인연을 여의고 있고 따라서 해탈되었다. 벗어나 있기에 그것은 견고하며, 견고하기에 그것은 안락하다. 안락하기에 그것은 나쁜 것으로 변화하는 데 대한 두려움이 없다. 두려움이 없기에 그것은 반열반을 얻는다."(Dutt 1960: 285f.)

35 이것은 붓다나 아라한의 공통된 칭호이다. D III 105; S I 122; S II 66, 103; S III 54.

무수한 생애 동안 존속했던 세간적 의식의 흐름으로서의 그의 식도 소멸하거나 또는 근본적으로 변화된다. 식의 소멸은 여기서 '업의 작용들'의 파괴와 소멸(anabhisankhāra, S II 53)과 밀접하게 동일시된다. 우리가 나중에 보게 되듯이, 이것은 윤회존재의 지속적인 존속을 위해 필수적인 것이다.[36]

---

36 초기 팔리문헌의 연구에서 종종 그런 것처럼 이 서술에는 제한이 필요할 것이다. viññāṇa가 어떤 형태로 윤회존재를 넘어 지속한다고 제안하는 다른 구절들이 있다. Sn 734-5는 viññāṇa의 소멸과 적정을 모순이 없는 것처럼 서술하고 있다. "만일 viññāṇa가 소멸된다면 고의 발생도 없을 것이다. viññāṇa의 적정을 통해 비구는 갈애로부터 벗어나 완전히 해탈한다," M I 329는 "viññāṇa가 속성으로부터 벗어나 무한하고 모든 곳에서 빛나게 된다."고 말한다.(Johansson 1979: 62f.) 우리가 바로 보았던 것처럼 붓다나 아라한의 viññāṇa는 근거나 지지처가 없다(apatiṭṭhita-viññāṇa)고 말해지지만, 그러나 그것은 완전히 소멸한다는 것이 아니다.

apatiṭṭhita-nirvāṇa(無住涅槃)라는 표현이 MSg IX.1에서 유가행파의 해탈 개념과 관련해서 사용되고 있다는 것은 우연이 아니다. 여기서 윤회존재의 토대(āśraya)가 되는 알라야식의 염오된 부분들이 제거되었을 때, 그 토대는 완전히 변화해서 보살은 어떤 고정된 토대 없이(apratiṣṭhita) 지내는 것이다. 유가행파에서 이 개념의 사용에 대해서 Griffiths et.al(1989: 244f.)의 MSg X.34에 대한 주석을 보라. 또 長尾雅人(1991: 23-34); Sponberg(1979) 참조. Cp. MAVBh II.1, IV.12cd. 윤회 이후의 viññāṇa에 대한 모순적인 발상들은 열반과 붓다의 상태에 대한 후대의 많은 논쟁의 개요를 보여준다. 이들 초기 문헌들 속에 보존된 복잡하고 종종 모순되는 문장들은 우리로 하여금 후대 인도불교사상 내에서 제기된 많은 경쟁적인 논의들의 선구자를 상기시킬 뿐 아니라 또한 인도불교의 모든 단계의 연구를 위한 초기문헌들의 중요성을 상기시켜 준다.

(1) 제행과 갈애가 식을 증대시키고 윤회를 영속화함

식을 증대하게 하고 윤회존재 속에 확립하게 하는 것은 바로 인지적이고 정서적 번뇌들에 의해 촉발된 업의 행위들이다. 그러나 이것을 행하는 업의 행위들이란 무엇이며, 어떻게 그것들이 식의 안주나 지속으로 이끄는가? 그리고 이것이 식과 업 사이의 피드백 관계와 무슨 관련이 있다는 것인가?

비록 언뜻 보기에 분명하지 않지만, 제행(sankhārā)은 연기의 계열에서 두 가지 방식으로 사이클을 영속화한다. 그것들은 윤회의 지속성을 위한 토대 및 윤회를 영속화하는 원인들을 이룬다. 그 이중적 역할은 sankhārā(제행) 개념 자체의 과정-산물적인 성격 속에 함축되어 있다. 일반적으로 sankhārā(S. saṃskārā)는 의도적 행위들을 의미한다. 다시 말해 위에서(A III 415) 언급한 업의 정의에 따라 행위들은 결과를 발생시킨다. 그러나 sankhārā는 또한 그런 행위들로부터 산출되는 것을 가리킨다. 그러므로 인도불교에서 가장 중요한 술어의 하나로서 sankhārā는 이해하기 가장 어려운 것의 하나이며, 특히 번역에서 그렇다. '함께(with, together with)'를 의미하는 접두어 saṃ과 결합하고 또 어근 kṛ "행하다, 만들다"의 명사형태로서, saṃskārā는 문자적으로 '함께 만든 것' 또는 단순히 '형성'을 뜻한다. 팔리어와 산스크리트어의 많은 분사형 명사처럼 (또 "painting"이나 "building"과 같은 영어 단어처럼) sankhārā는 '과정-산물'의 양가적 의미를 보여준다. 다시 말해 그것은 '형성하는 행위'라는 능동적 의미와 '형성된 것'이라는 명사적 의미를 갖고 있다. 후자의 의미에서 sankhārā는 존재하는 모든 것이 다양한 원인과 조건들로부터 형성된 한에서 가장 광범위하게 전체 현상계를 가리킨다. 그렇지만 심리학적 의미에서 sankhārā는 그 행위들이 과거의 행위들로부터 형성된, 구성된 복합체이며 또한 현재와 미래의 행위들을 조건짓는, 구성하고 형성하는 영향인 한에 있어서, 보다 좁게 인간의 행위들을 이루는 의욕과 성향, 행위들을 가리킨다. 따라서 에저튼(Edgerton)은 sankhārā(saṃskārā)를 "새로운 상태를 조건짓는 것으로서 성향, 과거의 행위들의 결과와 경험"으로서, 또한 "조건화와 조건지어진 상태"(BHSD 542)라고 기술한다.[37]

어떤 것이 원인이면서 동시에 결과이며, 구성된 것이면서 구성하는 것이며, 조건지어진 것이면서 조건이라는 것은 모순처럼 보인다. 그렇지만 이 두 가지 성질은 많은 과정들에서, 특히 살아있는 유기체의 과정들에서 동시에 발견된다. 그것들은 이제 자연과학에서 널리 이해되고 있듯이 순환적인 인과성의 패턴으로 체화된 그들 자신의 상호적인 피드백 과정들을 통해 스스로를 발전시키고 영속화한다.[38] 우리는

---

37 Collins(1982: 202)가 약간 다른 맥락에서 말하고 있듯이, 제행은 "시간적 실재성을 구성하는 행위인 동시에 그와 같이 구성된 시간적 실재성이다." 이러한 "구성되고" 또 "구성하는" 이중적 성격은 saṃskāra와 upādāna와 같은 많은 불교 용어들 속에서 예견되어 있으며, 분사형에 의거하여 능동적/수동적 또는 원인적/결과적 양가성의 견지에서 표현되어 있다. 그것은 Sparkes(1991: 76; n.11)가 "과정-산물의 모호성"이라고 부른 것에 대응한다. 아마도 여기서 양가성이 '모호성'보다는 적절할 것이다.

38 "피드백은 삶의 중심적인 특징이다: 모든 유기체는 그들이 어떻게 하고 있는지 감지하고 필요할 경우 '비행 중'(mid-flight)에 변화를 만들어내기 위해 이 능력을 갖고 있다. 피드백 과정은 어떻게 우리가 성장하고 스트레스에 반응하고, 도전하고, 체온과 혈압, 당뇨 수치와 같은 요소를 조절하는지를 관장한다. 이런 유목적적이며, 대개는 무의식적인 것이 세포 내의 단백질의 상호작용부터 복합적인 환경에

강의 비유를 다시 사용해서 어떻게 이전의 행위들이나 사건들의 결과들이 이어지는 것들의 토대나 심지어 원인이 되는지를 예시하겠다.

강은 끊임없는 물의 흐름을 통해 점차로 형성된다. 먼저, 내렸던 빗물은 단지 지속적인 중력과 관성의 힘과 땅의 특정한 위치 그리고 길에 있는 여러 장애물들에 의해서만 유도되어 이리저리 흐른다. 물이 흐름에 따라 그것은 점차로 땅 아래로 고랑을 파며, 그와 같이 계속된 강우로부터 물은 이런 고랑을 따라 흐르게 된다. 시간이 경과하면 더 깊은 통로들이 형성되며, 그것은 이어지는 빗물의 흐름과 방향을 정하고, 그 흐름은 역으로 더 많은 물을 모으면서 더 깊은 통로를 만든다. 마침내 그 양자는 "강" 자체를 만들고 구성한다. 그러나 비록 물의 흐름을 정하는 것이 강바닥의 현재 형태라고 하더라도, 이 강바닥 자체는 이전의 물의 흐름에 의해 일차적으로 형성된 것이다. 이와 같이 전체의 강은 그 자체의 상호적인 피드백 과정들을 통해 형성된 것이다. 이전의 사건들에 의해 형성된 것이 이어지는 것들을 위한 토대가 되고 그럼으로써 그것들의 조건이 되는 것이다.

마찬가지로 초기불교의 세계관에서 우리가 체화하고 있는 다양한 종류의 신체들은 그것들의 특정한 유형의 인지적이고 감각적 성향들과 감각기관들과 함께 윤회존재의 특정한 조건들 속에서 무수한 생의 경과를 거쳐 형성된 것이다. 연속적인 우리의 체화된 존재가 취하는 길들은 우리의 과거의 행위들의 축적된 결과들에 의해 유도되며, 그것들은 끊임없이 현재의 우리의 행위들에 의해 강화된다. 즉, 증대되

서의 유기체의 상호작용에 이르기까지 모든 차원에서 작동한다."(Hoagland and Dodson 1995: 125)

고 "자란다." 그리고 그 행위 자체도 근저에 있는 우리의 다양한 성향들의 흐름들에 의해 깊이 영향받는 것이다. 불교 용어로 그 행위들은 욕망과 갈애의 힘과 윤회적 삶을 추동하는 관성적 힘에 의해 조건지어지며, 반면 그것들의 깊이 패인 길은 무수한 전생을 통해 구축된 강바닥으로서의 제행이다. 이 양자는 과거의 행위들로부터 나오며, 현재의 행위들의 토대로 되는 것이다. 따라서 제행들은 지속해서 우리의 신체적 형태뿐 아니라 의도적 행위와 심리적이고 정신적 에너지의 성질과 방향을 조건짓는 형성적인 영향력이다. 다시 말해 그 강둑에 의해 윤곽이 잡힌 채, 우리의 의식의 흐름은 끊임없이 신속하게 휘젓는 물의 기포 표면과 또 그 표면 아래로 흐르는 더 깊고 숨겨진 흐름과 함께 흐른다. 그 양자는 미세하지만 지속적으로, 이곳에서는 주머니를 샅샅이 뒤지고 저곳에서는 예금을 쌓아두면서, 그 강바닥과 그 둑의 윤곽에 자국을 남긴다. 강과 강바닥은 함께 지속적이고 상호적으로 조건짓는 관계를 이루는데, 그 관계는 그들 자신의 이전의 지속적인 상호작용의 역사에 의해 구축된 것에 지나지 않는다. 과거로부터 구축된 제행은 우리의 현재의 행위들을 위한 지속적인 토대가 된다.

이것은 기본적인 인도불교의 심의 관점에 극히 적절한 비유이다. 그것은 초기불교의 극히 비인격화된 인과성의 이해를 예시하기 때문에 더욱 그러하다. 그렇다면 누가 강을 만들었는가? 이 질문은 어떤 자연주의적 맥락에서도 제기되지 않았다. 그런 잘못된 질문은 다음과 같이 다시 표현될 것이다. "어떤 힘들, 어떤 원인과 조건들의 결합이 이 커다란 강을 만들었는가?" 강에서처럼 마찬가지로 초기불교의 맥락에서는 "누가 제행을 지었는가?" "누가 의식을 산출했는가?" "이것

은 누구의 신체인가?"라고 묻는 것은 의미가 없는 것이다. 붓다께서 설하시듯이,

> 이 신체는 너에게 속하지 않으며, 또한 다른 어떤 이에게도 속하지 않는다. 그것은 구성되었고, 의도되었고, 지금은 경험되어져야 하는 과거의 업의 〔결과라고〕 보아야 한다. (S II 64)

* * *

그렇지만 제행(sankhārā)은 단지 구성된 복합체 이상으로서, 그것들은 또한 적극적인 심리학적 의미에서 구성 요소이며, 그러한 것으로서 무수한 방식으로 인지적 앎의 생기를 조건짓는다. 비록 그것들의 가장 현저한 역할은 연기의 표준적 계열의 앞에서 이전 생에서 제행이 계속해서 직접 식을 조건지음에 의해 존재의 토대로서 기여하는 데 있지만, 제행은 의도적 행위로서의 그것들의 능력 속에서 보다 적극적으로 식의 '증대'를 산출한다. 몇 군데에서 제행은 실제로 업을 정의하는 특징인 의도(sañcetanā, cetanā, 思) 자체와 사실상 동일시되고 있다.[39]

---

39 S III 60은 제행을 "의도의 집합(cetanākāya, 思身)"으로 정의한다. 다시 말해 내6처의 대상인 색·성 등에 대한 의도이다.(rūpasañcetanā, saddasañcetanā …; 또한 A III 60) 제행과 의도는 실질적으로 교환가능하다. 고와 낙이라는 업의 여러 과보들은 신·구·의의 업을 유발하는 의도 때문에 일어난다.(A II 157, IV 171, Nyanaponika 1999. kāye va … kāyasañcetanāhetu uppajjati ajjhattaṃ sukhadukkhaṃ). 이 텍스트의 바로 다음 구절에서 "의도"는 제행에 의해 대체된다. 고나 낙은 신체의 행위를 함에 의해 일어난다. (kāyasankhāraṃ abhisankhar-oti yaṃ paccayā 'ssa taṃ uppajjati ajjhattaṃ sukhadukkhaṃ). 업들은 그것들이

의도적 행위로서의 이 sankhārā의 의미는 또한 연기의 많은 정형구에서 식의 생기를 조건짓는다.

예를 들어 한 짧은 구절에서 붓다는 의도(cetanā)와 사유(pakappanā) 그리고 수면(anuśaya)들이 윤회존재 내에서 식을 영속화하는 과정들을 묘사하고 있다.

> 비구들이여, 그가 의도하고(ceteti), 그가 계획하고, 또 그의 경향성(anuseti)이 있을 때, 이것이 식의 유지를 위한 조건이 된다. 토대가 있을 때 식의 안주를 위한 근거가 있다. 식이 안주되고 증대되기 시작하면 명색의 하강이 있다. … 그것이 이 전체의 고통의 무더기의 발생이다. …
> 그러나 비구들이여, 그가 의도하지 않고, 그가 계획하지 않고, 또 그의 경향성(anuseti)이 없을 때, 식의 유지를 위한 어떤 토대도 없다. 토대가 없을 때 식의 안주를 위한 근거도 없다. 식이 안주되지 않고 증대되지 않는다면 명색의 하강도 없다. … 그것이 이 전체의 고통의 무더기의 소멸이다. (S II 67)

그러나 어떻게 의도와 사유, 경향성이 미래에 재생을 취하는 식을 위한 "토대"를 만들 수 있는가? 그리고 어떻게 그것들이 식을 "증대하게" 하는가? 그것들이 갈애와 그것이 촉발하는 업의 행위들과 관련되기 때문에 이것이 발생하는 것이다.

초래하는 과보에 따라 복이 있거나 복이 없거나 중립적인 것으로서 분석된다.(D III 217)

우리가 보았듯이, 모든 행위들이 업을 일으키는 것이 아니라 단지 갈애와 같은 번뇌들에 의해 영향을 받은 행위들이 업을 일으킨다. 이 번뇌의 차원이 없다면, 업을 촉발하는 인지적이고 정서적인 번뇌들이 없다면, 윤회존재도 없게 될 것이다. 갈애는 사실상 불교사유에 핵심적이기 때문에 그것은 고통의 기원으로서 두 번째 진리에 해당된다.

> 무엇이 고통의 발생인가? 그것은 갈애로서, 재생으로 이끌고, 즐거움을 향한 욕망과 연결되며, 이곳저곳에서 기쁨을 발견하는 것이다. 즉, 욕망의 대상에 대한 갈애(欲愛), 존재에 대한 갈애(有愛), 비존재에 대한 갈애(非有愛)이다. 이것의 고통의 발생이라고 불린다. (M I 49)

다시 말해 지속적인 윤회라는 심리적-존재론적 귀결을 낳는 것은 인간 경험의 공통적인 측면들인 바로 욕망과 갈애에 의해 촉발된 행위들인 것이다.

갈애는 연기계열에서 두 방식으로 재생으로 이끈다. 표준적인 정형구에서 감각인상들과 감수가 갈애(taṇhā)를 일으키고, 그것은 다시 취(upādāna)의 생기를 조건짓는다. 갈애와 취는 번뇌로서 업의 활동을 촉발하고 그럼으로써 간접적으로 "윤회적" 의식을 조건짓는다. 그렇지만 다른 맥락에서 갈애는 직접 식의 증대를 조건지으며, 직접적으로 미래의 재생으로 이끈다. 이 절의 앞에서 인용한 매우 유사한 텍스트(S II 66)는 이미 재생했거나 또는 존재를 바라는 자에게 4종 자양분(āhāra, 食)의 어느 하나나 또는 모든 것에 대해 희열하거나 그것에 대한

갈애가 있을 때,

식은 그곳에서 안주하고 증대된다. 식이 안주하고 증대되는 곳에 명색의 하강이 있다. 명색의 하강이 있는 곳에 제행의 증대가 있다. 제행의 증대가 있는 곳에 미래의 재생의 산출이 있다. (S II 101)[40]

따라서 우리는 식을 지지하고 또 증대시키는 두 개의 힘을 보았다. 하나는 (위에서 인용한 S II 66에서처럼) 의도(cetanā)를 지닌 적극적인 제행이 현세에서 식의 안주를 위한 토대를 제공한다. 그리고 여기서 (S II 101) 바로 식과 같은 자양분을 위한 갈애라는 번뇌가 식을 안주하게 하고 증대시키게 하는 것이다. 식을 추동하고 윤회존재를 영속화하는 에너지를 일으키는 것은 바로 의도적 행위(karma)와 번뇌의 힘이라는 두 요소이다.

그러나 어떻게 그 과정들이 실제로 식의 '증대'를 촉진시켜 계속해서 재생으로 이끄는가? 붓다는 일련의 식물적 비유를 사용해서 묘사하고 있다. 유가행파도 비슷하게 이 비유를 사용해서 알라야식을 기술하고

---

40 S II 101. (kabaliṃkāre … phasse … manosañcetanāya … viññāṇe ce … āhāre atthi rāgo atthi nandī atthi taṇhā patiṭṭhitaṃ tattha viññāṇaṃ virūḷhaṃ. yattha patiṭṭhitaṃ viññāṇaṃ virūḷhaṃ atthi tattha nāmarūpassa avakkanti. yattha atthi nāmarūpassa avakkanti atthi tattha sankhārānaṃ vuddhi. yattha atthi sankhārānaṃ vuddhi atthi tattha āyatiṃ punabbhavābhinibatti). 우리는 12지 연기의 대부분의 남아 있는 지분들은 여기서 sankhārā(제행)에 의해 대체되고 있다고 지적할 수 있다. 이 맥락에서 이 구절의 중요성을 지적하고 있는 Aramaki(1985: 94)에게 감사드린다.

있다. 한 텍스트에서 붓다는 묻는다.

만일 5종의 종자가 부서지지 않고, 훼손되지 않고, 바람과 태양에 의해 손상되지 않고, 비옥하고, 잘 심어진다면, 또 땅과 물이 있다면, 이들 5종의 종자는 자라나고 증대되고 확대될 것인가? 존자시여, 그렇습니다.
비구들이여, 네 가지 식의 안주(ṭhjtiyā)[41]는 지의 요소처럼 보아야 한다. 즐거움과 희열은 수의 요소처럼 보아야 한다. 자양분과 함께 식은 5종의 종자처럼 보아야 한다. (S III 54)[42]

유사한 구절이 이 비옥한 이미지들을 효과적으로 전해준다.

업은 밭이며, 식은 종자이고, 갈애는 무명에 의해 장애되고 갈애에 의해 묶인 식이 하계에 안주하기 위한 습기이다. 따라서 미래에 다시 존재함이 있다. (A I 223, III 76, Nyanaponika 1999: 69)

---

41 Saṅgīti Sutta(D III 228)는 비록 팔리어 경장에서 가장 후대의 층위에 속한다고 보이지만, 식의 네 가지 토대로서의 4識住(viññāṇa-ṭṭhitiyo)를 나열하고 있다. "식은 (a) 물질성과 관련하여, 물질을 대상과 향수의 장소로서의 토대로 함에 의해 근거를 얻으며, 또는 (b) 감수와 (c) 想, (d) 行과 관련해서도 마찬가지다. 거기서 식은 자라고 증대하고 번성한다."(Walshe 1987: 491)

42 S III 54. ("증대되다, 증가하다, 확대되다"(pañcabījajātāni vuddhiṃ virūḷhiṃ vepullam āpajjeyyunti)라는 문장은 후대에 『해심밀경』에서 알라야식/아다나식과 관련하여 사용되었다. 5종의 종자는 뿌리와 줄기, 연결부위, 꺾기, 그리고 종자 자체를 통해 번식되는 식물들을 가리킨다.(Walshe 1987: 69; D I 5, III 44, 47) Cf. 불선한 심과 종자에 관한 구절은 A III 404-9.

식물적 비유가 보여주듯이, 식의 종자들은 업에 의해 준비되고 욕망과 갈애의 풍부한 원천에 의해 관개된 풍요한 밭에 안주하거나 "심어진다." 요약하면 식을 조건짓는 것은 바로 업과 번뇌이다. 유가행파가 알라야식과 관련하여 사용하고 있는 종자와 비유적으로 동일시되는 식은 업과 번뇌 사이의 밀접한 연관성을 제안하고 있다. 그 연관성에 대해 충분히 주목할 필요가 있다.

(2) 식 그리고 업의 과보를 위한 잠재성

비록 그러한 비유들은 분명히 시사적이지만, 그것들은 식과 업 사이의 관계가 실제 어떤 것이지를 거의 제시하지 못한다. 예를 들어 업은 축적되고 전달되며, 그들의 행위에 대해 "유정들은 상속자"(A V 292; M I 390; III 203)라고 말해지지만, 적어도 초기문헌들에서는 정확히 어떻게는 설해지지 않았다. 팔리 학자인 요한슨(Johansson)은 식이란 "업의 전달자"(1965: 195f.)이며 "업의 결과의 수집자"(1978: 61)라고 결론내리지만, 우리가 아는 한, 식이 업의 결과를 위한 종자나 잠재력을 받거나 보존하고 있다고 명확히 설하는 구절은 없다. 그럼에도 업과 식을 논의하는 구절들을 검토하면, 비록 각각은 모호하긴 하지만, 특히 우리가 식이 다생에 걸쳐 지속하는 유일한 과정이라는 점을 고려한다면 그것들이 서로 밀접히 연관되어 있음을 보여준다.

무엇보다 식 자체는 업의 성질에 의해 직접 영향을 받는다고 설해진다. "만일 무지한 자가 복된 행위를 했다면 그의 식은 공덕으로 가고, 〔만일 그가〕 복되지 않은 행위를 했다면 〔그의〕 식은 악덕으로 간다."(S II 82)[43] 이것들은 식이 업의 성질을 띤다는 것을 암시한다. 그리고 그 업의 잠재성은 그것들이 과보를 낳을 때까지 축적되는 것이다. 더욱 식은 죽을 때 그의 신체를 떠나서 수태 시에 새로운 신체로 들어가는 것으로 기술된 유일한 과정이라고 보인다.[44] 업의 잠재력도 개체의 생명의 흐름에 부착되어 일련의 재생들을 통해 지속되기 때문에, 그것은 적어도 어떤 경우에도 죽음과 재생 사이의 결정적인 결합 동안에는 식과 상응해서 그렇게 해야만 하는 것처럼 보인다. 비록 이것은 초기 팔리어자료들에서는 명시적으로 설해지지 않았지만, 그런 결론은 후대의 주석자들과 현대 학자들에 의해 공통적으로 도출

---

43 S II 82. (avijjāgato yaṃ … purisapuggalo puññaṃ ce sankhāraṃ abhisaṅkharoti, puññūpagaṃm hoti viññāṇaṃ. apuññaṃ ce sankhāraṃ abhisaṅkharoti, apuññūpagaṃ hoti viññāṇaṃ). (Johansson 1979: 61; 1965: 195f.) 핵심 술어는 "puñña/apuñña"이다.

44 이는 viññāṇa가 변하지 않고 한 생에서 다른 생으로 존속한다고 말하는 것이 아니다. 유명한 구절에서 붓다는 다음과 같은 "Sāti의 주장"을 특히 부정했다. "나는 세존께서 설하신 교법이 윤회를 통해 달려가고 돌아다니는 것은 동일한 식이지 다른 식이 아니라고 이해한다. … 그것이 말하고 감수하고 여기저기서 선업과 악업의 과보를 경험하는 것이다." 이런 주장에 대해 붓다는 "조건을 떠나 식의 발생도 없다"(M I 258. aññatra paccayā natthi viññāṇassa sambhavo ti)고 붓다께서는 응답했다. (경험의 주체에 대한 비슷한 형태가 M I 8에서 붓다에 의해 부정되었다.)

끊어지지 않고 지속하는 것은 차라리 식의 흐름이나 지속성이다.(S III 58을 볼 것) 비록 "식의 흐름"(viññāṇasotaṃ)이란 용어가 후대 문헌에 보다 많이 사용되고 있지만 그것은 초기문헌인 D III 105에서 한 번 나온다. "그는 두 개의 끝에서 그치지 않는 그 사람의 식의 흐름이 현세와 내세에 확립되었음을 안다."(purisassa ca viññāṇasotaṃ pajānāti ubhayato abbocchinnaṃ idhaloke paṭṭhitañ ca paraloke paṭṭhitañ ca). 이 모호한 구절의 다른 해석을 위해 Johnsson(1965: 192)과 Jayatilleke(1949: 216)를 보라.

되었다. 그러므로 요한슨은 동등한 자격과 정당성을 갖고 다음과 같이 선언한다.

> 우리의 존재가 축적적이며, … 우리의 현재 상태가 과거의 영향에 의해 끊임없이 변화된다는 것은 당연시된다. 식은 그 축적의 운반자이며, 시간적으로 끊임없이 흐르는 하나의 흐름으로 간주된다. (Johansson 1970: 66)

이 핵심적 질문은, 그것의 모든 모호성들과 함께, 초기문헌들에서는 대답되지 않은 채 남아 있으며, 더 세심함과 엄격함을 요구하는 시대인 아비달마와 유가행파의 교학 시기에 다시 돌아와서 불교사상가들에게 나타나고 있다.

*　　*　　*

이 절에서 우리는 한편으로 식(consciousness)으로서의 viññāṇa(식)가 모든 유정을 수반하며, 현세에서 그것의 반복된 "정착"이 그의 윤회적 운명과 동일한 외연을 갖고 있음을 보았다. 재생의 찰나에 식은 직접적으로 과거의 행위들로부터 투사된, 구성된 업의 형성력인 제행에 의해 조건지어진다. 그리고 현세에서 갈애라는 번뇌는 그것이 압박하는 업들과 함께 재생을 향한 식의 증대를 추동한다. 따라서 식은 재생의 처음과 다음 재생으로의 이전에서 업의 행위의 결과이며 산물이다. 더욱 식은 재생 동안에 지속하는 유일한 과정이라고 설해지기 때문에 그것은 다생 동안 업의 잠재성의 축적과 전달과 비록 규정될 수는 없지만 밀접히 연관되어 있다. 반면에 식(viññāṇa)은 적정하게 되고 소멸될 수도 있는데, 그 상태는 해탈과 실질적으로 동일시된다.

따라서 요한슨과 위제세케라가 결론내리듯이, 식(viññāṇa)은 개체 존재의 지속하는 요소로서, 초기불교의 윤회와 열반 개념에서 핵심적 역할을 한다. 뒤에서 보게 되겠지만 그 특징들의 각각이 알라야식이라고 하는 존속하는 지각성에 대한 유가행파의 관념을 예견하고 있다. 이것은 대상을 향한 인지적 앎의 무상하고 구별되는 기능들과 뚜렷이 대조된다. 이런 인지적 앎이 'viññāṇa'의 두 번째 측면으로서, 이제 우리가 다룰 것은 이런 의미의 식(viññāṇa)이다.

2) 인지적 앎으로서의 식(viññāṇa)

이 초기문헌들에서 식(viññāṇa)은 특정한 대상들과 상응해서 일어나는 한에서 인지적 앎을 가리킨다. 식의 '윤회적' 측면이 보통 과거의 행위들, 즉 제행(sankhārā)으로부터 생겨난 것과 관련해 논의되는 반면에, '인지적 식(viññāṇa)'은 전형적으로 현재의 대상의 맥락에서 논의되고 있다.[45] 그러나 그것이 전부는 아니다. '인지적 앎'은 또한 새로운 업을 일으키는 과정들에 직접 연루되어 있으며, '윤회적 식(viññāṇa)'을 윤회존재 속에 안주하여 지속케 하고, 그럼으로써 연기라는 악순환을 완성시키는 것은 바로 이 업이다.

이 맥락에서 식은 '인지적 앎'으로 옮기는 편이 더 좋다. 왜냐하면 이것은 특정한 인지대상과 상응해서 일어나는 앎이기 때문이다. 다시

---

45 두 개의 정형구를 비교하라. 제행(sankhārā)에 의존해서 식(viññāṇa)이 일어난다.(S II 2) ; 안과 색에 의존해서 viññāṇa가 일어난다.(S II 73)

말해, 특정 형태의 인지적 앎은 적절한 대상이 각각의 감각영역에 들어와서, 손상되지 않은, 각각의 감각기관(indriya)에 자극을 주고, 또 충분한 주의력(作意)이 거기에 현전할 때 발생한다.[46] 따라서 감관대상과 감각기관은 상관적으로 규정된다. 정의에 따르면 시각대상은 눈에 자극을 주는 것이다. 그렇지만 그 인지적 양태들은 그것들의 대상에 의해 구별되고 분류된다. "인지적 앎은 그것에 의존해서 앎이 일어나는 특정한 조건에 의해 고려된다."고 붓다는 설했다. "인지적 앎이 안眼과 색色에 의존해 일어날 때, 그것은 안식이라고 불린다."(M I 259) 인간에게 있어 인지적 앎은 안식에서부터 의식까지 6종의 특정한 양태로 분석된다. 그것은 각기 5종의 근과 의意에 의존한다. 6식 모두는 그것들에 대응하는 감각기관과 인식대상과의 동시수반에 의존해서 일어난다.

그렇지만 우리는 의(意, mano)의 기능에 의거하고 있는 제6 의식(mano-viññāṇa)의 비대칭성에 주목해야 한다. 왜냐하면 이것은 하나가 아닌, 두 개의 인식대상과 결합하여 일어나기 때문이다. 하나의 감각대상에 대한 인지적 앎이 일어날 때, 그것은 종종 그 앎에 대한 앎에 의해 뒤따라지는데, 그것이 "이러저러한 감각적 앎이 일어났다"고 하는 재귀적 앎(reflexive awareness)이다.[47] 이것이 의식(mano-viññāṇa)

---

46 보다 정교한 정형구가 예를 들면 M I 190에서 발견된다. "내적으로 눈이 손상되지 않고, 외적으로 색이 그 영역에 나타나고 또 상응하는 작의가 있다면, 그때 상응하는 식의 종류가 나타난다."(Ñāṇamoli 1995: 284) Jayatilleke(1963: 433f.)와 Johansson(1979: 84)을 보라.

47 M I 295. "벗이여, 안근, 이근, 비근, 설근, 신근, 의근이라는 저 5근 각각은 독자적인 경계와 독자적인 영역을 갖고 있고, 다른 경계와 영역을 경험하지

의 '대상들'의 하나이다. 그렇지만 의식도 사고와 반성, 관념 등처럼 감각지각과 독립해 있는 인식대상들과 결합해서 일어난다.[48] 따라서 의식은 대상으로서의 선행 찰나의 감각적인 인지적 앎 및 그 '자체'의 대상인 심적 현상이라는 2종의 대상과 결합해서 일어난다. 후자가 감각대상에 대비된 심리적인 것인 한에서, 그것들은 법(P. dhamma, S. dharma)이라고 불린다. 우리는 아비달마를 다루는 장에서 이 개념을 검토할 것이다. 일반적으로 말해서, 〔제6의식으로서의〕 심리적인 인지적 앎은 매우 다양한 의미를 갖기 때문에, 유가행파가 알라야식에 귀속시켰던 많은 특징들을 다른 학파들은 그 〔의식〕에 귀속시켰다.

그렇지만 의식은 초기불교에서의 심의 분석에서 다른 과정들이 그런 것처럼 영원하고 존속하는 행위자나 자아가 아니다. 동일한 이유에서

> 의意와 법法에 의존해서 의식이 일어난다. 의는 무상하고 변화하며 다른 것으로 된다. 법은 무상하고, 변화하며, 다른 것으로 된다. (S IV 69)

이 구절은 모든 식의 형태들이 그것들을 일으키는 조건들에 의존하

않는다. 이제 각자의 독자적인 경계와 영역을 갖고 다른 경계와 영역을 경험하지 못하는 5근들은 意를 그것들의 토대로 하며, 意는 그것들의 경계와 영역들을 경험하는 것이다."(Ñāṇamoli 1995: 391) Johansson(1965: 183).

48 Sn 834는 意(manas)에 의해 견해들을 사유한다고 말하며(manasā diṭṭhigatāni cintayanto), S I 207은 "意의 거친 사유(manovitakkā)"에 대해 말한다.(Johansson 1965: 183, 186)

는 것으로 간주되고 있다는 점을 강조한다. 식들은 행동한다기보다는 일어난다. 즉, 하나의 대상이 감각영역 속에 나타나고 그 각각의 감각능력들을 자극할 때, 특정한 종류의 인지적 앎이 자동적으로 일어난다.[49] 이는 제6 의식(mano-viññāṇa)에 있어서도 마찬가지다. 감각적 현상이 감각적인 인지적 앎을 일으킬 때 두 번째의 인지적 앎이 그 대상으로서 첫 번째 인지적 앎에 의존해서 일어나게 된다. 그것의 재귀적 성격에도 불구하고 는意는 "자체를 인지하지" 않는다. 감각적인 인지적 앎이 대상을 "인지하는" 이상으로 의식이 법들을 인지하는 것은 아니다.

---

49 *The Embodied Mind*에서 Varela 등은 인지와 접촉에 대한 불교의 접근을 인지과학에서의 최신 개념인 창발(emergence)과 비교하고 있다. "접촉(sparśa)은 〔감각과 그 대상 간의 관계의 한 형태 즉 감각의 영역에서 감각기관과 그 대상 사이의 감도의 조화다. 이것은〕 세 개의 요소, 즉 여섯 가지의 감각기관과, 물질적 혹은 정신적 대상 그리고 이 두 개의 항에 기반을 두는 의식으로 구성된 관계적 속성이다. 이런 감도가 창발을 일으키는 동적인 과정이라는 점을 지지하는 증거가 있다. 그 증거란 하나의 과정으로서의 접촉이 원인인 동시에 결과로 기술된다는 점이다. 원인으로서의 접촉은 세 가지 다른 요인인 감각, 대상, 그리고 지각의 가능성이 함께 모이는 것이다. 결과로서의 접촉은 이런 모이는 과정, 다시 말해 세 요소들의 조화 내지 관계라는 상태이다. 이 관계는 감각, 대상, 혹은 지각 자체의 속성이 아니다. 그것은 이 세 항들이 상호작용하는 과정들의 결과들의 결과인 창발된 속성이다. … 초기불교는 상호의존적 발생의 (상대적으로) 총체적인 단계와 접촉의 (상대적으로) 국부적인 단계 모두에서 이 창발의 개념을 발전시켰다. 이 발전은 자아 없이 일어나는 경험을 분석하는 데 있어서 핵심적인 중요성을 갖는다."(Varela et al., 1991: 119) (역주: 『몸의 인지과학』, 석봉래 역, 서울 2013: 200-201에서 인용; 〔 〕은 내용의 이해를 위해 원문에 있는 내용을 보충한 것이며, 또 용어의 통일을 위해 '감각'을 '감각기관'으로 바꾸었고, 아울러 약간의 수정을 했음.)

그것들의 어떤 것도 행위자나 기능들이 아니며, 또한 그 때문에 행위들이 아니다.

이것은 연기에 대한 불교적 관점의 중심에 있기 때문에 용어적인 질문인 것만큼이나 해석적이고 철학적인 질문이다. 비록 불교사상의 이 단계에서 오해의 소지가 있지만, 앎(viññāṇa)을 대상들을 "인지함"에 의해 그것의 대상들에 작용하는 행위자로 생각하는 것이 일반적이다. 그렇지만 연기의 인과적 통사에서 인지적 앎은 어떤 것도 인지하지 않는다. 그것은 단순히 필요한 조건들이 모였을 때 일어나는 앎일 뿐이다.[50] 따라서 인지적 앎은 인식행위가 아니며, 그것은 단지 인지적

---

50 따라서 인지적 앎에 초점을 맞춘 분석은 순수한 주관성이나 전적인 객관성을 나타내지 않는다. 인지적 앎을 그것을 발생시키는 조건들에 의존해서 일어나는 현상으로서 기술하는 것은 이들 입장 중의 어떤 것도 배제하며 전혀 다른 관념을 가리킨다. 개인들 사이에서 일어나는 거래처럼 인지적 앎은 감각기관과 그것에 대응하는 감각대상의 접속이나 병존에서 일어난다. 인지적 앎이 상호작용하는 현상이며, 그리고 행위나 감각기관의 어느 것도 아니기 때문에, 인지적 앎의 의존적 생기에 의거한 인식론은 대응설 내지 실재론적 진리설이라는 카리브디스(Charybdis)나 강한 구성주의적 내지 관념론적 이론이라는 스킬라(Scylla) 사이의 중도로 나아간다. 다시 말해, 인지적 앎은 사물을 '있는 그대로' 반영한다고 생각되는 정확한 "자연/본성의 거울"을 반영하지 않는다. 왜냐하면 인지적 '대상'을 구성하는 것은 특정한 감각기관의 인지능력에 의해 필히 규정되기 때문이다. 또한 그것은 선험적인 범주들의 세계에 대한 일방적인 투사도 아니다. 왜냐하면 감각기관들의 인지능력들은 감각기관을 자극하는 '대상들'의 종류에 의해 항시 상관적으로 규정되기 때문이다. 즉, 소위 '주관적' 감각기관 (또는 각각능력)과 '객관적' 감각대상들은 상호작용하는 서로와 관련하여 필히 기능하기 때문이며, 또 상호작용하는 서로의 관점에서만 궁극적으로 이해될 수 있기 때문이다. 한편으로 이것은 상식이며 거의 동어반복이다. 우리는 우리가 요별하는 것만을 지각할

앎 자체인 것이다.[51] 이런 비인격적이고 수동적인 인지적 앎의 성질을 알지 못하는 것, 다시 말해 그 〔앎〕을 하나의 사건이라기보다는 행위라고 해석하고, 듣는 것이라기보다는 청취하는 것으로, 보는 것이라기보다는 주시하는 것으로 해석하는 것은 초기불교사상의 가장 두드러진 특징을 간과하는 것이다. 그 특징이란 급진적으로 비인격화된 심의 모델이자, 주체 없는 경험에 대한 이해이다. 왜냐하면 만일 인지적 앎이 누군가가 행하는 행위가 아니라 일어나는 사건이라면, 행위자로서의 주체를 설정할 필요는 없을 것이기 때문이다. 이런 의미에서 전통불교에서 '행위하고' 또는 '지각하는' 실체적이고 독립적인 행위자를 인정하기를 거부한 것(anātman)은 하나의 형이상학적 입장인 것만큼이나 그것의 분석의 양태를 반영한 것이다.

그리고 인지적 앎(viññāṇa)은 행위하는 것이 아니기 때문에 그것은 자체적으로 업을 쌓지 않는다. 단지 의도적 행위들만이 업을 일으킨다. 따라서 비록 의도적 행위들이 거의 불가피하게 인지적 앎의 정서적인

수 있고, 우리가 요별하는 것은 우리의 지각수단에 달려 있다. 다른 한편으로 이런 관계적인 인지라는 견해의 함축성은 후대 불교전통들에서조차 종종 간과되었다.

51 비록 여기서 다루는 자료보다 한층 후대에 저작되었지만 세친의 『구사론』도 정확히 이 점을 지적한다. "경은 '안근과 색 때문에 안식이 일어난다'고 설한다. 보는 근도 없고 보여지는 대상도 없다. 보는 행위도 없고 보는 행위자도 없다. 이것은 단지 원인과 결과의 작용일 뿐이다. 〔공통된〕 관행의 견지에서 우리는 비유적으로 이 과정에 대해 "눈이 보고, 식은 요별한다고 말하는 것이다. 그러나 우리는 이 비유에 집착해서는 안 된다."(Pruden 1990: 118) 이것은 "식이 요별한다", "사람은 6종의 식을 갖고 있다"고 하는 보다 "관습적인" 표현들이 예외라기보다는 규칙으로 사용되는 불교 심리학을 논의할 때에 종종 놓치는 것이다.

수반물에 의해 촉발된다고 해도, 앞으로 보겠지만 그것들 없이 거의 일어나지는 않지만, 식 자체는 업의 원인이 아니다. 그것은 완전히 분리되어 개념화되고 있다.

더욱 인지적 앎이 한편으로는 특정한 인지영역 내에서 특정 대상에 의존하여 일어나고, 다른 한편으로는 과거의 업의 활동에서 생겨난 감각기관과 같은 제행에 의존해서 일어난다는 것은 명백하다. 따라서 겉보기에 단순한 감각적인 인지적 앎조차도, 계속 현재의 대상적 현상과 결합해 발생하는 것과 동시에, 과거 경험에서 얻은 패턴과 구조에 의존한다.(이 사항은 알라야식의 모델 속에서 완전히 체계화될 것이다.) 이는 새로운 경험들이 앞서 존재했던 생리학적, 심리학적 구조에 의해 지속적으로 조건지어지고 있고, 그 구조들은 과거의 행위들과 경험들을 통해 형성되었다고 하는 말에 다름 아니다. 그리고 이것들이 연기의 정형구에서 기술된 바로 그 패턴들이다.

3) 인지적 과정들과 업의 산출

'윤회적' 식(viññāṇa)이 크게 제행과 갈애와 같은 과거의 업의 활동의 산물인데 비해, '인지적' 식(viññāṇa)은 그 업의 활동의 산출에 연관되어 있다. 연기의 표준적 계열에서 그 과정들을 작동시키는 것은 바로 명색 속으로 식의 하강에 뒤따르는 요소들이다. 사실상 그것들 중에서 앞부분 몇몇, 즉 6처와 촉, 수는 인지적 앎 자체의 생기와 상응하는 요소들과 밀접히 병행한다. 인지적 앎은 6처와 촉과 결합해서 일어나며, 전형적으로 감수를 일으킨다.[52] 그것들은 매우 밀접하게 연관되었기 때문에 어떤 텍스트(M I 301)는 감수(vedanā)와 상(想, saññā), 심의 작동(cittasankhāro)이 실제로 식과 분리될 수 없다고 서술한다.

> 수受와 상想, 식識은 함께 결합되어 있고 분리되어 있지 않으며, 그것들 사이의 차이를 기술하기 위해 그들 각각의 상태를 서로 분리하는 것은 불가능하다. 왜냐하면 그가 감수한 것을 통각하고, 그가 통각한 것을 인지하기 때문이다. (M I 293)[53]

이 표준적인 정형구에서 감수라는 정서적인 요소는 전형적으로 윤회존재를 영속화시키는 데 핵심적인 번뇌적 요소를 일으킨다. 따라서 또 다른 텍스트는 단지 식 자체를 세계의 발생으로 이끄는 인과적 사슬의 첫 번째 항목에 위치시키고 있다.

> 비구들이여, 무엇이 세계의 발생인가? 안과 색에 의존해서 안식이 일어난다. 삼자의 만남이 촉觸이다. 촉을 조건으로 해서 감수感受가 〔일어나며〕, 감수를 조건으로 해서 〔갈애渴愛가〕, 갈애를 조건으로 해서 취取가, 취를 조건으로 해서 유有가, 유를 조건으로 해서 생生이, 생을 조건으로 해서 노-사와 우·비·고·뇌가 일어난다. 비구들이여, 이것이 세계의 발생이다. (S II 73)[54]

---

52 M I 111. (cakkhuñ … paṭicca rūpe ca uppajjati cakkhuviññāṇaṃ, tiṇṇaṃ saṅgati phasso, phassapaccayā vedanā).

53 M I 293. 또다른 텍스트에서 감수(vedanā)와 想(saññā), 제행(sankhārā) 사이의 밀접한 관계가 비슷한 생기조건에서 제시되고 있다. "촉의 생기와 함께 감수의 생기가 있고, … 접촉의 생기와 함께 想의 생기도 있다. … 접촉의 생기와 함께 제행의 생기도 있다."(S III 60)

우리는 여기서 인지적 앎에서 감수와 갈애(taṇhā), 그리고 취(upādāna)와 유(有, bhava) 등에 이르는 직접적 전개에서 인지적이고 정서적인 심의 차원과 그것들이 일으키는 업의 행위들 그리고 이어지는 해로운 결과들 사이의 핵심적인 관련성을 볼 수 있다. 따라서 그 자체로는 업의 측면에서 인과적이지는 않지만 인지적 식(viññāṇa)은 갈애와 취라는 번뇌의 요소와 有라는 업의 요소들의 과정들 속에 중심적으로 연루되어 있다.[55]

또 다른 점에서 그 요소들은 결과적 성격보다는 원인적 성격에서, 산물이라기보다는 과정으로서 갖가지 제행이라고 간주될 수 있다. 왜냐하면 업의 활동 없이는 윤회존재의 영속성도 없기 때문이다. 이는 제행이 명색과 재생 사이의 유일한 연결점으로 기능한다고 하는, 이미 인용했던 구절에서 잘 표현되어 있다. 다시 말해, 제행은 표준적인 12지 연기에서 (6처와 촉, 수라는) 인지과정의 모든 요소들과 그것들이 이끌어내는 (渴愛와 取라는) 번뇌들을 대체한다.

---

54 또다른 문헌에서 viññāṇa는 모든 다른 요소들은 그대로 둔 채 단지 정형구에 삽입되었을 뿐이다. "안과 색에 의존하여 안식이 일어난다. 삼자의 만남이 접촉이다. 촉을 조건으로 해서 감수가 있다. 감수를 조건으로 해서 갈애가 있다."(M III 282) 이것은 다음과 같이 도표로 일목요연하게 제시될 수 있다.

표준적인 연기의 계열:

6처(saḷāyatana) 〉 접촉(phassa) 〉 감수(vedanā) 〉 갈애(taṇhā)

인지과정 (M III 282):

6처, 대상(rūpa) 〉 인지적 앎(viññāṇa) 〉 접촉 〉 감수 〉 갈애

55 조금 후대의 것이기는 하지만 이 분석의 도식은 부록 1을 보라. 설명하기 위해 우리는 조금 비연대기적으로 제시했다.

식이 안주하고 증대되는 곳에 명색의 하강이 있다. 명색의 하강이 있는 곳에 제행의 증대가 있다. 제행의 증대가 있는 곳에 미래의 재생의 산출이 있다. (S II 101)

이것은 "새로운 상태를 조건짓는 것으로서 과거의 행위들과 경험의 결과"(BHSD 542)로서 제행의 심오한 양가적 성격을 강조한다. 다시 말해, 그것들이 과거의 행위로부터 귀결되는, 지각력이 있는 신체(명색)와 6처, 정서적인 성향 등에 해당하는 한, 제행은 새로운 인지적 경험들과 그것들이 일으키는 강력한 정서들을 위한 불가피한 토대를 이루는 것이다. 그리고 그것들이 업의 규정적 성질로서의 의도적 행위들인 한에서, 제행은 존재들을 윤회적 삶에 계속 얽고 있는 역동적인 구성요소에 해당한다.

그렇지만 새로운 업의 생기의 근저에 있는 인과적인 역동성은 개별적 구성요소들의 관점에서, 즉 감수를 조건으로 해서 갈애가 일어나고, 갈애를 조건으로 해서 취(upādāna)가 일어나며, 새로운 재생으로 직접 이끄는 유有로 이어지는 과정들의 관점에서, 여전히 분석될 필요가 있다. 한 생에서 다음 생으로 이끄는 핵심적인 연결점을 형성하는 것은 바로 취(取, upādāna)이기 때문에 우리는 간략하게 이 핵심 개념을 검토해야만 한다.

취(取, grasping, appropriation)는 복합적이고 다의적인 용어이며, 초기불교와 유가행파의 심의 분석에서 동일하게 중요하다. 제행처럼, 그것은 과거 행위로부터 산출된 어떤 것을 가리키며, 또한 현재의 능동적 과정도 가리키며, 각기 조건지어진 상태이며, 조건짓는 상태이다. 따라서 그것은 "연료, 공급, 그것으로부터 어떤 것이 만들어지는 재료" 내지 "그것에 의해 능동적 과정들이 생명을 유지하거나 진행되는 토대"(PED 149)를 의미할 뿐 아니라, 보다 적극적으로 "취착, 집착, 잡는 것"을 뜻한다. 비록 영어 번역어로서 appropriation은 '취함(grasping)'과 문자적 직관성은 없지만, 이것은 "취해지고, 포착되고, 잡은 것"의 명사적 의미 및 동사적인 취함의 의미 양자, 심지어는 "자기 것으로 함(appropriate)"마저 연상시키는 의미를 의외로 포괄하고 있다.[56]

이러한 취함, 이러한 "자기 것으로 함"은 불교의 관점에서 유정을 나타내는, 모여진 물질적이고 심리학적 과정들("취착의 〔대상인〕 오온", pañc' upādānakkhandhā)을 향해 우리가 취하는 기본태도이다.[57] 그렇지만 우리의 모든 행위들을 염오시키는 태도로서 취착은 단지 변재하는 심리학적 과정일 뿐 아니라, 그것은 또한 강력한 심리적-존재론적 귀결을 수반한다. 다음 단락에서 취(upādāna)는 연료와 토대, 또는 취착을 똑같이 의미한다. 이 모든 것은 지속적인 재생에 필요하다고

56 어원분석에서 upādāna는 "toward, near, together with"의 의미를 지닌 접두사 upa에 "receiving, taking for oneself"(SED 136) 또는 "그것으로부터 어떤 것이 만들어지는 재료"의 의미를 지닌 명사 ādāna를 더해 만든 것이다. 따라서 이 단어는 파생적으로 "취착, 집착, 달라붙음, 자신의 근거를 발견함, ~에 의해 길러지는, 점유"(Apte 1986: 471; PED 149)를 의미한다. 또한 Schmithausen(1987: 72)을 보라.

57 M III 16. "취착에 의해 영향받은 오온은 갈애에 뿌리를 두고 있다. … 바로 취착에 의해 영향받은 오온(pañc' upādānakkhandhā)에 대한 욕망과 희열이 취착(또는 연료)이다." 또한 M II 265를 보라.

여겨진다.

> 바차여, 불이 연료(upādāna)를 갖고 타오르지만 연료 없이는 그렇지 않듯이, 마찬가지로 연료 〔또는 취착(upādāna)〕을 가진 자에게 재생이 있지만 연료가 없는 자에게는 그렇지 않다고 나는 설한다. … 바차여, 누군가 이 신체를 내려놓았지만 아직 또 다른 신체 속으로 재생하지 않았을 때, 나는 그것은 갈애에 의해 연료가 공급되었다(taṇhupādānaṃ)고 말한다. 왜냐하면 그 경우에 갈애가 그것의 연료이기 때문이다. (S IV 399)[58]

반대로 그런 갈애와 취착이 없다면 해탈할 것이다.

> 만일 비구가 색들을 좋아하고, 그것들에 기뻐하고, 그것들을 잡은 채 있다면, 그의 식은 그것들에 의존하고 그것들에 대해 취착한다. 취착하는 비구는 열반을 얻지 못한다. … 만일 비구가 색들을 좋아하지 않고, 그것들에 기뻐하지 않고, 그것들을 잡은 채 머물지 않는다면, 그의 식은 그것들에 의존하지 않고, 그것들에 대해 취착하지 않는다. 취착을 여윈(anupādāno) 비구는 열반을 얻는다. (S IV 102)

따라서 취착(upādāna)은 두 가지 방식으로 미래의 재생을 위한 기초를 놓는다. 하나는 토대나 연료이고 또 하나는 새로운 업의 산출 속에서 불가결한 번뇌 요소이다. 그리고 불교의 다른 핵심 개념들처

---

58 S IV 399. Johansson(1979: 65)와 Matthews(1983: 33)을 보라.

럼, 취착은 일상생활의 심리학적 과정들 속에서 그리고 "또 다른 신체로 아직 재생하지 않은" 자들에게 연료를 공급함에 의해 '심리학적-존재론적' 결과들을 미래에 수반하며 작동한다. 나아가 취착의 소멸은 윤회존재의 소멸로서의 열반과 밀접하게 연결되어 있다. 취착 개념은 후에 알라야식을 둘러싼 복합적인 심의 모델에서 중요한 부분을 이룬다.

4. 잠재적 경향성(anuśaya, 隨眠)

이제까지 우리는 (두 가지 의미에서의) 식의 생기는 (두 의미 모두에서) 제행에 의존하고 있고 또 제행에 의해 영속화되며, 그것은 역으로 식의 생기를 이끌어내는 데 기여한다고 보면서, 식(vijñāna)과 제행(sankhārā) 사이의 복잡하고 상호적인 상관성을 검토했다. 즉, 강과 강바닥의 유비에 의거해서 식과 제행 사이의 과거의 상호작용은 동일한 상호작용의 패턴이 다시 일어나기 위한 토대가 되며, 구성적이고 자기영속적 과정 속에서 끊임없이 서로를 형성해 나가는 것이다. 이런 의미에서, 심과 행위 그리고 그 결과 사이의 —즉, (모든 복잡한 양태에서의) 식과 제행 (그리고 번뇌) 사이의— 관계는 윤회존재를 영속화하는 핵심적인 동력이다. 그러나 어떤 의미에서 우리가 검토했던 자료들은 이것이 어떻게 일어나는지를 서술하고 있지, 증명하고 있지는 않다. 어떻게 그 상호작용하는 과정들이 실제로 그들 자신의 반복을 촉진하는가? 다시 말해, 왜 우리는 동일한 사건을 계속해서 반복하고 있는가? 왜 우리는 해탈과 행복을 추구하는 데 있어 잘못된 곳에 묶여 있는가? 다른 말로 하면, 무엇이 우리를 악순환 속에 붙잡아매는, 근저에 있는 반복적 경향들인가?

초기불교사상에서 그것들은 '근저에 있는 경향성' 또는 '잠재적 성향'을 의미하는 수면(隨眠, anuśaya)의 관점에서 논의되었다. 그 경향성들은 정서적 반응들을 수반한 인지적 앎의 발생과 또 후자들이 전형적으로 이끌어내는 업의 염오된 활동들 사이의 본질적 연결을 형성한다. 연기의 정형구에서 보았던 것처럼 접촉(phassa)과 감수(vedanā)를 포함한 인지과정들은 갈애(taṇhā)와 취(upādāna)를 낳는다. 비록 이 순서가 일반적으로 설명 없이 진술되고 있지만, 윤회의 영속화를 위해 바로 필수적인 감수와 염오된 반응 사이의 밀접한 연관성은 근저에 있는 경향성들에 있다. 잠재적 경향성들은 말하자면 인지적이고 정서적 번뇌들의 기반시설로서, 새로운 업의 발생의 근저에 있는 필수불가결한 요소들에 해당한다.

여기서 근저에 있는 경향성들에 초점을 맞추는 것은 그것들이 후대의 아비달마 교의의 발전에서 행했던 중요하고 문제가 되는 역할에서 영감을 얻은 것이다.[59] 왜냐하면 유가행파로 하여금 알라야식 자체와 병렬해 있는, 무의식적 번뇌의 영역을 상정하도록 영감을 주었던 것은, 대체로, 바로 그들 성향들의 위상에 대한 교의 논쟁이었기 때문이

59 초기 팔리어 문헌에서 상대적으로 발전되지는 않았지만 anuśaya는 5세기경의 고전인 세친의 『구사론』에서 한 장의 비중을 차지한다. 팔리 자료에서 anusaya에 대한 연구로는 Johansson(1979), de Silva(1972; 1979), Matthews(1983)가 있다. Collet Cox(1995: 68f.)는 그녀의 유부 아비다마에 대한 대저에서 anuśaya를 논하고 있다.

다. 그럼에도 그 경향성들은 초기불교에서 자체적으로 중요했다. 왜냐하면 그것들이 인지적이고 정서적 번뇌들이 일어나기 위한 잠재력과 경향성에 해당하는 한, 수면(anuśaya)[60]은 식(viññāṇa)과 취(upādāna)와 동일한 차원에서 효과적이다. (1) 심리학적으로 그 경향성들은 인지과정들에 의해 이끌려진 업을 산출하는 행위들에 포함되어 있다. 따라서 (2) 그것들은 "심리적-존재론적으로" 윤회존재를 영속시키는데 기여한다. 반면 (3) 구제론적으로 그것들의 점진적 제거는 해탈도에 따른 발전과 밀접히 연관되어 있다.

그것들의 심리학적 차원 속에서 이 경향성들은 일상적 인지과정에 대한 우리의 일상적인 정서적 반응의 근저에 있다. 이것은 특히 연기의 정형구 한 곳에 분명히 서술되어 있다.

> 비구들이여, 안과 색에 의존해서 안식이 일어난다. 셋의 만남이 접촉이다. 접촉을 조건으로 해서 즐겁거나 고통스럽거나 또는 중립적인 〔감수가〕 일어난다. 그가 즐거운 감수에 의해 접촉되었을 때, 그가 그것에 대해 기뻐하고 그것을 즐거워하고 그것에 집착한다면,

---

60 팔리어와 같은 어원을 가진 산스크리트어 anuśaya("隨眠")는 "along, follow behind"를 의미하는 접두사 anu와 어근 śī("to lie down, to sleep, to dwell")로 이루어져 있다. 동사형 anuśeti(Pāli: anuseti)는 따라서 "~에 놓여 있다, 주하고 있다"를 뜻한다. 하지만 관념을 지시할 때에 PED는 그것을 "심을 지속해서 채우는, 휴면상태로 놓여있고 끊임없이 불쑥 출현하는"(PED 44)으로 정의한다. 마지막 것은 불전 속에서 사용된 명사형 anusaya와 가깝다. PED는 이를 다음과 같이 풀이한다. "편향, 경향성, 성향, 잠재적인 성향의 존속, 선행요인, 경향, 항시 나쁜 의미에서."

탐욕에 대한 잠재적 경향성이 그에게 있는 것이다. 그가 고통스런 감수에 의해 접촉될 때, 만일 그가 슬퍼하고, 비탄하고, 애통해하고 가슴을 치면서 울고 혼절한다면, 진에에 대한 잠재적 경향성이 그에게 있는 것이다. 그가 중립적인 감수에 의해 접촉될 때, 만일 그가 그 감수에 대해 그것이 무엇인지, 그 발생과 사라짐, 만족과 위험, 벗어남을 알지 못한다면, 무명에 대한 잠재적 경향성이 그에게 있는 것이다. (M III 285)

다른 말로 하면, 우리는 어떤 종류의 자극에 어떤 습관적 방식으로 반응하는 경향이 있다. 즉, 특정 성향들은 그것과 상응하는 특정한 종류의 감수에 반응해서 그 번뇌가 일어나기 위한 잠재력에 해당한다. 감수의 유형들과 그 감수가 이끌어내는 번뇌의 유형들 사이의 밀접한 관련성은 또 다른 구절에서 간결하게 요약되고 있다.

탐욕에 대한 잠재적 경향성은 즐거운 감수의 근저에 있다. 진에에 대한 잠재적 경향성은 즐겁지 않은 감수의 근저에 있다. 무명에 대한 잠재적 경향성은 중립적 감수의 근저에 있다. (M I 303)[61]

---

61 M I 303. (sukhāya … vedanāya rāgānusayo anuseti, dukkhāya … vedanāya paṭighānusayo anuseti, adukkhamasukhāya … vedanāya avijjānusayo anusetīti). 중부 니카야의 번역자인 Ñāṇamoli(1995: 1241, n.473)는 이 구절에 대한 주석을 인용한다. "세 가지 번뇌들은 그것들이 속한 심적 흐름에서 끊어지지 않았다는 의미에서 anusaya(隨眠, 잠재적 경향성)이라고 불린다. 왜냐하면 그것들은 적절한 원인이 나타날 때에 생겨날 수 있기 때문이다." 불교사상에서 후대에 속한 이 심적 흐름이라는 개념은 뒤에서 보겠지만 자체로 문제를 일으킨다.

이 문장들의 함축성은 끔찍하리만큼 분명하다. 우리의 인지과정들은 거의 항상 감수나 통각(想)과 같은 정서적 반응들을 포함한다. 그것들은 성향들이 그것들에 계속해서 잠재되어 있는 한, 탐욕과 진에 등의 번뇌적인 반응들이 일어나기 위한 잠재력들을 자극하는 경향이 있으며, 그 〔잠재력들〕은 차례로 전형적으로 새로운 업으로 이끌고, 이는 다시 감수 등으로 귀결된다. 그러므로 그 성향들, 일상경험에 대한 번뇌적 반응의 그런 습관화된 패턴들이 우리의 속박된 윤회존재가 영속하는 데에 있어 핵심적 역할을 하는 것이다.

따라서 근저에 있는 경향성들은 초기불교에 있어서 다른 역동적 요소들이 행하는 동일한 심리적-존재론적 귀결들을 피력하고 있다. 예를 들어 (위의 S II 65와 비슷한) 한 텍스트는 근저에 있는 경향성들을 연기의 전체 사슬을 자극하는 것으로서 그린다.

비구들이여, 만일 그가 의도하지 않고 계획하지 않지만, 여전히

몇 가지 수면의 분류가 있다. 하나는 7종의 분류이다. 위에서 언급한 탐욕(lobha), 진에(dosa), 우치(moha)의 세 가지 불선근(akusala-mūla)에 견해(diṭṭhi)와 의심(vicikicchā), 慢(māna)과 존재에 대한 탐욕(bhavarāga)를 향한 잠재적 경향성이다.(S V 60; A IV 9) D III 254는 약간 다른 목록을 보여준다. "감각적 탐욕(kāma-rāga), 진에(paṭigha), 견해, 의심, 慢, 존재에 대한 탐욕(bhavarāga), 무명."(Walshe 1987: 503) 뒤에서 바로 다루겠지만 또 다른 목록도 있다. "유신견에 대한 수면(sakkāyadiṭṭhānusaya), 계금취에 대한 수면(sīlabbataparāmāsānusaya), 욕탐에 대한 수면(kāmarāgānusaya), 나와 나의 것을 만드는 만을 향한 수면(ahankāra-mamankāra-māna-anusaya)." 그렇지만 PED는 "이 목록들이 저 단어의 함축을 한계짓는다. 그러나 그런 함축을 초기의 구절들에 가져다 놓는 것은 잘못일 것이다."(PED 44)라고 경고한다.

> 어떤 것에 대한 경향성을 갖고 있다면, 이것은 식의 존속을 위한 토대가 된다. 토대가 있을 때, 식의 확립을 위한 의지체도 있다. 식이 확립되고 증대된다면, 명색의 하강도 있다. 명색을 조건으로 해서 6처가 〔생겨난다〕. … 이와 같이 고통의 모든 무더기들의 발생이 있다. (S II 66)

반면에 탐욕과 진에, 무명 등을 향한, 그 근저에 있는 경향성들을 근절했던 자는, 어떤 것이 되었든, 즐겁거나 즐겁지 않거나 중립적인 감수가 일어난다고 해도 그것에 진부하고 습관적 방식으로 더 이상 반응하지 않는다. 그리고 성향들이 더 이상 그런 감수의 근저에 놓여 있지 않기 때문에 그는 윤회존재를 영속시키는 업들을 더 이상 일으키지 않는다. 따라서 근저에 있는 경향성들의 소멸은 같은 교설에서 고통의 종식인 해탈과 동일시되고 있다.

> 비구들이여, 그러나 그가 의도하지 않을 때 그는 계획하지 않으며, 어떤 것에 대한 경향성도 갖지 않고, 식의 존속을 위한 어떤 토대도 존재하지 않는다. 어떤 토대도 없을 때, 식의 확립을 위한 의지체도 없다. 식이 확립되지 않고 증대되지 않는다면, 명색의 하강도 없다. 명색의 소멸과 함께 6처의 소멸이 있다. … 이와 같이 고통의 모든 무더기들의 소멸이 있다. (S II 66)

그렇다면 불교 수행자의 과제는 고제와 집제, 멸제와 도제의 올바른 이해의 획득에 있을 뿐 아니라, 무의식적 성향의 심층적이고 고착된 차원에서 무명과 탐욕, 진에 등과 같은 번뇌를 완전히 소멸시키는 데 있는 것이다. 붓다께서는 다음과 같이 설했다.

> 비구들이여, 그가 즐거운 감수에 대한 탐욕의 잠재적 경향성(anuśaya)들을 끊음이 없이, 고통스런 감수에 대한 진에의 잠재적 경향성을 끊음이 없이, 또 중립적인 감수에 대한 무명의 잠재적 경향성을 끊고 정지正智를 일으킴이 없이, 지금 여기서 고통의 종식을 행한다는 것은 불가능하다. (M III 285)

그러나 대조적으로 만일 그가 모든 그런 근저에 있는 경향성들을 근절했다면, 완전한 고통의 종식은 실제로 가능할 것이다. 그리고 이것이 성취되었을 때 그는 진실한 다르마에 들어가서 정견을 얻었다고 말해진다.[62]

1) 아만의 잠재적 경향성과 희론(papañca)

그 경향들과 또 그것들과 관련된 번뇌들은 정서적인 것일 뿐 아니라, 또한 가장 넓은 의미에서 인지적인 것이다. 그리고 양자의 조합은 실제로 강력한 것이다. 무명이 갈애와 함께 윤회존재의 주요한 두

---

62 M I 47. "고귀한 제자가 불선한 것과 불선근, 선한 것과 선근을 알 때, 그는 전적으로 탐욕을 향한 잠재적 경향성을 끊고, 진에를 향한 잠재적 경향성을 버리고, 견해와 만심을 향한 잠재적 경향성을 근절하고, 무명을 제거하고 올바른 지혜를 일으킨 후에 그는 현세에서 고통을 종식시킨다. 그와 같이 고귀한 제자도 올바른 견해를 지니고, 법에 대한 믿음을 지니고, 진실한 법에 도달한다."

조건임을 상기해 보라. 불교의 관점에서 우리의 인지적 오류 중에서 가장 강한 것은 우리의 신체와 감수, 생각과 동일시하는 심층적인 경향성이다. 우리는 스스로가 실제로 오온 중의 하나 또는 여럿이라는 선천적인 감정을 갖고 있다.[63] 그러나 이런 자아동일성의 감정이 의식의 가장 깊은 차원에서 일어나기 때문에 그것을 철저히 제거하는 것은 고사하고 그것을 알아차리기도 어렵다. 따라서 그를 이 세계에 묶는 낮은 5종의 결박을 이미 제거했던 성스런 제자조차도 아만(我慢, asmimāna)의 미세한 잔존물을 갖고 있다고 설해진다. 붓다께서는 설한다.

벗이여, 옷이 더럽혀지고 염오되었고, 따라서 그 주인은 그것을 세탁업자에게 준다고 하자. 세탁업자는 그것을 소금과 양잿물, 소똥으로 골고루 문지르고, 그것을 깨끗한 물로 헹굴 것이다. 비록 그 옷이 깨끗해지고 맑아졌지만, 그것은 여전히 아직 사라지지 않은, 잔존한 소금물과 양잿물, 소똥의 냄새를 풍길 것이다. 세탁업자는 그것을 주인에게 돌려줄 것이다. 주인은 그것을 좋은 냄새가 나는 옷장 안에 놓을 것이며, 그럼 아직 사라지지 않고 남아 있는 소금물과 양잿물, 소똥의 냄새는 사라질 것이다.
벗이여, 이와 같이 성스런 성문이 집착의 대상인 오온과 관련해 다섯 가지 하지에 속한 결박(五下分結)을 끊었지만, 그에게는 남아 있는 '나는 무엇이다.'라는 비교의식(māna), '나는 무엇이다'라는 욕구(chanda), '나는 무엇이다'라는 잠재적 경향성(anusaya)이 아직 근

63 〈주제에 따른 서문〉 n.4에서 인용된 Gazzaniga(1998)를 보라.

절되지 않은 채 남아 있다. (S III 131)[64]

더욱 그의 존재의 측면들과 동일시하려는 근저에 있는 경향성인 아만의 경향성은 식과 언어 그리고 자기동일성 및 행위와 그 결과 사이의 또 다른, 보다 복잡한 일련의 피드백 관계의 중심에 있다. 이 모든 것은 개념적 또는 관념적인 희론(prapañca)의 그치지 않는 연쇄를 일으킨다. 이 패턴이 심의 알라야식 모델의 중심에서 다시 생겨나는 것이다.

아만("이것은 나이다")의 감정은 감각기관에 직접 의존하지 않고 심/의(意, mano)의 기능에 의존하는 유일한 인지양태인 의식의 재귀성과 밀접히 연관되어 있다.[65] 앞에서 언급한 대로, 의식은 두 종류의 사건과 결합해서 일어난다. 하나는 감각적인 지각적 앎의 발생으로서, 그것은 "이러저러한 인지적 앎이 일어났다"고 하는 반성적인 심적 이해를 일으킨다. 다른 하나는 그 "자신의" 대상인 다르마들이다. 그 다르마는

---

64 S III 131. 마지막 구절은 다음과 같다: evam eva kho āvuso kiñcāpi ariyasāvakassa pañcorambhāgiyāni saññojanāni* pahīnāni bhavanti. atha khvassa hoti yeva pañcasu upādānakkhandhesu anusahagato asmīti māno asmīti chando asmīti anusayo asamuhato. Schmithausen(1987: 437f., n.918)은 S III 130의 대응 구절에서 "samyojanāni"로 읽고 있다. S I 23도 不還의 성자(anāgamī)에 관해 비슷한 구절을 보여준다.

65 산스크리트 어근 man("to think, believe, imagine, suppose, conjecture")에서 파생된 단어로서 manas는 라틴어 mens "mind, reason, intellect"와 관련되며, 또한 영어 "mind, mentate"와 "to mean"과도 관련이 있다.(PED 515, 520; SED 783)

반성이나 사고(vitakka-vicāra, 尋伺)와 연관되어 있다. 이들 후자는 언어행위를 조건짓는 것(vitakka-vicārā vacīsaṇkhārā, M I 301)이라고 간주되며, 의(意, mano)와 결합하여 일어난다.(각주 48 참조) 따라서 의식이 부여하는 재귀성은, 그러한 의意에 의존하기에, 우리의 언어능력에 묶여 있으며, 그리고 언어는 초기불교의 사유에서, 다른 곳에서도 그렇지만, 사고와 관념의 중개자로서 간주되고 있다.[66]

그렇지만 언어 자체와 같이, 이러한 앎은 심지어 감각적인 인지적 앎(=5식)의 대상들과 관련되어서도 개념적 다양화라는 희론의 그치지 않는 반복성을 초청한다.[67]

> 안과 색에 의존해서 안식이 일어난다. 셋의 만남이 접촉이다. 접촉을 조건으로 해서 감수가 있다. 그가 감수하는 것을 그는 지각한다. 그가 지각하는 것을 그는 생각한다. 그가 생각하는 것을 그는 마음으로 희론한다. 그가 마음으로 희론하는 것을 원천으로 해서, 희론에 물든 통각과 개념(papañca-saññā-sankhā)들이 안眼에서부터 의意에

66 "언어는 사물들 간의 내재적이고 개념적 관계의 발견이라고 생각되고 있으며, 따라서 인도사상의 매우 초기부터 개념화는 일차적으로 언어적 현상이라고 간주되었다."(Reat 1990: 305)

67 초기 팔리어 자료에서 이 중요한 개념을 상세히 다룬 Ñāṇananda의 단행권 분량의 *Concept and Reality*를 보라. 그는 papañca를 "통각의 영역에서 개체화하고 일반화하고 특수화하고 대립시키는 경향들로서, 이것이 이론적 표층구조를 위한 발판역할을 한다."(1976: 17) 그는 "희론은 장황함을 함축하고 있다. … 개념 작용은 언어를 전제하며, 그런 나머지 사고 자체는 음성하위적(subvocal) 언어형태로 간주될 것이다."(1976: 5)

이르기까지를 통해 인식될 수 있는 과거·현재·미래의 색과 관련해 사람을 괴롭힌다. (M I 111f.)[68]

우리는 인지적 앎과 통각(saññā, 想)[69] 그리고 언어사용 사이의 밀접한 관련성의 암시를 이미 보았다. M I 293은 "인지적 앎과 감수, 통각이 결합되어 있지 분리되어 있지 않으며, … 그가 감수하는 것을 그는 통각하고, 그가 통각하는 것을 그는 인식한다."고 말한다. 더욱 A

68 (Ñāṇamoli 1995: 203) 용어상의 통일을 위해 번역을 바꿨다.

69 통각(apperception)은 영어에서 일반적으로 사용되는 단어는 아니다. 그것은 "지각(perception)"이나 "개념(conception)"이 아니라 그 중간의 어떤 것이다. Concise English Dictionary(1976)에 따르면 "통각은 이전의 관념들과의 연상에 의한 재인식이나 동일시를 가진 지각이다." 동사형 "to apperceive"는 "(하나의 지각을) 이미 가진 관념들과 통합하고 동화시키는 것이며, 그렇게 이해하고 해석하는 것"을 의미한다. 이것이 정확히 saññā(想)이다.
보통 "지각(perception)"으로 번역되는 산스크리트어 saṃjñā는 "together"를 의미하는 접두사 sam에 어근 jñā("to know, perceive, understand")를 더한 것으로 "함께 아는 것"이다. 따라서 saṃjñā(P. saññā)는 "개념, 관념, 인상, 지각"(BHSD 551-2)을 의미한다. 흥미로운 것은 그것이 어원적으로 "conscious"(com "together, with" + scire "to know")와 유사하다는 것이다. saṃjñā는 형태상 vijñāna(vi "dis-" + jñā)와 반대이다. vijñāna가 분리적인 요별을 강조한다면, saṃjñā는 이미지나 관념의 결합적인 구성으로서, 분리된 감각을 하나의 전체로 묶는 것이며, 종종 언어나 개념과 연결되어 있다. 이것이 왜 saṃjñā가 심의 구성이나 복합체로서 saṃskārā(P. sankhārā)인가를 보여준다.(S IV 293: saññā ca vedanā ca cittasankhāre ti)
saññā는 때로 色에서 意까지의 요소의 통각으로 설명된다.(D II 309) 가장 전형적인 saññā의 예는 색깔의 지각이다. M I 293: "그는 무엇을 통각하는가(sañjānāti)? 그는 푸르고, 노랗고, 빨갛고, 흰 것을 통각한다."(Johansson 1979: 92)

III 413은 "통각(saññā)은 세간언설(vohāra)을 낳는다. 그가 사물을 알 때 그는 스스로에게 '이와 같이 나는 통각했다'고 말한다(voharati)." 고 한다.[70] 이제 M I 111에서 인지적 앎과 접촉, 통각은 먼저 사고를 일으키며, 다음으로 심적 또는 개념적 희론(papañca)을 일으킨다. 그런 희론을 조건으로 해서 계속해서 지각과 희론이 다른 인지적 앎의 대상들에 대해 일어난다. 다시 말해, 그가 인식하고 통각하고 생각한 것이 심적 희론을 통해 계속적인 인지와 개념화의 조건이 되는 것이다. 따라서 인지적 앎과 언어, 그리고 사고는 분리될 수 없기 때문에 그것들은 자체로 고삐 풀린 반복성을 일으키는 것이다. 실제로 개념적 희론 자체는 (1) (때로는 인지적 앎의 조건이 되는) 접촉,[71] (2) (항시 그것을 수반하는) 통각,[72] 그리고 (3) 사고 자체[73]와 그 자체로

---

70 A III 413. (vohāravepakkaṃ bhikkhave saññāṃ vadāmi; yathā yathā naṃ sañjānāti, tathā tathā voharati 'evam saññī ahosin 'ti). vohāra는 산스크리트어 vyavahāra의 팔리어 동의어이다. 우리는 이 구절에서 PTS의 번역을 약간 고쳤다.

71 A II 161. "접촉의 여섯 영역이 무엇이든 간에 그 자체는 희론(prapañca)의 영역이다. 희론의 영역이 무엇이든 간에 그 자체는 접촉의 여섯 영역이다."(Ñāṇananda 1976: 21)

72 Sn 874는 "희론의 계열은 통각(saññā)에 의해 야기된다"고 말한다. S IV 71은 "희론을 가진 모든 자는 통각할 때 희론을 짓기 시작한다."고 말한다.(Johansson 1979: 192f. 번역은 바꿈)

73 Ñāṇananda는 거친 사유(vitakka)와 희론-통각 계열(papañca-saññā-saṅkhā) 사이의 피드백 관계를 (그는 이 복합어를 "심의 희론하는 경향성에 의해 특징지어지는 개념과 사고, 언설 또는 언설표현"이라고 풀이한다. 1976: 5) 다음과 같이 서술한다. "추리의 대상으로서 파악된 단어나 개념은 자체로 희론의 산물이다. 이것은 차례로 그가 희론에 몰두할 때 그것의 종류를 양산한다. 희론에 의해 특징지어진 개념(papañca-saññā-saṅkhā)들은 그 과정을 위한 원자료이며, 결과

상호적인 관계 속에서 얽매여 증식하고 있기 때문에, 그것은 종종 전체로서 현상적인 윤회존재의 동의어이다.[74]

그 자체의 반복성을 일으키기 위해 되돌아가기도 하는, 가장 깊게 고착된 그 반복 가능성의 근거는 자기존재에 대한 우리의 재귀적 감정인 "이것은 나다"라는 아만이다. 어떤 텍스트에서 설해지듯이, '〔이것은〕 나다'라는 관념은 희론이며, '나는 이것이다'도 희론이며, '나는 무엇이 될 것이다'도 희론이다.(S IV 202f.; Bodhi 2000: 1259) 비구 냐나난다(Ñāṇananda 1971: 11)가 말하듯이, "'나'라는 표식은 희론의 산물이다." 그러나 "〔이것이〕 나다"라는 생각은 초기 팔리어 문헌인 『숫타니파타』에서도 희론의 뿌리이다. 다른 말로 하면, "〔이것은〕 나다"라는 생각이 존속하는 한, -그리고 그 생각의 잔존하는 경향성은 해탈도의 끝까지 존재하는데-, 인지적 앎과 지각, 개념적 희론과 지각 사이의 피드백 사이클은 지속할 것이며, 그럼으로써 윤회존재를 영속화한다. 따라서 『숫타니파타』는 설한다.

> 어떤 통찰의 방식으로 또 이 세상에서 어떤 것에도 집착함이 없이 비구는 열반을 증득하는가? 희론에 물든 개념의 뿌리인 아만을 완전히 근절하게 하라. (Sn 915-16)[75]

물도 같은 종류이다. … 따라서 거친 사유와 papañca-saññā-saṅkhā 사이에는 일종의 악순환으로서 기이한 호혜성이 존재한다. papañca-saññā-saṅkhā가 주어졌을 때 거친 사유가 생겨나고, 거친 사유가 생겨났을 때 papañca-saññā-saṅkhā가 더 많이 생겨나는 것이다."(1976: 25)

74 이 주제에 대한 상세한 논의는 Schmithausen(1987: 509ff., n.1405; 522ff., n.1425) 참조.

그렇지만 그 미세한 잔존물인 '〔이것은〕 나라는 잔존하는 생각', '〔이것은〕 나라는 욕구', '〔이것은〕 나라는 잠재적 경향성(S III 131)은 제자가 오온의 생멸을 올바로 관찰하고, 그것이 무엇이든 어떠한 내적 또는 외적인 현상과 '이것은 나이다'를 동일시하는 것의 무용함을 알 때, 근절될 것이다.[76] 그러므로

> 비구들이여, 희론에 의해 물든 지각과 개념들이 사람을 괴롭히는 근거에 관해서, 만일 기뻐하고 즐거워하고 집착하는 어떤 것도 없다면, 이것이 근저에 있는 탐욕에 대한 경향성, 근저에 있는 진에에 대한 경향성, 견해와 의심, 자만, 존재에 대한 욕망, 근저에 있는 무명에 대한 경향성의 종식이다. (M I 109)

2) 잠재성 vs. 분출성에 대한 논쟁

그렇지만 해탈도의 끝에 이르기까지 잠재적 경향성들의 존속은 후대의 불교의 심의 분석에 도전하는 많은 문제를 즉각적으로 제기하고 있다.

---

75 (Ñāṇananda 1976: 34f.) 번역은 바꾸었다. (Sn 915-6: kathaṃ disvā nibbāti bhikkhu anupādiyāno lokasmiṃ kiñci. mūlaṃ papañcasaṅkhāyāti Bhagavā mantā asmīti sabbaṃ uparundhe). Ñāṇananda(1976: 35, n.1)는 mantā를 "사고"보다는 "생각하는 자"로 여긴다.

76 A I 132: "사리자여, 비구가 식을 수반한 신체나 외부 대상들에 대해(saviññāṇake kāye … bahiddhā ca sabbanimittesu) 나나 나의 것, 그리고 만심을 향한 잠재적 경향성(ahaṃkāra-mamakāra-mānānusayā)을 갖지 않을 때, 그리고 그가 심해탈과 慧에 의한 해탈에 들어가서 머물 때, 그는 갈애를 끊었고 결박을 제거했고, 만심을 완전히 파괴함에 의해 고통의 종식을 행한 비구라고 불린다.(Nyanaponika 1999: 49)

만일 그것들이 매우 지속적인 것이어서 우리가 끊임없이 그런 경향성들을 해탈에 이를 때까지 품고 있다면, -이는 선행하는 학파들에서는 함축되어 있고, 또 후속하는 학파들에서 다른 수준에서 명시적인 것인데- 왜 그것들은 이 모든 것들을 번뇌에 의한 업으로 만들어서 (따라서 해탈도의 과정에서 해탈을 불가능하게 만들면서) 모든 그의 행위들에 영향을 끼치지 않는가? 그러나 만일 그것들이 영향을 끼치지 않는다면, 그것들이 능동적으로 그 자신의 행위들에 영향을 끼치지 않을 때에는 어떻게 그것들이 존재하는가? 비록 그러한 질문들이 제기되지는 않았고, 따라서 아비달마 분석이 이 이슈를 강제하기 전까지는 대답되지 않은 채 남아 있지만, 문제의 개요는 초기 문헌에서도 충분히 분명하다.

많은 텍스트들이 이런 점에 관해 모호하지만, 적어도 중부 니카야의 『마하말룽캬경(Mahāmāluṅkya-sutta)』은 보다 시사적이다. 붓다는 여기서 우리는 성향들이 분명하게 명시적일 때에는 그것들에 의해 묶여 있지만 그렇지 않은 경우에는 그렇지 않다고 생각하는 제자 말룽캬푸타(Maluṅkyaputta)의 잘못된 견해를 교정하려고 하는 것으로 묘사되고 있다.[77] 붓다는 먼저 잠재적 경향성들은 비록 잠재적 상태에서긴 하더라도 어린 아이에게조차 존재한다고 설함에 의해 반응한다. 이는

---

77 비록 텍스트 자체는 약간 모호하지만 주석서는 붓다가 말룽캬푸타의 생각을 비판했다고 설명한다. 왜냐하면 그는 "개아는 번뇌들이 그를 공격할 때에만 번뇌들에 의해 묶여지고, 반면 다른 때에는 번뇌들에 의해 묶이지 않는다고 하는 견해를 갖고 있었다. 붓다는 이 견해에서 유류가 있음을 보여주기 위해 그렇게 설하셨다."(Ñāṇamoli 1995: 1265, n.650)

그런 잠재적 경향성들이 인간들에게 내재적일[78] 수도 있음을 제시하는 것이다.

> 누워 있는 어린 아기에게는 '신체' 개념도 없는데, 어떻게 그에게 유신견(sakkāyadiṭṭhi)이 생겨날 수 있겠는가? 그럼에도 유신견의 잠재적 경향(sakkāyadiṭṭhānusayo)은 그에게 내재해 있다. 누워 있는

---

78 초기불교의 관점에 따르면, 중생세간은 크게 과거의 업들의 에너지에 의해 만들어졌으며, 강력한 경향성들은 끊임없이 우리에게 업의 측면에서 불선한 방식으로 행하도록 영향을 끼친다. 그렇지만 그 경향성들은 우리가 그런 경향성들을 갖고 각각의 재생에서 "태어난다"는 의미에서 "내재적(inate)"이지만, 개체로서나 또는 종으로서 우리에게 "본질적(essential)"이거나 "고유한(inherent)" 것은 아니다. 그것들은 과거의 업의 더미로부터 생겨난 조건지어진 현상들이며, 따라서 엄격한 종교수행을 통해 조절되거나 제거될 수 있다.
비교해서 말하자면, 불교도들은 한편에서는 (생물학적 결정론자처럼) 인간본성이 내재적이고 교정할 수 없다고 주장하는 하나의 극단과 다른 한편에서는 (강한 사회적 구성론자처럼) 어떠한 내재적인 성향성들도 부정하면서 인간을 일차적으로 환경의 산물로서, 그 위에 "사회"가 더러운 낙서를 하는 백지상태로 간주하는 또 하나의 극단 사이에서의 중도적 관점을 취한다. 그렇지만 불교도의 관점에서 이러한 "자연 vs, 양육(nature versus nurture)" 논쟁은 잘못된 이원성에 의거한 것이다. 고정된 종의 본질이란 의미에서의 "자연"이란 그런 조건짓는 원인들이 현재에서 아무리 멀리 있다고 해도 조건지어진 현상에 지나지 않는다. 반면에 그의 환경에 기인한 사회적 조건화의 의미에서의 "양육"이란 성장하고 배울 수 있는 내재적인 능력이 없으면 결코 일어날 수 없는 것이다. 그리고 그런 능력 자체도 과거의업에 의해 조건지어진 것이다. 그렇다면 순수한 "양육"은 조건을 여윈 "자연"이 유례가 없는 것처럼 정합적이지 않다. 나는 이 주제를 Waldron(2000), "Beyond Nature/Nurture: Buddhism and Bioloigy on Interdependence"에서 다루었다.

> 어린 아기는 '가르침' 개념조차 없는데, 어떻게 그에게 가르침에 대한 의심이 일어날 수 있겠는가? 그럼에도 의심의 잠재적 경향은 그에게 내재해 있다. 누워 있는 어린 아기는 '계' 개념조차 없는데, 어떻게 그에게 계금취가 일어날 수 있겠는가? 그럼에도 계금취의 잠재적 경향은 그에게 내재해 있다. 누워 있는 어린 아기는 '탐욕' 개념조차 없는데, 어떻게 그에게 탐욕이 일어날 수 있겠는가? 그럼에도 탐욕의 잠재적 경향은 그에게 내재해 있다. 누워 있는 어린 아기는 '존재 개념조차 없는데, 어떻게 그에게 존재에 대한 악의가 일어날 수 있겠는가? 그럼에도 악의의 잠재적 경향은 그에게 내재해 있다. (M I 433)

그런 후에 붓다는 이 상황을 "유신견 〔내지 의심 등〕에 의해 사로잡힌 마음을 갖고 주하는(sakkāyadiṭṭhi-paryuṭṭhitena cetasā viharat) 훈련받지 않은 일반인"들의 상황과 대조시킨다. "저 유신견이 습관적이 되고 제거되지 않을 때" 그것은 그를 이 세계에 묶는 결박(orambhāgiyaṃ saṃyojanaṃ)으로 작동한다고 붓다는 경고한다. 반면에 붓다의 가르침 속에서 행하며, 명상을 행하는 훈련받은 비구는

> 유신견에 의해 사로잡힌 마음을 갖고 주하지 않는다. 그는 〔여실하게〕 이미 일어난 유신견으로부터 벗어나는지를 알며, 유신견은 **그것의 잠재적 경향성과 함께**(sānusaya) 그에게 끊어졌다. (M I 434, 강조는 저자)[79]

---

79 M I 434. (na sakkāyadiṭṭhipariyuṭṭhitena cetasā viharati na sakkāyadiṭṭhipar-

이 구절들은 분명하게 존속하는 잠재적 상태(anusaya)에 있는 번뇌들과 그것들의 분출(pariyuṭṭhāna)에 의해 압도된 상태를 구별하는 것으로 보인다. 근저에 있는 경향성들이 아이에게는 잠재적 형태로 존재하는 반면에, 어른에게 있어서 그것들은 우리를 이 세계에 묶을 수 있고 "사로잡을" 수 있는 능력으로 발전되었다. 그렇지만 높은 단계의 비구나 비구니는 그 번뇌들의 압도적이고 명백한 출현과 그것들의 잠재적 경향성으로서의 심층적이고 견고한 형태를 제거했다. 그 경향성들은 그가 윤회 내에 존재하는 한, 해탈도에 따라 그것들이 점진적으로 제거되고 마침내 최종적인 해탈에서 근절될 때까지, 그의 전 생애를 통해 존속한다. 곧 보게 되겠지만, 후대의 학파들은 잠재적 번뇌들과 능동적 분출[80] 사이의 차이에 관해 이와 같은 문헌들로부터 정반대의 결론을 도출하면서 동의하지 않을 것이다.

그렇지만 분명한 것은 왜 그 근저에 있는 경향성들이 초기불교사상

---

etena, uppannāya ca sakāyadiṭṭhiyā nissaraṇaṃ yathābhūtaṃ pajānāti; tassa sā sakkāyadiṭṭhi sānusaya pahīyati). 경량부는 "잠재적 경향성과 함께 끊어졌다."(sānusaya pahīyati)는 마지막 구절을 잠재적 경향성(anuśaya, 隨眠)과 그것의 대립항인 '분출'(paryavasthāna, 纏) 사이의 구별을 지지하는 증거로 삼을 것이다. 우리는 이 주제를 상세히 제2장에서 검토할 것이다.

80 중부 니카야 영역의 편집자인 Ñāṇamoli와 Bodhi는 다음과 같이 서술한다. "주석서들에서 번뇌들은 세 단계에서 일어나는 것으로서 구별되었다. anusaya의 단계에서 번뇌들은 심에서 단지 잠재적 경향성으로만 남아 있다. pariyuṭṭhāna 단계에서는 번뇌들은 일어나서 심을 강압하고 사로잡는다. vītikkama 단계에서는 번뇌들은 불선한 신업과 구업을 촉발시킨다. 붓다의 비판의 요지는 결박들이 능동적으로 나타나지 않을 때에도 그것들이 출세간도에 의해 근절되지 않는 한 anusaya 단계에서 계속 존재하고 있다는 것이다."(Ñāṇamoli 1997: 1265, n.651)

에서 그렇게 중요했는지 하는 점이다. 그것들은 이전의 업의 결과를 새로운 업의 원인들과 연결시킨다. 이것이 우리의 악순환적 존재에 있어 세 번째 차원을 이루는 것으로서, 인지적이고 정서적 번뇌들에 초점을 맞춘 것이다. 다시 말해, 감수나 지각은 이전의 업으로부터 나오며(A II 157),[81] 그 속에서 잠재적 경향성들이 행위로 격발될 준비를 하고 놓여 있는 것이다. 따라서 어떤 감수들이 일어날 때, 그것들은 그것들과 상응하고 또 그것들에 대응하는 탐·진·치의 삼독과 같은 번뇌들을 분출시키게 하는 잠재적 경향성들을 이끌어내는 경향이 있다.(도표 1.1 참조) 그 번뇌들에 의해 촉발되고 영향받은 행위들은 더 많은 업을 일으키고, 그것은 역으로 계속해서 감수 등의 결과들로 이끈다. 그것들이 이미 "습관적이 되었고 근절되지 않은" 번뇌들을 반복하는 잠재력에 해당하는 한, 근저에 있는 경향성들은 따라서 과거의 행위들에 의해 구성된 것으로서 조건지어진 것일 뿐 아니라 현재의 행위로 이끌어내는 조건화하는 것이기도 하다. 이런 의미에서 그것들은 "고통의 모든 무더기"의 의존적 발생에 대한 필수불가결한 번뇌적인 연결점을 이룬다. 그것 없이 행위들은 업의 결과를 축적하지 못할 것이다.

---

81 A II 157 (n.39): 낙과 고라는 다양한 업의 과보는 신·구·의의 행위 뒤에 있는 다양한 의도 때문에 일어난다.

도표 1.1 감수(vedanā)와 잠재적 경향성(anusaya) 사이의 관계

M III 285		
식(viññāṇa) → 접촉(phassa) → 감수(vedanā) →		잠재적 경향성(anusaya)
M I 303		
樂受(sukha-vedanā)	→	탐욕에의 경향성(rāgānusaya)
苦受(dukkha-vedanā)	→	진에에의 경향성(paṭighānusaya)
不苦不樂受(adukkhamasukkha-vedanā)	→	무명에의 경향성(avijjānusaya)

5. 식의 두 측면 사이의 상호적인 인과성

5절에 대한 소개에서 우리는 식의 두 '측면들' 사이에 상호적인 강화 관계가 있다고 주장했다.(도표 1.2.에서 요약) 다시 말해 인지적 과정들이 감수를 일으키고, 수에서 갈애와 취착, 그리고 '윤회적 식(viññāṇa)'을 만들고 유지시키는 업들이 나오는 한, 식 자체의 지속성이 중심적 위치를 차지하는 재생의 사이클은 영속화될 것이다. 그리고 이 윤회적 식이 존속하는 한, 그것은 그런 인지적 과정들 및 그것들을 수반하는 정서적인 번뇌의 반응들의 지속적인 발생을 위한 터전이나 근거를 제공할 것이다.[82] 이런 의미에서 연기의 계열 내에서 식의 두 측면들 사이에는 상호적이지만 시간적 피드백 관계가 있다. 그것들은 시간적 의미에서 서로의 주요한 조건(因緣)이다.

82 비록 우리가 여기서 논의하고 있는 팔리어 텍스트보다 후대에 작성되었지만, 『밀린다왕문경』은 이 점을 분명히 하고 있다. "그렇다면 존자시여, '안식은 안과 물질적 형태들에 의존해서 생기며, 삼자의 만남이 접촉이며, 접촉을 조건으로 해서 감수가 있고, 감수를 조건으로 해서 갈애가 있고, 갈애를 조건으로 해서 업이 있다. 안도 다시 업으로부터 생겨난다.'고 붓다께서 설하신 이 순환은 끝이 있습니까? 왕이시여, 그렇지 않습니다."(1963-4: 51)

그렇지만 우리는 이런 결론을 단지 추론과 분석을 통해서만 이끌어 냈다. 왜냐하면 초기불전에는 양자를 명확히 구별하는 구절들은 없고 또한 이런 방식으로 그것들을 관련시키지도 않기 때문이다.[83] 그렇지만 유가행파의 알라야식 개념의 배경과 맥락을 이해하려는 우리의 목적을 위해서 두 개의 규칙적으로 일어나고 지속적으로 구별되는 맥락들을 상세히 기술할 수 있다면 충분할 것이다. 이 맥락 속에서 식의 두 '측면들'은 후대 사상가들이 그들 자신의 혁신적인 심의 이론들을 형성하는 데 있어 의지했던 자료들 속에서 나타난다. 모든 주요한 아비달마 학파들은 거의 동일한 자료들에 의거해서 식의 이 '두 측면들'에 관해 대략 비슷한 결론에 이르렀다. (후에 그들의 중요한 차이점들을 보게 될 것이다.) 단지 유가행파만이 이 차이를 하나의 복합적인 심의 모델로 정식화했고, 여기서 두 '측면들'은 체계적으로 구별되었고, 그들 사이의 관계는 그것들의 상호적이고 동시적인 조건의 관점에서 특징지어졌다. 우리는 이 발전들을 이후의 장들에서 충분히 다룰 것이다.

---

83 이것은 이 구별이 이 용어가 사용될 때마다 요별될 수 있고 그래야 한다는 것을 말하지 않는다. 요지는 이 두 개의 상이한 의미맥락이 그것의 고유한 긴장을 동반한 채 하나의 복합체의 일부를 형성하고 있다는 것이다. 그것의 통합과 차별은 약간의 해명을 요한다.

도표 1.2 연기에서 "두" 식들 사이의 관계

첫 번째 단계:	2-4지: 과거의 업들이 식에서 시작하는 새로운 생을 조건지음. (업의 형성력인) 제행을 조건으로 해서 윤회적 식이 새 신체 (nāmarūpa)로 들어감.
두 번째 단계:	5-7지: 식을 가진 신체가 인지과정을 조건지음. 윤회적 식이 단지 살아있는 신체 속에서만 생기는 인지적 식의 생기를 지지함. (인지적 식이 6처와 촉, 감수 속에서 다시 요약됨.
세 번째 단계:	8-10지: 인지과정들이 윤회적 식을 집합적으로 조건지음. 인지적 식이 정서적이고 번뇌를 야기하는 업의 작용들을 촉발하며, 그것은 재생(bhava)을 영속화시키고, 그럼으로써 윤회적 식은 미래의 존재로 진행한다.

전체의 순환: 제행에 의해 조건지어져서 식은 새 신체 속으로 재생한다. 윤회적 식은 인지적 식을 조건짓고, 후자는 다시 윤회적 식을 계속되는 존재로 이끄는 업의 행위로 이끈다.

그러나 우리는 먼저 최소한 현대학자 요한슨(Johansson)의 연구를 짧게 논의하고자 한다. 요한슨은 (위제세케라와 함께) 후대의 불교사상가들이 식의 이 두 측면들에 대해 행했던 동일한 결론들 중에서 많은 것들에 도달했다. 그렇지만 다양한 연기의 정형구에서 식의 두 측면들 사이의 체계적인 관계에 초점을 맞추는 우리의 접근과 대조적으로, 요한슨은 동일한 구절에서 식의 이 두 측면들을 암시하는 많은 텍스트를 인용하고 있다. 그리고 신중하게도 그가 '식'이라는 동일 용어의 두 '측면들'에 대해 말하기를 주저하고 있음에도 불구하고, 주의 깊은 해석은 이를 요구한다고 그는 결론내린다.

식의 두 측면들은 몇몇의 다소 유사한 구절들에서 함께 나타나고 있다고 보인다. 첫 번째는 붓다가 죽어가는 제자에게 한 교설에 나온다. 여기서 붓다는 식이 이 세상에서 재생하는 토대 역할을 하는 어떠한 것에 대한 집착도 포기하라고 충고하면서, 그런 현상의 긴 목록을 나열하고 있다. 여기서 식은 먼저 인지적 앎의 형태로 나타난다. "나는 안식에 집착하지 않을 것이며, 나의 식은 안식에 의존하지 않을 것이다."(M III 260)[84] 이것은 계속해서 오온 모두에서 반복되며, 식(viññāṇa)으로 끝난다. "나는 식에 집착하지 않을 것이며, 나의 식은 식에 의존하지 않을 것이다."[85] 요한슨(1965: 198)은 이 문장들에서 두 번째 식을 "재생의 측면에서의 viññāṇa"라고 해석한다.

다음 페이지도 비슷한 점이 문제가 된다. 오온에 대한 욕망은 식에게 '토대'를 제공하지만, 그것은 그 욕망과 함께 사라진다.

> 만일 비구가 식의 요소에 대한 즐거움을 포기했다면, 즐거움의 포기와 함께 토대가 근절된다. 식의 안주를 위한 어떤 토대도 없다. 그의 식이 안주되지 않고 증대되지 않고, 발생적이지 않다면, 그것은 해탈된다. 해탈됨에 의해 … 그는 몸소 열반을 얻는다. (S III 53, Bodhi 2000: 891)

요한슨도 이를 비슷하게 해석한다.

> 이는 감각지각적인 식으로부터의 벗어남을 통해 (재생의 측면에서의) viññāṇa이 토대 없이 의욕작용을 여의게(anabhisankhāra, 업의 축적으

84 Ñāṇamoli(1995: 1110). 관련된 팔리어 용어를 원상태로 되돌렸다.

85 M III 260. (na viññāṇaṃ upādiyissāmi, na ca me viññāṇanissitaṃ viññāṇaṃ bhavissati).

로부터 자유롭게) 되고, 열반한다(parinibbāyati)는 것을 의미한다. (Johansson 1965: 199)

두 구절은 viññāṇa가 두 구별되는 측면들을 갖고 있으며, 그것의 인지적 또는 "감각-지각"적 측면은 윤회 또는 "재생의 측면"의 영속화에 (혹은 뒤집어서 종식에) 핵심적이라고 제시한다.

이런 인과적 의존성은 또한 다른 방식으로도 작동한다. 인지적 식(viññāṇa)과 연결된 업들이 윤회적 식(viññāṇa)의 재생을 초래할 뿐 아니라 윤회적 식의 현존은 인지적 과정들이 일어나기 위한 필요조건이다. 즉, 그의 이전의 행위들과 경험들은 심신의 구성된 형태의 중개를 통해 그의 즉각적인 인지과정들에 영향을 주는 역할을 한다. 다른 말로 하면, 식의 특정한 발생은 하나의 조건에 불과한 현재의 인지 대상에 의해 조건지어질 뿐 아니라, 또한 그것은 특정 찰나에 영향을 미치는 전체적인 복합적 조건에 의해 영향받는다.(S II 2: "제행에 의존해서 식이 일어난다.") 왜냐하면 과거 업들에 의해 구성되고 조건지어진 모든 우리의 물리적, 감각적, 심리적 기관들은 현세에서의 경험의 범위와 내용에 기여하기 때문이다. 우리가 제안했듯이, 우리가 상속받은 생리학적이고 심리학적 구조들, 즉 '윤회적 식'뿐 아니라 제행들은 '인지적 식'이 현재 생겨나는 형태를 조건짓는다.[86]

따라서 불교의 심의 분석은 바로 이 초기단계에서조차 시공상에서 어떤 자율적인 인지기관이 '외부에' 선존재하는 외적 대상들을 인지한

86 후대의 아비달마 교의는 viññāṇa의 선행 찰나가 (하나 또는 다른 양태로) 후속 찰나의 인지적 앎의 생기를 조건짓는다고 주장할 것이다.

다고 하는 소박한 경험주의가 아니다. 차라리 연기설은 심과 대상이 의존해서 생겨난다고 제안한다. 예를 들어 안식은 어떤 "보이는 것"에 반응해서만 일어나는데, 그 보이는 대상은 안근의 능력에 의해 규정되는 것이다. 요한슨이 말하듯이, "만일 우리가 심적 이미지(saññā, 想)들을 경험하고 형성하는 힘을 갖지 못했다면, 눈이 보는 대상은 그것의 의식상의 대응물을 산출하지 못했을 것이다."(1979: 85) 따라서 우리의 제행은(sankhārā) "식이 기능하게 하는 필요조건"(1979: 139)이다. 달리 말하면, 인지대상의 경험은 구성적[87] 활동들의 결과로서, 그것들의 역량(?)-구조가 무수한 과정을 통해 쌓여온 것이며, 또 우리의 현 경험형태를 조건짓는 것이다.

요한슨은 식이 다른 방식이 아니라 바로 접촉에서 생겨난 감수에 의존하고 있다는 한 구절의 해석에서 이를 강조하고 있다.(M III 260: cakkhusamphassajā vedanānissitaṃ viññāṇaṃ)

> 지각은 신경계에 저장된 기억들과 신경메시지가 조우함에 의해 산출된다. 감각들을 통해 공급된 정보는 단지 이 저장된 정보와 비교함에 의해서만 해석될 수 있다. 이 정보는 불교의 관점에서 식에 의해

---

87 이 용어의 뉘앙스를 드러내기 위해 Jahansson은 sankhārā를 "창조적 행위, 창조성, 창조적 활동"으로 번역한다. Varela와 공저자들도 비슷한 점을 지적한다. "시각체계는 결코 미리 주어진 대상들과 대면한 적이 없다. 반면에 표면경계, 질감, 그리고 상대적 방향(즉, 지각된 속성으로서의 색에 관한 전체적인 맥락)뿐만 아니라, 대상이 어떤 것이고 어디에 존재하는지에 관한 규정은 시각체계가 반드시 계속적으로 달성해야 하는 복합적인 과정이다."(Varela et al., 1991: 167) (역주: 『몸의 인지과학』, 석봉래 역, 서울 2013: 270에서 인용)

> 제공된 것으로서, 따라서 자극 이전에 현존하는 것으로 생각될 수 있다. 그것은 접촉(phassa)을 통해서만 활성화된다. 식은 지각의 선행조건이다. … 의식의 **차원은** 감수의 조건이며, 구체적 **내용들은** 그것의 결과이다. (Johansson 1979: 92f. 강조는 원문)

이는 거의 놀라운 일이 아니다. 어떤 지속적인 심의 '차원'을 통해서가 아니라면, 보고, 듣고, 감촉하는 등의 찰나적 인지 과정이 그들 자체의 특정 대상들에 사로잡힐 때, 윤회의 지속성을 이루는 기억의 덩어리, 업의 잠재력의 축적, 그리고 (아마도) 번뇌적 경향들이 어떻게 존속할 수 있겠는가?

다른 한편으로, 인지적 식이 중심적인 역할을 하는, 인지적이고 번뇌에 찬 치명적인 활동을 통해서가 아니라면, 업의 축적을 위한 잠재력으로서 그 근저에 있는 경향성들이 또 어떻게 발생되고 강화되고 증대될 수 있겠는가? 요한슨은 의식의 '차원'이라는 그의 비유에 살을 붙이면서 바로 이 상호성을 제안한다.

> 식(viññāṇa)은 주로 인간의 심을 특징짓는 의식의 흐름을 가리키며, 또한 … 현생과 내생에서 지속성에 책임이 있다. 그것을 의식의 차원이라고 부르는 것이 아마 적절할 것이다. … 그것은 본성상 역동적이고 끊임없이 변화한다. … 그것은 외부세계로부터의 자극에 보다 더 의존적이 되며, 식을 내생의 새로운 개아로 변화시키는 내용과 기억들로 채워지게 된다. … 전자의 유형의 맥락, 〔즉 식의 '차원'〕에서 그것은 오히려 내적인 기능적 단위, 내적 공간, 보관소의

차원이며, 후자의 유형에서 그것은 오히려 내적 공간의 거주자인 구체적인 의식과정의 차원이다. (Johansson 1979: 63f.)

이것들은 바로 우리가 위에서 설명했던 식의 두 측면들이다. 윤회적 식의 지속적인 '차원'은 두 번째의 찰나적이고 대상을 향한 인지적 식의 전제조건이 되며, 인지적 식도 역으로 "그것에 내용을 채운다."

더욱 이런 심의 측면들은 윤회적 연속성의 확장된 시간적 범위에서 상호조건이 될 뿐 아니라, 그것들의 상호성은 즉각적인 조건의 찰나적 과정들 내에서도 작용하는 것처럼 보인다. 즉, 그것들은 서로에게 동시에 조건이 되어야 한다. 심의 '차원'과 그것의 '내용들'이란 비유가 제시하듯이, 만일 인지적 식이 그치지 않고 적집적이며 상대적으로 비의도적인 지각성의 개별적이고 무상한 대상특정적인 발생이라고 하면, 어떤 특정 대상을 행한 인지적 식이 생겨날 때 왜 윤회적 식이라는 이런 지각성과 연결된, 이들 모든 축적된 잠재력과 기억들 그리고 관념들이 왜 단지 그쳐야만 하는가? 그리고 만일 그것들이 일어났다면, 윤회적 연속성에 무엇이 일어날 것인가? 비록 초기문헌들은 어디서도 그렇게 말하지 않지만 요한슨은 이들 질문들에 대한 가장 단순하고 직설적인 답을 하는 데 주저하지 않는다. "초기불교의 분석에 따르면 식의 두 층위가 있다. 우리가 찰나적인 표층과정이라고 부르는 것과 배후에 있는 식이다. 후자는 하나의 습관적인 상태로서 … **항시 거기에 있는 것이다**."(1970: 106f.)[88] (강조는 보충한 것)

---

88 Wijesekera(1964: 259)는 동의한다. "팔리어 경장에 반영된 초기불교도의 관점에서 viññāṇa이 윤회나 또는 경험적 존재 속에서 지속되는 것으로서의 개체와

요한슨은 초기팔리어 문헌에서 식의 다양한 기능들을 요약하고 있다. 그의 분석에서 식(viññāṇa)은 다음과 같이 특징지어진다.

(1) 끊임없이 흐르는 과정
(2) 주로 표층의식적이지만, 잠재의식적 요소도 가지고 있다. 왜냐하면 대부분의 그 내용이 항시 나타나지는 않기 때문이다.
(3) 경험에 의해 변경될 수 있는 업의 결과의 전달자
(4) (꿈과 상상력과 관련해) 자유롭게 움직이는 힘
(5) 의식의 견지에서 재생의 설명
(6) 중단될 수 있고, 그럼으로써 전체적인 업의 과정들의 종식시킬 수 있는 과정

(Johansson 1965: 192)

뒤에서 보게 되듯이, 유가행파 저자들은 위에서 나열된 식의 특징들에서 다만 "인지적 식"을 가리키는 (2)는 제외하고 나머지들을 모두 알라야식에게 귀속시켰다. 우리가 검토했던 다수의 문헌자료들과 또 그것에 관한 현대의 주요 연구들은 동일한 결론으로 나간다. 아마 이는 유사한 종합적 목적에 의해 동기부여된 것으로서, 우리는 후에 이를 복합적인 알라야식 개념 속에서 발견할 수 있다.

그러나 우리는 이 결론이나 또는 사실상 전체적 분석 유형이 초기문헌들의 정신과 취지와는 거리가 있다는 점을 인정해야만 한다. 그것은

관련된, 의식적이고 무의식적인 심리학적 현현의 토대였다는 결론은 피하기 어렵다."

보다 적절히 후대의 불교사상의 스콜라주의적/교학적 시기에 속하는 하나의 체계적인 관점이나 사유방식을 반영하는 것이다. 그 관념들은 초기전통 속에 마치 씨앗처럼 잠재되어 있으며, 후대 사상가들의 풍요한 밭에 심어지고 수확되기를 기다리고 있는 것이다. 거기서 그것들은 적지 않게 종파적 논쟁에 의해 관개된 채, 마침내 알라야식을 중심으로 하는 다층적인 심의 모델 속에서 열매를 맺는 것이다. 우리는 이 모델의 배경을 검토했다. 이제 그것의 맥락을 검토해야만 한다. 그 맥락 내에서 흐름과 종자, 열매의 소박한 비유들과 또 심지어 '식(viññāṇa)'이라는 용어 자체가 진실로 문제가 되는 것이다.

II. 아비달마의 맥락

철학이 종교 없이 거짓인 것처럼 종교도 철학 없이 거짓이다.

(St Augustine, Epitome)

1. 아비달마 프로젝트와 그것의 문제점

우리는 연기 계열에서 개체의 윤회존재의 존속하는 차원 및 윤회존재를 영속화시키는 행위로 이끄는 인지과정들의 핵심적인 구성요소로서의 식(vijñāna)의 중요한 역할을 검토했다. (이하 자료의 원어를 감안하여 산스크리트어를 사용할 것이다.) 그러나 이것은 전체적 그림은 아니다. 왜냐하면 윤회는 만일 업을 야기하는 행위들을 촉발하는 번뇌가 없다면 그칠 것이기 때문이다. 따라서 바로 번뇌의 해로운 영향들과 그것들이 주는 업이 윤회존재의 지속성을 위해 식만큼 본질적인 것으로서 윤회존재를 영속화시키는 것이다.[1] 다른 말로 하면, 윤회적 식은 그의

1 『구사론』은 Poussin(1971: 137; ad VI 3)이 S 13,6이라고 확인한 하나의 경전을 인용하면서 "업과 갈애, 무명은 미래에 제행의 원인이다."(AKBh ad VI 3, Shastri 887: karma ca tṛṣṇā ca atho avidyā saṃskārāṇāṃ hetur abhisaṃparāyeti)라고

과거의 업의 산물일 수 있지만 새로운 업을 만드는 것은 바로 그의 현재의 행위 속에서 번뇌의 에너지의 존재이다. 그리고 그것들은 그가 영향을 끼칠 수 있는 행위들이기 때문에 종교적인 노력은 바로 여기 이곳에서 그의 동기들을 조정하고 또 그의 행위들을 제어하는 데로 필히 향해야 한다.

따라서 초기불교도들은 제1장에서 스케치한 대로 상대적으로 단순한 심의 분석에 의존하면서, 그의 현재 행위들과 그 뒤에 있는 의도들의 분석에 집중했다. 붓다의 재세 이후의 몇 세기 동안에 이 분석들은 각각의 의도적 행위들의 근저에 있는 동기들과 업의 본성을 식별하는 점차 명료하고 체계적인 방법으로 발전했다. 시간이 지남에 따라 불교는 윤회존재를 영속화시키는 번뇌들과 업을 산출하는 에너지들을 제거하려는 명백한 목적을 갖고, 원래는 직선적이고 넓게는 기술심리학에 속한 것을 높은 수준의 복잡하고 체계적이고 자기의식적인 메타심리학으로 변화시켰다. 이것이 요약하면 아비달마 프로젝트이다.[2]

이런 접근에서 아비달마는 능동적인 심의 과정들을 강조했고, 존속하고 있지만 과거로부터의 미세한 영향들, 특히 번뇌를 향한 잠재적 경향(anuśaya, 隨眠)들과 업의 축적(karma-upacaya)은 덮어버렸다고 보인다. 상황을 거칠게 단순화하면, 그 존속하는 영향들은 단지 즉각적

말한다.

2 초기 유부문헌인 『법온족론(Dharmaskandha)』에 대한 Frauwallner의 서술은 아비달마 전체에 잘 적용될 수 있다. 『법온족론』은 "체계구축을 위한 최초의 시도에서 사용된 기본개념들, 즉 윤회에 빠지는 것과 관련해 특히 중요하다고 간주된 일군의 심적 요소들과 함께 해탈을 위한 수행에서 특히 중요성을 가진 교의개념들에 집중하고 있다."(1995: 17)

인 심의 과정들에 영향을 끼치는 한에서만 아비달마 분석의 시야에 들어왔다. 그러나 존속하는 영향들은 성격상 능동적일 수 없었거나 또는 어떤 주어진 찰나에서 그의 심적 과정들 내에서만 식별될 수 있었다. 그것들은 정의상 잠재적이거나 또는 대부분 잠재적인 것이었고, 따라서 불가피하게 분명치 않은 것이다. 그러므로 다생에 걸친 윤회존재에 대한 불교의 관점에서 잠재적 번뇌와 업의 잠재력의 축적이라는 불가피한 두 가지 요소들이 전적으로 현재의 능동적 심의 과정들에 초점을 맞춘 분석에서는 쉽게 확인되지 않았다. 그 존속하는 요소들의 존재와 그것들의 패턴들, 그리고 해탈할 때까지 그의 심적 과정들에 대한 그것들의 가능한 영향들이 아비달마 분석에서 문제가 되었다.

그리고 그것들은 아비달마의 궁극적인 목적과 그것의 즉각적 방법, 즉 우선시되는 윤회적인 삶의 관습적 에너지를 모두 끊으려는 종교적 목적과 찰나적인 현재의 심의 과정들의 체계적 기술이라는 목표로 이끄는 방법 사이의 내재적 긴장 때문에 문제가 되었다고 나는 주장한다. 과거로부터의 존속하는 영향들과 현재의 능동적 과정들 사이의 피할 수 없는 구별은 결과적으로 모든 행위의 근저에 있고 그것을 가능케 하는 그런 종류의 영향들을 명시적으로 재인식하게 했다. 그렇지만 그 영향은 즉각적인 심적 작용들에 한정되어 분석되어질 수 없이 남아 있었다. 요약하면 그것은 무의식적 심의 재인식을 낳았다.

우리가 제1장에서 분석했던 '의식(consciousness)'으로서의 식과 '인지적 앎'으로서의 식이라는 식의 두 '측면들'은 이 문제들에 관해 핵심적이다. 원래 구별되는 식의 두 측면들 사이의 치명적인 분리가 결과적으로 그 존속하는 심의 측면을 나타내는 '저장'식이나 '근본'식으로서 알라야식이라는 구별되는 식의 범주들을 가정하는 데로 이끌었는데, 그것은 새로운 아비달마 분석에서는 주변적인 것이 되었다. 여기서 존속하는 식의 대가로 찰나적 인식과정들에 전적인 타당성이 부여되었다.

바로 아비달마의 학적 태도의 역사적이고 개념적 맥락 내에서 유가행파가 생겨났고, 또 아비달마의 술어 내에서 알라야식 개념이 표현되었기 때문에, 우리는 아비달마 프로젝트에 집중한다. 그러므로 이 맥락과 그것의 전문술어, 그리고 그것이 낳은 문제되는 주제들의 이해가 서로 직조된 논리적이고 해설적인 알라야식을 위한 논증들을 풀이하기 위해 불가결하다. 앞으로 보게 되듯이, 알라야식은 전적으로 '아비달마의 문제점'의 산물이다.

1) 아비달마의 배경

우리는 먼저 아비달마 불교의 역사적 배경을 간단히 스케치해야 한다. 우리가 제1장에서 검토했던 교설들은 붓다의 말씀이라고 알려진 교설 모음집인 경장(Sūtra-piṭaka)에 속한다.[3] 인도불교에서 대부분의 후대의 전통들은 이 초기 교설로부터 직접적으로나 간접적으로 나왔고, 그것들 대부분은 초기경전의 이러저러한 구절들에 의거함에 의해 그들의 차별적인 교설들을 정당화하려고 했다. 따라서 그 교설들은

3 초기 경전들의 산스크리트본이 중앙아시아 언어들로 현존하고 있으며, 나아가 한역과 티벳역으로 보존된 방대한 경장이 존재한다. 팔리어 문헌들은 안타깝게도 인도어로 남아 있는 유일한 경장이다.

하나의 평행추로 기능하는데, 그것에 의해 다양한 교설들이 판단되고 재단되었으며, 그 방대한 역사적, 지리적, 언어적, 문화적 다양성에도 불구하고 남아시아와 동남아시아 불교에게 분명한 사고와 실천의 통일성을 부여하고 있다.

그러나 붓다의 가르침들이 다른 시기에 상이한 청중들에게 다양한 상황에서 제시되었기 때문에, 서로 융합하지 않는 많은 가르침을 보존하고 있는 교설들은 하나의 주제를 완전하고 체계적인 방식으로 설하지 않았거나 또는 불교의 수행도를 열심히 실천하는 사람들에게 동등한 도움을 주는 것이 아니었다. 그 결과 아마도 이미 붓다의 재세 시부터 제자들은 그의 가르침을 보다 일관되고 체계적으로 편찬하기 시작했을 것이다. 이런 방향으로의 시도는 텍스트의 결집 속에서 보존되고 있는데, 그것들 중의 일부는 뛰어난 교법의 결집인 논장(Abhidharma-piṭaka)이라고 불리는 붓다의 말씀으로 간주되고 있다.[4]

(율장을 포함해서) 삼장의 어느 하나가 실제로 필사되기 이전 수세기 동안에 이 '텍스트들'은[5] 전형적인 인도적 방식으로 구전되었고, 다른 집단의 승려들은 다른 삼장을 기억하게 되었다. 그런 상황에서 초기 교설의 다양한 판본들이 세월이 지남에 따라 증대되었고, 가르침

---

4 논장 속에서 특정한 책들은 학파들마다 다르다. 제2장의 첫 부분에서 우리는 관련된 교설들에 대한 특정 학파들의 개개 입장을 논의하기 전에 아비달마의 심리학적 개념들의 합성적 성격을 일반적으로, 개요를 스케치하면서 보여줄 것이다.

5 오래된 어원에 따르면 sūtra는 "라틴어 textus처럼 "꿰매다, 직조하다"라는 의미에서 파생되었고, 따라서 "실처럼 모든 것을 잇거나 연결시키는 것, 규칙, 방향"(SED 1241)이라는 의미를 전해준다. 흥미롭게도 sūtra의 번역어인 중국어 經도 비단(絲)이나 직물을 나타내기 위해 사용된 의미론적 어근으로 구성되어 있다.

의 여러 함축성들이 계속해서 도출되었다. 이는 계속해서 체계화와 정교함의 과정을 거치고 있던 아비달마 문헌들의 경우에 특히 사실이었다. 나아가 중요한 것은 어떤 것이 정통적이고 어떤 것은 그렇지 않은지를 결정하는 핵심적인 권위가 없었다. 이런 상이한 해석의 과정과 그것들의 다양한 함축성들은 다른 교설과 수행체계를 가진 학파들의 점차적인 등장에 중요했다.

비록 점차적인 교의의 차이와 새로운 아비달마 문헌의 제작, 그리고 여러 학파의 형성의 과정들이 붓다의 열반 이후 몇 세기 동안 진행되었지만, 현존하는 자료적 증거는 초기 역사의 희미한 윤곽만을 보여준다.[6] 그 과정들을 통해 전통적으로 18부파로 헤아려지는 여러 학파들이 존재했지만 인도사의 안개 속에서 그 과정들은 대부분 사라졌다.[7] 우리는 이 시대에서 오늘날 스리랑카와 동남아시아에서 지배적인

---

6 Frauwallner는 아비달마 문헌을 오래된 핵심적인 층위와 새로운 층위로 구분하고 있는데, 古層은 상좌부와 유부의 아비달마 문헌들의 기저를 이루며, 반면 新層은 크게 차이를 보여준다. 그는 그것들이 다음과 같은 시기에 속한다고 말한다. “BCE. 200년이 고층의 성립연대에 근접할 것이다. 후대에 저작된 모든 아비달마 문헌들은 이 점에 수렴한다. … 팔리어 아비달마 문헌들은 가장 오래된 핵심부분을 제외하면 BCE. 200년부터 CE. 200년 사이에 인도대륙에서 저작되었으며, 그곳에서 실론으로 전해졌다.”(1995: 41f.)

7 Frauwallner가 20여 년 전에 말했던 것은 지금도 타당할 것이다. “하나의 넓은 간극이 『구사론』의 포괄적이고 잘 발전된 체계를 오래되고 소박한 붓다의 교설과 분리시키고 있다. 그들 사이의 시간상의 거리는 크다. 왜냐하면 붓다는 BCE. 480년에 열반했고, 『구사론』은 거의 천 년이 지난 CE. 450년에 작성되었기 때문이다. 따라서 이 갭을 잇는 것이 미래의 연구 과제가 되었지만, 그 과제는 오늘날까지 여전히 불완전하게 수행되었다.”(1995: 120)

상좌부(Sthaviravāda/Theravāda)[8]에서 유래하거나 또는 고전 인도에서 가장 대표적인 학파인 설일체유부(Sarvāstivāda)에서 유래한 방대한 문헌자료만을 단지 갖고 있을 뿐이다. (그러나 유부의 문헌들은 일차적으로 한역으로만 현존한다.)[9]

우리는 기원후 몇 세기에서, 즉 불교의 첫 500년이 되어서 다양한 불교학파의 많은 아비달마 문헌군과 만남에 의해 비로소 확실한 역사적 토양에 도달했다. 포괄적인 영역과 체계적 조직, 지속적인 영향력의 관점에서 가장 두드러진 것은 4-5세기 불교철학자 세친(Vasubandhu)의 작품인 『구사론(Abhidharma-kośa)』이다.[10] 초기 상좌부 문헌인 『논

---

8 남방불교의 상좌부(Theravāda)는 고전인도의 상좌부(Sthaviravāda)의 문헌전통으로부터 유래했고, 그것을 보존하고 있다. 그것의 현재 입장과 명성 때문에 우리는 '상좌부(Theravāda)'란 말을 고대의 상좌부(Sthaviravāda)를 지시하기 위해 사용할 것이다.

9 알라야식의 많은 측면들의 선구자들이 잘 알려지지 않은 학파들의 교설들에서 발견되는 것은 안타까운 일이다. Bareau(1955)는 그의 훌륭한 저작에서 당대와 후대의 다양한 자료들에 의거해서 초기불교학파들의 교의 입장들을 수집했다. 몇 가지 주제들의 목록에 대해서 부록 2 참조. 또한 교의에 관한 초기의 저작인 *Samaya-bhedopacarana-cakra의 한역인 『異部宗輪論』(1975) 참조.

10 『구사론』의 온전한 제목은 Abhidharmakośa-bhāṣya(축약: AKBh, 또는 Kośa)로서 "아비달마의 창고에 대한 주석"을 뜻한다. Pradhan(1967)의 산스크리트 편집본은 비록 표준적인 것이지만, 그 이전까지는 사용될 수 없었다. 이 저작에 대한 어떠한 번역이나 편집을 사용하는 것도 촉진하기 위해 우리는 AKBh 자체의 章과 게송번호를 제시하고, 그 후에 S. D. Shastri(11981) 편집본의 쪽수를 제시할 것이다. 그의 편집본은 Yaśomitra의 주석서인 Abhidharmakośa-vyākhyā(이하 AKVy)의 산스크리트 텍스트를 포함하고 있다. 또한 우리는 7세기에 이루어진 현장의 한역(T1558)에 대한 Poussin의 불역을 광범위하게 제시할 것이다. 우리는

사』 및 상좌부의 독창적인 몇몇 교설은 예외로 하고 우리의 아비달마의 검토는 『구사론』에서 표현된 관점들에 국한될 것이다. 그 관점들은 전통적으로 유부와 경량부의 입장을 대변한다고 생각되었다. 우리는 두 가지 이유에서 『구사론』에 초점을 맞출 것이다. 먼저 세친은 그의 이복형인 무착(Asaṅga)과 함께 '고전' 유가행파의 건립자이다. 그의 저작들과 그의 종교적, 철학적 관심들 그리고 그의 전문술어는 이 전통들을 이어주고 있다. 그리고 더욱 유가행파와 경량부 사이의 관계는 최근 재검토되고 있는데, 그 연구에 따르면 "세친의 소위 경량부적 견해들은 실제로는 위장된 유가행파의 아비달마"(Kritzer 1999: 20)인 것이다. 이들 두 가지 점은 『구사론』을 알라야식 개념을 형성하는 데로 이끌었던 폭넓은 문제점들에 대한 예외적인 동시대의 증인으로 만들어준다.

비록 소승불교와 대승불교의 분리를 믿는 사람들에게 '소승' 아비달마의 견지에서 '대승' 유가행파를 맥락상 관련시키는 것은 이상하게 보이겠지만, 적어도 인도에서는 그들 사이의 연속성과 중복은 그들의 차이점보다 크다. 사실상 유가행파는 주로 상좌부와 유부라는 다른 아비달마 학파의 그것과 평행하게 동시대에 아비달마 문헌[11]을 산출했기 때문에 '아비달마' 학파의 하나로 간주되어야 한다. 비록 아비달마

저 구절들의 번역에서 이 편집본들에 의거했다. Poussin의 출판본은 Pruden(1988)에 의해 영역되었는데, 때로 그 영역이 인용되기도 할 것이다.

11 Frauwallner(1995: 144)는 무착(Asaṅga)에 대해 "그의 가장 중요한 기여의 하나는 소승의 교의를 취하고 이를 통합함에 의해 유가행파의 체계를 발전시켰으며, 따라서 그것은 모든 면에서 당대의 소승의 대학파와 동등했다고 간주된다."고 말하고 있다.

문헌의 세 그룹들은 상세한 점에서 서로 다르지만, 그것들은 그럼에도 동일한 기본전제들을 공유하고 있었고, 비슷한 방식으로 분석을 수행했으며, 거의 비슷한 용어로 표현했다. 간단히 말하면 그들은 단일한 지적 환경에 속했다. 그리고 그들은 모두 거의 비슷한 체계적 문제들 때문에 곤란을 겪고 있었다. 다른 것은 바로 일차적으로 그런 문제들에 대한 그들의 해결책이었다.

따라서 알라야식을 옹호하고 서술하기 위해 사용된 존재이유와 주장들을 이해하기 위해서는 아비달마 전통들 속에서 이런 공통된 교설의 토대를 살펴보는 것이 필수적이다. 그것은 그 전통들의 가장 중요한 개념들과 그것들이 이끌었던 문제들 그리고 여러 학파들이 그 문제들을 위해 제시했던 다양한 해결책들이다. 그 경우에만 우리는 유가행파 사상가들에 의해 제출된 일련의 복잡한 주장들을 충분히 이해할 수 있을 것이다.[12] 그리고 우리는 알라야식이 중요한 점에서 아비달마 문제점에 대한 가장 근원적인 해결책임을 보게 될 것이다. 그 해결책이란 아비달마 분석의 전제에 충실하면서, 팔리어 문헌의 초기 가르침들에서는 구별되지 않았던 식의 두 개의 차원을 상기하는 것 또는 의식적으로 그것을 소생시키는 것이다.

---

12 알라야식을 인도불교사의 맥락에서 이해하려는 이 에세이의 목적은 전체로서의 아비달마의 일반적 제시조차도 배제한다. 어느 경우이든 이것은 다른 곳에서 수행되었다. 아비달마에 대한 보다 포괄적인 설명에 대해서는 Stcherbatski(1956), La Vallee Poussin(1937a), Conze(1973: 138f.), Jaini(1959)와 Collins(1982), Shastri(1983), Griffiths(1986), Cox(1995)를 보라.

2. 아비달마의 목적과 방법: 경험의 불가환원적 요소로서의 다르마

체르바스키(1956)가 오래전에 제안했듯이, 아비달마의 중심 관념이 다르마(dharma, 法) 개념이라는 사실은 의심할 여지가 없다. 그렇지만 이 포괄적인 용어가 실제 가리키는 것이 무엇인가에 대해서는 상당한 의문의 여지가 있다. 우리는 이 용어에 대한 하나의 종합적이고 약간 색다른 해석을 제안할 것이다. 이 해석은 중심적이지만 그럼에도 여전히 뜨겁게 논쟁되고 있는 이 개념에 대한 다양한 해석들을 충분히 알고 있는 아비달마의 자료들을 유용하게 해명할 수 있으리라 믿는다.

아비달마 학자들은 유정들과 사물들 모두 무상하고 무아이며, 의존해서 일어나고 있다는 초기불교의 관념을 이어받아, 그것을 모든 현상에 적용할 수 있다고 추론했다. 그들은 예컨대 테이블이나 사람, 심지어 생각과 같은 어떤 것을 실체나 단일자의 관점에서 지시하는 것은 더 단순하고 더 근본적인 요소들의 지속적이지만 잠정적인 배열을 기술하는 관습적인 방법일 뿐이라고 주장했다. 이 근본요소만이 진실로 존재한다고 말해질 수 있는 것이다. 따라서 아비달마 학자들은 적어도 전문적으로 논의할 때는 초기 교설에서 발견되는 일상적인 언설 표현을 '여실하게(yathābhūtam)' 경험된 사물들의 기술로 대체했다. 즉, 제6 의식의 대상을 의미하는 이 〔다르마라는〕 용어를 정교하게 하면서 그들은 경험을 더 이상 환원될 수 없는 다르마의 관점에서 기술했다. 교설을 다르마의 관점에서 서술하는 것은 아비달마에서 핵심적인 의미를 가진다. 왜냐하면 『구사론』이 주장하듯이, "다르마들의 식별없이 번뇌를 구별할 방법은 없으며, 바로 이런 번뇌들에 의해 유정들은 존재의 바다에서 방황하는 것이다."(AKBh I 3)[13] 다르마의 용어로 성립되지 않거나 전환될 수 없었던 전통적인 교설들의 주제들은 단지 임의적인 것이거나 세속제(saṃvṛtisatya)로서 간주된 반면에, 순수하게 법의 용어로 표현된 것으로서의 교설(dharma)[14]은 "최고의 다르마(abhi-dharma, 勝法)"로 간주되었다. 왜냐하면 그것은 궁극적인 다르마(paramārtha-dharma), 즉 열반으로 향하기 때문이다.[15] 다르마라

---

13 AKBh I 3; Shastri: 15; Poussin: 5; Pruden 1988: 57: "법의 요별을 제외하고 번뇌들을 제거할 방법은 없다. 그리고 바로 번뇌들 때문에 세간은 존재의 대해 속에서 윤회한다. 따라서 다르마의 구별을 위해 교조인 붓다에 의해 아비달마가 설해졌다고 전한다(kila). … 아비달마의 가르침 없이 제자는 다르마들을 요별할 수 없다." (yato vinā dharmapracicayena nāsti kleśopaśamābhyupāyaḥ, kleśāś ca lokaṃ bhramayanti saṃsāramahārṇave asmin, atas tad hetos tasya dharmapravicayasyārthe śāstrā kila buddhenābhidharma uktaḥ; na hi vinā abhidharmopadeśena śiṣyaḥ śakto dharmān pravicetum iti).

14 dharma란 용어는 인도 종교에서 특히 다의적이다. 그것의 중요한 의미의 하나는 "교설, 가르침, 방식"이다. Buddhism이란 "붓다의 가르침"을 의미하며, 붓다로 향한 길이나 교설을 뜻한다. dharma의 동사 어근 dhṛ는 "to hold, bear, preserve, keep, possess, use, place, fix etc."을 의미한다. dharma의 파생적 의미는 "확립된 것, 확고한, 고정된, 법칙, 상태, 규정된 행위, 의무, 올바름, 정의, 덕, 도덕성, 종교 등"(SED 510, 519)이다. 또한 dharma는 아비달마 문헌에서 특별한, 전문적인 의미를 갖고 있는데, 이에 대해서는 나중에 검토할 것이다.

15 AKBh ad I 2b. Shastri: 12; Poussin: 4. (tad ayaṃ paramārthadharmaṃ vā nirvāṇaṃ dharmalakṣaṇaṃ vā pratyabhimukho dharma ity abhidharmaḥ). 상좌부의 Aṭṭhasālinī(III 488)는 풀이한다: abhidhammo nāmo paramatthadesanā. (Guenther 1959: 2에서 인용)

승의제와 세속제의 구별은 인도불교사상에서 길고 중요한 역사를 갖고 있다. Jayatilleke(1963: 361-8)는 승의(paramattha)와 세속(sammuti)의 교설의 최초의

는 불가환원적 구성요소의 관점에서 경험을 분석하는 것은 불교의 교설의 스타일과 내용을 무효화할 수 없을 정도로 변화시켰다.

아비달마 문헌들에서 논의된 많은 주제들 중에서 심적 과정들과 그것들과 상응하는 행위들의 분석이 특히 강조되었다. 왜냐하면 업을 발생시키는 것은 바로 이런 행위들이기 때문이다. 초기 교설에서 비록 통찰력은 있지만 상대적으로 단순한 '민속 심리학'으로서 시작된 것이 찰나적이고 독립적인 구성요소의 관점에서 전체적인 경험의 세계에 대한 체계적인 분석으로 점차적으로 변화되었다. 이것은 초기의 심의 분석에서 사용된, 수受와 상想, 식識, 갈애 등의 용어들을 그것들의 차별적인 특징들을 정의하고 그것들의 생기를 조건짓는 환경을 특정하고, 또 그것들의 복합한 상호관계들을 기술함에 의해 체계적으로 형성하는 것을 포함했다. 이렇게 하여 진행하는 심의 과정들은 높은 통찰을 지닌 수행자의 눈에 의해서만 구별 가능한, 찰나적이고 구별적인 경험의 단위나 구성요소들로 완전히 분석되었다. 다시 말해 그것들은 다르마로 분석되었다.

따라서 아비달마는 보디 비구(Bhikṣu Bodhi)의 말을 빌리면 "현상학

의미 및 그것들과 요의(nītattha)와 미요의(neyyattha)의 관계를 논의한다. 비록 "궁극적"이고 "세속적"이라는 용어의 예가 초기문헌에서도 나오지만 (S I 135: "'마차'라는 단어는 부분들이 결합되었을 때 사용되며, 심적-물질적 요소들이 현존할 때 '존재(satto)'라는 용어의 사용이 있다."), 그것들은 "경장 어디에서도 대조되고 있지 않다"(p.366)고 그는 주장한다. 또한 그것들은 "주제의 차이를 가리키지 두 종류의 진리의 차이를 가리키는데"(p.368) 사용되지 않는다. Kathāvatthu V 6; Visuddhimagga XVIII 25; Compendium 6, 11, 81, n.1, 200, n.1을 보라.

적 심리학"이 되었다. 그것의 "일차적 관심은 … 경험의 본성을 이해하고, 따라서 그것이 초점을 맞추는 실재성이 경험 속에 주어진 세계로서 의식적인 실재성이라는 것을 이해하는 것이다."(Compendium 1993: 4). 그러나 "현상학적 심리학"이란 무엇을 의미하는가? 그리고 "경험의 단위나 구성요소들"이란 무엇인가? 또한 어떻게 이 모든 것이 이 책의 중심주제인 식과 관련되는가? 아비달마 전통의 분석적인 취지에 공명하면서 우리는 인지적 앎에 대한 우리의 접근을 체계적으로 다시 서술해야만 한다.

인지적 앎(vijñāna)의 표준적인 정의의 하나는 그것이 "〔대상의〕 요별"(AKBh I 16: vijñānaṃ prativijñaptiḥ)로서 일어난다는 것이다. 여기서 두 가지 중요한 함축성이 뒤따른다. 첫 번째는 초기불교에서도 잘 표현된 것으로, 모든 조건지어진 현상들은 무상하고 변화한다는 것이다. 두 번째는 아비달마 전통에서 분명히 제시된 것으로 인지적 앎이 조건적으로 일어날 뿐 아니라 차이를 구별하는 기능으로서 일어난다는 것이다. 만일 우리가 이 정의의 함축성을 검토한다면, 우리는 다르마들의 상태라는 아비달마 프로젝트의 성격과 이런 혁신적인 분석의 유형에서 나온 일련의 이론적 문제들을 보다 심층적으로 이해할 수 있다.

앞에서 보았듯이, 인지적 앎은 하나의 자극이 적절한 감각영역에 나타나고, 감관(또는 심)을 촉발하고, 그것에 대한 주의가 있을 때 일어난다. 인지적 앎은 이런 자극 없이, 감각기관들과 기능들에 대한 촉발 없이는 일어날 수 없을 것이다. 따라서 인지적 앎의 발생에 대해 말하는 것은 감관들과 그것들의 상관적인 자극들 사이의 찰나적인 상호작용이라는 하나의 사건에 대해 말하는 것이다. "모든 것이 무상하다"고 말하는 것은 실재성이 그러하다고 선언하는 것이 아니라, 인지적 앎이 생겨날 때 그것을 기술한 것이다. 따라서 인지적 앎은 정의상 시간적이고 과정적이다.

또한 그것은 차별적인 것이다. 베이트슨(Gregory Bateson)은 암시적으로 유사한 점을 지적한다.

> 우리의 감각 체계는 … 우리가 **변화**라고 부르는 **사건**들과 작동할 수 있을 뿐이다. … 우리가 변하지 않는 것을 보고 있다고 생각하는 것은 사실이며, … 이 문제의 진실은 안구에는 **미소안진증**(micronystagmus)이라는 지속적인 떨림이 있다는 것이다. 안구는 몇 초의 방전(arc)을 통해 진동하며, 그럼으로써 망막의 광학적 이미지가 민감한 하부기관인 간상체와 원뿔로 상대적으로 움직이게 한다. 그래서 하부기관들은 외부세계의 **윤곽**들에 대응하는 사건들을 지속해서 받아들인다. 우리는 차이들을 **이끌어낸다**. 즉, 우리는 그것들을 떼어내는 것이다. 이끌어내어지지 않은 그런 차이들은 존재하는 것이 **아니다**. (Bateson 1979: 107, 강조는 원문)

그런 차이에 대한 앎이 없이, 그러한 자극 없이, 독립적인 '사물들'이라는 구별되는 대상들의 요별도 없을 것이다. 이것은 vi-jñāna(識)라는 용어에 이미 함축된 것이다. 여기서 접두사 vi-는 분리나 구별의 의미를 나타내며, "차별적인 앎이나 요별"(PED 287, 611; SED 961)을 시사한다. 다시 말하면, 인지적 앎은 요별(prati-vijñapti)의 기능으로서 일어난다.[16] 베이트슨이 관찰하고 있듯이, "지각은 단지 차이 위에서만 작동하며, 모든 정보의 수용은 새로운 **차이**의 수용이다."(1979: 31f. 강조는 원문) 즉, 만일 온도나 명암, 강도 등의 관점에서 다른 것과 구별되지 않는 어떤 구별되는 자극이 감각기능들과 기관들에 촉발되지 않는다면 인지적 앎의 발생도 없을 것이다.[17] 이는 "구별되는 대상들이 능동적으로 인지된다"(1장, n.51 참조)는 것이 아니라, 보다 정교하게 말하면, 마치 변화와 같은 방식으로 자극들을 다른 것으로 만드는 맥락적인 구별들 자체가 인지적 앎을 구성하고 있다는 것이다.

따라서 인지적 앎의 한 찰나가 시간적으로 구별되는 사건으로서 생겨나는 것처럼, 그것은 맥락적으로 구별되는 현상들에 반응해서 일어난다. 그러므로 이 구별되는 사건들은 바로 이런 유형의 분석의 논리에 의해 찰나적이고 구별적인 것이다. 그리고 다르마라고 불리는 것은 바로 이런 사건들인 것이다. 사건들이 찰나적인 인지적 앎의 찰나를 일으키거나 또는 함께 일어나는 한에서, 하나의 다르마는 각각의 찰나적이고[18] 개별적인 사건들을 가리킨다.

---

16 『유가론』(Tib. 189b4f.)도 비슷하게 정의한다. "식은 각각의 구별된 감각대상을 요별(vijñapti)하는 특징을 갖고 있다."(rnam par shes pa ni yul so sor rnam par rig pa'i mtshan nyid gang yin pa'o). Schmithausen(1987: 426, n.824)은 이 문장을 산스크리트 "vijñānaṃ yad voṣayaprativijñaptilakṣaṇam으로 재구성한다.

17 그러므로 Bateson은 설명한다: "모든 차이의 지각은 한계치에 의해 제한된다. 너무 경미하게 또는 너무 늦게 나타나는 차이들은 지각될 수 없다. 그것들은 지각의 음식이 아니다."(1979: 31f.)

18 AKBh IV ad 2b-3b(Shastri: 568; Poussin: 4)는 그것이 자체를 획득한 후에 바로

차이의 앎은 맥락 밖에서 일어나지 않는다. 왜냐하면 차이들은 현상들 사이에서만 의미가 있기 때문이다. 즉, '대상들'이 주위의 맥락 내에서 두드러질 때에만 그것들은 인지적 앎을 일으킨다. 그러나 구별은 '사물'이 아니다. 베이트슨이 지적하듯이, "차이는 관계성으로서 시공 속에 위치하지 않는다. … 차이는 엄밀히 실체가 아니며, 차이에는 차원이 없다. 그것은 **양적인** 것이 아니라 **질적인** 것이다."(Bateson 1979: 109f. 강조는 원문) 이것은 다르마들에 대해서도 적용된다고 우리는 생각한다. 즉, 다르마들은 실체도 아니고 '사물들'도 아니다. 피아티고르스키(Piatigorski)가 지적하듯이,

> 하나의 **다르마**는 사실상 사물이 아니라 사고와 의식, 심에 대한 어떤 관계나 관계의 유형을 **나타내는** 용어이다. 다시 말해 **다르마**는 후자의 인정된 용어상의 의미에서 하나의 개념이 아니라 순전히 **관계적 개념**이다. (Piatigorski 1984: 181, 강조는 원문)

소멸하는 것을 찰나적(kṣaṇikaḥ)이라고 규정한다.(ko 'yaṃ kṣaṇo nāma? ātmalābho 'nantara vināśī, so 'syāstīti kṣaṇikaḥ). 반면 Yaśomitra는 kṣaṇa를 시간의 극한이나 한계(kālaparyantataḥ kṣaṇaḥ)라고 풀이한다.

이것은 약간의 제한을 요한다. 상좌부와 유부는 각각의 물질의 찰나는 단지 1찰나만 지속한다고 주장한다. 그러나 이 찰나를 각기 생·주·멸·과 생·주·멸·무상성으로 나누었다.(Nyanatiloka 1980: 34; Compendium 25) 후대의 상좌부들은 나아가 각각의 물질의 찰나는 17 심의 찰나 동안 존속한다고 주장했다.(Kathāvatthu XXII 8은 모든 법이 단지 한 심의 찰나 동안에만 지속한다는 것을 부정한다: eka-citta-kkhaṇikā sabbe dhamma)

구별적인 사건으로서 다르마들은 인지적 앎과 함께 일어나며, 또 다른 보다 반조적인 의미에서 관계적인 것이다. 다르마들이 궁극적으로 경험적 현상들을 가리키는 반면에, 어떤 체계에서 다르마로서 기술할 때 고려되는 것은 그것이 다른 다르마와 구별되어야만 한다는 점이다. 즉, 개개의 다르마들은 감각적인 인지적 앎과 결합해서 인지적으로뿐 아니라, 개념적으로 기능하는 보다 넓은 맥락 내에서, 즉 상호 관련되지만 서로 다르게 〔다르마들을〕 정의(definition)하는 체계 내에서 일어난다. 다른 말로 하면, 비록 우리가 각각의 단일한 다르마의 정의에 대해 말할 수 있다고 해도, 우리는 주어진 분석체계의 밖에서는 다르마가 '진실로' 무엇인지에 대해서는 말할 수 없는 것이다.[19] 주어진 분석체계 내에서만 그러한 정의는 유의미한 것이다. 다른 말로 하면, 어떤 특정한 다르마의 의미와 기능은 그것과 대비되는 다른 모든 다르마들에 의존하는 것이다.

각각의 다르마는 그것을 다른 다르마들과 구별시키는, 그것의 구별적인 특징이나 정체성을 나타내는 자상(自相, svalakṣaṇa)[20]의 관점에서 정의된다. 다르마들은 특정한 속성을 지닌 불변하는 실체를 나타내지는 않는다. 왜냐하면 그것들은 '관계적 개념들'이지 실체가 아니기 때문이다. 오히려 한 다르마의 자상은 다르마 자체와 분리될 수 없다.[21]

---

19 우리는 여기서 정통적인 아비달마, 특히 유부의 설명에서 벗어난다.

20 dharma는 "그 자체의 특징(自相)을 지닐 수 있는 것."(AKBh ad I 2b; Shastri: 12; Poussin: 4: svalakṣaṇadhāraṇād dharmaḥ)

21 dharma 개념은 따라서 모호성을 갖고 있으며, 그것의 순전한 자성(svabhāva)과 그것의 구별시키는 특징(svalakṣaṇa: 自相) 사이에 희미한 통일성을 제시한다. Guenther(1989: 11)에 따르면, "모든 텍스트는 dharma 용어가 어근 dhṛ 'to hold,

체스판 위의 공간처럼 각각의 다르마는 서술체계 내에서의 하나의 개념적, 논리적, 심리적 공간을 나타낸다. 그것은 이론상 관련 경험의 전 영역을 포함한다.

그리고 인지적 앎의 발생과 결합해서 자체의 '특징'을 운반하는 구체적인 사건으로서의 바로 이러한 다르마 개념이 아비달마 철학이 심의 과정들을 스케치하고 분석하기 위한 기본적인 "단위"가 되었다.

따라서 이것은 분석을 행한다고 하는 앎으로서의 또 다른 차원의 반조성을 포함하는 것이다. 즉, 의식(mano-vijñāna)의 찰나를 일으키는 두 번째 대상의 종류로서의 다르마들로부터 추정하는 것이다. 여기서 다르마들이란 그것들이 심을 촉발하는 한에서 사고와 반성의 대상들을 가리킨다. 인지적 앎의 발생을 조건짓는 별개의 요소들이 인지적 앎에 대한 사고의 대상이 될 때, 그것들도 다르마가 되는 것이다.[22] 이런 의미에서 피아티고르스키(1984: 8)는 아비달마를 자기

---

to carry, to possess'에서 파생되었다고 말한다. 그러나 하나의 다르마가 유지하거나 갖고 있는 것의 개념 속에는 한편으로는 서구의 학문술어에서 그러함(quid est)을 지칭하는 존재(existentia)라고 불린 것과 다른 한편으로는 그것에 의해 존재하는 실체가 다른 것과 구별되게 되는 무엇임(quod est)을 지칭하는 본질(essentia) 사이의 흔들림이 있었다." 이러한 일반적인 서술은 각각의 개별학파의 경우에 변형되어야만 한다. 두 측면의 다르마 중에서 한 측면이나 다른 측면을 상대적으로 강조하는 것은 아비달마 불교사상에서의 다양한 경향들에서 대변된다. 유부의 경우는 존재론적 실체론을 향하고 경량부는 다른 극단인 유명론으로 향하는 경향이 있다.

22 Piatigorski는 다음과 같이 말한다. "이러한 의식의 관점에서부터 **의식이 자신의 心과 意, 識을 의식할 때, 바로 '무엇을 의식하고 있는' 것이 '의식의 상태' 또는 dharma라고 불려진다.**"(1984: 182, 강조는 원문)

의식적으로 "탐구의 일차적 대상들로서 다양한 의식의 개념들과 범주들을 다루는" 사고체계로서 "메타심리학"이라고 부르는 것이다. 이것이 아마 보디 비구가 의도했던 "현상학적 심리학"이란 말에 의해 우리가 이해한 것이다.

요약하면, 다르마라는 용어에 의해 표현된 아비달마의 교법은 몇 가지 구별되고 상관적인 특징들을 갖고 있다.

(1) 그것은 기술적인 용어로 경험의 현상학적 분석에 의존한다.
(2) 그것은 자기의식적이고 체계적인 경험의 분석이란 의미에서 메타심리학적이다.
(3) 그것은 체계적인 용어로 포괄적으로 경험을 기술한다. 즉, 그 체계에서 모든 용어들은 상호 정의되고 서로 구별된다.
(4) 마지막으로 아비달마 사상가들은 다르마들의 관점에서의 경험의 분석을 유일하고 궁극적인 "여실지견"의 설명으로 간주했다.

이러한 '법의 교설'은 인도에서 불교사상의 전 시기를 위한 하나의 공통된 언어, 공유된 외관을 제공한다. 왜냐하면 다른 부파들이 다르마들의 존재론적 상태와 그것들에 대한 다른 정의들, 그리고 그들 사이의 상호관련성에 대해 매우 다른 입장들을 지녔던 반면에, 그들은 어느 정도 공통된 기본전제를 공유했기 때문에 그들은 애초에 그러한 논쟁들을 유지할 수 있었던 것이다. 이것이 예를 들어 일반적으로 관념론자로 이해되는 유가행파가 실재론적 입장을 취한 설일체유부나 또는 유명론자와 유사한 경량부와 논쟁할 수 있었던 이유이다.[23] 왜냐하면 모든 그들의 차이에도 불구하고 그들은 이런 존재분석의 특정한 유형의 우선성에 의거한, 공유된 설법의 세계에 머물고 있었기 때문이다.

비록 이러한 다르마 개념이 전통불교의 무상과 무아의 교설의 정교화에 지나지 않는다고 간주될 수도 있지만 그것은 근본적으로 상이한 함축성을 갖고 있다. 체르바스키는 이러한 멋진 새로운 다르마의 세계를 도전적으로 기술하고 있다.

> 존재요소들(dharmas)은 알려지지 않은 원천으로부터 현상세계에로 찰나적으로 나타남이며 찰나적인 섬광이다. 그것들은 어떤 지속하는 실체에 의해서 함께 연결되지 않은 것으로서, 말하자면 넓이에서도 단절된 것처럼 깊이나 지속성에서도 단절된 것이다. 왜냐하면 그것들은 단지 한 찰나(kṣaṇa)만 존속하기 때문이다. 그것들은 나타나는 순간 사라지며, 다음 찰나도 또 다른 찰나에 의해 대체된다. 따라서 한 찰나는 존재요소(dharma)의 동의어가 되며, 두 찰나는 두 개의 다른 존재요소이다. 존재요소는 시공에서 하나의 점과 같은 어떤 것이 된다. … 따라서 존재요소들은 변화하는 것이 아니라 소멸되며, 세계란 하나의 영화가 된다. 소멸은 존재요소들의 본성 자체이다. 소멸하지 않는 것은 존재하지 않는다. 불교에 있어 원인은 실재하는 원인이 아니라 하나의 선행하는 찰나로서, 그것은 무에서 생겨나서 다시 무로 소멸하는 것이다.[24] (Stcherbatski 1956: 31)

---

23 이는 왜 아비달마 맥락이 분명한 알라야식의 "옹호"를 이해하기 위해 불가결한 것인가이다. 유가행파는 그 근저에 있는 전제에 의거해서 또 동일한 전문술어의 관점에서 그것이 다른 심의 모델보다 우수하다고 주장한다.

이상하게 보이겠지만, 그것들은 엄밀하게 다음과 같이 이해된 현상학적 심리학의 귀결이다. 베이트슨이 멋지게 표현한 것처럼, "차이를 만드는 차이들"은 "시간이나 공간에 위치하지 않으며"(Bateson 1979: 110), 단지 분리적인 것으로, 즉 관계적으로만 존재하며, 그리고 그것들이 일시적인 사건들인 한에 있어서만 찰나적으로 다양한 감각기능들을 촉발한다. 경전들이 계속해서 서술하듯이, 이 다르마들은 "이슬과 물거품, 꿈과 번개 또는 구름"과 같이 무상하다.

그렇지만 하나의 설명체계로서 찰나적인 다르마의 관점에서 이런 경험의 분석은 여러 어려운 개념적 문제점을 제기한다. 만일 다르마들이 "넓이에서 단절되었다면" 그 법들은 무엇에 적용되겠는가? 만일 그것들이 "지속성에서 단절되었다면" 어떻게 인과적 작용이 시간을 넘어 기능할 수 있는가? 그 주제들은 아비달마 학자들에게 주요한 도전이었으며, 이에 대해 이 책에서 계속해서 다룰 것이다. 아비달마 학자들은 매우 제한된 방식으로 개아의 동일성의 관계항인 첫 번째 질문만을 논의했다. 왜냐하면 그것은 넓게 인과적 지속성이라는 두 번째 질문에 포함되기 때문이다. 그렇지만 체르바스키는 위에서 "원인은 실제로 원인이 아니라 선행하는 찰나이다"라고 설명할 때 이 문제에 대한 기본적인 아비달마의 접근을 제시한다. 왜냐하면 비록 다르마들

---

24 이것은 『승의공경』(Paramārtha-śūnyatā-sūtra: Samyukta 13,22)으로부터 유래한 다음과 같은 관념을 반영하고 있다. "비구들이여, 눈이 생겨날 때, 그것은 다른 어떤 곳에서도 오지 않으며, 소멸할 때, 어느 곳에도 남아 있지 않다. 비구들이여, 그와 같이 눈은 비존재한 후에 존재하며, 존재한 후에 사라지는 것이다."(AKBh ad V 27b; Poussin: 59; tr. Pruden: 814)

이 비실체적이고 별개이고 한 찰나밖에 지속하지 않는다고 해도, 동시적이고 계기적인 찰나들 사이에서 작동하는 원인적이고 조건적 영향은 반드시 오랫동안 지속하는 효과를 갖기 때문이다. 즉, 어떤 다르마들은 다른 것들보다 더욱 평등하다. 우리가 이제 다룰 것은 바로 이러한 일련의 문제들이다.

3. 기본적인 문제점: 설법의 두 차원, 심의 두 차원

찰나적이고 별개의, 궁극적으로 실재하는 경험의 요소로서의 다르마 개념은 심적 과정들의 특징들과 구성요소의 확인을 위한 강력한 분석을 만들었다. 따라서 아비달마 이론은 심과 신체의 과정들을 그 용어들로 분석했다. 왜냐하면 세친이 (AKBh I 3에서) 주장하듯이 번뇌(kleśa)를 제거하기 위해서는 다르마의 요별보다 효과적인 것은 없기 때문이며, 아비달마는 이 유일한 목적을 위해서 설해진 것이다.[25] 따라서 아비달마는 그런 찰나적인 다르마들의 관점에서 현상세계의 체계적 분석으로서, 그것은 번뇌를 요별하고 제거하며, 그럼으로써 그것들이 촉발하는 업을 제거하려는 해탈론적 목적에 의해 유도된 것이다.

그렇지만 그 모든 분석력에도 불구하고 다르마의 관점에서 심의 분석은 의도치 않게 많은 체계상의 문제를 야기했다. 비록 다르마들이 복잡하고 밀접히 짜여 있지만 우리는 관심에 따라 문제들을 두 세트로 나눌 것이다.[26] (1) "다르마 교설" 속에 새겨진 찰나적이고 분명한

25 n.13을 보라.

26 이것들은 불교의 분석의 범주에 정확히 대응하지 않는다. 우리는 그것들을 논의하

심의 과정들의 분석에 속한 문제들과 (2) 존속하는 심적 흐름의 측면들에 속한 문제들로서, 그것들은 다르마 교설에서는 거의 표현될 수 없는 것으로서, 어느 정도 전통적 용어로 언급된 채 남아 있었다.[27] 이 두 세트의 교의주제들과 또 그것들에 대응하는 교설들은 제1장에서 구별된 식의 두 가지 의미에 대략 대응한다. 즉, 찰나적인 인지적 앎으로서의 식과 존속하는 윤회적 지각성으로서의 식이다. 우리는 이 점으로 다시 돌아갈 것이다. 그러나 먼저 두 개의 문제 영역들을 간략히 스케치해야만 한다.

첫 번째로, 다르마의 분석은 구성요소들이 어떻게 함께 작동하는지, 다시 말해 어떻게 그것들이 하나의 심의 찰나에서 함께 작동하는지를 구별하기 위해 경험을 다른 구성요소들로 절단한다. 이는 심의 찰나가 인지적이고 정서적 번뇌들에 의해 영향을 받고 있음을 확인하게끔 한다. 이것이 분석의 가장 중요한 목적이다. 왜냐하면 바로 번뇌들이 하나의 행위의 업의 성질에 영향을 끼치고, 그 행위를 선하거나 불선한 것으로 만들기 때문이다. 우리는 어떤 특정한 찰나에 식별될 수 있는 이런 다르마 요소들의 분석을 공시적 분석 또는 법의 분석으로, 그리고 그것의 교설적 표현을 공시적 교설 또는 다르마 교설이라고 부를 것이다. 공시적 교설이란 단지 한 찰나만 지속하고 그리고 오직 다른

는 문제들을 명료하게 하려는 계발적(heuristic) 범주로 사용하고 있다. 그렇지만 그것들을 그들 용어로 제시하는 것은 많은 피할 수 없는 중복을 수반하고 있다.

27 예를 들어 앙구따라니까야에 대한 주석(A I 94, Jayatilleke 1963: 363에서 인용)은 '개아'와 '존재'가 세속적인 교설이며, 반면에 '무상한 것', '고통스러운 것', '무아', '온'과 같은 주제들은 승의적인 교설이라고 서술한다.

동시적으로 존재하는 다르마들이나 또는 직전과 직후 찰나의 다르마들과만 상호 작동하는 다르마의 관점에서 표현된 것이다. 공시적 교설이 우리의 목적을 위해 제기하는 문제들은 일차적으로 잠재적 경향들의 진행 상태와 업의 잠재력의 축적 그리고 업의 측면에서 다양한 심의 찰나들과 양자의 양립가능성에 있다. 이 주제는 해탈도의 점진적 성격과 연관될 때 특히 예리하게 되었다. 다른 말로 하면, 다르마 교설의 구조들은 어떤 주어진 찰나에 모든 관련된 심의 흐름의 측면들을 설명하는 데 있어 심각한 문제들을 낳았다.

두 번째 문제의 세트는 사실상 첫 번째의 반대이다. 단지 다르마 교설만이 "어떻게 사물이 여실하게 존재하는지" 서술하기 때문에, 오직 엄격하게 찰나적 다르마들만이 궁극적으로 실재하는 것이다. 그러나 인과적 조건화와 시간적 지속 사이의 불가결한 관계, 즉 어떻게 과거가 끊임없이 현재에 영향을 끼치는지의 관계는 찰나적이고 현재 효과적으로 작용하는 다르마들이 진실로 실재한다고 간주하는 교설 속에서는 거의 표현될 수 없는 것이다. 다시 이것은 업의 잠재력의 축적과 잠재적 상태에서 번뇌의 존속과 같은 그런 전통적인 지속들에 있어 특히 문제였다. 아비달마의 분석의 목적은 무엇보다 그런 지속성의 제거에 있었다. 다른 말로 하면, 아비달마 학자들은 처음부터 그들의 궁극적인 다르마의 분석을 일상용어와 표현이 넓은 체계 안에서 맥락화했다. 특히 그들은 윤회적 지속의 계속적인 '주체들'을 가리키기 위해 '개아'나 '심의 흐름(citta-santāna, 相續)' 또는 의지체(āśraya, 所依)와 같은 일상적 지시대상에 의존했지만, 그것들은 자체로 찰나적이고 별개의 존재 요소인, 자상을 지닌 다르마라고 간주될 수 없다고 인정했다.[28] 우리는 전통적인 지속에 끊임없이 의존하는 것을 통시적 교설 또는 상속(santāna)의 교설이라고 부를 것이다. 그렇지만 아비달마가 궁극적인 교설이라는 주장에 직면해서 그 표현의 유형들의 존속은 단순히 아비달마 이전의 사고의 흔적 이상을 나타낸다. 전체적으로 그것은 내재하는 아비달마 프로젝트의 곤란함을 반영하는 것이기도 하다.

이것은 아비달마 이론에 하나의 딜레마를 만들었다. 한편으로 능동적인 번뇌의 영향들과 그것들이 촉발한 행위의 유형은 그것들이 즉각적인 경험의 요소들인 한에서 궁극적인 다르마 용어로 표현될 수 있다. 피아티고르스키가 정확히 관찰하고 있듯이, "아비달마는 '의식의 이론'이다."(1988: 202, n.17) 의식적인 앎의 발생 외부에 있는 어떤 것도 다르마 용어로 표현될 수 없다. 다른 한편으로 개체의 윤회존재 모두를 구성하는 요소들의 지속성은 단지 보다 일상적인, 공시적인 심의 흐름의 비다르마 용어로 기술될 수 있다. 그러나 그것의 방법 자체에 의해 아비달마는 두 번째의 희생의 대가로 첫 번째 교설을 선호한다. 그리고 찰나적 심적 과정들의 공시적 분석에 부여된 전적인

---

28 주체 없는 언어를 구축하려는 Wittgenstein의 유사한 시도는 유사한 결과를 나타낸다. "주체가 경험하는 모든 것을 표현하는 유일한 기능을 위해 설계된 언어는 그 주체를 나타내는 용어를 필요로 하지 않기 때문에 우리는 현상학적 언어 내에서 경험의 주체를 가리킬 수 없다. … 내적으로부터 우리는 결코 주체를 개체화시킬 수 없다. 형이상학적 주체는 경험의 대상이 아니라 경험의 전체 구조를 가리키는 하나의 방식이다. … 현상학적 언어의 문법은 경험에 대한 모든 진술들이 동일한, 즉 소유자 없는 방식으로 표현되어 있다는 것을 보장한다."(Stern 1995: 84)

타당성은 그것의 전반적인 구제론적 맥락의 타당성을 약화시킴에 의해 바로 그 분석을 종교적으로 진공상태로 만들었다. 구제론적 맥락이란 윤회적 지속성의 통시적 차원과 그것의 궁극적인 소멸이다.[29] 요약하면 이것이 아비달마 문제점이다.

우리는 공시적 심의 찰나들의 분석의 발전과 그것이 끊임없이 통시적 교설에 의존하고 있음, 그리고 그것들 사이의 치명적인 분리에 의해 야기된 다수의 문제들을 검토할 것이다. 우리는 전적으로 공시적인 다르마 분석에 의존하는 것의 함축성이 점차 인식되어감에 따라 이러한 분리가 유지될 수 없게 되었음을 발견하게 된다. 또한 식은 두 가지 교설 모두에 핵심적일 뿐 아니라, 앞에서 살펴본 것처럼 그 교설들이 식의 두 측면들에 밀접히 대응하고 있다는 것도 보게 될 것이다. 그렇지만 팔리어 문헌에서의 자료들과 대조적으로 아비달마에서 그것들의 구별은 명시적이며, 그것이 제기했던 문제들과 또 그런 문제들에 대한 몇몇 해결책은 우리가 알고 있는 한에서 거의 모든 학파에 의해 제안되었다.(부록 2 참조)

---

29 그리고 이것은 불일치의 한계를 넘는 것이다. Thomas Luckmann은 넓은 해석적 체계를 여읜, 순수하게 찰나적인 경험의 인지불가능성을 지적했다. "고립 속에서 이해된 주관적 경험은 단순한 현실성으로 제한되며 의미가 없다. 의미는 주관적 과정들의 내재적 성질이 아니라 해석 행위를 통해 그것에게 부여된 것이다. 그런 행위 속에서 주관적 과정은 소급적으로 포착되며 해석적 도식 속에 위치하게 된다. … 경험의 의미는 해석 구조에 대한 진행 중인 과정들의 관계로부터 파생되는데, 그 관계는 … 어느 정도의 거리둠에 의존한다. 그런 거리둠은 고립된 주관적 과정들의 단순한 연속에서 기원할 수 없다. … 진실로 고립된 주관적 과정은 생각될 수 없다."(Luckmann 1967: 45)

비록 여러 아비달마 학파들이 그 문제들을 인정하고 그것들에 대해 언급하고 있지만, 그들은 다르마 교설의 분석적 힘을 포기하는 것을 애석해 할 뿐이다. 거칠게 말해서. 우리의 분석에서 아비달마의 문제점을 낳은 것은 바로 이 끊임없는 분리였다. 그 분리는 통시적인 상속의 교설에 대한 널리 인정된 분명한 의존성에 직면하여 다르마 교설의 전적인 타당성에 대한 끈질긴 고착에 의해 수반된 것이다. 알라야식은 바로 이런 아비달마의 문제점들에 향한 것이다. 그렇지만 이를 제대로 인식하기 위해서는 우리는 그 주제들이 논의되고 있는 심적 분석의 특정 체계와 특수한 용어들을 검토해야만 한다.

4. 심과 심작용(心所)의 분석

아비달마의 분석은 심(citta)과 어떤 주어진 찰나에 심과 동시에 일어나는 심리작용인 심소(caitta)에 초점을 맞추고 있다. citta란 용어는 '사고'나 '심'[30]으로서, 초기불전에서 근본적인 심의 과정[31]을 나타내는 오랜

---

30 PED 항목은 citta가 다른 불교용어에서 발견되는 "과정-산물"의 양가성에 의해 특징지어진다고 제안한다. citta는 "인간의 정서적 본성에 중심이고 초점이며, 나아가 사고라는 그것의 표현에 내재해 있고 그것을 수반하는 지적 요소이다. 이 방식으로 citta는 행위자 및 행위된 것을 의미한다."(PED 266f.) Guenther(1989: 1f.)도 비슷한 관찰을 하고 있다.

31 citta(心)는 초기 교설과 아비달마 문헌(AKBh II 34a-b; Shastri: 208; Poussin: 176f.: cittaṃ mano 'tha vijñānam ekārthaṃ)에서 자주 인지적 앎(vijñāna)과 意(manas)와 동일시된다. 그렇지만 이 용어들은 그것들의 특징적인 기능과 어감에 의해 구별된다. Vasubandhu의 일상적인 어원 설명에서 citta는 축적하고(cinoti), 또 심이 후속하는 상태를 지지하는 한에서 심의 이전 상태를 가리킨다.

유산이다. 그 심은 그의 행위들의 성격에 따라 염오되거나 청정하게 될 수 있고, 또한 몇몇 사람들에게 있어서는 해탈될 수 있다.[32] 유연한 의미에서 그것은 우리가 윤회의 '주체'라고 부르는 것이다. 심의 각 찰나에서의 업의 성격은 특정 유형의 심리적 과정이나 요소(caitta/cetasika, 心所)들에 의해 결정된다. 심소는 citta에서 파생된 단어로 '심리적인 것'을 의미하며, 심과 함께 생겨나고 그것을 수반하는 것이다. 심 자체처럼 모든 심소도 다르마로서, 인지적 앎과 결합해서 생겨나는 찰나적인 사건이며, 분석통찰에 의해 식별된다. 의도, 감수, 상想과 같은 그것들 대부분은 이미 초기불교 교설에서 사용되었다.

이들 심소(caitta)는 아비달마 분석에서 특히 중요한 역할을 한다. 왜냐하면 그 심의 찰나에서의 업의 성질을 결정하는 것은 바로 그 심소가 중심적인 위상에 있는 심과 맺는 특별한 종류의 관계이기 때문이다.[33] 일반적으로 말해 심과 심소의 한 찰나는 서로[34] 상호적인

반면에 vijñāna(識)는 대상을 요별하고, 근과 대상의 두 조건에 의존해서 일어난다. 그렇지만 유가행파는 이 셋을 체계적으로 구별하고자 하며, 특히 알라야식을 citta로 명명하고, manas는 染汚意(kliṣṭa-manas)로, 그리고 vijñāna는 전식(pravṛtti-vijñāna)과 동일시된다.

32 D II 81: "citta는 지혜에 의해 영향을 받았을 때(paññā-paribhāvitaṃ cittaṃ), 漏(āsava)로부터 벗어난다. 즉, 감각적 욕망과 존재, 견해와 무명의 루로부터이다.(Johansson 1965: 176; 1970: 23) 동사 paribhāvita "to be infused"는 AKBh와 유가행파 문헌들에서 종자(bīja)와 습기(vāsanā) 개념과 관련하여 사용되고 있으며, 알라야식을 위해 중요한 함축성을 갖고 있다.

33 심(citta)의 각 찰나는 정의상 찰나적이며, 단지 한 찰나(kṣaṇa)만 지속한다. 비록 부연설명이지만 "심-찰나" 또는 "심의 찰나(citta)"라는 표현은 다르마와 심의 찰나적 성격을 강조하기 위해 사용된다.

관계에 있다. 그 관계는 업의 측면에서 중립적이다. 즉, 그것들은 단지 함께 일어날 뿐이다. 그렇지만 특정한 심적 과정들이 동일한 인식대상에 대해, 또 동일한 감각기능들을 통해 일어날 때 그것들은 중심적 위상에 있는 심을 매우 밀접히 따르고 또 그것을 둘러싸고 있기(anuparivartana) 때문에 심의 찰나는 전체적으로 그것이 수반하는 심소들의 업의 성질을 받는다.(Stcherbatski 1956: 25-26) 이 밀접한 관계가 심과 '상응한다'(citta-saṃprayukta)고 불린다.[35] 다른 말로 하면,

---

34 심(citta)과 심소(caitta)들은 상호 영향을 미치기 때문에 그것들은 동시적인 원인이다.(AKBh ad II 53; Poussin: 268; Shastri: 307: anyonyaphalārthena sahabhūhetuḥ; AKVy: cittaṃ caittasya phalam, caitto 'pi cittasya ity anyonyaphalam iti tena arthena sahabhūhetuḥ) 경량부는 유부가 인정하는 이 원인의 범주를 부정한다. 왜냐하면 그것은 원인과 결과가 반드시 서로 이어져야 한다는 원리와 모순되기 때문이다. 그렇지만 이는 Tanaka(1985)가 지적하듯이 핵심을 놓친 것이다. 왜냐하면 이 원인은 예를 들면 삼각대의 각각의 대가 다른 것이 작동하기 위해 동시적으로 존재해야만 하는 것처럼, 동시적으로 현상을 지지하는 조건들을 가리키기 때문이다. AKVy의 저자 Yaśomitra는 지각이 함께 생겨난 감수와 통각, 의도의 병존이라는 경전의 말을 인용함에 의해 이 원인을 옹호한다.(AKBh ad II 49; Shastri: 279; Poussin: 245: taiḥ saha jātā vedanā saṃjñā cetanā ca iti sahabhūhetuḥ) 이것은 팔리 아비달마의 Paṭṭhāna의 여섯 번째 조건인 동시적으로 발생한 조건(sahajāta-paccaya)과 밀접하게 대응한다. 후에 상좌부 아비달마 주석서들은 MA II 77에서 비슷한 개념을 주장하고 있다. (tam phassaṃ paṭicca sahajātādivasena phassapaccayā vedanā uppajjati; Jayatilleke 1963: 435f.에서 인용)

35 이것은 심과 심소 사이의 동시발생에 보다 넓은 도식의 부분이다. 심적 기능들은 다섯 가지 특정한 공통성(samatā)을 공유할 때에 심과 상응(saṃprayukta)한다고 설해진다. (1) 동일한 물질적 토대(āśraya), 즉 5근과 意根(mano-indriya); (2) 동일한 인식대상(ālambana), 즉 동일한 인식영역(viṣaya); (3) 동일한 행상(ākāra), 즉 그것들이 대상의 특징에 따르는 것; (4) 동일한 발생 시간(kāla)

심의 한 찰나와 '상응하는' 과정들이 그 찰나에서 행위의 업의 성질을 결정한다. 예를 들어 분노와 탐욕과 같은 정서적 번뇌들이 일어났을 때, 그 심소들은 그것들이 수반하는 (심적 행위를 포함한) 모든 행위들을 업의 측면에서 물들이면서 그 찰나의 심과 "상응한다." 의도적 행위로서의 초기의 업의 정의에 따라 그것의 업의 성질을 결정하고,[36] 또 미래에 그것이 어떤 결과를 초래할지를 결정하는 행위를 수반하고 움직이게 하는 것은 바로 심소의 하나인 의도(cetanā, 思)이다.

따라서 심과 그것들의 상응하는 심소의 찰나들은 그것들이 촉발하는 행위와 함께 결과의 관점에서 분류된다. 즐겁고 원하는 결과를 낳는 행위들은 '선' 또는 '유익하고(kuśala)', 반면 나쁘고 원하지 않는 결과를 낳는 것은 '불선' 또는 '유익하지 않다(akuśala)'.[37] 그리고 양자 어떤

그리고 (5) 동일한 법수, 즉 하나이다.(AKBh II 34b-d; Shastri: 208f; Poussin: 177f.)

이 도식은 아비달마 사상의 초기에 시작되었다. 왜냐하면 동일한 형태가 Kathāvatthu VII.2에서 발견되는데, 거기서 "상응된 것(sampayutta)"은 동일한 물질적 토대를 갖고(ekavatthuka), 동일한 대상을 갖고(ekārammaṇa), 동시에 생멸하고(ekuppāda, ekanirodha), 병존하고 공존하고 복합된 것(sahagata, sahajāta, saṃsaṭṭha)으로 정의되고 있다. Paṭṭhāna는 19번째 상응의 조건(sampayutta-paccaya)에 대해 세 가지 공통점을 제시한다. 그렇지만 이 책에서 발견되는 원인과 조건들의 전 체계는 유부나 유가행파 문헌에서 발견되는 것보다 한층 복합하고 형식적이다. 훨씬 후대의 Abhidhammatha-saṅgaha(Compendium II 1, 94)를 보라. 여기서 심과 심소는 대상이나 토대의 동시성에 기인해서 상응하는 것이다. 또한 Nyanatiloka (1983: 125) 참조.

36 AKBh IV 1b(Shastri: 567; Poussin: 1)는 한 경을 인용하면서 업을 의도 및 의도한 후의 행위라고 정의한다.(kiṃ punas tat karma? ity āha cetanā tatkṛtaṃ ca tat. sūtra uktam "dve karmaṇī cetanā karma cetayitvā ca" iti).

것도 산출하지 않는 행위들은 중립적이거나 결정되지 않은 것(avyākṛta)으로 간주된다. 이렇게 모든 심의 찰나는 그것들을 움직이게 하는 의도와 그것들이 수반하고 그것들이 잠재적으로 인도하는 결과들에 따라 구분되었다.[38]

완전한 아비달마의 심과 그 과정들의 분석은 극히 복잡하고 전문적이기에[39] 이 책의 범위를 벗어난다. 우리의 목표를 위해 중요한 점은

---

37 AKBh IV 45; Shastri: 652; Poussin: 106 (kṣemaṃ karma kuśalam, yad iṣṭavipākaṃ … akṣemam akuśalam … yasyāniṣṭo vipākaḥ … punaḥ trīṇi sukhavedanīyaṃ karma, duḥkhavedanīyaṃ, aduḥkhāsukhavedanīyaṃ ca). 마지막의 일련의 용어인 "낙이나 고로 이끄는 업"(sukhavedanīyaṃ karma, duḥkhavedanīyaṃ) 등은 A IV 382, S V 211에서도 비슷하게 발견된다.

38 예를 들어 유부는 후에 커다란 파급을 끼친, 무명(avidyā)과 견(dṛṣṭi)과 상응하는 찰나들 및 더 많은 번뇌들과 상응하는 찰나들 사이의 구별을 하고 있다. 이 구별은 번뇌들에 의해 촉발된 행위를 하는 사람의 인지적 오류에 의해 수반되는 심의 찰나들 사이의 그런 구별에서 정점에 달한다. 특히 유신견(satkāyadṛṣṭi)과 변집견(antagrāhadṛṣṭi)에 상응하고(AKBh ad II 30a-b; Poussin: 168; Chaudhuri 1983: 108), 또 분별에 의해 일어나는(vikalpita) 심의 찰나들이 업의 측면에서 불선한 반면에, 그것들의 내재적 상대자에 의해 수반되는 것들, 예를 들어 금수들에게도 존재하는 것은 업의 측면에서 중립적인 것(avyākṛta)이다.(AKBh ad V 19; Poussin: 41; Shastri: 794: sahajā satkāyadṛṣṭir avyākṛta … vikalpitā tv akuśaleti) 이런 특별한 점은 아래에서 염오의(kliṣṭa-manas)라는 잠재적 심의 새로운 층위의 "증명들"의 맥락에서 다시 다룰 것이다.

39 이런 심의 유형과 또 수반하는 심적 과정들의 분석은 특히 이 존재영역에서 인간에게 적용되고 있다. 명상자가 상계에 태어날 때에 또는 그들이 그들의 번뇌를 하나씩 끊는 수행도를 따라 나아갈 때에는 한결 복잡하게 된다. 상계에서조차 지속된 번뇌의 존재에 의해 암시된 문제들은 이하의 구절들에서 다루어질 것이다.

각각의 심의 찰나의 업의 성질이 전체적으로 심과 그것에 수반되는 심소 사이의 특정한 관계에 의해 결정되고 분류된다는 것이다. 다시 말해, 그것의 업의 성질은 '심상응'이라고 불리는, 업의 측면에서 주요한 관계 속에서 그런 수반되는 과정들이 심에 영향을 끼치고 그것을 둘러싸는가에 의해 결정되거나, 또는 그것들이 하나 또는 몇 개의 보다 영향력이 적은, 따라서 업의 측면에서 중립적인 관계, 예컨대 심과 동시적(sahabhā, 俱有)이거나 또는 심과 "상응하지 않는" 관계 속에서 심을 수반하는지에 의해 결정된다. 이 마지막 관계는 특히 주목될 필요가 있다.

대부분의 일반적인 심적 작용들은 직접 그 순간의 심에 영향을 주며, 따라서 심과 '상응하는' 반면에, 아비달마 학자들은 심의 한 찰나에 함께 생겨나는, 덜 두드러지고 따라서 거의 업의 영향과 무관한 다른 많은 과정들도 있다고 주장했다. 그것들 중의 몇몇이 '심과 상응하지 않는 업의 형성(citta-viprayukta-saṃskāra, 心不相應行)'[40]으로 범주화 되었다. 이 범주는 일차적으로 명근(jīvitendriya)이나 생·주·멸(jāti-shiti-jarā-lakṣaṇa)하는 법의 성질 자체와 같은 이례적인 요소들로 이루어졌다. 이런 결정되지 않은 범주는 상이한 종류의 다르마들을 종종 매우 다른 근거 위에서 포함하기에 충분히 유연하다. 실제로 그것은 경험의 연속성에 대한 일관된 설명을 제공하기 위해 필요한 모든 과정을 포함했지만, 업의 측면에서 결정적인 방식으로 그것에

40 AKBh II ad 35-46; Poussin: 178-244; Chaudhuri 1983: 108-9. Jaini(1959a) 및 이 주제에 관련해 또 중현의 『順正理論』에 나타나는 그것과 연관된 논쟁에 관한 Cox(1995)의 대저를 참조하라.

영향을 미칠 만큼의 영향력은 없었다. 그래서 그것들은 업의 측면에서 중립적인 것(avyākṛta, 無記)이라고 불린다. 그런 범주의 존재 자체가 순전히 공시적인 심의 분석이 가진 몇몇 난점들을 이미 보여준다. 왜냐하면 명시적이고 분명한 심의 작용들의 분석만에 의해서는 필히 어떤 주어진 순간에 경험을 구성하고 그것에 본질적인 많은 요소들이 배제되기 때문이다. 바로 이런 이유에서 잠재적 경향성(anuśaya, 隨眠)과 축적된 업의 잠재성이 이 범주와 연결되어 종종 논의된 것이다. 실제로 이 특정한 주제들은 『구사론』에서 주요한 논쟁의 초점이 되었다. 이 논쟁에서 결과적으로 알라야식으로 명명된 업의 측면에서 중립적이고 잠재된 심의 근거가 문제되었다.

1) 공시적 차원에서 문제점의 최초의 형성: 『논사』에서 업의 잠재성의 축적과 잠재적 경향성의 나타남, 그리고 그것들의 정화

"어떻게 사물들이 실제로 존재하는가"에 대한 궁극적인 설명은 단지 그 찰나에 식별될 수 있는 과정들을 포괄할 뿐이라고 주장함에 의해 공시적인 다르마의 분석은, 나중에 다루겠지만, 개체의 지속성에 문제를 일으켰을 뿐 아니라, 그것은 어떤 특정한 순간에 개체의 심의 흐름의 통합성을 약화시켰다. 왜냐하면 그것은 축적된 업의 잠재성(karmopacaya)의 현존과 잠재적인 경향들의 존속이라는 그의 윤회존재를 정의하는 바로 그 요소들에 대한 궁극적 설명을 배제하기 때문이다. 그 양자는 정의상 한 찰나에 완전히 작동하지 않기 때문이다. 그렇지만 다르마의 분석의 구조에 따르면서 그것들이 궁극적으로 실재하는 것으로 간주되기 위해서는 다르마의 관점에서 매 찰나의 심의 분석에서 확인될 수 있어야만 하는 것이다.

분명히 상응하고 업의 측면에서 결정된 심적 흐름들과 함께 현재의 능동적이고 분명한 심의 과정들은 개체의 '심의 흐름'의 전체성을 포괄할 수 없다. 만일 그 과정들이 〔심의 흐름을〕 포괄했다면 이는 두 개의 받아들일 수 없는 귀결 중의 어느 하나로 이끌 것이다. 한편으로 만일 하나의 단일한 심의 찰나조차 선심과 상응해서 일어난다면 이는 자체로 축적된 업의 잠재성과 잠재적 번뇌의 존속을 끊을 것이지만, 이것은 실제로 해탈을 의미할 것이다. 그러나 그것들의 존속을 유지하기 위해 만일 존속하는 업의 잠재력의 축적과 번뇌의 잠재성이 끊임없이 업의 측면에서 작동한다면, 심의 모든 찰나들은 염오되어야만 하고 업의 측면에서 선한 과정들은 결코 일어날 수 없게 될 것이다. 이것은 몇몇 성가신 의문들을 제기한다. 만일 그 잠재력들이 작동하지 않았다면, 어떤 방식으로 그것들은 다르마에 대한 아비달마의 기준과 상응해서 여전히 나타날 수 있었겠는가? 그러나 만일 그것들이 나타났다면, 왜 그것들은 업의 측면에서 효과적인 방식으로 그 심에 영향을 끼치지 않는가? 더욱, 만일 그 찰나가 전적으로 선하거나 불선하거나 또는 중립적인 것으로 특징지어진다면, 어떻게 잠재적 경향들이 선하고 불선한 업의 잠재성의 축적과 함께 동일한 심의 찰나에 공존할 수 있겠는가? 대답은 명백한 것처럼 보인다. 현재의 능동적인 심의 과정들은 어떤 주어진 찰나에 심의 전체성을 포괄할 수 없다. 이 주제들은 초기 팔리어 문헌들에서 잠재적 경향들에 대한 논의에서 제기되었지만, 여기서 그것들은 아비달마의 분석의 관점에서 다루어지고 있는데, 이는 특히 문제가 된다.

그 문제들은 아비달마 문헌 초기에 인식되었고 알라야식 개념의 발전에 핵심적이었다. 우리는 번뇌의 잠재적 경향들의 존속과 축적된 업의 잠재성의 존속, 그리고 해탈도에서 이 번뇌들의 점진적인 제거라는 세 가지 특정 주제에 관한 그 논쟁을 팔리어 논장의 다섯 번째 책인 『논사(Kathāvatthu)』로까지 소급해서 추적할 수 있다. 이 책은 현대의 상좌부와도 연관된다. 제목이 보여주듯이, 『논사』는 표면상으로 BCE. 2~3세기에 저작된, 상좌부의 관점에서 제시된 다양한 반대자들과의 논쟁의 강요서이다. 그 주제들이 그러한 초기에[41] 문제점으로 인식되었다는 사실은 그것들이 아비달마 교설에서 핵심적 위치를 차지하고 있음을 보여준다. 왜냐하면 그것들은 약 7세기 후에 『구사론』에서와 같은 거의 동일한 전문술어로 『논사』에서 논의되고, 또 거의 비슷한 방식으로 구성되고 있기 때문이다. 『논사』에서부터 『구사론』까지, 또 알라야식에 관한 유가행파의 문헌까지 초기 인도불교 세계에 걸쳐 이러한 논쟁들의 연속성과 일상성, 특수성으로서 아비달마의 문제점의 공통된 매개변수들을 그렇게 명확히 보여주는 어떤 것도 없다. 따라서 『논사』는 우리에게 이러한 주제들에 대한 간략한 미리보기를 제공한다.

* * *

먼저 업의 잠재성의 축적이다. 『구사론』에서 세친은 완전히 성취된 업과 단지 축적된 업 사이를 구별한다.[42] 그곳에서 축적(upacaya)은

41 이것은 그것들이 그런 논쟁이 일어날 수 있을 정도로 충분히 발전되었다는 것을 함축한다.

결과를 낳기 전까지 반드시 결과를 낳을 의도적 행위들로 정의된다.[43] 다시 말해, 그것은 어떤 특정한 업의 결과를 위한 잠재성이 미래의 어느 때에 결과를 낳는 것을 가리킨다. 업과 그것의 축적된 잠재력 사이의 구별 및 이런 축적된 잠재력이 존속할 수 있는 방법이 제1장에서 보았던 구절들로 소급될 수 있다. "나는 의도되고 수행되고 축적된 업들은 그것들의 결과들이 현세에서나 내세에서 또는 이어지는 재생에서 경험되지 않는 한, 결코 소진되지 않는다고 말한다."(A V 292) 그러나 이 구별의 내용과 심의 찰나적 과정과 심의 흐름의 지속성 내에서 축적된 업의 잠재성의 정확한 상태는 '논란된 문제'였다. 『논사』(Kathāvatthu, XV 11, Kammūpacayakathā)는 이 질문에 대한 흥미로운 논쟁을 보존하고 있다. 어떻게 심의 찰나적 과정들에 동시적으로 영향을 끼치지 않는 심의 흐름 내에서 업의 축적이 있을 수 있는가?

상좌부의 관점에서 비정통적인 대화자들은 두 개의 혁신적인 제안을 갖고 대답한다. 먼저 그들은 업 자체와 대비되어 업의 축적(upacaya)[44]은 그 축적의 성질이 그것이 함께 일어나는 업의 성격에 의해 결정되지 않는다는 데에 입각하여 업의 측면에서 그것과 양립할 수 없는 능동적

---

42 AKBh ad IV 120; Shastri: 746; Poussin: 242f.: "행해지고 축적된 것이 업이라 불린다."(kṛtaṃ ca upacitaṃ ca karmocyate)

43 AKBh ad IV 120; Shastri: 746f.; Poussin: 242f. (sañcetanā … vipākāc ca karmopacitam ucyate … kathaṃ sañcetanataḥ? sañcintya kṛtaṃ bhavati … kathaṃ vipākataḥ? vipākadāne niyataṃ bhavati).

44 암시적으로 이것은 "보존(conservation)"(Kathavatthu 300f.)으로 번역된다. 비록 후대의 아비달마에서 "upacaya"는 전형적으로 또 효과적으로 "성장, 발전"을 의미한다.

과정들과 동시에(sahajā) 일어나지 순차적으로 일어나지는 않는다고 제안한다. 그리고 심의 현재 찰나에 매여 있는 업과는 달리, 업의 잠재성의 축적은 그것과 함께 일어나는 심의 각 찰나가 소멸할 때에도 소멸하지 않는다. 따라서 이 업의 축적은 심과 상응하는 것도 아니고 인식대상과 결합해서 일어나는 것도 아니다(anārammaṇo).[45] 따라서 주석서에 따르면 업의 축적은 업의 측면에서 중립적이다.[46] 다른 말로 하면, 적어도 이 학파들의 견해에서는 과거의 행위로부터의 영향은 다른 심의 표층 과정들로부터 상대적으로 독립해서 존속한다.[47]

매우 비슷한 결론이 잠재적 번뇌들의 성격과 존속, 제거에 관한 다른 논쟁들 속에서(IX.4; IXI.1) 발견된다. 번뇌에 대한 잠재적 경향들은 심과 상응하지 않고, 인식대상을 여의고 있으며, 업의 측면에서

---

45 공통된 대상을 향하는 것은 citta와 상응하는 다섯 범주들의 하나이다.

46 Kathāvatthu-Aṭṭhakathā 156(Dube 1980: 336에서 인용)은 비불교도 질문자의 입장을 요약하고 있다.(Kathāvatthu IX.4; XI.1)

47 그렇지만 Kathāvatthu에서 제시된 많은 주제와 함께 후대의 상좌부의 입장은 미묘한 차이를 보인다. 상좌부 주석자인 Dhammapāla는 Paramatthamañjūsā 또는 Visuddhimagga-mahāṭīkā라고 불리는 그의 주석서에서 "그것이 지나갔을 때에만 업은 업에 기원한 물질성을 위한 조건이다."라는 Visuddhimagga의 한 구절을 다음과 같이 논하고 있다. "만일 결과가 현재의 업으로부터 일어난다면 그 결과는 업이 축적되어졌던 같은 순간에 일어났어야 할 것이지만, 그것은 보이지 않는다. … 업은 실제로 영향을 받는 동안 과보를 낳는다는 것을 보여준 적이 없었다. 또한 그 결과에 대한 어떤 문헌도 없다. 그러나 어떤 과보도 사라진 원인으로부터 온다는 것을 보여준 적이 없었다는 것도 사실이 아닌가? … 과보가 이미 지나간 업으로부터 일어날 때, 그것은 이미 수행되었던 업과 축적 때문에 그렇다."(Pm 768, Visuddhimagga 695에서 인용되었다.)

중립적이라고 설해진다. 따라서 잠재적 경향들도 업의 측면에서 이질적인 현재의 심적 과정들과 양립할 수 있다.[48] 그러므로 비정통적 입장에 따르면 그 잠재적 경향들은 그것들의 보다 능동적이고 현세적인 대응물인 번뇌의 분출(paryavasthāna, 纏)[49]과 구별되어야 한다. 이 구별은 초기 팔리어 자료들에서 암시되었고, 『구사론』에서 명시적으로 수행되었다.

잠재적 번뇌와 명백한 번뇌가 구별된 것은 단지 이런 이유뿐 아니라 해탈도를 따라 그것들의 점진적인 청정을 설명하기 위한 공시적 분석

---

48 Kathāvatthu XI.1. (tisso pi anusayakathā). 정량부와 대중부는 잠재적 성향들은 업적으로 중립적이며(anusayā abyākatā), 따라서 선심이나 무기심과 병존할 수 있다고 주장했다. 이 텍스트에서 상좌부 정통파는 요점을 제시하는데, 이는 성향들이 나타난 번뇌들과 구별되지 않기 때문에 분명한 번뇌들도 심과 불상응해야만 한다는 것이지만 이는 어느 쪽에서도 인정될 수 없다는 것을 함축한다. 두 입장들이 그들의 용어를 같은 방식으로 규정하는 것 같지는 않다. 상좌부는 "탐욕을 가진"이란 의미의 sārāgo를 나타난 번뇌 자체를 가리킨다고 이해하는 것처럼 보인다. 이 경우에 그것은 심과 상응해야만 한다. 그러나 그들의 반대자들은 sārāgo를 탐욕을 향한 잠재적 성향을 가진 자를 가리킨다고 간주한다. 이는 아직 해탈하지 못한 모든 자에게 적용될 것이다. 그런 용어들의 해석에 대한 논쟁은 『구사론』에서도 나타난다.

49 Kathāvatthu XIV.5. (구별된 것으로서의 잠재적 경향에 대해, añño anusayo ti kathā.) 주석자에 따르면 Andhaka인 반론자는 여기서 그의 심이 선하거나 중립적인 일상인은 잠재적 형태의 번뇌를 여전히 가져야만 한다는 점에서 양자는 구별되어야만 한다고 주장한다. 상좌부는 경향성들은 탐욕(rāga)과 같은 다른 능동적인 번뇌들과 다르지 않은 것으로 취급되어야 한다는 점에서 이에 반대한다. 이것은 1장 n.80에서 인용한, anusaya와 paryuṭṭhāna, vītikkama의 세 단계의 번뇌를 구별한 그들의 후대 주석 전통과 상충하는 것처럼 보인다.

의 불가능성 때문이다. 이것이 아비달마의 공시적 분석의 세 번째 난제이다. 예를 들어 해탈의 길 위에 서 있고 이미 많은 번뇌들을 제거했지만 찰나적으로 오랜 번뇌의 분출을 일으킨 아라한의 경우를 생각해 보자. 질문자는 만일 저 분출이 번뇌에 대한 잠재적 경향에 의해 조건지어지지 않았다면 어떤 원인에서 이 번뇌의 재발이 일어날 수 있는지를 묻는다. 이 질문은 만일 그 〔번뇌〕들에게 잠재적 조건과 명백한 조건들 사이의 구별이 없다면, 아라한이 명백한 번뇌들을 제거했었을 때 잠재적 번뇌들도 완전히 제거되었어야만 했다는 것을 함축하고 있다. 다른 말로 하면, 만일 명백한 번뇌들과 잠재적 번뇌들 사이의 구별이 없다면, 어떤 부분적인 제거도 없을 것이다. 만일 그러한 부분적인 제거가 없다면 결코 〔획득된 상태로부터의〕 떨어짐도 없을 것이며, 진실한 아라한은 결코 그런 불선한 심의 상태를 갖지 않을 것이다.[50] 하지만 모든 학파들은 이것이 맞지 않으며, 〔정신적 상태로부

---

50 아라한의 퇴환의 가능성에 대한 논쟁에서 주석에 따르면 Sammatiiya와 Vajjiputtiya, Sabbatthivāda 그리고 대중부 일부는 이것은 탐욕의 분출(rāgaparyuṭṭhita) 때문에 생기며, 그것은 다시 그것의 잠재적 경향성에 의해 조건지어진다(anusayaṃ paṭicca uppajjatiiti)고 주장한다. 그렇지만 아라한은 그런 경향성들을 갖고 있지 않다고 설해진다. 보다 적절한 것은 수행도에 들어가는 첫 번째 단계에서 분출을 제거할 수 있는가에 관한 III.5(aṭṭamakakathā)의 논쟁이다. 주석에 따르면 Andhaka와 Sammatīya들은 그렇지 않다고 주장하고, 상좌부는 분출과 잠재적 경향성을 동일시하는 그들의 입장에 일관되게 동의하지 않는다. 『구사론』과 동시대의 상좌부 저작인 Buddhaghosa의 Visuddhimagga는 이 점에 대해 Kathāvatthu와 대립하는 듯하다. XXII.45(1976: 797)는 번뇌의 점차적 제거와 그것들의 잠재적 경향성들을 수행도에 따른 점진적 발전과 관련시킨다. 一來者는 거친 결박과 감각적 탐욕과 증오의 거친 내재하는 경향성들을 끊고,

터의〕 떨어짐은 있다고 하는 데 동의하는 듯이 보인다.

우리는 이미 초기 단계에서도 과거의 잠재된 영향과 현재와 미래의 경험에 영향을 미칠, 그것들의 지속적인 잠재력의 대가로 명백한 행위들의 분석에 부여하는 독점적 타당성에서 문제가 발생했음을 알고 있다. 만일 실재하는 다르마들만이 찰나적으로 식별될 수 있는 심의 분석에서 식별될 수 있다면, 어떻게 먼 과거에서 행했던 업들이 현재와 미래에 영향을 미칠 수 있는가? 콘즈는 공시적 분석에서 산출된 전체 문제를 다음과 같이 잘 요약하고 있다.

> 하나의 심적 상태가 분명히 포기되거나 분명히 확립되었다는 것은 일련의 찰나적인 상태의 외부에 놓여 있다는 것이다. 그리고 정신적인 선함의 영원한 소유나 잠재적 소유에 있어서도 마찬가지다. … 이는 마치 현실성뿐 아니라 잠재성도 실재하는 것으로 인정되어야만 하는 것처럼 보인다. 사람들은 일을 할 뿐만 아니라 그 일을 하거나 하지 않을 '힘'도 가지고 있다. 그에게 현재 의식의 찰나에 어떤 프랑스 단어도 떠오르지 않는다고 해도, 그는 프랑스어를 '안다'고 말해지는 것과 동일한 방식으로 그는 그러한 힘을 사용할 수 있다.

不還者는 남아 있는 결박들과 동일한 〔번뇌들의〕 남아 있는 내재적인 경향성들을 끊고, 아라한은 존재에 대한 탐욕, 慢心, 동요, 무명 및 만심과 존재에 대한 탐욕, 무명을 향한 내재적 경향성들을 끊는다. 나아가 anusaya란 용어의 정의도 비정통적 입장과 보다 일관되는 것처럼 보인다. "바로 그것들의 고질성 때문에 그것들은 내재적 경향성(anusaya)들이라고 불린다. 왜냐하면 그것들은 감각적 욕망에 대한 탐욕이 반복해서 일어나는 원인으로서 내재해(anusenti) 있기 때문이다."(XXII.60, p.800)

> 그가 어떤 주어진 때에 그의 내부에서 찰나찰나 〔생겨나는〕 일련의 다르마들과 동일시되어져만 한다는 견해를 유지하기는 어렵다. … 찰나성의 독단적 주장은 단지 일련의 사이비 영원성을 소개함에 의해서만 믿을 만하게 될 것이다. (Conze 1973: 138)

요약하면 이 체계는 변형되어야만 했다. 각각의 심의 찰나는 어떤 것은 잠재적이고 어떤 것은 능동적이며, 마치 『논사』에서 비정통학파가 주장했듯이, 어떤 것은 선하고 어떤 것은 선하지 않은 상호 모순적인 요소들을 포괄하는 다수의 과정들로 이루어져 있다는 것이 인정되어야 하거나, 또는 현재의 명백한 과정들의 견지에서만 표현된 심의 공시적 분석은 그의 심의 흐름의 모든 측면들을 설명할 수 없다는 것이 인정되어야만 한다. 다시 말해, 몇몇 분석의 전제들이 근본적으로 변화되어야 하거나 또는 법의 분석만으로는 적절치 않다고 이해되어야 하며, 그것이 '여실함'에 대한 궁극적 설명이라는 요구가 다르마에 속하지 않은 요소들에 의해 보완되어야만 한다. 우리는 이들 두 가지 전략의 예들을 아래 다른 학파들의 접근에서 보게 될 것이다.

문제를 계속해서 악화시키기 위해 공시적인 분석이 유일하게 타당하다는 주장은 잠재적인 경향들과 축적된 업의 잠재성의 현존을 설명하기 어렵게 만들 뿐 아니라 또한 그것은 시간상에서 그것들의 지속성에 문제를 일으킨다. 이것은 일반적으로 윤회의 지속성에 역으로 문제를 일으킨다. 그러나 왜 그것들이 공시적 용어에서뿐 아니라 통시적 용어에서도 문제가 되었는지를 이해하기 위해서는 우리는 한 찰나에서 다음 찰나까지 지속적인 법의 흐름에 스며들고 그것을 인도하는 인과적 영향을 기술하기 위해 아비달마 학자들이 사용한 범주들을 세밀히 관찰해야 한다. 왜냐하면 바로 이러한 급진적인 찰나성의 교설을 조건지어진 시간적 연속의 구조들과 결합하는 어려움이 특징적인 아비달마의 문제를 발생시키기 때문이다.

2) 통시적 차원에서 문제: 즉각적인 연결 vs. 업의 잠재성의 존속

법의 교설에 의거한 공시적인 분석이 자체로 윤회존재의 불완전한 설명이라는 것은 분명하다.

왜냐하면 그것은 필히 윤회의 지속성과 그 소멸의 넓은 맥락 내에 박혀 있기 때문이다. 여기에 공시적 분석의 궁극적인 의미와 목적이 있다. 예를 들어 자극에 대한 우리의 반응이 우리를 윤회존재로 붙잡아매는 습관을 발전시키는 것은 바로 심의 계속적인 존속의 맥락에서이다. 이 견고하게 자리잡은 "가슴의 습관들"은 충분히 기술될 수도 없고 또 엄격히 무상하고 찰나적인 현상에 한정된 분석의 관점에서 완전히 식별될 수도 없다. 다른 말로 하면, 고통의 찰나에 대한 분노에 찬 반응은 쉽게 하나의 다르마로 여겨지지만, 화를 내는 경향, 화내기 쉬운 기질은 다르마로 보이지 않는다. 그것은 다른 차원의 교설에 속한다. 특히 축적된 업의 잠재력의 관성과 뿌리깊은 번뇌의 경향들(anuśaya) 그리고 수행도에 따른 그것들의 점진적 제거가 충분히 식별될 수 있는 것은 오랜 기간이 지난 후이다. 공시적 분석의 궁극적인 구제론적 목적과 그것의 존재 이유는 따라서 윤회존재를 통해 진행되는 통시적인 심의 흐름(citta-santāna)과 관련해서만 확립된다. 우리의 현 상태의 스냅사진은 업의 궤도의 방향과 강도를 드러내지 못한다.

이것은 장기적 전망을 요구한다.

공시적인 심의 분석은 보다 깊고 보다 전문적인 방식에서 통시적인 차원에 의존한다. 그것이 원인과 결과 사이의 관계를 대변하는 한, 업은 이 확장된 차원의 외부에서 어떤 의미도 갖지 못한다. 왜냐하면 한 행위의 업의 성질은 그것의 (기대된) 미래의 결과와 관련해서만 확립되기 때문이다.[51] 보다 결정적인 것으로서 (원인과 결과 사이의 관계로서) 지속된 업의 작동은 일반적으로 지속성만을 요구하는 것이 아니라 아비달마의 다르마 교설에서는 그것들의 결과가 미래의 결과를 낳을 수 있는 잠재력이 익을 때까지 끊어지지 않는 인과적 연쇄의 흐름을 요구하기 때문이다.[52] 이것은 그 체계의 제약에서 나오는 것이다. 다르마들이 단지 한 순간만 존속하기 때문에 그것들은 다른 다르마들을 받아들이지도 못하고 다른 다르마로 변화하지도 못한다. 차라리 연기의 정형구에서처럼 그것들은 후속하는 다르마들의 발생을 조건짓는다. 체르바스키(1956: 31)가 지적하듯이, "하나의 원인은 … 실재하는 원인이 아니라 선행하는 찰나일 뿐이다." 따라서 다르마의 교설에서 어떻게 진행하는 심의 과정들이 지속적으로 이어지는 과정들의 발생을 조건지을 수 있는가를 설명할 수 있어야만 했다. 다시 말해, 어떻게 우리의 축적된 잠재력들과 행동 경향들이 찰나적 연속의 패턴의 관점

51 Piatigorski가 주장하듯이, "저 〔업〕이 실제로 행하는 유일한 것은 원인을 결과와 **연결시키는** 일이다."(1984: 50, 강조는 원문)

52 우리는 여기서 "잠재력"을 강조한다. 왜냐하면 모든 업의 측면에서 중요한 행위들이 어떤 결실을 맺지는 않기 때문이다. 그것들이 작동시키는 인과적 연쇄는 여러 다양한 이유 때문에 방해될 수 있다. 그것들 중의 가장 두드러진 것이 참회의 수습과 다른 종교적 수행들로 상쇄시키는 것이다.

에서 지속적으로 자신들을 영속화시킬 수 있는가를 설명해야만 했다. 왜냐하면 다르마 교설의 맥락에서 우리의 경험세계는 "번뇌들을 소멸하기 위해 법을 식별"하려는 명시된 목적을 달성하기 위해 매 찰나 한 다르마의 배열이 또 다른 다르마의 배열로 이어진다는 견지에서 충분히 설명되어야만 하기 때문이다.

제1장에서 관찰했듯이, 원인이나 조건의 발생의 패턴을 기술하는 것이 연기의 계열이 말하고자 하는 모두이다. 그것은 어떤 조건들 하에서 수반하는 요소들이 어떤 현상들을 전형적으로 산출함을 그리고 있다. 즉, 안식은 안근과 색에 의존해서 일어난다고 하는 등이다. 초기 교설에서 유래된 다른 교설들에서처럼 아비달마 학자들은 연기의 단순한 패턴들을 분석했고 그것들 사이의 인과관계를 복잡한 원인(hetu)과 조건(pratyaya), 결과(phala)의 이론들로 범주화했다.[53] 이

---

53 비록 그 도식은 유사하지만 세부사항들은 학파마다 크게 차이가 있다. 유가행파는 이를 『잡집론』(ASBh 35-43)에서 논의하고 있다. 『구사론』은 유부의 인연설과 결과설의 체계를 제시하고 있다. 이는 能作因(kāraṇa-hetu), 相應因(saṃprayukta-hetu), 等類因(sabhāga-hetu), 遍行因(sarvatraga-hetu) 그리고 異熟因(vipāka-hetu)을 포함한다.(AKBh ad II 49-73; Poussin: 244-331); Verdu 1985: 66-128; Chaudhuri 1983: 108-15)
우리는 첫 번째 원인 능작인(efficient cause)을 검토하지 않겠다. 이것은 가장 일반적인 의미의 원인으로서, 예를 들면 안식이 색과 손상되지 않은 안근에 의거해서 일어나는 것과 같은 것이다.(AKBh ad II 50) 지금 고려중인 논쟁에서는 거의 나타나지 않는, 다른 두 원인은 "동류인"(homogeneous cause)과 변행인(all-pervading cause)이다. 전자는 그것으로부터 등류과(niṣyanda-phala)가 자동적으로 나오는 것이며(이는 그것들이 선이나 불선, 중립적인 같은 업의 성질을 그것들의 원인으로서 갖고 있음을 의미한다: AKBh II 54c-d) 그리고 변행인은

방식에 의해 아비달마 학자들은 지속적으로 우리의 경험을 구성하는, 찰나적 현상들의 흐름들을 조건짓는 패턴들과 과정들을 기술했다. 원인과 조건, 결과 사이의 상호관계라는 인과적 발생의 그 정교한 관계들이 찰나적 과정의 날줄들을 일상경험의 반복적 패턴으로 짜는

완전히 제거되지 않았고 따라서 모든 행을 완전히 염오시키는 무명(avidyā)을 보통 가리킨다.(AKBh II 57c)

Vasubandhu에게 조건들 중에서 증상연(adhipati-pratyaya, "predominant condition")과 因緣(hetu-pratyaya, "root-condition") 양자는 각기 능작인과 남은 원인들을 포섭한다. 반면 소연연(ālambana-pratyaya, "object condition")은 인식의 대상조건을 가리킨다.(AKBh ad II 61-4c) 상좌부 교설은 여기서 『구사론』과 차이가 난다. 왜냐하면 팔리 논장의 Paṭṭhāna에 보존된 체계에서 24종의 조건들이 나열되어 있지만(Nyanatiloka 1983: 117-27), 그것들은 Abhidhammattha-saṅgaha(Compendium VIII.12: 197)에서는 4종의 주요 조건으로 축약되었기 때문이다. 그 4종은 대상의 조건(ārammaṇa-paccaya), 충분성의 조건(upanissaya-paccaya), 행위의 조건(kamma-paccaya), 현존의 조건(atthi-paccaya)이다.

원인과 조건, 결과의 체계는 안식의 과정의 예를 사용한 Stcherbatski에 의해 잘 제시되었다. "유부는 법들 사이의 몇 가지 인과과정 들을 확립한다. 예를 들어 만일 안식의 찰나가 다음 찰나에서 시각적 감각을 낳는다면, 그것은 능작인이라 불리며, 그것의 결과는 등류과("Predomonant result")이다. … 다음 찰나가 진행되는 과정과 동일하다면, 따라서 관찰자에게 지속의 관념을 일으킨다면, 그 관계는 동류인이라 불리고, 그 결과는 등류과("uniform fruit")이다. 만일 이 찰나가 번뇌의 현존에 의해 염오된 〔심의〕 흐름 속에 나타난다면, 이 염오시키는 요소는 만일 그것을 방해하는 요소가 생겨나지 않는 한 다음 찰나로 이어진다. 그 관계는 변행인이라 불리고, 그 결과는 등류과이다. 마지막으로 흐름 속에서 모든 찰나는 앞의 행위의 영향 아래 있으며, 역으로 많은 것은 미래의 사건에 영향을 끼친다. 이 관계는 인숙인이라 불리고, 그 결과는 이숙과이다."(Stcherbatski 1956: 67)

씨줄인 것이다.

그렇다면 일반적으로 각 찰나에서의 다르마들의 총체성은 찰나에서 찰나에로, 생에서 생으로의 잠재적 경향들의 존속과 그것을 수반하는 업의 축적을 포함해서 심적 흐름의 전 궤도를 반영할 뿐 아니라, 다르마들은 개별적이고 순간적이지만 전적으로 궁극적인 다르마 자체에 지나지 않는 것에 의해 조건지어져 찰나에서 다음 찰나로 진행하는 끊어지지 않은 흐름이나 인과적 연쇄 속에서 일어나야만 한다. 다른 말로 하면, 아비달마의 프로젝트는 어떻게 그 잠재적 과정들이 위에서 검토했던 공시적인 심의 분석의 관점에서 끊임없이 존재하는지를 설명해야 할 뿐 아니라, 어떻게 그것들이 넓은 통시적 의미에서 방해받지 않고 끊임없이 존재할 수 있는지를 설명해야만 한다. 이것이 대략 원인들과 조건들 그리고 결과들의 체계가 보여주려는 것이다.

비록 아비달마 이론 내에서 어떠한 인과성의 포괄적 설명도 원인들과 조건들, 그리고 결과들의 전체 이론을 검토할 필요가 있지만, 우리는 알라야식 개념의 발전에 중요한 그런 요소들에만, 특히 그것을 옹호하기 위해 제시된 주장들의 근저에 있는 요소들에 초점을 맞출 것이다. 그것들은 일차적으로 한편으로는 '동질적인 직전조건(samanantara-pratyaya, 等無間緣)' 사이의 불가양립성 및 다른 한편으로는 업의 이숙의 원인(vipāka-hetu)과 결과(-phala) 사이의 결정적 관계를 포함한다. 동질적인 직전조건은 하나의 특정 다르마가 동일 유형의 직후의 법에 끼치는 조건짓는 영향을 말한다. 예를 들어 분노나 통각의 찰나는 다음 찰나에 분노 등의 발생을 이끌어낸다. 반면에 업의 이숙의 원인과 결과 사이의 관계는 그 근본적 관계 속에서 업의 인과성이 연장된 시간을 넘어 작동하는 것을 가리킨다. 바로 업설의 핵심으로서의 이 관계는 전 아비달마 체계에서, 그리고 어떤 식이든 모든 불교체계에서 핵심적이다.[54] 그러나 그것도 동질적인 직전조건의 특징과 충돌한다. 왜냐하면 이숙의 결과는 결코 동질적이지도 않고 직전의 것도 아니기 때문이다.

'이숙인異熟因'은 결과적으로 '익은', 또는 '숙성된 결과(vipāka-phala)'로 이끄는 의도적 행위이다.[55] 그것들을 일으키는 원인들과는 달리 그 결과들은 의도적 행위들도 아니고 따라서 업의 측면에서 중립적인 것(avyākṛta-dharma, 無記法)이다. 즉, 그 결과들은 불선하지도 않고 선하지도 않으며, 따라서 그들 자신의 어떤 업의 결과도 갖지 못한다. 이숙과는 그것의 원인과 다음과 같이 다르다. 그것은 (접두사 vi-가 여기서 의미하듯이) 업의 측면에서 그것과 '이질적'이다. 나아가 보다 중요한 점은 이 결과는 그 원인과 동시적으로나 또는 직후에 이숙에 도달하지 않고, 단지 시간적 간격 이후에 온다는 것이다.[56] 그 원인과

---

54 업의 이론이 불교의 세계관의 핵심에 있다는 것은 말할 나위도 없다. 우리가 보았듯이, "이 신체는 너에게 속하지 않으며, 또한 다른 어떤 이에게도 속하지 않는다. 그것은 구성되었고, 의도되었고, 지금은 경험되어져야 하는 과거의 업의 〔결과라고〕 보아야 한다."(S II 64) 보다 강력하게 AKBh IV 1a는 세계의 다양성은 유정의 업 때문에 존재하게 된다고 서술한다. II. 5에서의 토론과 또한 V. n.20을 보라.

55 vipāka는 동사 어근 pac "to mature or ripen" 또는 "to come to perfection"에서 파생되었고, 반면 접두사 vi-는 "구별하는", 여기서는 "차이"에 근접한 의미를 준다.

56 AKBh as II 57a-b; Shastri: 330; Poussin: 289. (vipāko 'vyākṛto dharmaḥ anivṛtāvyākṛto hi dharmaḥ vipākaḥ … ya uttarakālaṃ bhavati na yugapad

결과를 연결하기 위해, 업이 작동하기 위해, 업의 잠재력의 그치지 않는 흐름이 있어야만 한다. 그 다르마들의 흐름이 처음 원인과 그것의 마지막 결과 사이에서 도중에 일어나는 다른 다르마들의 성질과 무관하게 흐르는 것이다. 따라서 업의 이숙의 과보는 원인과 이질적이면서 동시에 그것과 시간상으로 별도이다. 그 두 가지 특징은 몇 가지 심각한 문제들을 제기한다.

일반적으로 심적 흐름들은 유사한 종류의 연속과정들을 낳는 경향이 있다. 선업은 불선업보다는 또 다른 선업을 낳는다. 이것은 동질적인 직전조건이 가리키는 것이다.[57] 왜냐하면 이질적인 결과가 작동하기 위해서는, 즉 업이 작동하기 위해서는 연속은 동시에 '동질적'일 수도 없고 '직전일' 수도 없기 때문이다.[58] 업의 이숙의 결과는 시간의 경과 이후에 무르익고, 전형적으로 다른 업의 성질을 가진 다르마들에 뒤따르는 것이다. (왜냐하면 이숙과는 항시 중립적인 것이기 때문이다.) 이는 이제 우리에게 친숙해진 공시적이고 통시적인 두 가지 문제를 제기한다.

---

na api antaraṃ sa vipākaḥ). 이것은 同類因(sabhāhahetu)과 遍行因(sarvatraga-hetu), 그리고 그것들의 等流果(niṣyanda-phala)와 대비된다.

57 AKBh II 62a-b; Shastri: 342; Poussin: 300. (cittacaittā acaramā utpannāḥ samanantaraḥ … samaś ca ayam anantaraś ca pratyaya iti samanantarapratyayaḥ).

58 "심불상응행(citta-viprayukta-saṃskārā)?은 따라서 이 조건에 종속되지 않는다.(AKBh ad II 62a-b; Shastri: 344; Poussin: 303) 우리가 주의했듯이 이 범주는 어떤 요소가 공시적인 심의 분석 내에서 방해받지 않고 현존하는 것을 허용한다. 이 점을 우리는 II. 6에서 다룰 것이다. 또한 그것은 표층적인 업의 작용과 상대적으로 독립해서 시간을 넘어 그것들의 연쇄의 지속성을 허용한다.

먼저, 만일 그 이질적인 결과(=이숙과)들이 직전의 선행하는 동질적인 조건들에 의해 조건지어지지 않는다면, 그것들은 조금 앞에서 일어났던 원인들에 의해 조건되어야만 한다. 그러나 업의 이숙인(vipāka-hetu)으로서의 원 행위는 이미 소멸했을 것이다. 그렇다면 어떻게 먼 과거에 일어났던 행위들이 현재에 결과가 되는 다르마들의 발생을 조건지을 수 있는 것인가?[59] 다른 말로 하면, 그 결과가 되는 다르마들이 일어나기 위해서는 그것들의 현재의 생기를 조건짓는 어떤 현재의 법이 존재해야만 한다. 그리고 이 다르마 자체는 이숙인과 이숙과 사이에서 찰나찰나 지속하는, 단절되지 않은 연쇄의 현재적 접합점이다. 그러나 어디서 또는 어떻게 이 현재의 인과적 영향이 현재의 식별될 수 있는 다르마들에 의존한 찰나적 심의 분석 속에서 설해질 수 있을 것인가? 그것의 정확한 위상은 무엇인가?

두 번째 질문은 연쇄의 문제이다. 업의 이숙의 원인과 결과를 연결하는 끊임없는 다르마들의 흐름이 있어야만 할 뿐 아니라 이숙의 결과는 그것의 원인 후에 즉각적이 아니라 간격을 두고 결실을 맺어야 한다. 따라서 그것은 업의 측면에서 그것과 무관한 어떤 다른 다르마 이후에 일어난다. 간단히 말해 업의 이숙은 전형적으로 이질적인 연쇄에 의해, 즉 다양한 성질을 가진 다르마들의 즉각적인 연쇄에 의해 일어난다. 그러나 만일 이런 이숙과가 직전 다르마에 의해 산출되지 않는다면,

---

59 AKBh ad V 25b; Shastri: 805; Poussin: 51: "만일 과거가 존재하지 않는다면, 과보가 생겨날 때에 이숙의 원인은 현존하지 않기 때문에 어떻게 미래의 청정하고 청정하지 않은 업의 과보가 있을 수 있겠는가?" Poussin(1937a: 77)과 Visuddhimagga-mahāṭīkā(2장 n.47)를 보라.

그것의 현재의 발생의 원인은 무엇인가?

요약하면, 그 힘들의 현존은 공시적 의미에서 문제일 뿐 아니라 또한 그것들의 지속적인 존속도 통시적 의미에서 문제이다. 사실상 그것들은 동일한 동전의 양면이다. 왜냐하면 지속성은 존속하기 위해 현재와의 매 찰나의 연결을 요구하며, 반면 현존하는 존재는 잠재적 상태에서조차 존재하기 위해서 끊임없이 선행조건들을 요구하기 때문이다.

그와 같은 것이 다르마 교설이 업의 이론을 위해 제기한 문제들이다. 같은 종류의 질문이 잠재적 경향들의 오랜 지속에 의해 제기되었다. 만일 잠재적 경향들이 매 찰나 나타나지 않는다면, 어떻게 그것들은 단절되지 않은 연속 속에서 지속하는가? 만일 그것들이 효과적이지 않다면, 어떻게 그것들은 '나타날' 수 있는가? 이것은 또한 해탈도의 점진적 성격에 대한 당연한 질문들을 제기했다. 하나의 단순한 선한 상태는 완전히 잠재적 경향으로부터 벗어날 수 있는가? 만일 그렇다면 그것들의 지속성은 단절되어야 하며 그것들은 더 이상 미래의 발생을 위한 직전의 조건(=등무간연)들을 가질 수 없을 것이다. 그리고 만일 잠재적 경향들의 지속성이 선심의 찰나에 이 방식으로 완전히 절단된다면, 왜 그는 직후에 해탈하지 못하는가? 이 질문의 귀결은 만일 찰나적인 심적 흐름이 궁극적으로 진실이라면, 수행도를 따라 획득된 〔정신적〕 성취의 지속성은[60] —그것들 중의 어떤 것은 미래의 많은 재생에

---

60 Conze(1973: 137f.)는 이 주제를 간결하게 요약했다. "성자들은 현재 순간이 지나도 잃지 않는다는 의미에서 지속되는 많은 '획득'과 '성취'를 인정받는다. 예류자는 다시 악취에서 재생하지 않으며 따라서 그가 항시 갖게 되는 성질을

까지 결실을 맺지 못할 것인데 — 그 사이에 일어나는 다양한 유형의 심적 과정들 동안에는 거의 유지될 수 없을 것이다.

이숙인과 이숙과, 잠재적 번뇌들의 존속, 그리고 청정을 향한 수행도 라는 세 가지 모두는 필히 현실성보다는 잠재성에 관련되어 있다. 그것들은 찰나적 상태의 다르마 분석에 대한 전적인 의존성과 윤회적 지속성의 피할 수 없는 시간적 차원 사이에 조화를 착각하게 하고,

---

얻었다. 어떤 자들에 따르면 아라한은 결코 퇴환하지 않는다. … 그가 실제로 그것을 깨닫지 못하더라도 성자는 그가 원하는 대로 이러저러한 획득을 증득할 수 있는 힘을 가지고 있으며, 따라서 잠재적으로 그것을 갖고 있다. 심적 상태가 결정적으로 포기되었거나 결정적으로 확립되었다는 사실은 일련의 찰나적인 상태 밖에 있고, 따라서 이는 정신적인 선의 영원한 소유나 잠재적 소유에서도 마찬가지다. 우리는 누가 미래의 조건에서 확정되었다고 말하고, 그가 분명히 그것을 얻을 것이라고 단언한다. 예를 들어 사람들은 열반이 확정되었다고 하거나, 또는 구원이나 파멸로 정해졌다고 말해진다. 그것들이 정신적 성취로서, 미래에 그것을 증득할 때 그의 종교적 실천의 어느 지점에서 확정되는 것이다.

『구사론』(AKBh ad VI 26a; Poussin: 180f.; Shastri: 923)은 "확정성(niyāma)"을 다음과 같이 논의한다. "그것은 '확실한 상태로 들어감'이라 불린다. 왜냐하면 그것은 올바른 상태의 확실성(samyaktva-niyāma, 定性離生)으로 들어가기 때문이다. 경에서 올바른 상태는 열반이며, 그것을 얻는 것이 '들어감'이다. 저 [확정성에 들어감]이 생겨났을 때, 그는 성자라고 불린다. 범부들의 상태는 미래의 상태에서 파괴된다." (saiva ca niyāmāvakrāntir ity ucyate; samyaktvaniyāmakramaṇāt. "samyaktvaṃ nirvāṇam" ity uktaṃ sūtre … tasyābhigamanam avakramaṇam. tasyāṃ cotpannāyām āryapudgala ucyate. anāgatayā pṛthagjanatvaṃ vyāvarttyate).

Kathāvatthu V.4; VI.1; XII.5; XIII.4를 보라. 또한 sammatta-niyāma(samyaktva-niyāma)에 대해 S I 96; S III 225; A I 121f.; Sn 55, 371을 보라. Kathāvatthu의 영역의 부록(ad XXI.7, 8: 383)에서 niyāma가 비교적 상세히 다루어진다.

또 교설의 공시적이고 통시적인 단계 사이에 불일치를 저버린다. 즉, 비록 공시적인 다르마 분석이 유일한 궁극적 교설이라고 간주되었지만, 아비달마는 넓은 구제론적 뼈대를 제공하는 통시적인 맥락을 결여할 수 없었다. 왜냐하면 『구사론』에서 언급되었고, 또 인도불교사상의 전통적인 주제와 일치하는 것으로서, 이런 공시적 분석의 궁극적인 목적은 번뇌의 압도적 영향을 감소시키고, 업의 잠재력의 축적을 중지하고, 해탈도에 따라 점진적으로 나아가기 위해 근저에 있는 동기들과 그의 행위의 업적인 성격을 확인하는 것이기 때문이다. 그리고 이 모두는 통시적 교설의 관점에서, 다시 말해 그의 심적 흐름 내에서의 지속의 관점에서 이해될 수 있는 것이다.

더욱 도처의 전통주의자처럼 아비달마 저자들은 그 전통적 교설들을 배제하려고 하지 않았다.

따라서 그들은 그들의 혁신적인 다르마 교설들을 맥락화하는 가르침들을 보존하고 전승했다. 새로운 분석과 병렬되었을 때 그렇게 많은 논쟁적 질문들을 제기하고 또 그렇게 많은 교리논쟁들을 추동시킨 것은 바로 이 전통적 교설의 타당성이나 필요성이었다.

따라서 아비달마 교설은 막다른 골목에 이르렀다. 필요한 것은 통시적 교설을 새롭게 권위를 부여받은 공시적 분석과 통합하든지, 아니면 역으로 전적인 타당성에 대한 아비달마의 요구를 변형시킴에 의해 또 전통적인 통시적 교설의 동일한 권위를 인정함에 의해 이들 모순을 극복할 수 있는 단일한 다르마 분석의 체계였다. 이런 접근의 각각은 『구사론』에서 대표되는, 서로 대립하는 두 학파들에 의해 행해졌다. 첫 번째 전략은 실재론자인 유부(Sarvāstivāda)에 의해 시도되었는데, 그들은 ("일체가 존재한다"는 학파의 명칭대로) 과거와 현재, 미래에서 비시간적인 다르마의 실재성과 또한 모든 것을 묶는 "득(得, prāpti)"이라고 하는 특별한 법을 상정했다. 반면에 경량부(Sautrāntika)는 (경을 따르는 자들이라는 그 학파의 명칭에 부합되게) 두 번째 방향을 취했고, 다르마 분석의 절대성을 대체로 회피했다. 그들은 공공연하게 임시적인 비다르마 개념인 '종자(bīja)'를 업과業果의 잠재성과 근저에 있는 경향을 위한 비유로서 소개했다. 이 풍부한 비유는 경전의 식의 이론의 파생물일 뿐 아니라 독창적 개념이 되었으며, 이를 둘러싸고 알라야식의 심의 체계가 성장하고 발전되었다. 역으로 알라야식 체계는 아비달마 문제들에 대한 어떤 의미에서 가장 혁신적인 세 번째 접근을 나타낸다. 다른 두 측면을 결합함에 의해 유가행파 사상가들은 종자와 습기(vāsanā)의 비유에 의해 상징된 업의 잠재력의 지속과 잠재적 경향들의 존속을 기술하는 통시적 요소들을 동시에 통합하면서, 찰나적 다르마들의 공시적인 분석을 충분히 포괄하는 하나의 단일한, 통합된 모델을 만들었다.

그렇지만 그 발전들을 다루기 전에 우리는 얼마나 많이 아비달마 교법이 그것의 넓은 형이상학적 맥락을 위해 통시적 교설에 계속해서 의존했는지를 그리고 어떻게 이것이 다양한 아비달마의 문제점들에 대한 반응을 형성하는 데 도움이 되었는지를 검토할 필요가 있다. 왜냐하면 알라야식 개념은 그러한 다른 특정 반응들과 대화하면서 또 그것들 위에 구축됨에 의해 발전했기 때문이다.

5. 전통적인 지속성의 존속: 『구사론』에서 업과 번뇌

우리는 새로운 공시적 심의 분석의 중요한 부분들을 소개했고, 아비달마 저자들에 의해 마찬가지로 보전되고 존중된, 보다 전통적인 지속성들과 그것의 긴장들 중의 몇 가지를 논의했다. 그 전통적 교의들과 붓다의 교설들은 이러저러한 특정 관념이나 해석의 근거로서 항시 아비달마 문헌들에서 인용되었는데, 그 교설에 의거해서 일반적으로 아비달마의 관념들이 도출되었다.[61] 아비달마의 관념들은 전형적으로 혁신적인 출발점으로서가 아니라, 보다 체계적이고 엄밀한 교설의 해석으로서 제시되었다. 이제 우리는 특히 우리가 논의했었던 핵심 주제들에 관해 전통적 교의들을 보존하고 있는 『구사론』의 몇 구절들을 검토할 것이다. 잠재적 경향들의 존속과 업의 잠재력의 축적 그리고 해탈도의 점진적 성격이다. 그렇지만 이 주제들은 『구사론』에서 대변되는 경량부와 유부의 두 학파들에 의해 상이하게 해석되었다.[62]

---

61 이것의 가장 전형적인 예는 『구사론』(AKBh ad VI 3; Shastri: 887; Pruden: 909)에 나온다. 그것은 먼저 다음 구절을 인용한다. "세존께서는 설하셨다. 업과 갈애 그리고 무명은 미래의 제행의 원인이다." (Poussin은 이를 잡아함 T2.889b9로 비정한다.) 그 후에 식을 종자와 동일시하는 또 다른 교설(S III 54)을 인용한 후에, 『구사론』은 다음과 같이 말한다. "경의 가르침은 의도를 가진 것(abhiprāyika)이고, 반면 아비달마에서의 〔가르침은〕 확정적인 것(lākṣaṇika)이다." 이어 또 다른 경에 대한 주석이 나오는데, 그것은 첫 번째에 대해 상술한다. 업은 다른 재생들의 원인이며, 갈애는 미래의 존재의 〔원인〕이다.

62 『구사론』의 근본 게송은 전통적으로 유부의 견해를 대변한다고 간주되었지만, 세친 자신에 의한 산문주석인 Abhidharmakośabhāṣya는 많은 경량부적 입장을 포함하고 있다고 생각되었다.

그들이 매우 많은 방식으로 공시적이고 통시적 교설들을 각기 전형적으로 보여주기 때문에 그들의 접근들은 아비달마 문제점들의 일반적 한도들을 보여준다. 그렇다면 『구사론』은 업과 번뇌에 대해 무엇을 말하는가?

초기불교에서처럼 번뇌들은 윤회존재의 영속성을 위해서는 불가결하다. 『구사론』에 따르면 심의 흐름을 증대시키고 생명의 수레바퀴를 몰고 가는 것은 바로 번뇌들에 의해 행해지고 훈습되고 영향받은 업들이다.

> 인발하는 원인(引發因)에 따라서 심의 흐름은 점차 번뇌들과 업에 의해 증대되며, 다시 내생으로 진행된다. … 그와 같은 것이 무시이래의 윤회이다. (AKBh III 19a-d)[63]

그리고 번뇌들과 번뇌들에 의해 훈습된 업을 낳는 것은 무엇인가? 팔리어 문헌들에서 수백 년 전에, 그리고 『논사』에서 그 사이에 논의되었다고 우리가 알고 있듯이, 핵심적 역할을 한 것은 바로 잠재적 경향(anuśaya, 隨眠)들이다. "어떤 원인으로부터 번뇌들은 일어나는

---

63 AKBh III 19a-b; Shastri: 433f.; Poussin: 57-9(yathā ākṣepaṃ kramād vṛddhaḥ santānaḥ kleśakarmabhiḥ. paralokaṃ punar yāti … iti anādibhavacakrakam) 텍스트는 이 마지막 문장에 함축된 상호성에 대해 상술하면서, 번뇌와 업은 재생 때문에, 그리고 재생은 번뇌와 업 때문이라고 설명한다.(AKBh III ad 19a-d; Shastri: 435f.; Poussin: 57-9: etena prakāreṇa kleśakarmahetukaṃ janma tad hetukāni punaḥ kleśakarmāṇi tebhyaḥ punar janma iti anādibhavacakrakaṃ veditavyam)

가?”라고 『구사론』은 묻는다.

> 번뇌들은 그것들의 행상이 갖추어졌을 때, 잠재적 경향들을 끊지 못했기에, 인식대상이 현전하기에, 비여리작의(ayoniśomanaskāra)로부터 〔일어난다〕. (AKBh ad V 34)[64]

다시 말해 생사의 순환은 능동적인 인지적, 정서적 번뇌들을 낳는 잠재적 경향들 없이는 지속하지 않을 것이며, 그 번뇌들은 특정한 인식대상에 결합하고 무지에 의해 오도되어 일어난다. 그 조건들 중에 가장 중요한 것은 잠재적 경향성이다. 실로 『구사론』에서 그것들에게 놀라울 정도로 중요한 우주생성적 역할[65]이 주어졌다.

> 다양성을 지닌 세계는 업(karma)으로부터 생겨난다고 〔AKBh IV 1에서〕 말해졌다. 바로 잠재적 경향들에 의해 업들은 축적된다(upacita). 그러나 잠재적 경향들이 없다면 업들은 새로운 존재를 낳을 수 없다. 그러므로 잠재적 경향들은 존재의 뿌리(mūlaṃ bhava)

64 AKBh ad V 634; Shastri: 829f.; Poussin: 72f. (aprahīṇād anuśayād viṣayāt pratyupasthitāt ayoniśomanaskārāt kleśaḥ … sampūrṇakāraṇaḥ).

65 Frauwallner(1995: 155)는 아비달마에서 잠재적 경향성(anuśaya)들의 점증하는 중요성은 루(āsava) 개념이 이미 명확히 규정된데 비해, anusaya는 “보다 유연하고 새로운 용어로서 저자들이 그의 목적을 위해 재형성했기 때문”이라고 생각한다. 그렇지만 anuśaya가 윤회의 영속에 핵심적인, 인지적이고 정서적 과정들에 이미 긴밀히 포섭되었기 때문에 두드러지게 되었으며, 또 어원적 의미에서 잠재적인 의미로 쉽게 해석될 수 있었기 때문이라고 보는 것이 더 적절하다고 보인다.

라고 알아야 한다. (AKBh ad V 1a)[66]

잠재적 경향들은 "존재의 뿌리"이다. 왜냐하면 무시이래 번뇌들에 의해 훈습된 업들과 함께 존재의 사이클을 몰고 가는 번뇌들을 낳는 것은 바로 그것들이기 때문이다. 따라서 『구사론』은 행위와 결과, 그들 결과들에 대한 번뇌의 반응들, 다시 염오된 업으로 이끄는 등, 팔리어 문헌들에서 발견되는 동일한 순환 패턴을 보존하지만, 그것은 잠재적 경향들과 표층적 번뇌 사이의 관계에 대해 보다 정교하게 흥미롭고 강렬한 현대적 방식으로 설명한다.

우리는 업들이 다음과 같은 종류의 결과로 분석되고 있음을 보았다. 선업은 즐거운 결과, 편함과 안락으로 이끌고, 불선업은 즐겁지 않은 결과, 불편함과 불행으로 이끌며, 중립적인 업은 어느 것으로도 이끌지 않는다. 다른 말로 하면, 업들은 그것들이 즐거운 감수(sukhavedanīyam)나 고통스러운 감수(duḥkhavedanīyam), 또는 어떤 것도 아닌 〔감수로〕 이끄는가에 의해 범주화된다. 왜냐하면 팔리어 문헌에서처럼 우세한(pradhānaḥ) 업의 결과들의 하나는 감수(vedanā)이기 때문이다.[67] 그리고 그 업들로부터 나온 특정 감수와 밀접히 연결된 것은

---

66 AKBh ad V 1a; Shastri: 759; Poussin: 106. (karmajaṃ lokavaicitrayam iti uktam. tāni ca karmāṇi anuśayavaśād upacayaṃ gacchanti, antareṇa ca anuśayān bhavābhinirvartane na samarthāni bhavanti. ato veditavyāḥ mūlaṃ bhavasya anuśayāḥ). IV.2.2.에서 번뇌들에 관한 유가행파의 주석자 Sthiramati의 유사한 주석을 보라.

67 AKBh ad IV 55c–d; Shastri: 664; Poussin: 124. (vipākaḥ punar vedanāpradhānaḥ). 감수에 따른 업과의 범주에 대한 n.37을 보라. 업의 과보로서의 감수는 A II

초기불전과 일치하게 잠재적 경향들이다. 즉, "탐은 즐거운 감수에 밀접히 붙어 있고(anuśete), 진에는 고통스러운 감수에 밀접히 붙어 있고, 무명은 중립적인 감수들에 밀접히 붙어 있다."(AKBh V 45)[68]

그렇지만 『구사론』은 초기불전보다 매우 상세하게 그 과정들을 분석하고 있다. 특히 시사적인 것은 잠재적 경향들과 그것들을 자극하는 특정 '대상'이라는 조건들 사이의 관계의 정교한 설명이다. 감각적 욕망에 대한 경향은 감각적 욕망의 분출을 야기하는(kāmarāga-paryavasthānīya) 하나의 다르마가 대응하는 감각영역에 나타나고 그가 그것에 대한 잠재적 경향성(rāgānuśaya)을 끊지 못했거나 올바로 이해하지 못했을 때에 활성화된다. 물론 이 모든 것은 무명에 근거하고 있다.[69] 그렇지만 그가 저 번뇌들을 향한 경향성을 끊지 않는 한 왜 어떤 현상(dharma)이 특정한 번뇌의 분출을 야기하는가? 심리분석적

---

157 (I. n.81)에서 언급되었다.

68 AKBh V 45; ad II 3; Shastri: 843; Poussin: 88. (경전의 인용: sukhāyāṃ vedanāyāṃ rāgo 'nuśete, duḥkhāyāṃ pratighaḥ, *aduḥkhāsukhāyāṃ avidyā iti uktaṃ sūtre. * "aduḥkhāduḥkhāyāṃ을 교정한 것임) 이것은 제1장(n.61)에서 인용한 초기문헌(M I 303 etc.)들과 일치하며, 또한 Kathāvatthu XIII.8에서도 인용되고 있다.

69 이 경우에 경향성(anuśaya)은 원인(hetu)이고, 다르마는 대상이고, 적절치 않은 작의(ayoniśomanaskāra)는 준비조건(prayoga)이다. 그것들은 "힘"(bala)으로 불린다. (AKBh ad V 34; Shastri: 829; Poussin: 72f.: tadyathā rāgānuśayo 'prahīṇo bhavati apratijñātaḥ kāmarāgaparyavasthānīyāś ca dharmā ābhāsagatā bhavanti. tatra ca ayoniśomanaskāra evaṃ kāmarāga utpadyaye. tāny etāni yathākramaṃ hetuviṣayaprayogabalāni. evam anyo 'pi kleśa utpadyata iti veditavyaḥ). 그리고 AKBh ad V 36c-d는 무명이 그들 모두의 원인이라고 단언한다. (Shastri: 831; Poussin: 74: sarveṣāṃ teṣāṃ mūlam avidyā).

인 '사로잡힌'(cathected, 독일어 besetzen) 대상의 개념과 매우 유사한 구절에서 『구사론』은 "어떤 사람의 잠재적 경향은 어떤 대상을 향하는 경향이 있다. 그는 바로 저 〔경향성〕에 의해 그것에 묶여 있다."[70]고 말한다. 즉, 번뇌의 각각의 유형은 그 잠재적 상태에서조차 어떤 관습적 방식으로 어떤 대상들에 반응하는 것이다, 왜냐하면 "저 〔다르마〕와 상응하는 저 〔경향성〕은 그것과 상응하기"[71] 때문이라고 『구사론』은 말한다. 그러나 그가 번뇌와 그것의 잠재적 경향성을 끊었을 때, 그는 더 이상 그 대상들에 집착하지 않고 그 번뇌들은 그것들에 의존해서 생겨나지 않는다.[72] 이것은 점차적으로 불교의 해탈도에서 증득되는 완전한 이해를 통해 초래된다.[73]

---

70 AKBh ad V 22; Shastri: 801; Poussin: 48 (yasya pudgalasya yo 'nuśayo yasmin ālambane 'nuśete sa tena tasmin saṃprayuktaḥ). 비록 마지막 용어 saṃprayukta가 술어적으로 "상응하는"을 의미하지만, 그렇지만 Yaśomitra(AKVy 801)는 그것을 여기서 단지 baddha ("묶인")로 풀이한다.

71 AKBh ad V 18c-d; Shastri: 793; Poussin: 39. (yena yaḥ saṃprayuktas tu sa tasmin saṃprayogataḥ … te cānuśayāḥ saṃprayogato 'nuśayīran nālambanataḥ).

72 AKBh ad V 61c-d; Shastri: 856; Poussin: 104; tr. Pruden: 856: "번뇌는 그 대상과의 분리에 의해 끊어진다고 생각된다." 텍스트는 번뇌들은 결박 자체와 분리될 수는 없지만 그것이 집착하는 대상들로부터는 분리될 수 있다. 따라서 그것은 그 대상과 관련해서 더 이상 생겨나지 않는다. (na hi samprayogāt kleśo vivecayituṃ śakyete. ālambanāc ca śakyete; yasmān na punas tad ālambyo utpadyate).

73 이 개념은 심층심리학의 그것과 매우 유사하다. 잠재적 번뇌들은 즐거운 느낌과 같은 어떤 종류의 현상들에 달라붙어 있다. 바로 저런 종류의 현상과 관련된 어떤 상황과 이미지, 생각들이 일어날 때, 저 잠재적 번뇌들은 모든 정서를 싣고,

업과 번뇌, 그리고 생사의 바퀴를 끊임없이 굴리는 것 사이의 밀접하고 산출적인 관계는 이제 극도로 명백하다. 번뇌들에 의해 촉발된 업은 그 〔번뇌들〕이 일으켰던 의도들과 상응하게 결과가 경험될 수 있도록 잠재력을 축적한다. 그 결과(vipāka)들은 즐겁거나 즐겁지 않은 감수로서 경험된다. 왜냐하면 감수는 우세한 업의 산물이기 때문이다. 어떤 특정한 경향성들이 그 특정감수들의 근저에 있으며, 그래서 그 감수들이 그것들과 연관된 번뇌(kāmarāga-paryavasthānīya)들을 자극하는 다르마들과 결합해서 과거의 업의 결과로서 일어날 때마다 그 감수들은 잠재적인 번뇌들을 자극하는 경향이 있으며, 그 번뇌들은 역으로 새로운 업을 일으키기 위해 필요하다. 간략히 말해서, 업은 감수로서 경험되는 결과를 일으키며, 그것은 그것들의 근저에 있는 번뇌들의 능동적인 맞상대들을 야기하며, 그것들은 더 많은 업을 산출하는 행위들로 이끌며, 그것들은 더 많은 결과 등을 산출해서, 윤회의 영속성을 보장한다.

잠재적 경향성들이 존재의 근원이라고 간주된 것은 놀라운 일이 아니다. 그것들은 심적 흐름에 펴져 있고, 업의 축적을 통해 그것에

업을 산출하는 에너지를 발산하는 것이다. 프로이드 학파의 용어에서 우리는 무의식적 에너지들은 대상의 유형 속에 "사로잡혀 있고(besetzen)", 그 에너지들은 비슷한 조건들이 발견될 때마다 의식에 떠오르게 된다. 그리고 두 체계에서 우리는 그런 정서적으로 얽매는 에너지들이 잠재적 경향성들과 그것들과 상응하는 대상들을 묶는 한에 있어, 그리고 이런 결박이 "끊어지지 않고 또 올바로 인식되지 않는" 한에서 이런 콤플렉스 속에 얽매이는 것이다. 프로이드가 언젠가 언급했듯이, "노이로제는 인식되어져야 할 심적 과정들을 알지 못하는, 일종의 무지의 결과인 것이다."(Freud 1965: 291, Lecture 18)

영향을 주며, 그 자체의 탄력을 만드는 역동적(vipacyate)[74] 과정을 설정하고, 무한한 행위-결과-반응-행위의 순환 속에서 삶의 순환을 영속화시킨다. 결실을 맺으려 하는 축적된 잠재적 업과 재발하는 경향이 있는 잠재적 경향성이라는 두 요소가 윤회 내에서 개체의 지속성을 영속화하고 실질적으로 그것을 이루는 잠재적인 역동적 잠재력을 이룬다. 비록 이러한 축적된 법의 집합과 영향을 주는 습관들은 이전의 업들로부터 구성된 것에 지나지 않지만, 그것은 탄력과 에너지, 그리고 관성을 갖고 있다. 더욱 그것은 항시 표층적인 심적 과정들을 조건짓고 자극하면서 잠재적 방식으로 존속한다. 과거 경험에 의해 영향받고 또 의존적 발생의 패턴들 속에서 나타나는 습관적 반응의 관성에 의해 유도되는 그 표층적 과정들은 역으로 바로 그 관성과 그 패턴들을 강화시킨다. 이는 마치 진행 중인 물의 흐름이 그 자체의 강바닥을 만들고 깊게 만들고, 그리고 강바닥이 역으로 물살의 방향과 흐름에 영향을 주는 것과 같다. 구성된 행동 패턴이라는 이 강바닥은 외부 조건과 결합해서 심적 활동이라는 표층의 파도를 낳는 심의 흐름이라는 파도의 방향을 정한다. 이것은 알라야식을 중심으로 하는 유가행파의 심의 모델에서 매우 분명하게 설해질 것이다.

그렇지만 이것은 앞의 표현에서 실제로 출발한 것이라기보다는 의존적 발생의 근저에 있는 역동성을 정교하게 설명한 것으로 간주될

---

74 Guenther(1959: 19-20)는 vipāka를 직접 업과 관련된 "에너지에 찬 과정"이라 부르면서, 따라서 "그것의 잠재적 상태에서 에너지는 '축적되지만(upacita)', 그것의 운동상태에서 그것은 어떤 결과를 향해 발전한다(vipacyate)."

수 있다. 그러나 그것은 심의 공시적 분석의 관점에서 거의 표현할 수 없었던 그런 과정들을 중앙 무대로 가져옴에 의해 아비달마의 교리에게 심각한 문제들을 제기했다. 따라서 업의 잠재력의 축적의 위상과 잠재적인 경향성의 지속은 『구사론』에서 뜨겁게 논란되었다. 그 논쟁들은 대략 수세기 이전에 『논사』에서 언급된 한도 (및 용어) 내에서 대부분 남아 있었지만, 『구사론』에서 제시된 입장은 지속적인 아비달마의 문제점에 대한 두 가지 구별되고 유익한 접근을 제공한다.

6. 아비달마의 문제점들과 그 반응

번뇌의 잠재적 경향들과 그것들의 명백한 분출들, 그리고 업의 잠재성의 축적 사이의 관련성은 인도불교사상의 메타심리학과 구제론에서 근본적인 역할을 계속해서 수행했다. 그렇지만 그것들은 공시적인 다르마 분석의 견지에서 그것들의 과정을 기술하려는 진지한 시도가 수행되었을 때 문제가 되었다. 찰나적인 다르마들에 한정된 아비달마 교설은 윤회존재의 계속적인 지속성들을 설명할 수 없었다고 보인다. 이 상황에 반응해서 『구사론』에서 대변되는 유부와 경량부의 두 학파는 분명한 심의 능동적 과정들에 업의 측면에 빠지지 않고 각기 심적 지속성의 몇몇 유형을 가정했다. 그 반응들의 구체적인 것들은 비록 거의 논란거리는 되지 않았지만 『논사』에서 보았던 입장들을 넘어 우리를 이끌며, 그렇게 함으로써 두 개의 중요한 새로운 접근을 소개한다.

유부학자들은 아비달마의 분석에 우선권을 주었다. 『논사』에서의 정통입장과 일치하면서 그들은 잠재적 경향(anuśaya)들을 표층적 번뇌(kleśa)들과 동일시했는데, 이는 법의 교설에 대한 그들의 강력한 몰두와 그 용어들로 표현될 수 없는 심적 요소들과 경향들, 또는 잠재력들의 과정에 대한 그들의 상응하는 주저를 반영하는 것이다. 번뇌의 능동적 조건과 잠재적 조건 사이를 구별하는 것은, 그들의 견해에 따르면 단순한 오류이다. 반면에 경량부는 경을 인용하면서 잠재적 경향들과 그것들의 표층적 대응물인 번뇌 사이를 구별할 것을 주장했다. 이것은 아비달마 이론들보다 경의 가르침에 대한 그들의 충실성을 반영할 뿐 아니라, 또한 그들의 주요한 혁신적인 종자 개념을 잠재적 번뇌와 축적된 업의 잠재력의 존속을 대표하는 하나의 '비유적' 또는 '명칭적 요소(prajñapti-dharma)'라고 요구하는 것이다. 다음 장에서 우리는 어떻게 유가행파가 이런 종자의 비유를 기반으로 해서 그것을 아비달마의 6식의 분석 속으로 조립했는지를 보게 될 것이다. 그러나 먼저 우리는 이 논쟁의 근거들을 검토할 것이다.

번뇌의 잠재성 대 표층성의 논쟁은 『구사론』(AKBh V 1-2)의 몇 페이지에서 복합어 욕탐수면(欲貪隨眠, kāmarāga-anuśaya)의 해석을 둘러싸고 다루어진다. 그것은 경전에서 인용된 구절에 따라 이 복합어를 해석해야 하는지, 아니면 아비달마의 이해를 따를 것인지에 대한 것이다. 논쟁은 다음과 같이 풀이될 수 있다.

이 산스크리트어 복합어 "kāmarāga-anuśaya"는 "감각적 욕망(欲貪)이 바로 잠재적 경향(隨眠)(kāmarāga eva anuśaya)"인가, 아니면 "감각적 욕망의 잠재적 경향(kāmarāgasya anuśaya)"을 의미하는가? 다른 말로 하면 잠재적 경향(anuśaya)은 저 특정한 번뇌의 다른 명칭인가, 아니면 그것은 번뇌의 분출(paryavasthāna, 纏)과 구별되는 어떤 것인가?

유부는 이 복합어가 동격한정(karmadhārya)으로서 마치 "뉴욕시"가 "뉴욕이라는 도시"를 의미하듯이, 두 개의 구성요소는 동등한 것이라고 이해되어야 한다고 주장한다. 이는 "감각적 욕망(欲貪)이 바로 잠재적 경향(隨眠)"이라는 첫 번째 해석을 지지한다. 그러나 이것은 제1장에서 인용된 감각적 욕망의 분출이 "수면과 함께 끊어진다(sānuśayaṃ prahīyate)"[75]고 설하는 경전의 구절(sūtravirodha)과 모순될 것이다. 이 구절은 잠재적 번뇌를 그것들의 표층적 대응물과 구별하는 것처럼 보이는데, 경량부의 해석은 여기에 의거해 있다. 구사론의 중요한 주석자인 야소미트라(Yaśomitra, 稱友)는 그 이유는 경량부가 "경을 따르는 자들"이라는 명칭대로 경을 (학문적 저작인)[76] 논서보다 권위적인 것으로 간주하기 때문이라고 언급하고 있다. 반면에 만일 복합어가 "감각적 욕망의 잠재적 경향"(소유격 tatpuruṣa)으로 해석된다면, 이것은 그 경향이 능동적 분출과 분명히 구별되는 것임을 보여주는 것이며, 이는 잠재적 경향들이 심과 불상응

75 M I 434 (1장에서 인용했듯이): "그것의 잠재적 경향성과 함께(sānusaya) 그것은 끊어졌다."(sānuśaya pahīyati)

76 AKVy 15 ad AKBh I 3 (ye sūtrapramāṇikāḥ, na tu śāstraprāmāṇikās te sautrāntikāḥ). Jaini는 경량부를 옹호하면서, "이러한 논의로부터 상좌부와 유부의 anuśaya(隨眠) 해석 및 anuśaya를 paryavasthāna(纏)와 동일시하는 것이 위에서 인용한 〔Mahā-Māluṅkya-sutta, M I 433〕와 모순된다는 것은 분명하다. 그들은 경에 비해 아비달마를 선호하려는 노력을 보여준다."(Jaini 1959b: 242)

(viprayukta)하고 있음을 가리킬 것이다. 그렇지만 이것은 경향들이 세 가지 감수와 상응(saṃprayukta)한다고 설하는 아비달마의 구절과 모순된다(abhidharmavirodhaḥ).[77] 유부는 아비달마 구절에 의거해서 경전의 구절을 해석하며, 따라서 잠재적이고 표층적 번뇌들은 단순히 동일한 사물의 두 명칭이라고 주장할 수 있었다.[78]

1) 유부의 '득'(prāpti) 이론

잠재적 경향들을 능동적 번뇌와 동일시한 후에 유부는[79] 직접적으로

---

77 AKBh ad V 1d-2a; Shastri: 761; Poussin: 3-4 (katham idaṃ jñātavyam - kāmarāga eva anuśayaḥ kāmarāgānuśayaḥ, ahosvit kāmarāgasya anuśayaḥ kāmarāgānuśayaḥ? kiṃ cātaḥ? kāmarāga eva anuśayaś cet sūtravirodhaḥ … "tat kāmarāgaparyavasthānaṃ … sānuśayaṃ prahīyate." iti / kāmarāgasya anuśayaś ced viprayuktānuśayaprasaṅgād abhidharmavirodhaḥ - "kāmarāgānuśayas tribhir indriyaiḥ samprayuktaḥ" iti). AKVy(762)는 indriya를 sukha-saumanasya-upekṣendriyaih samprayuktā iti라고 풀이하는데, 여기에 의거해 우리는 근을 "감수(feeling)"로 해석했다.

78 그들은 아비달마가 이 단어를 문자적으로만 이해한다고 주장했다. 다시 말해 anuśaya는 심을 염오시키고 또 선한 상태가 일어나는 것을 장애하고, 이미 일어난 선한 상태를 끊기 때문에 번뇌라고 주장한다. 따라서 anuśaya는 불상응할 수 없다.(AKBh V ad 1d-2a; Shastri: 762; Poussin: 5)

79 비록 『구사론』이 종종 논쟁적 관점에서 유부의 입장을 제시하지만, Jaini(1977)가 산스크리트로 편집한 Abhidharmadīpa는 Vasubandhu의 비판에 대한 정통적인 유부의 반응을 보존하고 있다. Poussin(1937a)은 Documents d'Abhidharma에서 중요한 유부의 텍스트들을 한역에서부터 번역하고 있다. 그 논의들 중의 많은 것에 대한 유부의 간결한 입장에 대해서는 Cox(1995)를 보고, 또 아비달마의 존재론에 관해서는 Williams(1981) 및 Bareau(1995: 131-52)를 참조하라.

아비달마 문제점에 반응해야만 했다. 어떻게 경향들과 업의 잠재력의 축적이 심적 흐름 속에서 매 심의 찰나에 부정적으로 영향을 줌이 없이도 존속할 수 있는가? 다르마에 따른 심의 분석을 업과 번뇌 그리고 수행도에 따른 그것들의 점진적 제거라는 통시적인 현상과 융합시키려는 그들의 시도는 "모든 다르마들은 존재한다(sarvāsti)"고 주장했던 그들의 교의와 밀접히 연관되어 있다. 그들은 다르마들이 과·현·미의 삼세를 통해 항시 존재하며 단지 그것들의 시간적 조건들이 변화할 뿐이라고 제안했다. 그들은 만일 과거의 원인들이 어떤 의미에서 실제로 존재하지 않았다면 그것들은 현재의 다르마의 결과들로 이끌지 못했을 것이라는 점에서 이를 주장했다. 다른 말로 하면, 만일 과거의 업들이 절대적으로 비존재했다면, 그것들이 더 이상 나타나지 않기 때문에 그것들은 현재의 결과를 낳을 수 없을 것이다.[80] 그러나 만일 다르마들이 항시 존재한다면, 어떻게 업의 결과의 발생이 다른 때가 아니라 바로 이 때라는 것을 설명할 수 있는가?

업의 결과가 시간이 지난 후에 나타난다는 것을 설명하기 위해 유부는 '득(得, prāpti)'이라는 중개적인 다르마를 제안했다. 그것은 과거의 업과 달리 심적 흐름 속에 지속적으로 자체를 복제함에 의해 존속한다. 과거의 업의 결과가 생겨날 때, 또는 그들의 표현대로 "자신

---

80 AKBh ad V 25b; Shastri: 805; Poussin: 50f. (yadi ca atītaṃ na syāt śubhāśubhasya karmaṇaḥ phalam āyatyāṃ kathaṃ syāt. na hi phalotpattikāle varttamānāṃ vipākahetur asti iti. tasmād asti eva atītānāgatem iti vaibhāṣikāḥ). 중현의 『순정리론』(T29.1562: 629a28f.)에서 유래한 한 구절에 대해 Poussin(1937a: 77f.)을 보라.

의 심의 흐름"(svasantāna) 속에 떨어질 때,[81] 그것은 직접적으로 과거의 다르마로부터 생기는 것이 아니다. 왜냐하면 그것의 작용력은 더 이상 존재하지 않기 때문이다. 오히려 그것은 끊임없이 그것의 인과적 작용성을 가지고 있는, 그 다르마의 현재의 득得으로부터 일어난다.[82] 말하자면, 동어 반복적이지만, 과거 원인의 업의 작용성은 '득'의 방식으로 심적 흐름 속에서 나타난다. 이런 방식으로 업의 결과를 위한 잠재력이 그 자체 현재적인 다르마의 진행하는 흐름 속에 '득'으로서 존속한다. 그렇지만 득의 다르마는 그것과 동시에 일어나는 능동적인 심적 과정들 속에 얽혀 있는 것이 아니다. 그것은 업의 측면에서 중립적인 다르마로서 심과 상응하지 않는 것이다. 따라서 그것은 선심이나 불선심과 공존할 수 있다.[83] 심과 상응하지 않는 다르마의 범주 속에 내재된 모호성을 이용함에 의해 득은 찰나적 다름의 공시적

81 AKBh II 36c–d; Shastri: 211; Poussin: 1179: "득과 비득은 자신들의 흐름에 떨어졌다."(prāptyaprāptī svasantānapatitānāṃ). 그것은 타인의 흐름에 떨어진 것은 아니다. 왜냐하면 어느 누구도 타인에게 속한 것을 획득할 수 없으며, 또한 그것은 흐름이 아닌 것 속에 떨어질 수 없기 때문이다. 왜냐하면 유정이 아닌 것은 어떤 것도 획득할 수 없기 때문이다. 이런 다르마에 의거한 설명조차 그것의 기능을 맥락화하기 위해서는 흐름(santāna, 相續)과 같은 비다르마적 비유에 의거하고 있다는 점에 주목해야 한다.

82 AKBh ad II 36c–d; Shastri: 214; Poussin: 182. (utpattihetur dharmāṇāṃ prāptir … sahajaprāptihetukā). Jaini(1959b: 245)가 지적하듯이, '得'(prāpti) 개념은 이질적 연속이라는 곤란한 문제를 말하고 있다. 왜냐하면 이질적인 다르마들의 근접한 생기를 허용하는 것은 바로 현재의 "득"이기 때문이다.

83 AKBh II 35a–b; Shastri: 209; Poussin: 178 (viprayuktās tu saṃskārāḥ prāptyaprāptī). Jaini(1959b: 240, 245).

교설의 관점에서 축적된 업의 잠재성의 끊임없는 현존을 기술할 수 있다.

유부는 동일한 접근을 사용해서 수행도의 끝에 있는 번뇌들의 존속의 문제를 말한다. 그 번뇌들이 일어나기 위한 잠재력은 그것들의 '득'의 현존에 의해 의미되었다. 어떻게 그것들이 과도한 영향 없이도 그치지 않고 존속할 수 있는가 하는, 문제시된 그것들의 잠재력의 위상은 효과적으로 득의 위상의 문제로 전이되었으며, 따라서 능동적 번뇌(paryavasthāna)와 그것들의 잠재적 대응물 사이를 구별할 필요가 없었다. 유부는 양자가 동일한 사물의 두 명칭이며, 경전에서 발견되는 잠재적 경향을 가리키는 모든 것은 실제로는 다른 이름으로 '득'을 가리킨다고 주장하면서 그것들을 단순히 동일시했다.[84] 이는 아비달마 이론을 경의 가르침보다 우선시하는 일차적인 경우가 될 것이다.

득 개념도 수행도에 따른 점진적인 발전의 성격에 의해 제기된 문제들, 특히 어떤 출세간적인 성취를 증득했던 불교의 성자들이 그럼에도 세간적인 심의 상태를 경험하는 데에서 나오는 '퇴환'의 문제들을 말하고 있다. 그런 세간적 찰나 속에서 성자를 시간적 심의 상태를 가진 일반인(pṛthagjana, 凡夫)과 구별시키는 것은 그들 각각의 적절한 다르마의 '득'이다. 양자는 그들의 심의 흐름에서 번뇌의 '득'의 완전한 부재나 계속적인 현존에 의해 구별된다.[85]

---

84 AKBh V ad 1d-2a; Shastri: 762; Poussin: 5 (aupacāriko vā sūtre 'nuśayaśabdaḥ prāptau).

85 AKBh ad II 36c-d; Shastri: 214f.; Poussin: 183 (vyavasthānahetuḥ prāptiḥ. asatyāṃ hi prāptau lokikamānasānām āryapṛthagjanānām "āryā ime", "pṛthag-

이와 같이 득 개념은 유부로 하여금 다르마 용어로 번뇌와 업이라는 두 불가결한 교의를 기술하는 것을 허용했다. 번뇌와 업의 교의는 아비달마의 찰나적 심적 상태의 분석 외부에서 어떤 종류의 지속성을 전제하고 있다. 득 개념은 사실상 그러한 설명을 제공하려는 목적을 위해 고안되었던 것처럼 보인다. 그렇지만 결과적으로 이것은 단지 설명의 책임을 원인과 조건, 결과의 체계적인 도식으로부터 빼앗아서, 그것을 그 도식 속으로 충분히 통합되지 않은 득 개념 쪽으로 이동시킨 것이다. 인과설에 대한 특정한 비난이 문제점을 야기했지만, 득 개념은 그것의 특별한 성격을 제안하며, 그러나 세친의 공개적인 무시를 불러온 것이다.[86] 따라서 유부의 심의 분석에서 그것에게 귀속된 실재하는 다르마로서의 위상에도 불구하고, 그것의 설명적 가치는 의문으로 남아 있다. 업의 축적과 그것을 촉발하는 번뇌 그리고 수행도에 따른 그것들의 점진적인 제거를 나타내는 최종적인 결정권자로서 '득'은 결정되지 않은 채 남아 있었다. 이것이 콘즈(Conze)로 하여금 "득 이론은 따라서 죽은 것으로 증명되었다."라는 결론을 내리게끔 설득한 것이다.[87]

---

janā ime" iti na syād vyavasthānam. prahīṇāprahīṇakleśatā viśeṣād etad bhavitum arhati). Conze(1973: 138) 참조.

86 긴 문답 끝에 Vasubandhu는 왜 득이 경량부가 주장하듯이 단지 가설법(prajñaptidharma)이 아니라 사실상 하나의 실체법(dravyadharma)인지를 수사학적으로 묻는다. 『구사론』의 저자인 Vasubandhu는 이에 대한 유부의 대답을 보여준다. "왜냐하면 그것이 우리의 확정된 교설이다."(eva hi naḥ siddhānata iti: AKBh ad II 36c-d; Shastri: 218; Poussin: 186) 득 개념은 무한소급의 비판에 직면해 있다. 득의 득을 결정하는 것은 무엇인가, 또 다른 득인가?

2) 심의 흐름(santāna)에서 경량부의 '종자(bīja)'설

경량부는 이런 주제들에 대해 근본적으로 다른 접근을 했다. 그들은 심의 흐름 내에서 잠재적 번뇌들과 업의 잠재력을 나타내기 위해 종자의 비유적 개념을 사용했다. 결과적으로 경량부는 아비달마 학자들에 의해 옹호된 다르마 교설을 회피했고, 대신에 제1장에서 보았듯이, 초기문헌들에서 이끌어낸 보다 전통적인 표현들에 의존했다. 이것은 알라야식에 초점을 맞춘 심의 모델로 이끄는 매우 시사적인 비유였음이 증명되었다. 따라서 우리는 『구사론』에서 종자의 비유와 그것과 관련된 개념들을 소개하는 몇 개의 핵심 문장들을 검토할 것이다.

처음으로 『논사』에서 스케치된 난제들을 언급하면서, 경량부는 잠재적 경향성을 나타내기 위해, 그리하여 잠재적인 번뇌들과 표층적 번뇌들의 차이를 주장하기 위해 종자의 비유를 사용한다.

> 활동하지 않는 번뇌는 '잠재적 경향(anuśaya, 隨眠)'이라고 불린다. 깨어있는 것은 분출(paryavasthāna, 纏)이다. 활동하지 않는 〔번뇌〕란 무엇인가? 그것은 현기하지 않은, 〔그 번뇌의〕 종자의 상태에서의

---

87 Conze는 공시적 교설과 통시적 교설을 융합시키기 위해 prāpti를 사용할 때의 문제를 다음과 같이 관찰하고 있다. "prāpti 용어는 명백히 '개아'나 '자아' 개념의 근처에서 항해하고 있다. 得은 사고의 흐름의 요소들을 하나로 유지하거나, 또는 하나의 다르마를 '의식의 흐름'과 묶는 관계이다. 그런데 의식의 흐름이란 근저에 있는 '개아'를 얼버무리는 용어에 지나지 않는다. … '득'은 찰나적 상태 이상의 토대이며, 사실상 일종의 지속하는 개아성이다. 다시 말해 그것은 개체의 동일성에서 자아와 동일한 흐름이며, 그것이 여기서 '지속성'으로 해석되었다."(Conze 1973: 141)

지속성(또는 문자적으로: 결부된 것, anubandha)이다. 깨어있는 것이란 무엇인가? 그것은 나타난 것이다. 무엇이 '종자 상태'라고 하는가? 그것은 번뇌가 〔과거의〕 번뇌로부터 일어나기 위한 그 자체존재(ātmabhāva)의 능력이다. 마치 기억이 일어나기 위한 능력이 경험지로부터 생겨난 것처럼, 또 싹이 쌀의 곡물을 낳기 위한 능력이 〔과거의〕 쌀의 곡물로부터 〔생겨난 것과 같다〕. (AKBh ad V 1d-2a)[88]

제1장에서 검토했던 경의 자료들과 명백히 일치하고 또 유부와 날카롭게 대립하면서, 경량부는 '종자상태'에서의 경향성에 새로운 번뇌를 낳을 능력이나 힘(śakti)이 있다고 신뢰하면서 잠재적 번뇌들과 그것들의 표층적 분출 사이를 구별했다. 종자의 비유는 물론 초기문헌에서 유래하지만, 여기서는 명시적으로 잠재적 경향(anuśaya)과 동일시된다. 또한 종자는 명시적으로 지속적인 것이고, 심적 흐름에 결부된(anubandha) 것이다.[89]

경량부의 종자 개념은 또한 업의 결과의 잠재성을 나타내기 위해

---

88 AKBh ad V 1d-2a; Shastri: 763f.; Poussin: 6f. (kathaṃ ca sautrāntikānām? … prasupto ji kleśo 'nuśaya ucyate, prabuddhaḥ paryavasthānam. kā ca tasya prasuptiḥ? asaṃmukhībhūtasya bījabhāvānubandhaḥ. kaḥ prabodhaḥ? saṃmukhībhāvaḥ. ko 'yaṃm bījabhāvo nāma? ātmabhāvasya kleśajā kleśotpādanaśaktiḥ. yathā anubhavajñānajā smṛtyutpādanaśaktiḥ, yathā ca ankurādīnāṃ śāliphalotpādanaśaktir iti).

89 이 두 용어의 어원적인 유사점은 강력하다. anu-bandha는 "~을 따라 묶여 있는(being bound along with or along side of") 것이며, anuśaya는 "놓여 있거나 잠들어 있는 (lying or sleeping along side of") 것이다.

사용되기도 한다.

무엇이 '종자'라고 불리는가? 나중에나 직후에 특별한 심의 흐름의 변화를 통해(santati-pariṇāma-viśeṣajāt) 결과를 산출할 수 있는 심리적-물질적 유기체(nāma-rūpa)이다.
무엇이 '변화'인가? 그것은 다른 상태에 있는 심적 흐름이다. 무엇이 '심적 흐름'인가? 그것은 원인과 결과로서 존재하는 삼세의 제행(saṃskārā)이다. (AKBh ad II 36d)[90]

경량부에게 있어 업과 번뇌, 또는 보다 정확히 잠재적 요소들로서 그것들의 잠재적인 현존은 심의 흐름 속에 존속하는 "종자들"에 의해 대표된다. 심의 흐름(santati)이란 표현은 여기서 "원인과 결과로서 존재하는 삼세의 제행(saṃskārā)"으로서 설명되거나, 또는 또 다른 시사적인 구절에서 "이전의 업으로부터 심의 지속적 산출"로서 설명된다.[91] 그렇다면 종자는 심의 흐름 속에서, 즉 "원인과 결과로서 존재하

90 AKBh ad II 36d; Shastri: 217; Poussin: 185 (kiṃ punar idaṃ bījaṃ nāma? yan nāmarūpaṃ phalotpattau samarthaṃ sākṣāt pāramparyeṇa vā; santati-pariṇāmaviśeṣāt. ko 'yaṃ pariṇāmo nāma? santater anyathātvam. ka ce iyaṃ santatiḥ? hetuphalabhūtās traidhvikāḥ saṃslārāḥ). 이 정의의 동어반복적 성격에 주목하라. 종자는 심의 흐름을 통해 결과를 산출하는 것이며, 그 심의 흐름이란 원인과 결과로서 존재하는 제행(saṃskārās)에 지나지 않는다.

91 AKBh IX; Shastri: 1230; Poussin: 295; Stcherbatski 1976: 72 (yaḥ karmapūrva uttatottara cittaprasavaḥ sā santatiḥ … sa punar yo 'nantaraṃ phalotpādanasa-marthaḥ so 'ntyapariṇāmaviśiṣṭatvāt pariṇāmaviśeṣaḥ). 덧붙여 특별한 변화(pariṇāma-viśeṣa)의 마지막 찰나는 여기서 "즉각적으로 결과를 산출할 수 있는

는" 제행 속에서, 변화나 변경을 통해 결과를 산출되는 것이다.

우리는 이것이 불교 교의에 어떤 새로운 개념도 덧붙인 것이 아니라는 점을 강조해야 한다. 종자의 비유는 단지 원인과 결과 사이의 업의 관계를 다른 방식으로 말하는 것이다. 모든 의도적 행위들은 만일 방해받지 않았다면, 어떤 결과, "심의 흐름 내에서 어떤 변화"를 초래한다. 따라서 실질적으로 종자의 산출과 최종적인 결실에 포함되지 않은, 다시 말해 그의 심신의 기본 구조(saṃskārā)의 어떤 종류의 변화를 포함하지 않은 어떤 의도적 행위들도 없는 것이다. 이것은 분명히 하나의 지속적인 진행하는 과정이다. 사실상 이것은 시간이 걸릴 뿐 아니라 또한 종자처럼 지각할 수 없는 임신과 성장의 오랜 기간 후에 결실을 맺는 성장과 발전에 대해 (즉, 윤회존재의 성장과 발전에 대해) 말하는 하나의 방식이다.

그리고 개체의 윤회존재의 성장과 발전은 크게 축적된 업의 잠재력의 양과 잠재적 경향의 관성, 그리고 제행의 행동과 인지 패턴에 끼치는 그것들의 영향과 동일시되기 때문에, 해탈은 역으로 종자의 제거로 정의된다. 따라서 초기 텍스트들의 가르침과 일치하게,[92] 경량

능력"으로 규정되고 있다.

92 A I 135. "비구들이여, 그것은 마치 바람과 태양에 의해 손상되지 않고, 썩지 않고, 부패되지 않은 종자가 싹을 낼 수 있고 잘 박혀 있는 것과 같다. 만일 그것들을 불에 태워 재로 만들고, 강한 바람에 재를 빼내거나 또는 빠르게 흐르는 시냇물로 옮긴다면, 그 종자들은 근본적으로 파괴되고 완전히 근절되어 싹을 내지 못하게 되며, 미래에 다시 생겨날 수가 없을 것이다. 비구들이여, 마찬가지로 그것은 탐·진·치가 없는 행동과 같다. 그리고 탐·진·치가 사라졌다면, 그런 행동들도 끊어지고 뿌리째 근절되고 마치 야자나무 그루터기처럼 산출력이 없고,

부는 번뇌의 완전한 제거를 불에 의해 산출력을 잃은 종자의 이미지로 표현하고 있고, 여기서는 세간적이고 출세간적인 수행도와 대조함에 의해 표현한다.

> 성자의 의지체(āśraya)는 〔출세간적〕 견도의 힘에 의해 변화되었고, 따라서 파괴된 번뇌들은 다시 싹을 띄울 수 없다. 종자가 없는 의지체는 마치 불에 의해 태워진 〔종자들〕처럼 〔출세간적 견도에 의해〕 파괴된 번뇌들이라고 말해진다. 반면에 세간도에 의해서는 종자들은 〔단지〕 손상을 입을 뿐이다. (AKBh ad II 36c-d)[93]

경량부는 완전히 번뇌를 끊은 상태를 번뇌의 '득'을 제거했다는 유부의 용어로 말하지 않고 번뇌들의 '종자들'을 끊었다는 용어로 기술한다. 종자들은 "〔과거의〕 번뇌로부터 번뇌가 일어날 수 있는 능력"에 지나지 않는다. 이 경우에 능동적인 번뇌들이 현재의 심의 과정들에 부재할 뿐 아니라, 다시 그것들의 종자로부터 일어날 가능성도 근절된 것이다.

따라서 경량부는 유부가 잠재적 경향들과 업의 결실이 일어날 수 있는 가능성을 표현하기 위해 득 개념을 사용하는 것과 동일한 목적을

말살되어, 따라서 그것들은 미래에 더 이상 발생하지 않는다."

93 AKBh ad II 36c-d; Shastri: 215f.; Poussin: 183.(āśrayo hi sa āryāṇāṃ darśana-bhāvanāmārgasāmarthyāt tathā parāvṛtto bhavati yathā na punas tat pra-heyāṇāṃ kleśānāṃ prarohasamartho bhavati. ato 'gnidagdhavrīhivad abījībhūta āśrayaḥ kleśānāṃ prahīnakleśa iti ucyate. upahatabījabhāve vā laukikena mārgeṇa.)

위해 종자의 비유를 사용한다.[94] 그러나 유사성은 여기서 매우 강한 방식으로 끝난다. 왜냐하면 득 개념과 대조하여 종자나 그 문제에 대한 심의 흐름조차도 자체적으로 '실유(dravya)'로서의 다르마를 가리키지 않기 때문이다. 오히려 종자들은 명시적으로 업의 결실이나 표층적 번뇌가 일어나기 위한 힘이나 능력(śakti)에 의거한 단지 명칭적 존재(prajñaptisat)로 간주되고 있다.[95] 우리는 비유의 실질성 때문에 오도되지 말아야 한다. '종자'란 단지 업의 결과가 생겨나기 위한, 번뇌의 경향들이 일어나기 위한 잠재력을 말할 뿐이다. '잠재력들'과 '경향들'로서 그것들은 궁극적으로 실재하는 요소가 아니며, 실유하는 다르마가 아니다. 그것들은 명칭과 표현, 공통된 언어사용에 의해 확립된 명칭적 존재일 뿐이다.[96] 간략히, 그것들은 다르마 교설의 일부가 아니다.

유부와 대비되어 경량부는 (여하튼 이 주제에 관한) 다르마 체계에 단순히 참여하지 않음에 의해 사실상 아비달마 문제점들에 대해 반응

94 Jaini는 그들 사이의 유사성을 다음과 같이 관찰한다. "종자 이론은 일차적으로 이질적 성질을 가진 두 심 사이의 즉각적인 연속의 현상을 설명하는 데 있어 prāpti(得)를 대체하기 위해, 그리고 이차적으로 심의 흐름의 지속하는 성질을 다르마의 찰나적 지나감과 융합시키기 위해 사용되었다." (1959: 244-5).

95 AKVy ad AKBh II 36; Shastri: 219: "힘, 종자, 습기는 같은 의미이다. 종자는 특별한 힘이다. … 그것은 명칭적 존재이기 때문에 실제 존재하는 것이 아니다."(śakti bījaṃ vāsanā iti eka ayam arthaḥ … śaktiveśeṣa eva bījam. na bījaṃ nāma kiñcit asti, prajñaptisattvāt.)

96 따라서 경량부는 경향성들은 실체가 아니기 때문에 심과 상응하지도 않고 상응하지 않는 것도 아니라고 주장한다.(AKBh ad V 1d-2a; Shastri: 763f.; Poussin: 6f.: na ca anuśayaḥ samprayukto na viprayuktaḥ, tasya adravyāntaratvāt.)

했다. 그렇게 함으로써 그들은 득 개념과는 반대 방식으로 교설의 두 개의 구별되는 차원 사이의 기본적 긴장을 극대화했다. 왜냐하면 "어떻게 사물이 실제로 존재하는가(yathābhūtam)"를 궁극적으로 설명하기 위해서는, 또 모든 번뇌들을 제거하기 위해 다르마들을 구별하기 위한 목적을 위해서는, 공시적인 다르마 분석은 그것이 받아들일 수 없는 것을 요구하기 때문이다. 즉, 심의 흐름과 그것에 수반되는 종자의 비유에 의해 대표되는 잠재된 번뇌들과 업의 결실을 위한 잠재력의 관습적인 지속성을 다르마의 관점에서 궁극적으로 기술하는 방식을 요구한다. 따라서 이 긴장들은 그런 한에서 해결되지 않은 채 남아 있다.

7. 심과 종자, 심의 흐름에 의해 제기된 문제들

종자의 비유는 매력적이지만 그것은 아비달마의 문제점을 해결하지는 못했다. 물론 하나의 비유로서 종자는 실재하는 다르마를 뜻하지는 않았다. 그것은 근저에 있는 아비달마 교설의 문제점을 말하기보다는 회피했다. 그러나 이 명시적인 비유가 해설적인 개념으로 간주되자마자, 다시 말해 종자와 심의 흐름 그리고 식이 마치 다르마 용어들처럼 사용되자마자, 다른 부담되는 질문들이 전면에 나타났다. 그 주제들의 시작은 심의 지속성과 관련된 것이지만, 곧장 식의 두 '측면들'과 두 교설의 유형과 그것들의 관계에 관한 보다 넓은 질문들로 확대되었다. 왜냐하면 종자가 대변하는 지속성들이 일차적으로 공시적인 식의 차원과 연관된 한에서,[97] 공시적인 식의 차원과 그것들의 모호한 관계가 마찬가지로 문제가 되었기 때문이다. 『구사론』에서 식의 두 측면들이 마찬가지로 중요하다는 점에서 보듯이, 양자 사이의 분리는 아직 충분히 이어지지 않았으며, 이는 몇몇 성가신 문제들로 이끌었다.

통시적인 식(vijñāna)의 차원은 초기 문헌에서 그런 것처럼 『구사론』에서도 윤회적 지속성에게 필수적이다. 식의 지속적인 발생은 윤회에서 지속적 존재에 수반된다고 간주된다. 체온 및 명근과 더불어 유정의 지속적 근거(āśraya)로서의 식은 생과의 '연결(pratisandhi-citta)'의 찰나에 모태로 하강해서 죽을 때 신체를 떠날 때까지 존속하는 '공통요소(sādhāraṇabhūtāḥ)'라고 간주된다.[98] 그 도중에 식(또는 심)은 그의 생존 동안 신체와 그 감각기관을 집수한다.[99] 더욱 식은 그 인지적

97 그것은 『구사론』에서 명시적으로 식의 흐름과 동일시되고 있다. 『구사론』 제9장에서 vijñāna 자체가 원인으로서의 그 자체의 흐름에 지나지 않는, 식의 흐름을 나타내는 비유적 표현이라고 서술되고 있다. (AKBh IX; Shastri: 1219f.; Poussin: 281; Pradhan 473; Stcherbatski 1976: 57: vijñānasantānasya vijñāne kāraṇabhāvāt vijñānaṃ vijānāti iti vacanān nirdoṣam … evaṃ vijñānam api cittānāṃ santāna upacaryate).

98 '열'과 '명근'에 대해 AKBh II 45a-b (Shastri: 248; Poussin: 215) 참조. Poussin은 S III 143과 M I 296에서 유사한 구절을 인용한다. 생애 동안에 지속하는 토대로서의 vijñāna에 대해서는 AKBh I 28c-d(Shastri: 78; Poussin: 50) 참조. Poussin(49, n.2)은 『구사론』에 인용된 경이 Dhātuvibhaṅgasutta (M III 239)라고 비정한다.

99 AKBh ad I 34; Shastri: 91; Poussin: 63: "'집수된 것'의 의미는 무엇인가? 심과 심소들이 토대로서 취하는 것이다. 왜냐하면 그것들은 서로 도움과 해로움을 주기 때문이다." (upāttam iti ko arthaḥ? yac cittacaittair adhiṣṭhānabhāvena upagṛhītam; anugrahopaghātābhyām anyonyānuvidhānāt). 근도 심의 의지체(āśraya)라고 불리며, 따라서 유정을 구성하는 근본요소이다. 그런 것으로서 그것들은 윤회존재의 지속성의 토대이다. (AKBh ad II 5-6; Shastri: 142f.; Poussin:

축면에서도 유정과 거의 유사하다. 그것은 유정의 감각기관이나 심이 저촉되었을 때면 언제나 일어난다. 눈과 순환계 및 신경계의 끊임없는 움직임만으로도 그것들과 관련된 기능들이 매 순간 자극을 받고 있음을 확인시켜 준다. 따라서 감각기관들과 심이 어떻게든 저촉되지 않고 따라서 인지적 앎이 일어나지 않는 그러한 어떤 찰나도 없다.[100] 따라서 '의식(consciousness)'과 '인지적 앎(cognitive awareness)'이라는 두 가지 의미에서 식은 생명의 과정들과 분리될 수 없으며, 실제로 유정과 동일시되고 있다.

『구사론』의 어떤 개소에서 식은 또한 윤회존재를 영속화시키는 종자의 잠재성과 밀접히 연결되어 있다. 간략한 개소에서 의도적인 업으로부터 종자의 발생과 그것들의 식에 대한 '훈습' 그리고 지속된 존재를 투사하는 그것들의 이어지는 힘 사이의 밀접한 관계가 묘사되고 있다. 초기 가르침에서처럼 식은 업과 갈애를 유지시키고 추동시키는 에너지의 결과이지만, 이에 덧붙여 그것들을 명시적으로 중개하는 수단이기도 하다. 텍스트는 윤회존재를 유지시키는 거친 음식과 접촉, 의도와 식이라는 4식(食, āhāra)에 대해 논의하고 있다. 앞의 둘은 현재의 존재를 유지시키고, 심리적 의도와 식이라는 뒤의 둘은

> 각기 또 다른 존재를 투사하고 산출하기 위해서이다. … 심의 의도(manaḥsañcetanā)는 새로운 존재를 투사한다(ākṣepa). 투사된 그 〔존

110f.).

100 그렇지만 두 가지 경우, 즉 깊은 수면과 깊은 명상상태에서 인지적 앎은 정지하는 것처럼 보인다. 이에 대해서는 뒤에서 논의할 것이다.

재]는 역으로 업에 의해 영향받은(paribhāvita) 식의 종자로부터 산출된다. 따라서 그 양자는 아직 생겨나지 않은 존재를 산출하는 데 우월하다. (AKBh III 41c-d)[101]

"업은 밭이고, 식은 종자이며, 갈애는 미래의 재생을 위한 습기"(A I 223)라는 팔리어 문헌에서의 비슷한 비유를 연상시키면서, 세친은 윤회존재의 지속성을 업과 번뇌의 잠재력을 대표하는 종자와 식의 관계라는 관점에서 그린다. 말하자면, (意業[102]으로서의) 심적 의도는 식을 종자를 갖고 "훈습하며",[103] 그럼으로써 미래의 재생과 지속적

---

101 AKBh III 41c-d; Shastri: 496; Poussin: 125f. (anyos tāvad ihotpannasya bhavasya poṣaṇe prādhānyam. manaḥsañcetanayā punarbhavasyā ākṣepaḥ. ākṣiptasya punaḥ karmaparibhāvitād vijñānabījād abhinirvṛttir iti anayor anutpannasya bhavasya ākaraṇe prādhānyam).

102 AKBh IV 1c; Shastri: 568 (cetanā mānasaṃ karma).

103 팔리어와 산스크리트에서 bhāvanā(修習)는 어근 bhū "to be"의 사역형("causing to be, producing"에서 파생된 단어이다. 여기에서 "마음에 형성하는"(SED 755; PED 503)이라는 의미에서 그것의 전형적인 "수습, 명상"이라는 수행의 의미가 파생되었다. SED에서 두 번째 의미는 "스며들게 하다"이며, 그것의 과거분사형인 bhāvita는 "산출된, 강화된, 계발된"이란 의미 이외에 "스며든, 영향받은, 향에 스며든"으로 풀이된다. 완성이나 "두루, 완전히, 함께"의 의미를 강하게 표현하는 접두사 pari-를 가진 paribhyāvita는 "관통된, 공급된, 채워진, 변재하는, 적셔진"이라는 의미를 가진다. bhāvanā의 모든 형태는 공통적으로 citta의 형용사로서 사용된다. 예를 들어 D II 81에서 (n.32) paññā-paribhāvitaṃ cittam "지혜로 물든 심"이 발견된다.

『구사론』(AKBh ad IV 123c-d)에서 bhāvanā는 vāsanā("습기, 인상")와 밀접히 관련되어 있다. "무엇 때문에 집중된 선한 [심]이 수습이라고 불리는가? 왜냐하면

존재를 위한 토대를 놓는다. 이 과정은 의도적 행위들의 결과가 식을 내생으로 추동시킨다는 연기계열에서 발견되는 것과 유사하다. 이와 같이 『구사론』은 “식의 흐름은 업의 추동의 힘에 의해 이러저러한 재생의 영역으로 들어간다.”[104]고 서술한다.

따라서 식은 인과적 메커니즘에 관한 차이를 인정한다면 일반적으로 아비달마에서처럼 『구사론』에서도 윤회적 지속성에 핵심적이다. 그러나 (심의 흐름이나 종자, 또는) 식의 연쇄를 전체로서의 윤회적 지속성과 동일시하는 것은 경량부가 제안했듯이 그 자체 일련의 문제들을 발생시킨다. 왜냐하면 만일 종자들이 단순한 비유 이상의 것이라면, 즉 만일 그것들이 아비달마의 의미에서 설명적 힘을 가진 하나의 개념으로서 취급되어야 한다면, 그것들은 체계적으로 다른 교의의 부분들로 통합되어야 한다. 다른 말로 하면, 경량부들이 통시적인 교설에서 전통적으로 설해진 근저에 있는 지속성을 공시적 교설에서 설해진 궁극적인 다르마들로 바꾸려고 노력했을 때 보다 정확한 질문들이 제기되었고 보다 엄밀한 답변이 요구되었다.

예를 들어 종자를 지닌 지속적인 ‘식의 연쇄’와 공시적인 다르마 교설에서 분석된 인지적 앎으로서의 식의 찰나적 측면 사이의 관계는 무엇인가? 그것들은 동일한 식(vijñāna)인가? 만일 그것들이 정확히

그것은 심을 훈습하기 때문이다.” (AKBh IV 123c-d; Shastri: 751; Poussin: 249: samāhitaṃ tu kuśalaṃ bhāvanā … kimartham etat bhāvane ity ucyate? cittavāsanāt).

104 AKBh III 28a-b; Shastri: 460. (tasyāvidyā pratyayāḥ saṃskārāḥ karmākṣepa-vaśāc ca vijñānasantatis tāṃ tāṃ gatiṃ gacchati … tadanya saṃskārāpratyayaṃ vijñānam.)

동일한 것이라면, 세친이 제시하듯이(각주 97 참조) 만일 심적 연쇄들이 한 찰나의 식이 다른 식을 따라 일어나는 것이라면, 종자와 6종의 인지적 앎에 의해 대표되는 축적된 업의 지속성과 잠재적 번뇌 사이의 관계는 무엇인가? 그러나 만일 심적 흐름이 단순히 비유가 아니고 또 지금까지 특정화되지 않은, 6종의 양태와는 구별된 심의 차원을 가리킨다면, 그것들 간의 관계는 무엇인가? 그것들은 분리되지만 마찬가지로 각각 통시적이고 공시적인 교설에 의해 기술된 단지 두 개의 다른 현상들인가? 어느 경우이든 이것은 종자를 가진 심적 흐름의 지속성과 찰나찰나 진행하는 과정들 사이의 엄밀한 관계를 상술할 필요성을 줄이지는 못할 것이다. 아비달마 방법론의 핵심인 체계적 사고는 식과 인지적 앎이라는, 이들 두 개의 윤회적 삶의 본질적 차원들을 중심으로 하는 두 개의 구별되는 교설들이 어떻게든 하나의 단일하고 모든 것을 포괄하는 체계 내에서 통합되어야 한다는 것을 보여준다. 간략히 말하면 그것들은 통시적이고 공시적 교설을 명시적으로 통합해야만 했다. 그 주제들은 모든 표층적인 심적 활동이 소멸된다고 생각되는 특정 형태의 명상을 둘러싼 논의에서 일어났다. 그 명상은 전체적으로 심의 지속성을 의문시하게 하는 하나의 조건이었다. 인도불교 전통에서 이 조건은 무상정(無想定, āsaṃjñika-samāpatti)과 멸진정(滅盡定, nirodha-samāpatti)이라는 두 개의 다른 심층적 명상 동안에 일어난다고 생각되고 있다.[105]

---

105 Vasubandhu의 Karmasiddhiprakaraṇa(『성업론』)은 가장 간결하게 이 논쟁과 다양한 학파들이 가진 입장들을 제시하고 있다(Lamotte 1935-6: 234-47; Pruden 1988: 58-65; Anacker 1972; 1984). AKBh는 그것을 II ad 42-4 (Poussin: 200-14)

그런 소멸은 몇몇 곤란한 이론적 문제들을 제기했고, 몇몇 시사적인 반응을 일으켰다. 정통 아비달마 분석에서 지속성은 직후 찰나들 사이에서 찰나적으로 조건화하는 영향 이상의 것이 아니다. 그렇지만 그 명상들에서 모든 심적 활동들은 정지하며, 따라서 심적 흐름의 지속성은 완전히 단절된 것처럼 보인다. 따라서 그 명상으로부터 출정한 후의 심의 첫 번째 찰나는 그것의 등무간연(samanantara-pratyaya)으로서 직전의 심의 찰나를 갖지 못할 것이다. 다시 말해, 만일 심의 흐름이 그 명상 상태 동안에 완전히 끊어졌다면, 그것은 그것이 다시 일어나기 위해 필요한 모든 조건들을 결여할 것이다. 왜냐하면 그것의 '심으로서의 의지체(manaāśraya)'인 직전의 의식(manovijñāna)[106]은 결여되었을 것이기 때문이다.[107]

더욱 경량부의 관점에서 종자도 여전히 규정되지 않은 방식으로 심적 흐름을 따라 결부된 것(anubandha)이기 때문에, 그것들의 지속성은 모든 심적 활동의 소멸과 더불어 그칠 것이다. 그러나 만일

에서 다루고 있다. Griffiths(1986: 122-8, Appendix B)는 명상의 주제와 아비달마 교의 내에서 그것들의 문제점들을 다루고 있다. Schmithausen(1987: 18ff.)은 멸진정(nirodha-samāpatti)이 알라야식 개념이 생겨난 맥락이라고 간주한다.

106 심 또는 인지적 앎(vijñāna)의 한 찰나는 (최소한 인간의 영역에서) 두 가지 유형의 토대를 가진다. 그것의 근(indriya)의 동시적인 토대(sahaja āśraya와 그것의 직전의 의식의 意라는 토대(mana āśraya)이다. (AKBh I 33c-d; Shastri: 125f.; Poussin: 95f.).

107 Karmasiddhiprakaraṇa(成業論): "그러나 집중상태에 들어간 심은 오래 전에 파괴되었다(vinaṣṭa). 어떻게 그것은 동일하고 직전의 것을 구성할 수 있는가?" (Lamotte 1935-6: 235; Pruden 1980: 58).

종자들이 그런 명상 동안에 실제로 사라졌다면, 그 〔종자〕들이 대변하는 모든 축적된 업과 잠재적 번뇌들도 따라서 파괴되고 다시 생기하지 않게 될 것이다. 그리고 이는 해탈에 다름 아닌 것으로 된다. 그렇다면 비록 모든 심적 활동들이 그 안에서 그쳤다고 하더라도 그 명상 상태들을 따르는 업과 번뇌의 잠재력의 지속성을 보장해 주는 것은 무엇인가?[108]

그리고 세 번째로, 식은 존재의 토대이며, 또 수태부터 죽을 때까지 공통요소(sādhāraṇabhūtāḥ)라고 간주되기 때문에, 신체 내에서 그것의 소멸은 죽음을 의미한다. 그러나 신체는 명상 상태 동안에 또 그 이후에도 온전히 남아 있고 생생하다. 그렇다면 어떤 종류의 심적 과정들이 모든 표층적 심리활동이 정지된 그 명상 동안에 신체를 살아있게 하는가? 무엇이 수행자를 죽지 않게 하는가?

표준적인 아비달마 교의는 이런 문제들에 대한 답을 할 준비가 되지 않았으며, 윤회적 지속성과 심적 흐름 사이의 관계에 대한 그것의 기본적 가정을 이러저러한 방식으로 변경하거나, 또는 그것의 핵심적 용어와 전제들의 몇몇을 다시 정의하도록 강요되었다. 앞으로 보게 되겠지만, 그 반응들은 모두 그것들의 차이에도 불구하고 어떤 방식이든 전통적인 6식과 독립해서 존속할 수 있는 심의 차원을 위한 공통된

---

108 Karmasiddhiprakaraṇa(成業論): "만일 결과가 업의 힘에 의해 영향을 받은 심의 흐름보다 이후에 생겨난다면, 어떻게 이전의 업의 결과가 〔일상적 심의 작용이〕 중단된 두 개의 無心定과 무심의 존재 속에 있는 자들의 심의 흐름에서부터 이후에 생겨나는가?" (Lamotte 1935-6: 233; Pruden 1988: 57. § 21; 티벳역(P mDo #58 Sems-tsam Si, 161b3f.; D4062, 139a5f.)에서는 약간 다르게 풀이되고 있다.)

탐구를 공유하고 있지만, 그럼에도 다르마 교설의 기본전제들과 일치하고 있다. 『구사론』(AKBh ad II 44d)에서 상세히 논의되었던 그 학파들의 입장은 다음과 같이 풀이될 수 있다.[109]

> 심이 두 종류의 명상 속에서 오랫동안 그쳤기 때문에, 어떻게 그 명상으로부터 출정한 심(citta)의 찰나가 이미 오래 전에 소멸했던, 지나간 심의 찰나를 그것의 직전 찰나의 조건(等無間緣)으로 가질 수 있는가?
> 유부는 명상에서 출정한 심의 첫 번째 찰나는 그것의 기간과 상관없이 직전의 명상상태의 심의 찰나에 의해 직접적으로 영향을 받는다고 주장한다. 왜냐하면 그들에게 있어 모든 과거의 다르마들은 그것들의 '득'이 지금 존재하는 한 현재에서 존재하기 때문이다. 따라서 바로 명상 이전의 심이 그 상태에서 출정하는 심을 위한 등무간연으로 기능하는 것이다.[110] 다른 말로 하면, 즉각성은 엄밀히 즉각적일 필요는 없는 것이다.
> 경량부들은 무심정에서 나온 첫 번째 심이 그 상태 직전의 심을 선행조건으로서 갖는다는 관념을 거부했다. 그들은 대신 새롭게 생겨난 심이 그것의 의지체(āśraya)로서 물질적인 감각기관을 지닌 신체(sendriya-kāya)로부터 생겨난다고 제안한다. 세친은 이름이 알

---

109 이 구절들과 그것들의 관련된 문헌자료들 그리고 포함된 철학적 주제들의 검토를 위해서는 Griffiths (1986: 122-8, App. B)를 보라.

110 AKBh ad II 44d; Shastri: 245; Poussin: 211; Griffiths 1986: 123 (katham idānīṃ bahukālaṃ niruddhāc cittāt punar api cittaṃ jāyate? atītasya api astitvād Iṣyate vaibhāṣikaiḥ samanantarapratyayatvam).

려지지 않은 선궤범사들(pūrvācāryāḥ)을 인용하면서, “두 다르마들은 상호 원인이 된다(anyonyabījaka). 두 개의 다르마들이란 심과 물질적 감각기관을 지닌 신체이다.”[111]라고 말한다. 다시 말해서, 심과 신체는 서로의 종자들을 갖고 있으며, 그것들 중의 하나가 시간적으로 그칠 때 다른 편의 종자를 운반하는 것이다.[112] 다른 말로 하면, 동질성은 전적으로 동질적일 필요가 없는 것이다.

마지막 입장은 완전히 다른 접근법을 제안한다. 세우(Vasumitra)는 만일 식이 완전히 중단된다면 그는 죽을 것이기 때문에, 그 명상 동안에 명확히 작동하지 않고 존속하는 미세한 형태의 심(sūkṣma-citta, 微細心)이 존재해야만 한다고 주장했다.[113] 따라서 멸진정으로부터

---

111 AKBh ad II 44d; Shastri: 246; Poussin: 212; Griffiths 1986: 124 (cittam api asmād eva sendriyāt lāyāt jāyate, na cittāt. anyonyabījakaṃ hi etad ubhyaṃ yad uta cittaṃ ca sendriyaś ca kāya iti pūrvācaryāḥ). Karmasiddhiprakaraṇa, § 23을 보라.

112 그렇지만 Sthiramati(安慧)는 이 개념을 결과가 원인과 비슷하다는 원리를 파기하는 것으로서 강하게 비판하고 있다. 그 원리는 심리적 다르마는 심리적 다르마를, 물질적 다르마는 물질적 다르마를 낳아야만 한다는 것으로 “특정한 결과는 특정한 원인에서 일어난다.” (AKVy, Shastri: 218; Jaini 1959: 243: tataḥ kāraṇaviśeṣāt kāryaviśeṣa iti viśiṣṭam). Griffiths(1986: 125) 참조.

113 Karmasiddhiprakaraṇa (§ 24). Griffiths(1986: 125f.)는 AKBh ad VIII 33b (Poussin: 207f.)에서 거의 동일한 구절(Muroji 1985: 27)을 논의하고 있다. 또한 AKBh ad II 44d (Shastri: 245ff.; Poussin: 211, n.2)도 참조. 이 ‘미세심’은 AKVy에 의해 “명백하지 않은 의식”(aparisphuṭa-manovijñna)으로 간주되고 있다.

Bareau(1955)는 이 점에 관해 여러 학파들을 인용한다.(이에 대해서는 부록 3, point 10-11 참조) 그는 또한 원자료로서 Siddhi(pp.142, 202-3)를 인용하면서

> 출정할 때, 완전히 기능하는 표층적 심은 결코 완전히 중단되지 않는 미세심으로부터 직접적으로 발생하며, 그럼으로써 즉각적이고 동질적인(=등무간) 조건을 충족시킨다. (왜냐하면 심의 한 찰나는 아무리 미세하다고 해도 여전히 다른 심의 찰나를 직접적으로 조건짓기 때문이다.) 그러나 여기서도 모든 심적 활동성의 소멸은 그것들이 완전히 소멸했음을 의미하지는 않는다.

『구사론』 주석자의 한 명인 야소미트라(Yaśomitra)가 지적하듯이, 이 마지막 입장은 어떤 의미에서 경량부와 세우(Vasumitra)의 개념을 신체와 심의 종자들을 함께 보존하고 있는 지속적이고 미세한 심적 과정들의 차원으로 결합했던 유가행파의 알라야식 개념[114]과 밀접히 대응한다.

요약하면, 이 문제에 대한 세 가지 대응이 있었다. (1) 유부의 득(prāpti) 개념을 통해 비시간적 인과성을 선호해서 즉각적 연속을 부정하는 것이다. (2) 경량부의 심-신 비이원론(mind/body non-dualism)의

상좌부(thesis 217)가 이것에 동의하고 있다고 말한다. 그러나 Collins는 상좌부문헌인 Visuddhimagga(XXIII. 43, 47)를 인용하면서 그 반대로 "심이 없는(acittako)"이라고 주장하며, 후대의 Abhidhammattha-saṅgaha(Compendium IX.9)에서도 "심의 흐름은 유예되었다.(cittasantati vocchijjati)"고 말한다고 주장한다. 그는 "중지 기간을 이어주는 개인의 지속성은 신체 또는 차라리 물질적인 命根의 끊임없는 존재에 의해 보장되지, 유분심의 찰나들의 끊임없는 발생에 의해서는 아니다."(Collins 1982: 245f., 304)라고 결론 내린다. 이는 경량부의 입장과 매우 유사하다. Schmithausen(1987: 19f.; nn.149-67)은 미세심과 관련된 모든 구절들을 논의한다.

114 AKVy ad AKBh II 44c; Shastri: 245; Muroji 1985: 27.

개념을 통해 (심에서 심, 신체에서 신체의) 동질성을 부정하는 것이다.[115] (3) 지속적으로 업의 축적과 잠재적 번뇌의 종자들을 유지하는 미세한 형태의 심을 수용하기 위해 모든 심적 과정들이 엄격하게 정지한다는 고정적인 소멸의 정의를 부정하는 것이다. 이 마지막 입장은 물론 하나의 단순한 지각성으로서 살아있는 신체적 과정들과 연결된 식의 측면과 가장 잘 일치한다. 사실상 다양한 해결책들은 동일한 질문들에 대한 정교하고 체계적인 답을 대표한다. 그 질문들은 수백 년 전에 먼저 『논사』에서 거의 비슷한 용어들로 제기되고 또 거의 동일한 술어로 설해진 것이다. 그렇지만 체계의 근저에 있는 전제들 속에서 어떤 실질적 변화 없이, 아비달마 문제점은 공시적이고 통시적 차원에서 해결되기에는 상대적으로 미흡했던 것처럼 보인다.

그렇지만 이 주제들에 대한 보다 체계적인 접근이 있었고, 그것이 상좌부의 "생명을 구성하는 심(bhavaṅga-citta, 有分心)"으로, 그것은 알라야식과 놀라울 정도의 유사성과 동시에 또한 그 차이도 보여준다. 우리는 알라야식 자체의 발전에 주의를 돌리기 전에 먼저 이 마지막

115 이것은 어떤 형태의 심-신 이원론을 지닌 대부분의 동남아시아 불교전통들의 면전에 날아간다. Roger Jackson은 이 논점들을 간결하게 기술하고 있다. "심-신 관계에 대한 불교의 관점은 상호작용론자에 기우는 경향이 있다. 심리적인 것과 물질적인 것은 인과적으로 조건화된 유형의 현상과 비슷하지만, 성격상 충분히 이질적이어서 하나는 다른 것의 '직접적인 특별한 토대'일 수 없다. (다시 말해, 실체적 원인이나 불가결한 상호작용적인 조건이다.) … **어떤** 종류의 이원론은 (결국 신체는 죽지만 심은 어떤 의미에서 존속하는 것으로서) 과거와 미래의 생의 확립에 근본적이며, 거의 어떤 불교도도 그것을 전적으로 부인하지 않을 것이다."(Jackson 1993: 232, n.34, 강조는 원문)

대안을 검토할 것이다.

8. 상좌부의 유분심(bhavaṅga-citta)

비록 전통적인 불교의 심의 모델에서 가장 체계적인 변경은 알라야식 복합체에서 발견될 수 있지만, 유분심(bhavaṅga-citta) 개념은 유부의 '득' 개념이나 경량부의 종자의 비유보다 한층 그 모델을 변경시켰다. 뒤의 개념들이 특정한 문제를 향한 즉석 해결책이라고 한다면 유분심 개념은 상좌부의 지속성과 지각 개념을 전체적으로 개작한 것이다.[116]

무엇보다 '생명요소'나 '존재요소(bhavaṅga)'로서 간주된 심의 형태로서 유분심은 제행(saṃskāra)이나 취(upādāna) 또는 심(citta)과 같이 (각주 30 참조) 다른 많은 불교개념들에서 발견되는, 동일한 조건지어지고/조건짓는 양가성을 보여준다. 즉, 이 '존재요소'는 과거의 행위들에 의해 조건지어져서 재생하는 조건지어진 과보적인 심의 형태이며, 동시에 동일한 형태로 특정한 생애 동안에 끊임없이 다시 생겨나는 것이다. 그리고 심의 조건짓는 상태로서 그것은 각각의 찰나적인 지각의 발생이 의존해서 일어나는 조건의 토대로서 기능한다.[117] 이와

---

116 상좌부 아비달마에서, 특히 그것의 복잡한 지각이론 속에서 bhavaṅga-citta의 역할은 Collins(1982: 225-61, 특히 240-6)와 Mizuno(1978: 835f.), Cousins(1981: 35-7)에서 논의되었다. 후자에는 이를 알라야식과 비교하는 부분이 있다.

117 Collins(1982: 239)는 이런 이중적 역할을 초기 문헌에서의 우리의 식의 분석과 매우 유사한 방식으로 규정한다. "그것은 두 가지 의미에서 존재의 조건이다. 하나는 윤회적인, 시간적으로 확장된 영역의 현상으로서, 개체적인 명-색의 필수적 부분으로서 그것의 단순한 발생의 의미에서 … 그것은 원인적인 '구성적

같이 그것은 많은 메타심리학적 주제를 흥미롭고 혁신적인 방식으로 말하고 있다.

대부분의 아비달마 학파들은 예를 들면 재생과 연결된 심(pratisandhi-citta, 結生心)을 의식(意識, manovijñāna)의 찰나라고 간주한다. 상좌부는 이것을 '유분심'[118]이 재생의 찰나에 특정한 성질을 취한다는 생각을

인'(constructive) 요소이며, 또 과보적인 '구성된(constructed)' 요소이다. … 다른 하나는 그것은 어떠한 의식적인 삶의 경험을 위한 필수조건이라는 특별한 의미에서 자체로 존재를 조건짓는 요소이다. 바로 유분심의 근거 위에서 어떠한 심적 작용들도 일어날 수 있는 것이다. 따라서 업이 어떤 '과보로서의 심'의 일반적 조건인데 비해 유분심은 '능동적 심'을 위한 조건인 것이다." Poussin은 그의 Théorie des Douze Causes에서 이 개념을 식과 동일시한다. 그것은 "〔다른 모든 부분들을〕 관통하고 또 그것의 지속성 때문에 특별히 유분심의 명칭을 받는 것이다."(Poussin 1913: 40, Collins에서 인용)

118 위에서 보았듯이, 초기 팔리 교설(D II 63, etc.)은 식이 하강해서, 모태 속에서 명-색(nāma-rūpa)이 발전하도록 응고된다고 주장한다. 그러나 이제 이것이 대체 어떤 유형의 식인가에 대해 질문이 제기되었다. 초기의 상좌부 교설은 그것이 意識(manvijñāna)이라고 하는 점에서 다른 대부분의 학파와 일치한다.〔Vibhaṅga 414: manoviññāṇa-dhātu가 재생(upapatti)할 때의 유일한 식이다.〕 Miln 299; Visuddhimagga XIV 111-14, 124. Visuddhimagga XIV 98은 유분심이 이 재생심과 함께 "근본원인 없이 과보로서의 심식 요소"로서 분류된다고 덧붙인다. Aṭṭhasālinī III 581-3(Guenther 1959: 25f.에서 인용) 참조. 유부의 입장(AKBh III 42b-c; Shastri: 501; Poussin: 131)은 "생사는 의식의〔찰나들〕이라고 간주된다."(cyutyupapattayaḥ manovijñāna eveṣṭāḥ)는 것으로, 재생할 때에 전이하고 또 모태 속에서 응고되는 것은 바로 의식이라는 것이다. 이런 입장에 대해 경량부는 기본적으로 동의하고 있다.〔Schmithausen 1987: 301, n.232. 그는 VGPVy416b1-4; Pratītyasamutpādavyākhyā(연기경석) 20b7: mdo sde pas smras pa - yid kyi rnam par shes pa ma'i mngal du

갖고 보완한다. 그것은 지각과정들이 정지하는 때마다 자연적이고 반복적으로 활동하는 것이다. 왜냐하면 바로 산출적인 업의 산물(janaka kamma, 즉 과거의 제행)이 재생의 찰나에 무르익고, 그 생애 동안에 연이어서 발생하는 유분심의 각 찰나가 동일한 업의 성질을 향수하고 따라서 동일한 상응하는 요소(sampayutta-dhammā)들과 인식대상(ārammaṇa)들에 의해 수반되기 때문이다.[119] 그것은 과보의 상태(vipāka)이며 따라서 업의 측면에서 중립적이다.

그렇지만 유분심의 지속성은 인식대상들이 감각영역(및 심)에 들어올 때마다, 또 특정 유형의 인지적 앎을 일으킬 때마다 방해받는다. 이것이 일어날 때 유분심은 저 새로운 인지적 앎이 일어나기 위한 조건들의 하나로 기능한다. 고전 상좌부의 문헌인 『청정도론(Visuddhimagga)』은 따라서 인지적 앎의 발생을 위한 정형구를 이 선행하는 심의 찰나를 보충해서 "의식은 유분심과 심적 대상(dhamma) 그리고 작의에 의존해서 생긴다."[120]라고 설명한다. 유분심이 각각의 인지적 앎의 찰나를 즉시 조건짓는, 업의 측면에서 중립적인 형태의 심이기

---

mtshams sbyor ba]

119 Visuddhimagga XIV 114: "재생연결식이 소멸했을 때에, 어떤 종류의 재생연결이 뒤따르건 간에 동일한 종류이고, 동일한 업의 과보를 가진, 유분식이 동일한 대상을 갖고 생겨난다. 그리고 다시 그런 동일한 종류들이 이어진다. 지속성을 방해하는 다른 형태의 식의 발생이 없는 한, 그것들은 마치 강의 물살처럼 무한히 꿈없는 잠의 때에 발생한다." Abhidhammattha-saṅgaha (Compendium 1979: 266-7 참조).

120 Visuddhimagga XV 39: bhavaṅgamana-dhamma-manasikāre paṭicca uppajjati manoviññāṇaṃ.(Collins 1982: 241에서 인용)

때문에 그것은 또한 업의 측면에서 공존할 수 없는 국가들 사이의 '완충국'으로서 기능한다. 그럼으로써 그것은 이질적인 연속의 문제를 직접적으로 말하는 것이다.[121] 따라서 재생과정과 대상이 없는 잠의 상태, 그리고 일상적인 인지과정들 동안의 중재적인 완충국으로의 그것의 역할 속에서 "유분심은 심적 지속성을 구성하는 찰나의 연속 속에서 문자적으로 '간격메꿈'으로서 기능한다."(Collins 1982: 245)

그렇지만 『청정도론』에서 유분심은 능동적인 인지과정의 근저에 있는 독립적이고 지속적인 심의 흐름도 아니고, 또한 그것은 그런 과정들의 발생을 조건짓는 과정들과 동시에 생겨나는 것도 아니다.[122] 유분심과 표층적인 인지적 앎은 서로 배제한다. 전자는 후자가 일어날 때 중지한다.[123] 따라서 아비담마타상가하(Abhidhammattha-saṅgaha)의 영역자인 Shwe Zan Aung은 다음과 같이 경고한다.

〔유분심〕의 흐름이 하나의 심층이며, 그것으로부터 사고가 표층으로

---

121 Compendium의 번역자 Shwe Zan Aung은 다음과 같이 설명한다. "분노의 상태에서 희열의 상태까지의 구절은 쾌락중립적인 요소의 중개가 없다면 너무 갑작스러운 것일 것이다. 이것은 두 개의 대립하는 성질들 사이에서 일종의 완충제 역할을 한다."(Compendium, 269)

122 Visuddhimagga XIV 115: 그와 같이 항시 일어나는 유분심과 함께 유정의 근들이 대상을 지각할 수 있게 될 때, 그때 색이 눈의 영역에 도달할 때, 색 때문에 눈의 지각에 자극이 있게 된다. 그 위에 자극의 영향 때문에 유분심의 〔지속성〕 속에서 장애가 일어난다. 그 후에 유분심이 그쳤을 때 기능하는 심의 요소가 동일한 색을 그 대상으로 하면서 일어난다. 말하자면 유분심을 탈락시키면서, 주의를 돌리는 역할을 수행한다. 이것은 耳處 등의 경우에도 마찬가지다."

123 이것은 항시 전식과 동시적으로 일어나는 알라야식 개념과 날카롭게 대비된다.

생겨난다고 생각해서는 안 된다. 잠재적이고 표층적인, 찰나적인 식의 상태들의 병렬이 한 생애 동안 존재한다. 그러나 그런 상태들의 중첩은 없다. (Compendium 1979: 11-12)

『구사론』에서 심적 흐름과 6종의 인지적 앎 사이의 잘못 정의된 관계와는 달리 이것은 명백히 확실한 듯하다. 그렇지만 분명하지 않게 남아 있는 것은 잠재적 경향성과 업의 잠재력의 지속성에 대한 의문이다. 그것들의 지속성이 끊어지지 않고 남아 있기 위해서는 그것들은 어느 정도, 적어도 능동적인 표층적인 의식과정들 사이의 간격 동안에는 유분심과 상응해야만 한다. 이것은 몇몇 학자들로 하여금 유분심을 보다 넓은 관점에서 해석하도록 이끌었다. 예를 들어 커신스(Cousins)는 다음과 같이 서술한다.

우리는 전 생애 동안 그 [유분심]의 지속성을 그것으로 심이 끊임없이 되돌아가는 것을 개체의 본질적 특성을 '운반하는' 그것의 역할을 나타내는 것으로서 자연적인 양태라고 해석할 수도 있다. 그런 경향들은 한 생애 동안 특정한 개체에게 변치 않고 남아 있는 것이다. … 분명히 그것은 과거의 경험을 저장하거나 또는 과거(나 미래)에 직접 접촉할 수 있는 것으로 보인다. 전자의 경우 우리는 그것을 무의식적인 저장소로서 이해할 수도 있다. 전체로서의 심은 분명히 축적하는 경향성으로 보이지만, 그러나 어떻게 이것이 경험을 포함하는지는 분명치 않다. (Cousins 1981: 28-30)

유분심과 과거의 업 사이의 가능한 관련성을 논의하면서 냐나티로카(Nyantiloka)는 그것의 고전적 문헌기술로부터 멀어진다. 그는 설명한다.

> 유분심은 아비달마 주석서에서 하나의 과정의 형태로서, 즉 흐름(sota)의 형태로서 존재(bhava)의 근원이나 원인(kāraṇa)으로, 생명의 필수요소로서 설명된다. 그 흐름 속에서 무시이래 모든 잠재인상들과 경험들이 말하자면 쌓여 있고, 또는 기능하고 있지만, 그런 것으로서 일상의식에 대해서는 은폐된 것이다. 그러나 그것으로부터 잠재의식적 현상으로서의 그 〔인상〕들이 가끔 생겨나며 표층의식의 문지방에 접근하거나 또는 그것을 넘어 온전한 의식으로 되는 것이다. 현대의 심리학자들이 영혼의 무의식이라고 부르는, 소위 '무의식적 생명흐름' 또는 생명의 심층흐름에 의해 기억의 기능과 염력의 문제, 심리적이고 물리적 성장, 업과 재생이 설명될 수 있는 것이다. (Nyantiloka 1980: 27-28)

마지막 문장은 유분심이란 "하나의 심층으로서, 그것으로부터 사고가 표층으로 생겨나는" 것이 아니라는 Shwe Zan Aung의 결론과 모순된다. 또한 많은 다른 점에 대한 명백한 불일치도 있다. 그 다른 점들은 알라야식의 특성과 비슷하기 때문에 그것들은 설명이 필요할 것이다.

(1) 유분심이 하나의 토대로서, 그것으로부터 또는 그것에 의거하여 인지적 앎이 일어난다.

(2) 유분심이 업의 잠재력의 축적과 잠재적 경향성들과 밀접히 연결된 것이다.

(3) 유분심은 능동적 업의 수행인 동기와 의도와 관련되어 있다.

(4) 유분심은 인지적 앎과 동시적이다. (즉, 냐나티로카가 말하듯이, "모든 잠재인상들과 경험들이 말하자면 쌓여 있고, 또는 기능하고 있지만, 그런 것으로서 일상의식에 대해서는 은폐된 것이다.)"

우리의 탐구로부터 우리는 유분심의 고전적 교설은 단지 (1)번에 의해서만 명확히 특징지어진다는 점을 보았다. 그리고 그것은 아마 필요하지만 단지 간헐적으로 (2)번에 의해서 특징지어지지만 (표층적인 인지적 앎 이상으로 그런 것은 아니다.) 그리고 (3)과 (4)번에 의해서는 결코 특징지어지지 않는다. 업의 잠재력의 문제는 가장 핵심적인 것이다. 분명히 유분심은 어떤 방식으로든 "개체의 본질적 특성들을 운반하고 있다"고 생각될 수 있다. 왜냐하면 그 특성들은 재생할 때에 특정한 생애에 고정되기 때문이다. 그러나 바로 그 이유에서 그것은 잠재인상들이나 경향성들을 직접 받거나 축적하는 것으로서 묘사되지 않는다. 더욱 유분심이 간헐적이고 또 다른 인지과정들이 작동하지 않을 때에만 일어나기 때문에 그것은 그런 특성들의 끊어지지 않는 지속성을 제공할 수 없다.

따라서 잠재적 경향성들의 존속과 업의 잠재력의 축적에 대한 문제는 여전히 남아 있다. 인지과정들이 활성화되면 그것들은 6식의 형태로 변화하는가? 만일 그렇다면, 왜 그것들은 심의 이런 형태들에 영향을 끼치지 못하는가? 만일 그렇지 않다면, 어떻게 그것들은 가까이서

조건짓는 어떤 중개자 없이도 유분심의 한 찰나에서 다음 찰나로 지속하는가? 유분심은 수백 년 전에 『논사』에서 언급된 이런 지속하는 질문들에 직접적으로 답하지 않으며, 또한 내가 아는 한 이어지는 상좌부 아비달마 전통들도 이런 질문들을 다르마 용어로 논의하지 않는다.

이런 이유 때문에 콜린스는 냐나티로카가 했던 것과 같은 그런 특징 부여들에 대해 신중하다. 그는 유분심이 하나의 독립적이고 잠재적 차원의 심적 기능으로서 간주되어야 하는 반면에, 그것은 "단지 체계적인 지각의 설명과 관련해서만" 그렇게 이해되어야 하지, "동기의 설명과 관련해서는 아니다"라는 주의를 준다. 왜냐하면

> 동기에 관한 불교적 태도의 많은 측면들이 프로이드의 주제와 비슷하지만, 그 주제들은 현대 이전에 어디서도 상좌부 전통에서의 유분심과 특별히 관련되지는 않았다. 그러므로 유분심과 분석심리학적 무의식 간의 현대적 비교는 역사적인 학적 방식에 의하기보다는 우리가 '사변'이나 '창조적' 불교철학이라고 부르는 것의 부분으로서 발전되어야만 한다. (Collins 1982: 244)

그는 우리가 유분심을 "업"의 "연결선"이라고 간주해서는 안 된다고 경고한다. 왜냐하면 그것은 간헐적인 것이고, 표층적 인지과정들이 생겨날 때마다 기능하지 않기 때문이다. 오히려 상좌부에서 업의 지속성은 "단지 구슬의 줄로서, … 그것은 그것들을 창조하는 업의 힘을 제외하고는 어떤 심층적인 연결선도 갖지 않은 것이다."(Collins

1982: 248) 그 힘은 "(각기) 잠재적이고 표층적인 의식의 찰나적 상태의 병렬의"(Compendium 1979: 11-12, 위에서 인용) 끊어지지 않은 연속을 통해 전달된 것이거나, 또는 모든 심적 활동들이 중단되는 의식작용을 여읜 집중상태 동안에 물질적인 명근 자체를 통해 전달된 것이다.[124]

그렇지만 "업의 힘"이란 개념은 아비달마의 문제점에 답하지 못한다. 효과적인 에너지로서의 힘 개념은 분명히 초기 인도불교의 많은 것을 함축하고 있고 또 아비달마 시기에 매우 명시적인 것으로 되었다. 실제로 이것은 업 개념을 위해 세친이 선호하는 비유의 하나이다. 종자의 비유와 '심의 흐름의 특별한 변화'(santati-pariṇāma-viśeṣa, 相續轉變差別)는 보통 힘(śakti)으로, 때로는 능력(samartham)으로 풀이된다. 양자는 크게 "힘, 세력, 능력"[125]을 의미한다. 그러나 자체적으로 힘은 아비달마에서 체계적 정의는 아니며, 따라서 설명적 힘을 갖지 못한다. 앞에서 검토했던 아비달마의 문제점에 대한 다른 반응처럼 그것은 모호하게 비유적인 것으로 남아 있다.

어느 경우든 업의 지속성은 유분심과 직접 관련되지 않고, 단지 연속적인 심의 찰나 사이에서 '간격 메꿈'으로서 그것은 짧게 나타날 뿐이다. 이런 한에서 상좌부 아비달마는 업의 잠재력을 표층적인 심의 과정들과 체계적이고 다르마 용어로 연결하려고 시도했던 다른

124 n.113을 보라. 이것은 멸진정을 제외하고 업의 잠재력의 지속성을 보장하는 것은 바로 심이나 식의 흐름으로서의 심의 흐름(citta-santāna)이라는 경량부의 관념과 유사하다. 포착하기 어려운 "힘, 세력" 개념은 『섭대승론석』을 포함한 Vasubandhu의 유가행파 저작을 통해 만날 수 있다.

125 AKBh ad V 1d-2a; AKBh and AKVyad II 36d(Shastri: 219; s. 95 참조); AKBh IX(phalotpādana-samarthaḥ).

학파들을 따르지 않았다. 오히려 경량부처럼 그들은 식물학적 비유의 이미지를 사용하고 있다. 콜린스는 이런 비체계적인 "생생한" 비유들을 유가행파와 대중부의 케케묵은 용어들과 대조시킨다.

> 그런 관념들 속에서 그와 같은 이미지의 사용 속에 내재한 원래의 비유는 빛을 잃게 되었고, 단어들은 건조한 기술적 용어의 특징을 띠고 있다. 반면에 상좌부에서는 종자와 열매의 이미지는 궁극적인 지속성의 설명 속으로 고착된 전문술어가 될 정도로 규칙화되지 않았다. 이에 부합하게 비유는 보다 생생하게 남아 있다. 상좌부 전통은 지속성을 보장하는 유분심이라는 심적 현상의 형태에 대해 말하고 있다. 그리고 그것은 이를 나타내는 강물의 비유라는 선호하는 비유를 갖고 있다. (Collins 1982: 224)

간헐적인 유분심의 발생과 지속적인 강물의 흐름 사이에 명백한 불일치성에도 불구하고, 의심할 바 없이 여기에는 많은 진실이 있으며, 또한 콜린스는 어떻게 상좌부 전통에서 지속성을 나타내는 그런 비유들이 보다 전문적인 다르마 교설에 선행하며 또 그것과 공존했는지를 능숙하게 보여주고 있다. 나아가 『구사론』의 몇몇 구절들에서 종자들이 파종되고 성장하고 열매를 맺는 생동적 과정들이 업이 행해지고 열매를 맺는 업의 과정을 서술하는 데 사용되고 있다. 이 구절에서 '종자'는 일차적으로 비유적으로 사용된다.[126] 그리고 콜린스가 올바로

126 위에서 검토한 santati-pariṇāma-viśeṣa(相續轉變差別)의 정의는 사실상 종자와 꽃, 열매의 견지에서 업의 과정의 설명에 뒤이어 나온다. 또한 AKBh III 19a-d;

지적하고 있듯이, 이것은 번뇌/수면의 논쟁과 심의 흐름의 특별한 변화(santati-pariṇāma-viśeṣa)의 관점에서의 업의 정의 속에서 체계적인 의미와 기능을 가진 전문적인 종자의 용법과 대조된다. 그렇지만 『구사론』의 경량부적 색채가 강한 부분에서 전문술어로 변환했음에도 불구하고 종자의 비유적 성격은 결코 완전히 제거되지 않았다. 왜냐하면 어떻게 종자들이 작동하는지를 설명하도록 유부가 경량부에게 압력을 가할 때마다 경량부는 솔직하게 식물학적 비유에 의거하기 때문이다. 따라서 아비달마의 문제점은 효과적으로 해결되지 못한 채 남아 있는 것이다.

9. 결론

상좌부에서 "종자와 열매의 비유는 지속성에 대한 궁극적인 설명 속으로 짜 넣어진 전문술어가 될 정도로 결코 합리화되지 않았다."고 하는 콜린스(Collins)의 관찰은 전체적으로 아비달마의 분석들에 의해 제기된 주제들을 직접적으로 가리킨다, 모든 다르마는 찰나적이기 때문에 아비달마는 궁극적인 타당성을 찰나적이고 분명한 심의 과정 외부에 있는 어떤 심적 현상들의 기술에 귀속시키지 않았다.[127] 그러나 위에서

Shastri: 433-4; Poussin: 57-9: "흐름(santāna)은 번뇌와 업들에 의해 증대된다."(vṛddhaḥ santānḥ kleśakarmabhiḥ)

127 "得(prāpti)" 개념이 속하는 범주인 심불상응행(citta-viprayukta-samsk.āra)은 이것에 대해 명백히 예외이다. 여기서의 주제는 진행하는 심의 과정들에 공공연하게 영향을 끼치는 심적 지속성을 설명하는 데 있어 이들 체계가 가진 난점에 있다기보다는, 동시에 다르마 교설의 통찰과 혁신과 완전히 상응하는 그 지속성

검토했던 업과 번뇌들의 지속성에 대해 언급하는 교설들은 모두 심의 흐름(citta-santāna), 의지체(āśraya), 명색(nāma-rūpa), 자체존재(ātmabhāva)와 같은 개념[128]과의 관계에 의존하고 있다. 그것들은 공시적 교설이라는 다르마 교설 외부에서 통용되는 것이다. 그리고 애초에 종자들은 결코 다르마 교설의 일부로서 의도되지 않았다. 왜냐하면 그것들은 실유(dravya)가 아니라, 수정(paribhāvita)과 성장(vṛddha), 최종적인 열매(vipāka-phala)라는 생명의 과정들의 견지에서 단지 심의 잠재적 능력(śakti, samartham)을 위한 비유였기 때문이다. 모든 학파들은 그들의 전통의 가장 기본적이고 근본적인 교설을 설명하기 위해 체계적인 전문술어를 그런 일상적이고 자연적 비유와 병행하는 것이 필요하다고 보았다는 사실은 순수히 다르마 교설의 제도적 제한을 입증할 뿐 아니라 아비달마 문제점의 보편성을 입증하는 것이다.

냐나포니카 테라(Nyanaponika Thera)는 그의 『아비담마 연구(Abhidhamma Studies)』의 한 구절에서, 의심할 바 없이 부지불식간에, 이 결론에 전적인 찬성을 표하고 있다. 그가 "넓이"라고 부르고 있는 다르마 사이의 동시적 관계와 "길이"라고 부르는 "시간상으로 확장되는 연이은 변화의 연속(anantara-paccaya)"을 논의한 후에, (양자는 크게 우리의 공시적 교설과 통시적 교설에 대응하는데), 그는 또한 세 번째 차원인 "깊이"를 말하고 있다.

들을 기술하기 위한 가장 경제적인 모델이 무엇인지 하는 것이다.

128 Conze는 이 용어를 "사이비 영원성"과 "사이비-자아"라고 냉소적으로 특징짓고 있다.

한정된 분석의 공간적 세계는 넓이와 깊이의 두 차원으로 제한된다. 순전한 분석이나 한정된 분석은 제3의 차원인 깊이의 차원과 관련이 있는 조건짓고 또 조건지어지는 현상을 감히 인정하지 않는다. … '깊이'에 의해 우리는 (넓고 복잡한 물살이나 강, 개울과 같은) 에너지의 심층적 흐름을 이해한다. 그것은 과거의 행위(kamma)들로부터 생겨나고, 예기치 않게 내재적인 생명의 리듬에 의해서 결정되었을 때에(성장과 성숙을 위해 필요한 때에), 또한 적합하거나 방해하는 환경의 영향에 의해서 결정되었을 때에 표층에 도달하는 것이다. 분석적 방법은 즉각적 충격(=넓이의 차원)에 의해 전달되거나 또는 즉각적 연쇄의 줄(=길이의 차원)에 의해 전달된 그런 관계 에너지만을 인정할 것이다. 그러나 관계 에너지는 개인이나 대상의 바로 발 아래에 열려 있는 알려지지 않은 깊이로부터 생겨나기도 하고 또는 그것들은 시공 내에서 즉각적 연쇄의 직선적인 줄에 의해서 전달되는 것이 아니라 시공 내에서의 먼 거리를 달리는 무선통신과 같은 방식에 의해 전달된다. (Nyanaponika Thera 1976: 29f.)

여기서 우리의 질문은 세 번째 차원이 "깊이", "흐름", "성장", 또는 "에너지"와 같은 비유적인 용어로 적절히 표현되는가의 여부가 아니라, 어느 정도 그것들이 이미 진술했던 목적과 양립될 수 있고 또 아비달마 교설의 제한된 범위 내에서 표현될 수 있는가이다.[129] 아비달마가

---

129 Nyanaponika Thera 자신은 같은 책에서 이를 "엄격하게 철학적(paramattha) 또는 여실한 언어 속에서 경의 가르침의 체계화라고" 정의한다. "그 언어는 가능한 한에서 개아나 (행위와 독립해 있는) 행위자를 전제하는, 일상언어적이고

주장하듯이 만일 아비달마가 '어떻게 사물이 진실로 존재하는가(yathābhūtam)'에 대한 궁극적 설명이라면, 그것의 알려지지 않은 "깊이"로부터 그 에너지들이 "무선으로" 연결되어 생겨날 때, 어떻게 그런 철학적 교설이 그 "에너지들의 그 심층적 흐름"을 표현할 수 있는가라고 현대의 비판자는 문제를 제기한다. 만일 그런 생생한 비유들이 업의 에너지의 전달을 위해 필요하다면, 그것들도 아비달마의 관점에서 비록 찰나적이지만 궁극적으로 실재하는 다르마의 관점에서 표현되어야만 할 것이다. 그렇지 않다면 그것들은 목적에 무관하거나 또는 아비달마 교설의 관점에서 표현될 수 없는 것이다. 어떤 경우이건 적어도 이 주제에 대해서는 아비달마는 자체로 적절하지 않거나 양립할 수 없는 것처럼 보인다.[130] 따라서 냐나포니카와 같은 현대의 해설자는 대략 2,000년 전에 『논사』에서 처음으로 모호하게 암시되었고, 그 후에 경량부에 의해, 그리고 마지막으로 유가행파에 의해 최종적으로 명확하고 체계적으로 제시된 아비달마 분석의 동일한 제한성을 인식하고 있다. 냐나포니카 자신은 "순전한 분석은 인정하기 어렵다."고 하면서 단단히 숨겨진 긴장을 털어놓는다.

찰나적인 인지적 앎과 그리고 모든 유정에게 수반되는 지속적인

비실재적인 개념들 없이, 하나의 기능을 가진 용어들이나 또는 과정을 사용하고 있다. … 아비달마에서 이 경의 용어는 진실한 '비개아적'이고 항시 변화하는 실재성의 성격에 부합한, 정확한 사고의 기능형태로 변화되었다."(Nyanaponika 1976: 3, 5)

130 Piatigorski(1984: 202, n.17)가 주의를 주듯이, "아비달마는 비의식적인 것을 다루지 않는다. 왜냐하면 아비달마는 '식의 이론'이며, 나머지는 아비담마의 의미에서 단순히 없는 것이기 때문이다."

순수한 지각성이라는, 초기부터 보이는 식의 두 가지 시간적 측면을 통해 식의 개념은 이 긴장에서 핵심적이다. 아비달마가 통시적 교설에 대한 공시적 분석의 배타적인 타당성을 대표하는 한, 그것은 보다 넓은 시간적 맥락으로부터 그 다르마들을 제거하여 거의 비역사적으로 되는 것이다. 왜냐하면 찰나적 다르마들의 즉각적인 연속 이상의 어떤 것은 문자적으로 기술불가한 것이며, 단지 명칭상이나 비유적으로만 진실이기 때문이다. 사실상 즉각적인 연속조차도 문제가 된다. 왜냐하면 이질적인 연속과 같은 주제들은 궁극적으로 과거업의 결과, 잠재적 경향들의 존속, 그리고 멸진정으로부터 출정과 같은 문제들과 분리될 수 없기 때문이다. 아비달마의 분석은 바로 그 방법에 의해 그 자신의 구제론적 목적을 약화시켰지만, 그 목적 내에서만 그 분석은 의미있고 정합적인 것이다.

따라서 전체로서의 아비달마 프로젝트는 이런 점에서 위태로운 것이다. 왜냐하면 아비달마 이론은 심의 흐름에 "달라붙어 있는(anubandhu)" 불명확한 요소들을 온전히 설명할 수 없기 때문이다. 하지만 그 요소들이야말로 개체의 윤회존재를 실질적으로 구성하는 것이다. 알라야식의 개념화를 예견하고 또 넓은 부분에서 자극했던 것은 바로 각기 찰나적이고 지속적인 심의 과정에 초점을 맞춘, 분석과 교설의 두 차원 사이의 긴장이었다. 왜냐하면 이 흐름이 모든 종자들을 운반하며 그럼으로써 교리적이고 경험적인 일관성을 보장하기 때문이다.[131] 그럼에도 이 흐름은 어떠한 "궁극적인 지속성을 설명"(Collins)하

---

131 AKBh IX(n.97)에서 vijñāna는 심의 흐름을 나타내는 명칭에 지나지 않는다.

지는 못한다. 왜냐하면 궁극적인 타당성은 전적으로 찰나적 다르마들을 위해서만 보존되고 있기 때문이다. 이 문제들을 극복하기 위해서는 흐름과 그것의 종자의 비유는 체계적으로 다르마 교설로 통합될 필요가 있었으며, 그래서 그것들은 보다 포괄적이고 일관되게 번뇌의 존속과 지속하는 영향, 업의 잠재성의 축적과 산출, 그리고 수행도에 따른 점진적인 청정의 성격을 기술할 수 있었다.

이를 위해 전적으로 새로운 심의 모델이 요청되었다. 그 모델은 그들 양자의 시간적 차원의 동시적인 존재를 표현할 수 있고, 또 팔리어 문헌에서의 전통적인 식의 모든 기능들을 수행할 수 있어야 했다. 다시 말해 '윤회적' 식에 의해 예시된 공시적 교설을 '인지적' 식에 의해 예시된 보다 새로운 통시적 교설과 통합하는 모델이다. 제시된 모든 개념들 중에서 알라야식만이 날카롭게 구별된 심의 측면들을 명시적이고 체계적으로 통합시키려고 시도했다. 그 측면들은 초기 교설에서는 원래 구별되지 않은 것이지만 아비달마 분석의 맥락에서 알라야식 이론에 의해 다시 통합된 것이다. 그리고 이것은 기념비적인 『해심밀경』에서 처음으로 성취되었다.

제2부

유가행파 전통에서 알라야식

III. 초기 전통에서 알라야식

순수한 관찰의 이념을 주장하려는 사람은 입증되어야 하는 수천 개의 사건들을 수집할 것이지만, 바로 그 이유 때문에 현재에 실제로 무엇이 일어나고 있는지를 이해할 수 없을 것이다. 과거로부터 미래를 이끌어내는 창조적인 과정에 전념하는 한에 있어서, 우리는 현재에 가장 중요한 것에 대해서, 현재를 역동적인 힘으로 만드는 것에 대해서만 말할 수 있다. (Paul Tillich)

1. 알라야식의 기원

유가행파의 자료로 들어가서 복잡한 문헌사적 맥락과 그것과 연관된 개념들, 그리고 그 설명의 근저에 놓인 이유들 속에서 알라야식을 제시하기 전에 우리는 이 글의 목적을 다시 요약하는 것이 좋겠다. 우리의 일차적 목적은 먼저 초기불교와 아비달마 전통 내에서 그 배경과 맥락을 스케치함에 의해, 그리고 가장 철저하고 체계적으로 이런 무의식적 마음에 대해 복잡하게 논의하고 있는 일련의 유가행파의 문헌들을 검토함에 의해 알라야식을 인도불교의 식의 이론의 맥락에서 이해하는 것이다.[1] 알라야식 이론 자체나 또는 알라야식에 대한 교의적, 논리적, 현상학적 주장들이 혼합된 채 치밀하게 옹호되고 있는 것은 넓은 역사적 맥락에 대한 논의 없이는 적절히 이해될 수 없을 것이라 생각된다. 왜 잠재적인 경향성과 행위의 잠재력의 본성, 그리고 해탈도에 따른 점진적인 과정이 인도불교사상의 이 시점에서 문제가 되었는지, 또한 나아가 왜 그것들이 초기 불전들에서 발견되는 대로 식의 '두 측면'의 견지에서 설해지게 되었는지를 우리가 이해할 수 있는 것은 바로 전체로서의 아비달마의 문제제기의 맥락에서인 것이다. 그런 문제제기는 바로 초기 팔리어 문헌들에서 발견되는 전통적 교설들과 새로운 다르마의 분석 사이의 간극에서 생겨난 것이다. 이런 질문들에 대한 대부분의 반응들은 함축적이건 명시적이건 간에 심의 다층성, 즉 "의식적인 삶의 심층 단계에 대한 공통적인 관심"을 지적하고 있다. 귄터(Guenther 1989: 19)에 따르면 그런 공통적 관심은 "인도불교사상에서 이 시기의 집단적인 정신이나 또는 시대정

---

1 이런 방대한 범위를 소묘함에 있어서 우리는 "ālaya-vijñāna"라는 용어 자체와 그것의 세세한 속성 및 유사한 개념들의 정확한 기원에 대한 세부적인 탐구를 포기할 것이다. 이런 질문들은 이미 슈미트하우젠(Schmithausen 1987)의 *Ālayavijñāna. On the Origin and the Early Development of a Central Concept of Yogācāra Philosophy* 속에서 경탄할 만한 엄격함과 예민함을 통해 설명되었다. 이 개념의 장구하고 오랜 발전의 특성들에 초점을 맞추는 연구라면 슈미트하우젠이 수행한 이 복잡한 개념의 재구성과 이를 지지하는 문헌적 연구와 대결해야만 할 것이다. 이 개념의 발전과 그 근저에 놓인 논리를 일반적으로 소개하기 위한 우리의 목적은 이런 것들과 경쟁하려는 것이 아니라 그것을 보완하려는 것이다. 우리는 슈미트하우젠의 연대기와 철학적 재구성, 그리고 이 기념비적 작업의 다른 측면으로부터 많은 도움을 받았다.

신을 반영하고 있다."[2] 이런 점에서 알라야식 개념은 4세기경 인도불교의 지적 풍토에서 제기된 많은 혁신적인 관념들 중에서 가장 혁신적이고 체계적인 것이라고 말할 수 있다.

알라야식의 기원은 불확실하며, 그것이 어디에서 최초로 나타나는지조차 확정할 수 없다. 『해심밀경』은 유식학파와 연관된 이 특정한 교설의 출현을 알리고, 또 불설이라는 점에서 대승불교도들에 의해 존중받고 있는 최초의 유가행파의 경전이라고 전통적으로 간주되고 있다. 대부분의 유가행파의 초기문헌들은 2~3세기부터 5세기에 편찬되었지만,[3] 인도불전의 확실한 연대를 확정하는 것은 어려운 일이다. 그러나 우리는 유가행파의 연대나 알라야식의 각 단계 내에서의 세세한 발전들의 연대를 독자적으로 설하고자 하지는 않을 것이며, 다만 크게 슈미트하우젠(L. Schmithausen)의 주의깊은 재구성을[4] 따를 것이다. 이는 어떤 특정한 점에서는 논란의 여지가 있겠지만, 인도불교의

2 이런 정신은 불교 사상에만 국한된 것은 아니다. 왜냐하면 많은 동일한 관심들이 심지어 동일한 용어로 대략 동시대의 요가수트라(Yogasūtra)들에서 발견되기 때문이다. 그것들은 모두 굽타왕조 시기의 인도 고전문화의 산물이다. 예를 들어 Eliade 1973을 보라.

3 Lamotte(Saṃdhi, 1935: 25)는 이 경의 연대를 기원후 2~3세기라고 추정한다. (역주: 그렇지만 알라야식의 성립사와 관련된 『유가론』에 대한 최근의 연구들에 의거할 때, 『해심밀경』의 편찬은 빨라야 4세기 중반으로 보인다.)

4 우리는 Schmithausen의 알라야식의 역사와 발전의 재구성을 본서의 기술을 위한 가장 기본적인 연대기적 토대로서 사용했다. 우리의 일반적인 설명은 (항시는 아니지만, 종종 변질된 텍스트의) 다언어적 문헌적 해설, 심지어 가장 기본적인 용어들의 혼재된 복잡성, 또는 상호 연관된 발전을 가리고 있는 모호한 역사성 속에 포함된 난점들을 시사하는 데에서 시작하지 않는다.

초심리학의 맥락에서[5] 알라야식 개념의 심리학적, 철학적 의의를 보여주면서 교리적 발전을 소개하려는 기본적인 스케치로서 충분히 용인될 것이다.

전반적으로 알라야식과 유가행파의 시작은 (편찬자로서) 무착(Asaṅga)에게 귀속되는 방대한 『유가사지론』과 밀접히 관련되어 있다. 그는 『구사론』 및 대승으로의 '전향' 이후 많은 주요한 유식문헌들을 저작했던 세친(Vasubandhu)의 형이다. 『유가사지론』의 여러 부분들은 『해심밀경』에 선행하지만, 그 외의 다른 부분들은 그 이후에 저작되었거나 편찬되었을 개연성이 높다.[6] 우리는 2부의 제3장에서 『해심밀경』과 『유가사지론』의 일부를 선택해서 다룰 것이며, 그 후에 제4장에서 역시 무착에 의해 저작된 『섭대승론』에서의 알라야식의 발전을 다룰 것이다.

알라야식이란 용어가 아마도 첫 번째로 사용되었던 것은 바로 (『17지

---

5 이하에서의 알라야식의 설명은 수백 년에 걸쳐 발전된 여러 문헌으로부터 추출된 것이다. 원전 자료에서 발견되는 중복을 피하기 위해 우리는 처음으로 중요한 역할을 수행했던 텍스트와 관련하여 알라야식의 특성들을 일반적으로 논의할 것이며, 후대의 발전과 부차적인 사항들은 각주에서 처리할 것이다.

6 역사적 발전과정에 대한 현대적 이해는 연기의 원리와 부합되지 않는 것은 아니다. 그 이해는 대부분의 문헌들이 현재의 형태에 이르기까지 방대한 기간의 형성과 전개, 편찬 과정을 겪었다고 본다. 나아가 현재의 형태조차 여러 판본들 중의 하나에 지나지 않는 것이다. 따라서 Schmithausen도 다른 학자들처럼 일차적으로 교리적 측면에 의거해서 이 문헌을 계층화하려고 시도했다. 그는 (1987: 12-14) 『보살지』와 「본지분」의 일부와 같이 알라야식을 언급하지 않는 부분과, 간헐적으로만 알라야식을 언급하는 부분, 그리고 「섭결택분」처럼 『해심밀경』을 인용하면서 알라야식을 매우 상세하게 서술하는 부분들이 있다고 분류한다.

론』이라고 불린) 『유가사지론』의 「본지분」에서이다. 슈미트하우젠에 의해 최초의 등장이라고 간주된 곳에서[7] 알라야식은 일종의 근본식으로서 기술되는데, 그것은 멸진정(nirodha-samāpatti) 동안에 감각기관 내에서 끊어지지 않고 존속하는 것이다. 이런 식의 형태 속에서 멸진정에서 출정한 후에 〔인지적 앎으로서의〕 식이 다시 생겨나기 위한 인과적 조건들이 종자의 형태로 머문다. 가장 중요한 용어상의 혁신에서 이러한 유형의 인지적 앎은 간헐적으로 일어나거나 또는 인식대상들과 결합하여 명확하게 나타나는 한에서 "현행하는" 형태나 또는 "분명한 〔형태의〕 인지(pravṛtti-vijñāna, 轉識)"라고 집합적으로 불리며, 그것은 새롭게 알라야식이라고 불리는, 끊어지지 않고 내재하는 지각의 흐름과 대비된 것이다. 한편에서 대상을 향한 인지와 다른 편에서 지각성 사이의 구별은 초기 팔리어 문헌의 식의 개념 내에서 단지 함축되었지만, 이제 그것이 용어상으로 분명히 표현되었다. 이것은 초기불교의 심의 모델과 구별되는 유가행파의 기본적 차이이다.

---

7 Schmithausen(1987: 12; 18, n.146): "〔요가행자가〕 멸진〔정〕에 들어갔을 때 그의 심과 심소들은 소멸했다. 그때 어떻게 그의 심은 신체로부터 떠나지 않게 되는가? 〔답: 어떤 문제도 없다.〕 왜냐하면 그의 〔경우에〕 알라야식은 손상되지 않은 물질적 감각기관 속에서 소멸되지 않았기 때문이다. 현행하는 식의 종자를 포섭하고 있는 (/갖고 있는/ 받고 있는) 알라야식이 중지하지 않았기에 미래에 그것이 다시 생겨나기 때문이다." 유가론 사본 78b5 (Tib. dzi 172a6-8; Ch. 340c27ff.): nirodhaṃ samāpannasya cittacaitasikā niruddhā bhavanti / kathaṃ vijñānaṃ kāyād anapakrāntaṃ bhavati / tasya hi rūpīṣv indriye⟨ṣv a⟩pariṇateṣu pravṛtti-vijñāna-bījaparigṛhītam ālayavijñānam anuparataṃ bhavati āyatyāṃ tad-utpattidharmatāyai.

새롭게 등장한 용어인 '알라야식(ālaya-vijñāna)'과 '전식轉識(pravṛtti-vijñāna)'이 이를 웅변적으로 보여준다. ālaya란 용어는 팔리어와 산스크리트어에서 두 개의 구별되는 의미론적 영역이 유용하게 결합되었음을 보여준다. ālaya란 "부착되고, 달라붙어 있고, 머무는 것"이며, 또한 파생적으로 "머무는 곳, 용기, 집"을 의미한다. 그렇지만 이 단어는 초기문헌 이래의 "취함, 집착, 탐착"이라는 오래된 관념을 보존하고 있으며,[8] 이 의미는 후대에 다시 소생하게 된다. 물질적인 감각기관에 주하거나 그것에 달라붙어 있는 이러한 새로운 식은 전통적인 6종의 식과 대비된다. 명확한 인지적 앎으로서의 이 전식들은 각각의 지각영역들을 점하는 인식대상들과 결합하여, "생겨나고, 일어나며, 드러나고 야기하고 기원하며, 발생하고 시작하는"(pra-vṛt, SED 693) 것이다.

이러한 최초의 과정에서 알라야식은 신체적 존재와 밀접히 연관되고 있는데, 이는 모든 심리적 과정이 전적으로 정지한다고 말해지는 명상 상태 동안에도 존속하는 그러한 유형으로서이다. 가장 복잡한 형태에 있어서도 알라야식은 이런 신체적 차원을 전적으로 잃지 않았다. 이는 팔리어 문헌과 아비달마 문헌들에서 식에 귀속된 역할의 하나인 것이다. 왜냐하면 살아있는 한, 식은 신체, 즉 감각기관들을 집수(upādāna)하며, 그럼으로써 죽게 되는 것을 막는 것이다. 이런

---

8 ālaya는 명사형으로서, 접두사 ā ("near to, toward")와 어근 lī ("to cling or press closely, stick or adhere to, to lie, recline, alight or settle upon, hide or cower down in, disappear, vanish": SED 903; PED 109)로 이루어져 있다. 이에 대해서는 Schmithausen(1987: 24; 275, n.137; 295, nn.202-3)을 보라. 또한 Saṃdhi V 3; Karmasiddhiprakaraṇa para. 33; ASBh 11.9; MSg I.3, 11a; TrBh 18,24-26; Siddhi 92 참조.

의미에서 식은 체온(uṣma) 및 명근(āyus)과 더불어 유정의 필수적인 조건의 하나이다.[9]

이 단계에서 알라야식 개념은 신체가 멸진정 동안에 종자의 담지자라는 경량부의 견해를[10] 그 〔멸진정의〕 시점에 특별히 기능하지는 않지만 존속하는 미세심(sūkṣma-citta)이라는 세우(Vasumitra)의 입장과 조합한 것 이상은 아니었을 것이다. 슈미트하우젠(Schmithausen 1987: 30)이 말하고 있듯이, 실제로 그것은 신체적 물질 속에 숨겨진 채 놓여 있는 심의 종자라는 개념을 새로운 형태의 심으로 전환한 것이다. 그렇지만 하나의 단순한 종자의 '실체화'로서의 이러한 알라야식의 기술은 아직 독립적인 식은 아니며, 또한 그것은 전통적인 6종의 식과 체계적으로 관련되어 있지 않다. 더구나 멸진정을 벗어났을 때 그것의 상태는 아직 규정되지 않았다.[11]

따라서 다음과 같은 의문들이 일어난다. 멸진정으로부터 출정했을 때 어떻게 6종의 식이 알라야식 내에 있는 종자로부터 다시 생겨나는가? 멸진정의 외부에서 이 알라야식은 어떻게 또는 어디에서 작용하는가? 그것은 마치 유분심(有分心, bhavaṅga-citta)처럼 명료한 형태의

9 Pāli texts: S III 143, M I 296 (see Ch. 1, n.28). 또한 이것은 앞에서(Ch. 2, n.98) 보았듯이 『구사론』에서 설한 교설과 상응한다. 이에 대해 Schmithausen(1987: 20f, n.165) 참조.

10 경량부의 입장은 앞(2장, n.28)에서 보았듯이 상호 인과성을 인정하는 것이다. "두 개의 법은 상호 원인이 된다(anyonyabījaka). 이들 두 법은 심과 물질적인 감각기관을 포함한 신체이다."(AKBh ad II 44d; Shastri: 246; Poussin: 212)

11 이것은 매우 복합적인 논점들에 대한, 그리고 더욱 복잡한 문헌적 증거에 대한 극히 간략하고 단순한 설명이다. 상세한 내용은 Schmithausen 1987: 18-33 참조.

식이 작동하지 않을 때에만 일어나는, 단절되는 유형의 식인가, 아니면 모든 심의 상태에서 끊임없이 생겨나는 것인가? 만일 후자라면, 어떻게 새로운 형태의 식과 연관된 종자가 전통적인 6식과 관련되는가? 그리고 어떤 방식으로 이 알라야식은 하나의 식 자체로서, 하나의 독립적인 식의 종류로서 기능하게 되는가? 다른 말로 하면, 만일 알라야식이 단지 종지의 실체화 이상의 것이라면, 만일 그것이 자체적으로 새로운 유형의 식이라면, 그것은 비록 특별한 내용을 갖고는 있다고 해도 전통적인 심의 개념과 관련되어야만 한다. 이런 종류의 의문들은 『유가사지론』의 초기 부분들에서 제기되지는 않았지만, 이 문제점들은 『해심밀경』에서 발견되는 중대한 〔교의적〕 발전 속에서 효과적으로 답변되었다.

2. 『해심밀경』에서 심의 새로운 모델

『해심밀경』[12]은 알라야식 개념을 둘러싼 불교의 심의 모델을 재구성하고 있는 몇몇 구절에서 이들 질문들을 언급하고 있다. 이것은 이미 초기 팔리어 문헌과 아비달마에서 식의 윤회적 측면과 연관된 통시적 특성들을 결합시킴에 의해, 또 그 측면들을 알라야식이라고 부르면서 순전히 다르마 용어로 표현된 공시적 설명 속으로 그것들을 점차적으로 통합시킴에 의해 이루어졌다. 『해심밀경』이 이 모델의 윤곽만을

12 이 경의 역사적, 문헌적 정보에 대해서는 Lamotte의 해설을 볼 것 (SNS 1935: 7-29). Lamotte의 프랑스역 이외에도 두 개의 영역이 있다: Keenan(2000)과 Powers(1995).

제시한 데 비해, 후대의 발전은 그것이 가진 깊은 함축성을 이끌어내면서 인도불교의 초심리학의 첫 번째 천년 내에서 발견되는 통시적이고 공시적인 심의 논의를 체계적으로 통합시키고 있다.

신체에 깊이 달라붙어 있는 근본식으로서의 알라야식은 심리학적 차원에 덧붙여서 『해심밀경』에서 하나의 특별한 심리학적 특성을 갖고 있다. 집적된 종자와 습기(vāsanā)에 의거하여 알라야식은 항시 6종의 생기하는 식의 근저에 있고 그것을 유지시킨다. 따라서 모든 형태의 앎은 이제 〔알라야식과〕 동시에 일어나는 것이지 순차적으로 일어나는 것이 아니다. 이러한 전통적인 불교 모델의 재형성이 가진 함축성은 거의 과장될 수 없으며 그 의미가 온전히 이해되기까지는 몇 세기가 소요되었다. 따라서 이 경에서의 알라야식의 소개는 세밀히 고찰될 가치가 있다.

우리의 목적을 위해 가장 중요한 제5장에서 『해심밀경』은 알라야식을 "일체의 종자를 가진 심(sarvabījakam cittam, 一切種子心識)"으로 소개하며, 그것의 유기적인 성장과 발전의 과정을 초기 팔리어 문헌에서의 식과 『구사론』에서의 식의 흐름(santāna, 相續)의 서술을 연상시키는 방식으로 서술한다. 이들 초기의 심의 관념들과 평행하게 알라야식은 모태 속으로 '하강하고' 수태를 위한 질료들을 '집수執受하고' 새로운 신체 속에서 증대되고 성장한다.

> 6취의 윤회에서 이러저러한 유정들이 이러저러한 유형의 유정으로 태어난다. 그들은 유정들의 자궁 속에서 생겨난다. 그곳에서 먼저 일체 종자를 가진 심이 2종의 집수(upādāna)에 의지하여 성장하고

자라고 발전하고 증대한다.[13]

(1) 토대를 지닌 물질적인 감각기관의 집수(sādhiṣṭhāna-rūpīndriya-upādāna)

(2) 관념상과 명칭, 분별의 세간언설에 따른 희론의 습기라는 집수(nimitta-nāma-vikalpa-vyavahāra-prapañca-vāsanā-upādāna)이다.

이들 두 집수는 색계에서는 존재하지만 무색계에서는 2종이 아니다. (SNS V.2)[14]

---

13 SNS V.2 (sa bon thams cad pa'i sems rnam par smin cing 'jug la rgyas shing 'phel ba dang yangs par 'gyur ro). Schmithausen의 산스크리트 환원: *(sarvabījakaṃ cittaṃ) vipacyate saṃmūrcchati vṛddhiṃ virūḍhiṃ vipulatām āpadyate. 매우 유사한 구절이 위에서 검토한 팔리 텍스트 S III54, D III 228에 나온다: viññāṇaṃ … vuddhiṃ virūḷhiṃ vepullam āpajjeyya. 이 표현은 S III 54에서 종자와 식 사이의 비유에서 사용되고 있다. sarvabījakaṃ cittaṃ이란 용어는 MSg I.2에서 알라야식의 "어원" 설명의 하나로 사용되고 있다. "모든 종자를 가진 식은 모든 다르마의 용기(ālaya)이다. 따라서 그것은 알라야식이라 불린다." ASBh 11 참조.

14 SNS V.2 ('gro ba drug gi 'khor ba 'di na sems can gang dang gang dag sems can gyi ris gang dang gang du 'ang sgo nga nas skye ba'i skye gnas sam / yang na mngal nas skye ba'i skye gnas su lus mngon par 'grub cing 'byung bar 'gyur ba der dang por 'di ltar len pa rnam pa gnyis po rten dang bcas pa'i dbang po gzugs can len pa dang / mtshan ma dang ming dang rnam par rtog pa la tha snyad 'dogs pa'i spros pa'i bag chags len pa la rten pas / sa bon thams cad pa'i sems rnam par smin cing 'jug la rgyas shing 'phel ba dang yangs par 'gyur ro // de la gzugs can gyi khams na ni len pa gnyi ga yod la / gzugs can ma yin pa'i khams na ni len pa gnyis su med do). 첫 번째 집수인 물질적 근의 집수는 무색계에는 없다. 왜냐하면 이 영역에는 물질적 형태가 없기 때문이다. Schmithausen(1987: 48)은 "알라야식을 무색계에

이 구절들은 주의깊은 분석을 요한다. 여기서 먼저 살아있는 신체와 알라야식 사이의 불가결한 관계가 제시되고 있다. 즉, 지속적인 윤회존재는 (무색계를 제외하면) "유정들의 자궁 속에서" 감각기관을 집수하는 어떤 형태의 식에 의존한다. 이는 알라야식의 생리학적 기능을 효과적으로 보여주는데, 원래 이 식은 멸진정 속에서 그의 전 생애에 속해 있으면서 그것을 식이 모태 속으로 하강하고 "자라고 발전하고 증대한다"는 전통적인 관념과 동일시한다.

또한 이 구절은 알라야식이 전생으로부터의 업과 정서적이고 인지적인 내용을 부여받았다고 하는 관념을 연결시키는데, 그것은 여기서 종자의 형태와 습기(vāsanā)[15]의 집수로서 표현되고 있다. 집수

서 인정하는 것은 … 그것이 그 명칭이 보여주듯이 신체 속에 숨어 있거나 그것에 달라붙어 있다고 하는 원래의 심의 성격을 초월했음을 필연적으로 함축하고 있다.

이 구절과 유사한 내용이 『유가론』의 유전문과 TrBh 19,7f에 나타나는데, 거기서 그것은 "내적 집수"(adhyātman upādānam)로 유형화되고 있다.

15 내가 여기서 impression이라고 번역한 vāsanā(習氣)는 인도와 불교 문헌에서 오랜 역사를 갖고 있다. PED는 vāsanā를 "심에 남아 있는 것, 과거의 경향성, 인상, 보통 pubba-vāsanā 과거의 인상"(PED 610)으로 정의하지만, 그 어원에 대해 의문을 제기한다. PED는 이 용어를 어근 vas "to stay, abide, dwell, remain"(PED 604)에서 나온 동사 vāsa와 연결시킨다. Rhys-Davids는 팔리어 주석서에 따라 동음이의어의 동사 "to perfume"에서 파생되었다고 본다. 따라서 과거분사형 vāsita는 "scented"와 "made to be or live"의 두 의미를 전달하며, 복합어 vāsita-vāsanā 또는 vāsanā-vāsita로 사용될 경우 "과거의 습기에 의해 훈습된 것"(PED 610)을 의미한다. 그렇다면 vāsanāya vāsita-citta "습기에 의해 훈습된 심"과 같은 (SnA가 pubba-vāsanā와 동일시하는) 표현들은 모호해진다. PED는 "만일 vāseti (to perfume)로서 이해된다면, 'scented, filled, permeated'로

(upādāna)는 이중적인 과정-산물을 보여준다. 그것은 〔어떤 것을〕 포착하고 유지하고 집착하는 능동적이고 정서적인 의미를 갖고 있으며, 또한 "그런 능동적 과정을 유지시키는 연료, 공급, 토대"라는 결과적인 의미도 갖고 있다. 그런 의미와 함께 "그것에 의해 토대를 발견하는,

---

번역되어야 하지만 vaseti "to dwell, remain"의 의미가 선호된다."고 서술하고 있다.

SED에서 vāsanā는 분사형 vāsita "infused, steeped, perfumed, scented"와 함께 어근 vās "to perfume or make fragrant, scent, incense, steep" 항목에서 분류되지 않고, 동사 vāsa "staying, dwelling, remaining" 아래로 분류된다. 그 사전(SED 947)은 이를 하나의 심리적 법으로서 "무의식적으로 심에 남아 있는 어떤 것의 인상, 과거의 지각들의 현재의 의식, 기억에서 나온 지식"으로, 그리고 vāsita는 "(특히 기억에서 나온) 지식" 및 "머물도록 야기된"의 의미라고 규정한다.

이 용어는 『구사론』에서 종자와 거의 동의어로서 사용되었다. AKVy(ad AKBh II 36: śakti bījaṃ vāsanā ity eka ayam arthaḥ)는 실제로 그것들을 동일시하고 있다.(2장 n.95를 보라) 다른 개소에서 AKVy는 vāsanā를 다음과 같이 규정한다. "무엇이 성문들의 습기인가? 심에서 특별한 힘인 과거의 번뇌의 행동의 특별한 행위가 신체와 말의 활동의 불변하는 원인이 되는 것이 vāsanā라고 불린다. 존자 Anantavarman은 '중립적인 특별한 심이 vāsanā'라고 말한다."(AKVy ad AKBh VII 32d; Shastri: 1093; Poussin: 77: kā punar iyaṃ vāsanā nāma śrāvakāṇāṃ? yo hi yatkleśacaritaḥ puurvaṃ tasya tatkṛtaḥ kāyavākceṣṭā-vikāra-hetu-sāmarthyaviśeṣaś citte vāsanety ucyate / avyākṛtaś cittaviśeṣo vāsaneti bhadantānantavarmā) (역주: 저자의 번역은 의미가 통하지 않는다. AKVy는 다음과 같이 번역될 수 있다. "어떤 〔성문〕이 과거에 어떤 번뇌를 행했을 때, 그의 심에 신·구·의를 변화시키는 원인의 특별한 작용이 그 〔번뇌〕에 의해 행해졌다면, 그것이 습기라고 설해진다.") 우리는 『섭대승론』에서 그것의 정의를 논의할 것이다.

이 용어는 힌두의 요가 문헌에서도 비슷한 의미로 사용된다. Eliade(1973: 36-46)를 보라.

그것에 의해 유지되는, 취하는"(PED 149)이라는 의미를 보여준다. 따라서 이러한 집으로서의(ālaya) 식(vijñāna)은 물질적 감각기관에 달라붙어 있으면서 관념상과 명칭 등의 세간언설에 따른 희론의 습기에 의해 길러지는 것이다. 이와 같이 알라야식은 물질적 감각기관 속에서 자신의 토대를 발견하며, 차례로 그 양자를 취하고 집수하는 것이다. 환언하면 의존적으로 일어나는 식의 형태로서 알라야식은 토대를 지닌 물질적 감각기관과 과거로부터 존속해 온 정서적이고 인지적으로 조건짓는 요소라는 두 가지 집수에 의존해서 "자라나고 발전하고 증대되는" 것이다. 이 집수는 토대나 연료로서 작용하는데, 그것에 의해 전체의 과정이 지속되는 것이다. 차례로 두 가지 집수는 알라야식이 지속적으로 그것들을 집수하는 한에 있어서만 존속하는 것이다. 이는 인도불교사상에서 발견되는 신체와 심, 대상과 의식의 근본적인 상호의존성을 반영하는 것이다.

이 관계는 『해심밀경』의 다음 구절(V.3)에서 보다 분명하게 나타난다. 여기서 새로운 심의 개념의 세 개의 동의어를 제시하는데, 그것들의 특성을 '어원적' 설명의 방식으로 보여준다.

> 이 식은 아다나식(ādāna-vijñāna)이라고도 불리는데, 왜냐하면 신체가 그것에 의해 포착되고(gṛhīta) 집수되었기(upātta, ātta) 때문이다. 이것은 알라야식(ālaya-vijñāna)이라고도 불리는데, 왜냐하면 그것은 이 신체에 머물고 달라붙어 있으면서[16] 그것과 운명을 함께 하기

16 한역에 의거하여 Schmithausen(1987: 289f. n.181, 183)은 이 동사들이 lī, 또는 ālī의 파생어라고 제안한다: "ālayana-pralayanatām" 또는 "ālīyana-pralīya-

때문이다(ekayogakṣema-arthena). 그것은 심이라고도 불리는데, 왜냐하면 그것은 색·성·향·미·촉·법에 의해 집적되고(ācita) 축적되었기(upacitta) 때문이다. (SNS V.3)[17]

---

natām" "to dwell in and stick to, or be attached to". 그것들은 알라야식이 신체에 "머물며" 신체에 "달라붙어 있다."는 것을 의미한다. 따라서 그는 아다나식(ādāna-vijñāna)과 심(citta)에 초점을 맞춘 다른 두 구절과 함께 이 구절을 "어원적" 설명으로 해석한다. '용기' 또는 '저장소'로서의 ālaya의 중요한 의미가 여기에 없는 것은 흥미로운 일이다.

17 SNS V.3 (rnam par shes pa de ni len pa'i rnam par shes pa zhes kyang bya ste/ 'di ltar des lus 'di bzung zhing blangs pa'i phyir ro// kun gzhi rnam par shes pa zhes kyang bya ste/ 'di ltar de lus 'di la grub pa dang bde ba gcig pa'i don gyis kun tu sbyor ba dang rab tu sbyor bar byed pa'i phyir ro// sems zhes kyang bya ste/ 'di ltar de ni gzugs dang sgra dang dri dang ro dang reg bya dang chos 〔rnams kyis〕 kun tu bsags pa dang nye bar bsags pa yin pa'i phyir ro). (보충은 Lamotte)
마지막 문장의 '일상 어원'은 어근 cit "to observe, understand, think"에서 파생된 (그리고 citra "varigated, different, distinguished"와 같은 파생형도 함께) citta라는 말과 어근 āci "to accumulate, to heap up"에서 파생된 ācita 및 cita 라는 말 사이의 유사성에 의거하고 있다. citta에 대한 이런 설명은 오랜 모델을 갖고 있다. 예를 들어 A V 107: saññā(S. saṃjñā)는 심 속에 축적된다(paricita). 그것은 『구사론』에서도 발견된다. "축적하기에 citta(심)이다. … 왜냐하면 그것은 깨끗하고 깨끗하지 않은 요소들과 함께 쌓인다."(AKBh ad II 34a: cinoti iti cittam … citaṃ śubhāśubhair dhātubhir iti cittam) Yaśomitra는 경량부나 유가행파는 그것이 습기(vāsanā)에 의해 채워지기 때문에 심이라고 간주한다고 덧붙인다. (AKVy 208: vāsanāsanniveśayogena sautrāntikamatena, yogācāramatena vā). AKBh I 16a; MSg I.6, 9; TrBh 3,2 참조. 심·의·식을 말하는 팔리 구절들에 D I 21; S II 95; Visuddhimagga 452 등이 있다.

비록 처음 두 문장이 여기서 일차적으로 (ādāna와 ālaya의 어원적 측면에서 각기) 신체에 주하고 신체를 집수하는 근본식으로서의 알라야식의 출현에 초점을 맞추고 있지만, 포착하고 달라붙어 있는 그것들의 정서적인 뉘앙스는 해명되지 않고 있다. 그러나 세 번째 동의어에서 가장 직접적으로 "자라나고 발전하고 증대하는" 집적적인 형태의 심과 대상을 향한 찰나적인 인지과정 사이의 산출적인 관계를 제시하고 있다. 전자는 알라야식으로 명시되며, 후자는 전식(또는 현행식, pravṛtti-vijñāna)으로 명명된다. 비록 『해심밀경』에서는 아직도 초보적이긴 하지만 기본적인 윤곽을 뚜렷이 구별할 수 있다.

첫 번째 구절(V.2)은 '일체종자를 가진 심(sarvabījakaṃ cittam)'이 토대를 지닌 물질적인 감각기관의 집수와 관념상과 명칭, 분별의 세간언설에 따른 희론의 습기의 집수에 의거해서 자라나고 발전하고 증대한다고 서술한다. 위에서 인용한(V.3) 마지막 문장은 어떻게 '일체종자를 가진 심'이 실제로 증대하는지를 제시한다. 전식의 대상들이 알라야식 속에 집적되고 축적되는 것이다. 이것들은 함께 알라야식과 전식 사이의 역동적인 상호작용의 그림을 보여준다. (1) 알라야식은 여러 생에 걸쳐 구축된 생리학적이고 심리학적 구조들(saṃskāra, 諸行), 즉 감각기관과 관념상과 명칭, 개념 등을 향한 습기에 의거하여 일어나며,[18] (2) 그것 자체는 필요조건들을 제공함에 의해 전식이

---

18 Schmithausen은 여기서 이 난해한 표현의 나머지에 관해 탁월하고 간결한 정의를 제시하고 있다. "이 맥락에서 그것들이 경험되거나 상상될 수 있는 것으로서 대상적 현상이다. 그것들은 명칭과 연결되고 또 주관적인 개념 활동에 의해 조건지어지는 것으로, 이것이 습관화되어 따라서 모든 (일상적인) 지각과 인지에

취하는 특정 형태를 넓게 규정하는 것이다. (3) 그리고 그런 필요조건들에 의해 인식대상들이 알라야식 속에 집적되고 축적되는 것이다.

그러나 어떻게 그것들이 집적되는가? "일체종자를 가진 심이 자라고 발전하고 증대하게 되도록" 하는 과거의 조건짓는 힘과 현재의 산출하는 작용 사이의 연결점은 무엇인가? 간단한 답은 잠재적 형태 속에서 번뇌의 동시적인 현존이라는 것이지만, 이는 후대 문헌에서 점차 발전된 것이다. 그러나 그것은 식의 두 측면이라는 다른 형태들 사이의 관계라는 점에서 처음으로 전개된 것으로서, 다수의 심적 과정들의 동시성의 관념 및 그것들의 무해하지만 불가결한 현존이라는 관념 위에서 구축된 것이다.

나아가 알라야식의 신체적 성격에서 출발하는 한 구절에서 『해심밀경』은 앞에서 보았듯이 알라야식이 그것의 토대와 결합해서 생겨날 뿐 아니라 그 자신만의 대상을 갖고 생겨난다고 서술한다. 즉, 알라야식은 자체적으로 인지적 형태의 앎으로서 규정된 것이다. 그러나 알라야식이 신체적으로 살아있기 위해 지속적으로 현존해야만 하는 것이며, 그것 없이는 중생은 죽어야 하는 것이라면, 이러한 지속하고 축적하는 알라야식을 끊임없이 일으킬 수 있기 위해 항시 현존하는 대상이란 어떤 종류의 것인가? 『해심밀경』(VIII.37.1)은 아다나식이 견고한 물질세계의 지각될 수 없는 표상(asaṃvidita-sthira-bhājana-vijñapti)[19]으로서

스며드는 것이다."(1987: 357, n.511)

19 SNS VIII.37.1.1. Schmitahsuen(1987: 385, n.629)은 한역(현장역 T676: 702b25; Bodhiruci역 T675: 679a26)과 티벳역(mi rig pa 용어를 포함해서)에 의거하면서 또 TrBh 19,9, 3a (asaṃviditaka-upādhi-sthāna-vijñaptikaṃ ca tat)와 일치되게

일어난다고 서술한다. 우리가 그것을 인지하건 인지하지 못하건 간에 외부세계는 항시 우리의 감각기관이나 심에 영향을 주며, 지속적으로 내외의 세계에 대한 "지각될 수 없는" 표상으로서의 잠재적 형태의 인지적 읽음을 일으키는 것이다.

이로부터 『해심밀경』의 중요한 발전이 따라 나온다. 만일 이런 지각될 수 없는 외부세계의 표상이 항시 존재한다면, 그것은 다른 대상과 연결된 특정 형태의 전식(pravṛtti-vijñāna)과 동시에 일어나야만 한다. 『논사(Kathāvatthu)』에서의 논쟁들이 이미 몇 세기 전에 제시하고 있듯이, 이는 단지 식이 그것들의 특정한 인지적 기능을 침식하지 않거나 그것들의 특정한 업의 성격을 무효화할 때에만 가능한 것이다. 그리고 이는 그것이 인지될 수 없거나 잠재적이기 때문에 가능한 것이다. 따라서 전통적인 불교의 심의 모델로부터의 출발로서 6종 전식의 모델은 그것들의 감각기관과 인식대상과 결합해서만 일어난다고 더 이상 생각되지 않았으며, 추가적으로 알라야식이라고 불리는 잠재적 형태의 식에 의해 유지되고 그것에 의존하는 것이다.(Table 3.1.을 보라.) 따라서 이들 식의 유형들은 더 이상 연속적으로 일어나는 것이 아니라 동시적으로 일어나는 것이다.[20] 『해심밀경』은 다음과 같이 서술한다.

안식(眼識)과 이식(耳識)·비식(鼻識)·설식(舌識)·신식(身識)·의식

산스크리트로의 환원을 제시하고 있다.

20 Bareau(1955: 72)는 대중부(Thesis 78)가 근본식(mūla-vijñāna)을 세웠고, 그것은 전식의 토대(āśraya)로서 그것과 동시에 생겨난다고 설명한다.

(意識)이라는 이 6종의 식의 그룹이 아다나식에 의지하고 주하면서 일어난다. 거기에서 식을 수반한 안眼과 색들에 의지하여 안식이 일어난다. 그 안식과 동시에 분별의 의식도 동시적으로 또 작용영역을 공유하면서 일어난다. ···
만일 동시에 발생하는 하나의 안식을 위한 조건이 현전한다면, 집수하는 식에 의거해서 단지 하나의 안식이 동시에 일어난다. 만일 동시에 일어나는 다섯 개의 식의 그룹을 위한 조건이 현전한다면, 모든 다섯 개의 식의 그룹들이 동시에 일어난다.[21]
이를 커다란 물의 흐름과 비교할 수 있다. 만일 하나의 파도가 일어날 조건이 나타난다면, 단지 하나의 파도가 일어난다. 만일 두 개나 많은 〔파도〕들이 일어날 조건들이 나타난다면, 많은 파도들이 일어난다. 그렇지만 그 물의 흐름은 스스로 흘러서 흐름이 끊어지지 않고 소멸되지도 않는 것이다. (SNS V.4-5)

도표 3.1 『해심밀경』에서 인지적 앎의 조건적 발생

전통적인 식의 발생 모델	
(1) 제행을 조건으로 해서 식은 생겨난다. (S II 2)	
(2) 물질적 근 + 감각영역 + 작의	} 식이 일어난다.
새로운 식의 발생 모델	
(1) 두 집수를 조건으로 해서 물질적 근의 집수 + 습기 등의 집수	} 알라야식이 증대되고 발전된다.
(2) (두 집수를 가진) 알라야식 + 대상 + 작의	} 전식이 일어난다.

21 이 구절과 비슷한 산스크리트 문장이 TrBh 33,25-34,4에서 경의 인용으로 나타난다.

『해심밀경』에서 식의 두 측면 사이의 공시적 조건화

1단계: 물질적 근 + 습기 등의 집수를 조건으로 해서	} 알라야식이 증대되고 발전한다. (V.2)
2단계: (두 집수를 가진) 알라야식 대상 + 작의	} 전식이 일어난다. (V.4-5)
3단계: 전식을 조건으로 해서	} (종자들이) 심에 축적된다. (V.3)
4단계: 축적된 (종자들)과 두 집수를 가진 알라야식 + 대상 + 작의	} 전식이 일어난다.
전체의 사이클: 종자와 두 집수를 가진 알라야식 + 대상	→ 전식이 일어나고, 이것은 다시 알라 → 야식 내에 종자를 축적한다.

알라야식은 더 많은 종자와 두 개의 집수 등을 갖고 일어난다.

연기의 견지에서

제행에 의존해서 (알라야)식이 일어나고,
식은 심-신의 발전을 위한 선행조건이며,
알라야식에 의해 집수된 심-신은 전식의 과정들을 일으키며,
전식의 과정들은 알라야식 속에 적집되고 축적되며,
모든 종자를 가진 알라야식은 재생한다.

위에서 인용한 문장들의 특성을 각각 관련되게 하는 것은 바로 잠재적이면서도(subliminal) 표층적인(supraliminal) 모든 유형의 인지적 앎의 동시성인 것이다.

(i) 알라야식은 자라고 증대하고 발전하는데, 그것은 신체와 과거 경험들의 습기를 집수함에 의거해서 일어난다. (V.2)
(ii) 그것은 새로운 식의 발생을 동시에 지지해준다. (V.4-5)
(iii) 그것의 결과가 차례로 알라야식 속에 집적되고 축적된다. (V.3)

이 패턴은 식과 제행 사이의 함축적인 피드백 과정을 설하고 있는데, 이는 우리가 12지 연기의 정형구에서 살펴본 것이다. (i) 식은 과거 행위들의 결과들에 의해 조건지어진 채 일어난다. (제행은 식의 생기를 조건짓는다.) (ii) 식의 인지적 과정은 그것 자체를 영속화시키는 행위들에 두드러지게 포함되어 있다. (인지적인 식은 제행의 생기를 조건짓는다.) (iii) 제행은 다시 윤회적 식이 "자라나고 발전하고 증대되게" 한다.(S III 54)

따라서 『해심밀경』은 이런 중요한 통시적인 관계를 스케치할 뿐 아니라, 자신의 과거의 경험의 결과가 동시에 그 자신의 찰나적인 인지과정을 조건지우는 하나의 공시적인 구조화 과정을 암시하고 있다. 이런 찰나적인 인지과정들은 다시 동시에 알라야식 속에 적집되는 것이다. 뒤에서 보게 되듯이 이런 함축성이 후대 문헌들에서 명확하게 이끌어졌다.

1) 심적 흐름으로서의 알라야식

이 지점에서 초기 인도불교사상에서의 행위와 심 그리고 심의 흐름에 대해 고찰하는 것이 도움이 될 것이다. 업의 형성(saṃskāra, 諸行)에 대해 논의할 때 우리가 사용했던 강물의 비유를 떠올려보자. 강은 무수한 시간 동안 같은 장소에 흐르는 끊임없는 물의 흐름을 통해 생성된다. 물살은 강둑의 견고함에 의존해서 정해진 길을 따라 계속해서 흐르지만, 물살이 그 견고한 강둑의 형성에 지대한 역할을 한 것이다. 강둑과 물살은 따라서 상호 시간적 피드백 과정 속에서 일어나며, 따라서 그것들의 현 모습은 이런 지속적인 과거의 상호작용의 오랜 결과인 것이다. 어느 한편이 다른 편을 전적으로 산출한 것이 아니며, 또한 어떤 것도 다른 것 없이 존재할 수 없는 것이다. 그것들은 역사적 발전 속에서 뿐 아니라 현재의 상호작용의 패턴에서도 상호의존하는 것이다.

비슷하게 불교는 심리적 흐름으로서의 심과 업적 작용이라는 행위의 결과 사이에 상호의존성을 설정한다. 자신의 존재의 지속성은 신체뿐 아니라 윤회존재를 구성하는 습기에 보다 더 의거하고 있다. 그런 습기는 바로 업의 잠재성과 번뇌의 습기이다. 왜냐하면 바로 이 습기들이 심리적 흐름을 몰고 가는 지속적인 추동력, 이미 구축된 관성을 제공하기 때문이다. 자신의 현재의 심리적 흐름의 형성은 따라서 넓게는 인지적이고 정서적인 번뇌들이 야기했던 과거의 행위들에 의해 추동되고 건설된 물질적이고 심리적인 구조들의(saṃskārās) 기능인 것이다. 이런 의미에서 심의 흐름은 구축되고 집적되고 축적되었다고 말해지며, 성장하고 증대되는 것이다. 왜냐하면 궁극적으로 우리의 현 존재의 형태는 이 과거의 행위들의 결과이기 때문이다. 실로 강의 물살과 강둑 사이를 분리할 수 없는 것처럼, 심의 흐름(vijñāna)과 물질적 흐름(saṃskāra)은 단지 윤회적인 존재일 뿐이다. 우리는 하나의 강처럼 우리가 사고하고 느끼고 행했던 모든 것들의 결과인 것이다. 붓다는 다음과 같이 설했다.

> 신체는 너에게 속하지 않으며, 다른 어떤 이에게도 속하지 않는다. 그것은 〔네가〕 구성했고 의도했고 지금 경험되어져야 하는 과거의 행위들의 〔결과〕라고 간주되어야 한다. (S II 64)

우리의 현재의 심적 활동이 작동할 수 있는 것은 바로 그런 조건을 형성하는 오랜 과정에 의거해서이다. 그리고 그것들은 특정한 방식으로 작동하는데, 왜냐하면 그것들은 (위에서의 두 가지 집수처럼) 과거의 경험과 행동들로부터 형성된 특정한 구조와 습기에 의거하기 때문이다. 우리의 심과 신체는 이런 의미에서 구조화된(enstructured) 업,[22] 즉 과거의 행위들로부터 형성된 구조인 것이다. 따라서 심의 매 찰나는 현재의 형태 및 그것의 다양한 가능성이라는 점에서 전체적으로 자신의 행위와 경험의 과거의 역사를 반영하는 것이다.[23] 우리는 백지(tabla rassa)가 아니며 백지였던 적도 없었다. 이는 알라야식 개념, 특히 그 개념과 연관된 많은 복합적인 문제들에 대한 상이한 접근을 제안한다. 이것이 콘즈(Conze 1973: 133)로 하여금 그것을 하나의 "개념적 괴물"이라고 부르게 한 것이다.

우리는 유가행파 사상가들이 그들의 동시대인처럼 그것들의 근저에 있는 조건들과 그것들의 역동적인 상호관계를 분석함에 의해 심의

---

22 Becker(1975: 54)가 인용하고 있듯이, 몇몇 고대 전통에 따르면 "지상에서의 식물 에너지나 동물은 병에 담긴 햇살 이상의 것이 아니다.(Hocart 1927, rep. 1969: 45)

23 이 견해는 우리 자신의 종의 특정한 심의 형태의 진화 발전의 관점에서 이해 가능하다. 다시 말해, 인류는 그것으로부터 나온 종에 필히 의거하며, 나아가 그 자신의 점진적인 역사적, 문화적, 사회적 발전에 의거한다. 심의 진화에 대한 불교 관념에서 가장 두드러진 것은 개체의 심의 흐름은 한 생에서 다음 생으로 나아간다는 것이며, 시간을 넘어 누적된 그것의 변화나 변경은 업의 잠재력에 의해 전달된다는 것이다. 이는 라마르크주의자(Lamarkian)의 견해와 외관상 유사하다.

광대하고 복합적인 능력들을 이해하려고 시도했다는 점을 기억해야 한다. 이는 우리의 현재의 행위들에 대한 그것들의 부정적인 영향을 적극적으로 수정하기 위해서이다. 알라야식 개념이 그러한 긴 동의어 항목과 특징을 갖고 있는 것은 바로 이해되어야 하는 현상들, 즉 감정과 지각, 언어와 기억 등을 보조하는 다채로운 생리학적이고 심리적 구조와 과정들의 복합성 때문이다. 왜냐하면 알라야식이 이들 유가행파의 고전문헌들에서 효과적으로 보여주는 것은 표층적인 인지 과정을 제외한, 식의 모든 측면이다. 잠재적인 심리과정의 기능과 특징들은 극히 복잡하고 다양하기 때문에 알라야식은 그 자체로 하나의 단일한 과정으로 이해되기보다는 그 아래에서 그 심리기능들이 범주화되는 개념 항목(conceptual rubric)으로 보다 효과적으로 이해된다. 다른 말로 하면 그것은 의식과정이 표층에서 진행되는 것을 제외한, 심적 흐름의 전체성을 포괄하는 것이다. 이런 측면에서 보면 (심에 대한 초기의 관념과 근본적으로 일치하고 알라야식을 실체화하려는 후대의 시도와 대립하여) 알라야식을 단일한 실체로 간주하거나 나아가 이를 불변하는 것으로서 간주하기는 어려울 것이다. 차라리 그것은 끊어지지 않는 심의 흐름을 나타낸다. 『해심밀경』이 선언하듯이, 표층에 아무리 많은 파도가 생겨나더라도 물의 흐름은 결코 방해되지도 않고 물살도 그치지 않는 것이다.

앞에서 보았듯이 이 비유는 결코 유가행파 전통에 고유한 것은 아니다. 고유한 점은 오히려 유가행파가 그것들에 대응한 방식에 있다. 식의 종류라고 전제함에 의해 알라야식은 자신만의 고유한 특징들과 성질들을 지니게 되었다. 왜냐하면 알라야식 개념은 가장 아비달마적 방식에 따라 인도불교도들이 개아라고 부르는 하나의 심적 흐름을 구성하고 있는 복합적인 조건들과 그것들의 복합적인 상호연관성을 분석하고 개념화하는 하나의 방식일 뿐이기 때문이다.

* * *

물론 여전히 의문은 남는다. 어떻게 심은 정확히 구조되었는가? '적집된다'는 것은 무엇인가? 심의 흐름을 영속화시키는 에너지는 무엇인가? 이런 모든 의문들은 알라야식의 잠재적 존재성과 인지적 앎을 넘어선 형태의 식으로, 그것의 대상은 알라야식 내에 집적되고 축적되는 것이다. 결과적이고 따라서 업적으로 중립적인 알라야식과 능동적이고 업을 산출하는 과정으로서의 전식의 동시성이라는 이 두 과정 사이의 핵심적인 연결은 여전히 잘 정의되지 못하고 있다. 결국 업은 번뇌에 의해 인지되고 추동되었을 때에만 집적된다. 그럼에도 아다나(ādāna)와 알라야(ālaya)라는 단어 자체에 의해 함축되고 있듯이 이를 수행하는 집착과 애착이라는 번뇌의 습기는 『해심밀경』 5장의 마지막에 있는 유명한 게송에서 분명히 제시되고 있다.

심오하고 미세한 아다나식은
강물과 같이 일체종자를 갖고 흐르네.
나는 어리석은 자들이 〔그것을〕 자아라고 분별하지 않도록
〔그들에게〕 설하지 않았다네.[24] (SNS V.7)

---

24 SNS V.7 (ādanavijñāna gabhīrasukṣmo ogho yathā vartati sarvabījo / bālāna eṣo mayi na prakāśi mā haiva ātmā parikalpayeyuḥ). 또한 이 게송은 MSg

3. 『유가론』의 알라야 논증문헌

아비달마의 용어를 사용하여 가장 체계적으로 알라야식 개념을 발전시킨 텍스트는 『유가론』의 일부인 「섭결택분」에서 발견된다. 「섭결택분」의 대부분은 『해심밀경』 이후에 저작되었다고 추정된다. 여기서 〈알라야 논증문헌(Ālaya Treatise)〉이라고 부를 이 텍스트는 자체적으로 (슈미트하우젠의 명명에 따라)[25] 〈증명부분(Proof portion)〉 및 유전문과 환멸문(Pravṛtti and Nivṛtti Portions)의 두 부분으로 구성되어 있다. 이들 모두는 알라야식의 이해를 위해 필수적이며, 따라서 우리는 그것의 주요 관념과 발전을 주의깊게 분석할 것이다.

〈알라야 논증문헌〉은 알라야식 개념을 제2장에서의 그것처럼 명백히 아비달마 용어로 정의함에 의해 또 전식(pravṛtti-vijñāna)과 그것의 상호작용을 체계적으로 기술함에 의해 이 개념을 발전시켰다. 그것은 『해심밀경』에서 시작된, 전통적으로 윤회적인 식의 통시적 과정을 공시적인 다르마 용어로 변화시켰을 뿐 아니라, 그런 과정들을 아비달마의 교의의 범주들을 갖고 기술하고 있다. 한편으로는 그 과정들의

I.4와 Karmasiddhiprakaraṇa § 32; TrBh 34; Siddhi 173에서 발견된다.

25 『유가론』에서 〈증명부분〉은 유전문과 환멸문의 앞에 있다. 비록 후자의 부분들이 단지 티벳역과 한역으로만 남아 있지만, 〈증명부분〉의 산스크리트문은 아직 남아 있다. 특정한 문헌적 내용을 위해서는 참고문헌의 Ālaya Treatise를 보라. 〈증명부분〉은 보다 많이 연구되었다. Hakamaya(袴谷憲昭 1978)의 일본어역과 Griffiths(1986: 129-38)의 영역을 보라. Sparham(1993)은 최근에 이 부분에 대한 Tsong kha pa의 주석을 번역했다. 유전문과 환멸문의 비판교정본과 번역은 Hakamaya(1979)에 의해 수행되었다.

집적하고 존속하는 성질들을 충분히 인정하면서, 다른 한편으로는 찰나적인 법으로서의 그 과정들의 아비달마적 성격을 타협함이 없이 설명한다. 따라서 이 개소에서 발견되는 알라야식의 체계화는 『해심밀경』에서 처음으로 제안된 방식에 따라 식의 통시적이고 공시적인 차원들의 통합을 완성한 것이다.

나아가 〈알라야 논증문헌〉은 근저에 놓인 습기를 알라야식 자체와 평행하게 작동하는, 지속적이지만 잠재적인 일련의 과정들로 인식함에 의해 심의 흐름 내에 존속하는 잠재적 번뇌의 개념을 정교하게 보여준다. 이 관념은 이미 『구사론』에서 발견된다. 이들 인지적이고 정서적인 번뇌들은 업들을 일으키는 데 핵심적이지만, 그것들의 지속적이면서도 소극적인 현존을 적절히 설명하는 것은 『논사』 이래 논란거리였다. 집적된 업의 잠재성과 잠재적 번뇌들의 지속적인 영향을 다르마 용어로 기술함에 의해, 다시 말해 각기 알라야식과 염오된 마나스(染汚意)의 관점에서 기술함에 의해, 그리고 이것들을 모든 감각지각 과정과 동시에 일어나고 또 그것의 저변에 있는 두 개의 구별되는 잠재적인 과정으로서 개념화함에 의해 유가행파는 인도불교 사상에서 심의 정형화된 모델을 근본적으로 재형성하려고 했다. 내 생각에 이것은 아비달마 문제점들에 대한 결정적인 대응이다.

1) 증명부분(Proof Portion)

비록 〈증명부분〉에서의 알라야식 개념이 뒤따르는 〈알라야 논증문헌〉의 다른 두 부분만큼 충분히 발전된 것은 아니지만, 그것은 『유가론』의 「본지분」이나 『해심밀경』과 비교하면 커다란 발전을 보여준다.[26] 후자와 대조하여 〈증명부분〉은 두 종류의 식의 구별을 위한 합리적 이유를 제시하며, 그것들의 상호작용 관계를 세세하게 묘사하기 시작하고 또 아비달마 교의 내에서 이미 제기되었거나 또는 새로운 모델 자체에서 유래하는 문제점들을 언급하고 있다. 특히 그것은 이질적인 식 사이에서 이질적인 법들의 즉각적인 연속의 문제 및 이와 관련된 상호 종자가 된다는 문제, 그리고 (자체적인 개념 틀 내에서) 다수의 감각경험을 설명하는 데 필요한 조건들을 언급하고 있다. 더욱 그것은 그의 윤회과정 내내 존속하는 특정 번뇌들의 지속성이란 주제를 꺼내

---

26 그의 주요저작의 목적과 방법에 일관되게 Schmithausen(1987: 194-6)은 여덟 개의 주장들 또는 "증명들"을 다른 텍스트들, 특히 본지분과 『해심밀경』 그리고 〈알라야 논증문헌〉(Ālaya Treatise)의 뒷부분과 관련한 알라야식의 개념적 발전에 의거한 네 개의 구별된 층위로 분석하고 있다. 첫 번째 층위는 "신체적 기능들(somatic functions)"을 포함하는 것으로서 증명 1(토대의 집수)과 증명 6(신체적 경험의 다수성), 증명 7(의식작용이 없는〔acittaka〕 명상), 증명 8(죽을 때 식이 신체로부터 점차 떠나는 것)이다. 그것들은 실질적으로 『해심밀경』 이전의 「본지분」에서 발견되는 알라야식 개념과 일치한다. 마찬가지로 두 번째 층위에서도 증명 4로 이루어져 있는데, 여기서는 상호 종자가 될 가능성을 〔말하고 있다〕. 이 부분들에서 알라야식의 지속성은 "명시적으로 표현되지 않았지만, 명확히 전제되고 있다."(1987: 45) 세 번째 층위는 전식의 동시적인 작용을 논하는 증명 2와 의식(mano-vijñāna)의 명확한 작용에 관한 증명 3으로 이루어져 있는데, 그것은 『해심밀경』을 전제하며, "「본지분」에서 직면하는 상황을 결정적으로 뛰어넘고 있다."(p.196) 네 번째 층위는 인식의 다양한 작용(karma)에 관한 증명 5로 이루어져 있는데, 여기서 "실제적인 지각으로서의 알라야식 개념은 『유가론』 「본지분」을 넘어설 뿐 아니라 『해심밀경』(SNS V)을 뛰어넘으며, 그의 신체적 토대의 지각과 관련해서는 『해심밀경』 전체를 뛰어넘는 것이다. 이런 점에서 그리고 그것이 분명히 새로운 manas(意)를 전제하고 있다는 점에서 … 증명 5는 〈증명부분〉에 매우 근접한 발전단계를 나타낸다."(1987: 196)

고 있다.

〈증명부분〉은 왜 알라야식에 의해 대표되는 심적 과정들이 심의 다른 차원일 수밖에 없는가에 대해 다르마 언어로 증명이나 주장들을 제시한다. 그것들은 주로 다음과 같은 근거 위에서 주장되고 있다. (1) 전통적으로 식에 귀속된, 지속적이며 통시적 기능들은 6종 유형의 식에 의해 충족될 수 없다. (2) 그런 공시적인 과정들은 알라야식과 같은 유형의 심이 그것들을 유지하고 그 근저에 있지 않는다면 충분히 지지될 수 없다. 여기에 여섯 가지 증명들이 있다. 증명 1은 식이 그것들의 차이와 이질적인 특성에 따라 알라야식의 잠재적인 과정들과 전식의 형태로 구별되어야 한다고 주장한다. 우리는 이들 주장들을 다음과 같이 풀이할 것이다.

(1) 알라야식은 끊어지지 않는 흐름 속에서 지속적으로 일어난다. 왜냐하면 그것은 과거의 제행의 영향을 조건으로 해서 일어나기 때문이다.[27] 따라서 그것은 업적으로 중립적인 결과의 상태

---

27 후대 상좌부는 제행과 식 사이의 관계를 어떤 면에서 알라야식과 매우 유사한 abhisankhāra-viññāna 개념을 갖고 표현하고 있다. PED (70)은 abhisankhāra를 “store, accumulation (of karma, merit or demerit), substratum”으로 풀이하며, Abhidhammasaṅgaṇi에서 abhisankhāra-viññāna에 대한 Rhys-Davids의 “constructing, storing, intellect”이란 번역을 인용한다. abhisankhāra-viññāna 개념은 또한 아미담마 주석서들에서 종자를 풀이하는 데 일반적으로 사용된다. Collins(1982)는 이 흥미로운 개념의 구성요소와 특징을 다음과 같이 서술한다. “abhisankhāra 용어는 특정한 윤회적 지속성의 길이를 규정하는, 업의 측면에서 강력한, ‘구성적’ 행위를 의미한다. … 그 자체 심리적-물질적 존재(명-색)의

(avyākṛta-vipāka, 無記異熟)이며, 특정한 감각기관과 결합하여 일어나는 유형의 전식과는 달리 알라야식은 온몸에서 일어난다.

(2) 반면에 전식들은 찰나적이고 지속적이지 않다. 왜냐하면 그 전식들은 현전하는 조건들에 따라 일어나기 때문이다. 그것들은 선하거나 불선한 것으로 경험되며, 따라서 업적으로 결정되어 있다.[28] 그것들은 각각 대응하는 생리학적 토대와 결합해서만 일어나기 때문에 신체를 전체적으로 집수할 수 없다.[29]

조건이 되는 적절한 형태의 식이 미래에 발생하기 위한 조건으로서 그러한 형성과 그러한 행위의 관념은 또한 '형성-식'(abhisankhāra-viññāna)이란 용어의 사용에 의해 표현되었다. 〔p.205〕 … 그렇다면 abhisankhāra-viññāna 개념은 윤회를 통해 지속하는 식을 가리킨다. 그 식은 미래의 시간적 존재를 구성하는 동시에 또한 그 자체 그렇게 구성된 시간적 실재성을 위한 중개 역할을 하는 것이다."(p.208) 나아가 알라야식과 매우 유사하게 abhisankhāra-viññāna 개념은 왜 식의 파괴와 비지속이 "윤회의 환멸이고 소멸"(p.207)을 이루는지를 설명하는 데 사용된다.

28 보다 정확히, 아비달마 교설에 의하면 그것들에게 업의 성질을 주는 것은 인지적 앎과 상응하는 심소이다.

29 〈증명부분〉, 1a. (ASBh 12,2f): "알라야식은 과거의 제행을 원인으로 하며, 반면 안식 등의 전식은 현재의 조건들을 원인으로 한다. 다음과 같이 상세하게 설해졌다. '전식은 감각기관(根)과 인식대상(境), 그리고 작의 때문에 일어난다.' 이것이 첫 번째 이유이다. (b) 또한 6식의 그룹은 선한 것이나 불선한 것으로 경험된다. 이것이 두 번째 이유이다. (c) 또한 6식의 그룹의 어떤 것도 중립적인 과보 상태에 포함된다고 간주되지 않는다. 이것이 세 번째 이유이다. (d) 또한 6식의 그룹들은 각기 특정한 의지체를 갖고 일어난다. 그것들 중에서 이러저러한 의지체를 갖고 일어나는 식이 단지 저 〔의지체〕만을 집수하고 남은 것들은 집수되지 않는다는 것은 타당하지 않으며, 또 〔그것들이〕 식을 〔집수함이〕 없이 집수된다는 것은 타당하지 않다. 이것이 네 번째 이유이다. 그리고 계속해서 의지체를 집수한

이런 이유 때문에 찰나적인 인지적 앎으로서의 전식은 전통적인 교설이 요구하듯이 죽을 때까지 신체 전체를 집수하는 것일 수 없다고 텍스트는 주장한다. 따라서 알라야식이라고 하는 다른 형태의 식이 존재해야만 하는 것이다.

그런 특징들은 알라야식과 6종 전식 사이의 명백한 모순관계를 확립하고 있다. 후대의 논의들은 이런 모순을 다시 주장하기보다는 받아들이고 있다. 알라야식은 이제 표준적인 아비달마의 다르마 용어로 기술된 심적 과정의 분명한 범주로 되었다.

이런 모순을 확립한 후에 〈증명부분〉은 두 개의 구별되는 식의 유형을 요구하는 몇 가지 문제점들을 언급하고 있다. 이들 중에서 우리는 먼저 심의 여러 상태들의 즉각적인 연속과 그들 사이를 이어주

다는 오류가 있다. 예를 들어 어떤 때는 안식이 일어나고, 다른 때는 안식이 일어나지 않는다. 다른 〔식들에게도〕 마찬가지다. 이것이 다섯 번째 이유이다.” (kena kāraṇenāśrayopādānaṃ na yujyate / āha - pañcabhiḥ kāraṇaiḥ / tathā hi (a) ālayavijñānaṃ pūrvasaṃskārahetukam / cakṣurādipravṛttivijñānaṃ punarvartamānapratyayahetukam / yathoktam - indriyaviṣayamanaskāravaśād vijñānānāṃ pravṛttir bhavatīti vistareṇa / idaṃ prathamaṃ kāraṇam / api ca (b) kuśalākuśalāḥ ṣaḍvijñānakāyā upalabhyante / idaṃ dvītyaṃ kāraṇam / api ca (c) ṣaṇṇāṃ vijñānakāyānāṃ sā jātir mopalabhyate, yā ‘vyākṛtavipākasaṃgṛhītā syāt / idaṃ tṛtīyaṃ kāraṇam / api ca (d) pratiniyatāśrayāḥ ṣaḍvijñānakāyāḥ pravartante, tatra yena yenāśrayeṇa yad vijñānaṃ pravartate tad eva tenopāttaṃ syād avaśiṣṭasyānupāttateti na yujyate, upāttatāpi na yujyate vijñānavirahitatayā / idaṃ caturthaṃ kāraṇam / api ca (e) punaḥ punar āśrayasyopādānadoṣaḥ prasajyatr / tathā hi cakṣurvijñānam ekadā pravartate ekadā na pravartate evam avaśiṣṭāni / idaṃ pañcamaṃ kāraṇam).

는 종자의 가능성, 그리고 다수의 식의 동시적 발생의 문제를 검토할 것이다. 이들 모두는 알라야식과 같은 그런 유형의 식을 요구한다고 간주되고 있다.

업의 결과는 원인과 다르게 익어간다는, 아비달마 문헌에서 이숙과 異熟果(vipāka-phala)라고 부르는 이질적인 업의 성격의 연속을 둘러싼 난점들은 증명 4에서 한 찰나에서 다음 찰나까지 종자의 전달과 관련하여 논의되고 있다. 예를 들어 어떻게 평정(捨)과 연결된 선법(kuśala-dharma)이 분노와 연결된 불선한 법에 의해 이어질 수 있는가 하는 질문을 텍스트는 던진다. 만일 이어지는 분노라는 법이 직전의 평정이라는 법을 조건으로 해서 일어난다면, 이는 하나의 법이 완전히 성질이 다른 법에 의해 조건지어져 일어나게 된다는 것을 의미할 것이다. 그렇지만 이는 동질적인 직전의 조건(samanantara-pratyaya, 等無間緣)과 충돌할 것이다. 동질적인 직전의 조건은 이어지는 법들 사이에서 높은 수준의 동질성을 요구하기 때문이다. 그러나 만일 이어지는 법이 저 특정한 직전의 법에 의해 조건지어지지 않는다면, 어떤 직전의 법에 의해 그것은 조건지어지는가? 이질적인 법의 연속성의 문제는 아비달마의 문제점들에 대한 다양한 반응이 제기했던 맥락들 중의 하나이다. 경량부의 종자(bīja)의 비유와 유부의 득得(prāpti) 개념, 그리고 간접적이지만 상좌부의 有分心(bhavaṅga-citta)은 모두 이 문제와 관련되어 있다.

그러나 여기서 이 문제는 역전되어 있다. 종자 개념은 이질적 법들의 연속의 문제에 대한 반응으로 간주되지 않고, 오히려 이질적인 법들의 연속이 지속적인 종자의 연속을 위한 문제로서 제기되고 있다. 종자 개념의 단순한 도입은 그것을 지지하는 심의 명백한 차원 없이는 문제의 소지가 많다. 왜냐하면 매 찰나에 끊임없는 종자의 전달이 어떤 특정한 형태의 심과 결합해 있다는 것은 아직도 시간적 제한과 인과적 한정을 갖고 엄격한 아비달마의 용어로[30] 설명되어야만 하기 때문이다. 즉, 모든 이질적인 조건들과 상이한 업의 성격을 가진 식의 찰나들은 관습적으로 서로 이어지며, 그것들 중의 어느 하나도 종자를 위한 지속적인 지지처로서 기능하도록 나타나지 않는다. 그렇기에 만일 단일한 식의 형태가 그런 기능을 충분히 할 만큼 지속적이지 않다면, 또한 이질적인 식들 사이에 충분한 지속성이 없다면, 어떻게, 또는 보다 정확히, 어떤 방식으로 그 종자들이 서로 이어질 수 있겠는가? 따라서 이질적인 법들의 즉각적인 연속에 관한 외견상 무해한 질문이 (이숙과라는) 아비달마의 업설의 전체 구조에 도전하는 것처럼, 여기서도 이질적인 식의 즉각적인 연속에 대한 외견상 무해한 질문이 "심의 흐름 속의 종자"라는 업설의 실행가능성에 도전하는 것이다. 다른 말로 하면, 이질적인 법들의 연속적인 찰나를 통해 진행하는 업의 영향의 문제는 이질적인 식의 연속적 찰나 사이에서 "상호 종자가 됨(bījatvam … anyonyam)"의 문제의 견지에서 표현되고 있다. 따라서 증명 4는 묻는다.

어떤 이유 때문에 6종 식이 서로 종자가 되는 것이 불가능한가?

---

30 비록 텍스트는 이것을 직접적으로 말하지 않지만, 논쟁들은 상좌부 아비달마에서 사용된 종자의 "생생한" 비유에 비해 다르마 교설의 뛰어남을 전제하고 있다.(Collins 1982: 224 참조)

왜냐하면 불선한 〔법〕이 선한 법의 직후에 일어나고, 선한 〔법〕이 불선한 〔법〕의 직후에 일어나며, 무기법이 이들 양자 직후에 일어나기 때문이다. 이들 〔6식〕은 이런 방식으로 〔각각의〕 종자가 될 수 없다. 더욱 심적 흐름이 오랜 시간이 지난 후에 일어난다. 이런 이유 때문에 〔6식이 상호 종자가 됨〕은 가능하지 않다.[31] (〈증명부분〉, 증명 4)[32]

이런 모순을 피하기 위해 무착(Asaṅga)은 다양한 성격의 종자를 수용하고 방해받지 않고 전달해 줄 수 있지만, 6식과 동시에 일어나서 그것 (또는 그것의 종자)가 그 〔법〕들의 생기를 조건지을 수 있는 지속적이고 중립적인 유형의 식이 존재해야만 한다고 주장한다. 다른 말로 하면, 모든 종자를 가진 식의 유형, 즉 알라야식이 요구되는 것이다.

업과 습기의 잠재력을 지닌 이 새로운 심의 장르는 이질적인 연속을 둘러싼 문제들에 대해 말하는 것만이 아니다. 또한 그것은 동시적이고

---

31 MSg I. 23은 이런 점을 보다 상세하게 논의한다. IV.1.3 참조.

32 〈증명부분〉 4: kena kāraṇena bījatvaṃ na sambhavati / ṣaṇṇāṃ vijñānakāyānām anyonyam / tathā hi kuśalānantaram akuśalam utpadyate, akuśalānantaraṃ kuśalam, tadubhayānantaram avyākṛtam, hīnadhātukānantaraṃ madhyadhātukam, madhyadhātukānantaraṃ praṇītadhātukam, evaṃ praṇītadhātukānantaraṃ yāvad dhīnadhātukam, sāsravānantaram anāsravam, anāsravānantaraṃ sāsravam, laukikānantaraṃ lokottaram, lokottarānantaraṃ laukikam / na ca reṣāṃ tathā bījatvaṃ yajyate / dīrghakālasamucchinnāpi ca saṃtatiś citreṇa kālena pravartate, tasmād api yujyate /.

찰나적으로 생겨나는 특정 유형의 심의 과정들 위에 구축된 새로운 심의 모델을 위한 초석이 되었다. 상호 종자가 된다는 문제와 관련하여 〈증명부분〉은 논쟁을 다른 방향으로 돌려서, 만일 알라야식과 6종 식이 동시적으로 생겨나지 않는다면 의식(manovijñāna)은 명확히 작동할 수 없다고 주장한다. 전통적으로 의식의 한 찰나는 자신의 인식대상인 법(dharma)과 결합하여 일어나든가 아니면 그것의 인식대상으로서 다른 형태의 식과 결합해서 일어난다.[33] 후자의 경우 인식대상은 직전의 감각적 식의 찰나이다. 전문적으로 말하자면, 의식은 이전의 식의 생기가 의(意, manas)라는 그것의 특정한 인식영역에 영향을 주었을 때 일어나는 것이다. 그러나 유가행파는 만일 이런 의식이 감각지각의 찰나에 이어 단지 일어나는 것이지 동시적으로 일어나는 것이 아니라고 한다면, 의식은 실제 인지적인 명료성을 갖지 못할 것이라고 주장한다.

> 왜냐하면 과거에 지각된 어떤 대상을 기억할 때 생겨나는 의식은 불명료하지만, 그러나 현재의 대상에 대해 일어나는 심은 이런 방식으로 불명료하지 않다. 따라서 〔식의〕 동시적 생기가 맞든지 아니면 의식의 명료성의 결여가 있든지 이다. (〈증명부분〉, 증명 3)[34]

---

33 본서의 I.3.2. 참조. 『구사론』에서 정의된 대로, "안식은 푸름을 인지하지만, '저것은 푸르다'고 인식하지 않는다. 의식은 푸름을 인지하고 '저것은 푸르다'고 인식한다. (AKBh ad III 30c-d: cakṣurvijñānena nīlaṃ vijānāti, no tu nīlam; manovijñānena nīlaṃ vijānāti nīlam iti ca vijānāti).

34 증명부분 3: kena kāraṇenāsatyāṃ yugapad vijñānapravṛttau manovijñānasya cakṣurādivijñāna sahānucarasya spaṣṭatvaṃ na sambhavati / tathā hi yasmin

그것의 단서를 아마도 『해심밀경』에서 가져오면서 〈증명부분〉(증명 2a, 6)은 동시에 보고 듣고 생각한다는 다수의 감각경험을 인용함에 의해 명료성과 동시성을 위한 주장들을 결합시킨다. 만일 식들이 동시적이 아니라 순차적으로 일어난다면, 상이한 토대와 인식대상, 감관을 수반한 다양한 형태의 식 사이에 명료성은 없을 것이라고 텍스트는 주장한다. 따라서 이들 모든 식의 근저에 있는 동시적인 형태의 심이 존재해야만 한다. 이 심이 다수의 상이한 식들이 일어나서 혼란 없이 기능하는 것을 가능케 하는 것이다. 다른 말로 하면 우리가 "병렬처리(parallel processing)"[35]라고 부르는 것이 있어야만 한다.

---

samaye 'tītam anubhūtaṃ viṣayaṃ samanusmarati tasmin samaye 'vispaṣṭo manovijñānapracāro bhavati na tu tathā vartamānaviṣayo manaḥpracāro 'vispaṣṭo bhavati / ato 'pi yugapat pravṛttir vā yujyate 'vispaṣṭatvaṃ vā manovijñānasya /.

35 〈증명부분〉 2. 〔감각기관의 처음의 작용은 불가능하다〕 "어떤 이유로 처음의 작용은 불가능한가? 만일 어떤 이가 '만일 알라야식이 존재한다면 두 식의 동시적인 현행이 존재해야 할 것이다.'라고 말한다면, 그는 다음과 같은 말을 듣게 될 것이다. 그대는 오류가 아닌 것에 대해 오류라는 관념을 갖고 있다. 왜냐하면 두 식의 동시적인 현행은 바로 존재하기 때문이다. 그 이유는 무엇인가? 왜냐하면 동시적으로 보고자 하고 내지 요별하고자 하는 어떤 이에게 처음부터 상호적인 식의 현행이 있다는 것은 타당하지 않기 때문이다. 왜냐하면 그 경우에 작의는 물론 감각기관과 인식영역도 구별되지 않기 때문이다." (kena kāraṇenādipravṛttisambhavo na yujyate / sacet kaścid vaded yady ālayavijñānam asti tena dvayoḥ vijṇānayoḥ yugapad pravṛttir bhaviṣyati / sa idaṃ syād vacanīyaḥ - adoṣa eva bhavān doṣasaṃjñī / tathā hi bhavaty eva dvayor vijñānayor yugapat pravṛttiḥ / tat kasya hetoḥ / tathā hy ekatyasya yugapad draṣṭukāmasya yāvad vijñānakāmasyādita itaretaravijñānapravṛttir na yujyate / tathā hi tatra

따라서 〈증명부분〉은 전통적인 6식이 효과적으로 작동하기 위해서라도 그것들은 순차적이 아니라 동시적으로 일어나야만 하며, 이런 동시성은 신체 전체를 동시에 집수하고 다양한 형태의 전식을 지지하는 식의 다른 차원이 존재할 때에만 가능하다고 주장하기 위해 분명한 의식과 다수의 식의 경험이라는 두 개의 예를 사용한다. 이는 알라야식과 같은 식의 개념이 인정될 때에만 가능한 것이다.

다양한 종류의 식의 과정들이 동시에 일어난다는 이런 관념은 유가행파의 심의 모델에 있어 커다란 함축성을 갖고 있는데, 이 학파에서 심의 매 찰나에 일어나는 다수의 심적 과정은 점차적으로 아비달마의 용어로 정교하게 다듬어졌다. 〈증명부분〉은 복잡한 알라야식의 논증을 위한 전체적 그림의 윤곽을 보여준다.[36] 증명 5에 따르면 경험은 4종이다.

---

manaskāro 'pi nirviśiṣṭa indriyamm api viṣayo 'pi).

증면부분 6. 〔신체적 경험의 불가능성〕 "어떤 이유로 알라야식이 없다면 신체적 경험은 타당하지 않은가? 왜냐하면 올바르거나 올바르지 않게 사고하거나 심사하는 어떤 이에게 -그의 심이 집중된 상태에 있거나 집중되지 않은 상태에 있든 간에- 신체 속에 신체적 경험들이 일어날 때, 그것들은 다수이고 다양한 종류로 생겨나지 않아야 할 것이지만, 〔다양하게〕 지각된다. 따라서 알라야식은 존재한다. (kena kāraṇenāsaty ālayavijñāne kāyiko 'nubhavo na yujyate / tathā hy ekatyasya yoniśo vāyoniśo vā cintayato vānuvitarkayato vā samāhitacetaso vāsamahitacetaso vā ye kāye kāyānubhavā utpadyante 'nekavidhā bahunānāprakārās te na bhaveyur upalabhyanye ca / tasmād apy asty ālayavijñānam).

36 특정한 증명에 대한 Schmithausen의 주석을 위해 위의 n.26의 뒷부분을 보라.

세계의 요별(vijñapti)과 〔생리학적〕 토대의 요별, "이것은 나다"라는 요별 그리고 인식대상의 요별이다. 이들 요별은 매 찰나 동시적으로 일어나는 것으로서 경험된다. 하나의 식의 한 찰나에 이러한 다양한 작용들이 존재한다는 것은 타당하지 않다.[37] (〈증명부분〉, 증명 5)

이 간결한 구절은 후대의 발전을 예고하면서 앞의 개념들을 다시 요약하고 있다. 첫 번째 요별에 대해 『해심밀경』(VIII.37.1)은 아다나식이 비록 지각될 수는 없지만 지속적인 외부세계(기세간, bhājanaloka)의 요별을 갖고 있다(asaṃvidita-sthirabhājana-vijñapti)고 이미 설명하고 있다. 체화된 마음의 형태로서의 두 번째 요별에 대해 알라야식은 신체과정에 수반되는 끊어지지 않는 식, 즉 토대의 요별과 결합해서 지속적으로 일어난다. 동시에 『해심밀경』 V.7은 알라야식은 자아로서 오해될 여지가 높다고 경고한다. 마지막으로 이 구절은 이들 모든 요별이 외적인 감각대상에 대한 명료한 식과 함께 일어난다고 선언한다.

따라서 이 짧은 구절은 완전한 유가행파의 심의 모델과의 연결점을 처음으로 제공하는데, 이는 이어지는 텍스트에서 완전히 정교하게 되었다. (『해심밀경』을 따라 이해하면) 우리의 신체와 습기에 의존해서

---

37 〈증명부분〉 5: kena kāraṇenāsatyāṃ yugapadvijñānapravṛttau karma na sambhavati / tathā hi samāsataś caturvidhaṃ karma - bhājanavijñaptir āśrayavijñaptir aham iti vijñaptir viṣayavijñaptiś ceti / etā vijñaptayaḥ kṣaṇe kṣaṇe yugapatpravartamānā upalabhyante / na caikasya vijñānasyaikasmin kṣaṇe idam evaṃrūpaṃ vyatibhinnaṃ karma yujyate /.

알라야식은 세계의 잠재적인 요별로서 일어난다. 그럼으로써 그것은 ('이것은 나이다'라는 생각으로서) 자아로서의 파악과 자아와의 동일성을 향한 습기의 장소로서 역할을 하는 것이다. 그것에 의거하여 마치 인식대상들이 그것들의 각각의 인식영역에 영향을 주듯이 다양한 형태의 전식이 일어나는 것이다. 〈증명부분〉은 이들 모두가 "매 찰나 동시적으로 일어나는 것으로서 경험된다"고 선언한다. 이 그림은 거의 채워졌지만, 단지 좀 더 미세한 아비달마적인 내용들에 초점이 맞추어지지 못했을 뿐이다. 이는 유전문(Pravṛtti Portion)에서 수행되었다.

4. 〈알라야 논증문헌〉의 유전문(Pravṛtti Portion): 아비달마의 용어로 알라야식을 분석하기

많은 점에서 가장 주목할 만한, 알라야식의 체계화의 다음 단계는 알라야식의 생기와 소멸에 대해 말하고 있는 〈알라야 논증문헌〉의 두 번째 부분에서 나타난다. 따라서 슈미트하우젠은 이를 Pravṛtti Portion(유전문)과 Nivṛtti Portion(환멸문)이라고 명명하고 있다.[38] 이 텍스트의 번역은 부록 항에 첨부되어 있는데, 특히 알라야식과 그것과 다른 심적 과정들, 특히 전식의 관계를 순전히 아비달마의 범주 속에서

---

38 pravṛtti-vijñāna에 있어서처럼 pravṛtti라는 단어는 "to come forth, manifest, issue, originate, occur, commence, arise, continue"(SED 693)라는 다양한 의미를 갖고 있다. 어떤 하나의 영어 단어로 그 의미를 포괄하지 못할 것이다. 이 텍스트에서 pravṛtti는 알라야식이 어떤 대상과 결합하고 또 어떤 심소와 상응해서 일어나는 의미뿐 아니라, 알라야식이 윤회존재를 지속한다는 의미도 갖고 있다. 이것은 환멸문과 대조되는데, 거기서는 알라야식의 소멸과 사라짐을 서술하고 있다.

기술하려고 계속해서 시도하고 있다는 점에서 주목된다. 이 과정에서 이 텍스트는 알라야식 자체의 인지적 측면을 상세히 하고 또 강조하고 있다. 동시에 이 텍스트는 식이 초기 팔리어 문헌과 『구사론』에서 묘사된 바와 같은 방식으로 불교 구제론의 넓은 틀 안에서 알라야식을 그리고 있다. 알라야식의 지속성과 소멸 (또는 전환)은 개별적인 윤회 존재의 지속과 소멸(pravṛtti와 nivṛtti)과 동일시되고 있다. 따라서 알라야식 개념은 통시적인 아비달마 용어 속에서 팔리어 자료 속에서 처음으로 식별했던 식의 두 가지 측면을 통합하고 있다. 그것은 존속하는 '윤회적' 식의 통시적 측면과 찰나적 유형의 '인지적' 식의 공시적인 측면이다.

이 모든 것은 텍스트의 구조 속에 분명히 반영되어 있다. 첫 번째 부분인 유전문은 알라야식을 직설적인 아비달마의 용어 속에서 하나의 인지적 형태의 앎(=식)으로 기술한다. 그것의 찰나적 생기(pravṛtti)는 그것의 토대와 특정한 인식대상 그리고 그것에 수반되는 심소들에 의해 조건지어진다. 그러나 이 모든 것은 너무 미세해서 상급의 수행자에게도 인식되기 어려운 것으로 극히 미세하다. 이 텍스트는 알라야식과 전식 사이의 복잡한 관계를 최종적으로 정교하게 설하고 있다. 그것들은 동시에 일어날 뿐 아니라 서로서로 끊어지지 않는 생기를 위한 조건을 제공한다. 이는 연기설에서 식의 두 측면 사이에서 우리가 식별했던 것과 같은 방식이다. 그렇지만 유가행파의 이해에 따르면 이 관계는 마치 강의 파도처럼 두 개의 구별되지만 동시적으로 상호작용하는 심의 흐름의 두 차원 사이에서 지금 일어나는 것이다. 또한 유전문은 작동하고는 있지만 방해하지 않는 번뇌의 존재를 가리키기 위해 독립된 유형의 마나스(manas) 개념을 제시하고 있는데, 이 개념은 『해심밀경』에서 처음으로 암시되었고 위의 〈증명부분〉에서 예시된 것이다.

마나스식(manas)을 덧붙이면서 유가행파는 인도불교에서 근본적으로 새로운 유형의 식을 최종적으로 확립했다. 그 식에서 인지적이고 정서적인 잠재적 번뇌의 과정들이 표층의 과정들과 상호작용하고 공존하는 것이다. 단지 찰나적인 법들에 포함된 심적 흐름 내에서 업과 번뇌의 지속성을 위한 설명의 문제는 심적 흐름에 속한 통시적 현상의 다르마 용어 속으로의 이런 위치변환에 의해 사실상 분해되었다. 이것이 이 유형의 심의 궁극적인 중요성이다. 그리고 이런 발전과 더불어 우리의 행위와 욕망, 의식의 조건들 사이의 인과관계와 심의 본성에 대한 인도불교의 사유는 새로운 이해의 단계에 도달했다. 오늘날 우리는 프로이드의 『꿈의 해석』 이후에 이런 이해를 당연시하고 있지만 그것은 1,500년 이전에 매우 상이한 형이상학적, 문화적 맥락에서 형성된 것이다.

이러한 넓은 형이상학적 맥락의 견지에서 알라야식을 기술하는 것이 바로 두 번째 부분인 환멸문이다. 알라야식은 아비달마의 문제 맥락에서 반영된 개념적 문제들을 논하고 있을 뿐 아니라, 나아가 초기 팔리어 문헌에서의 식으로 소급되는 중요한 구제론적 차원을 명료하게 한다. 이런 점에서 종종 인정되는 것 이상으로 알라야식은 초기 팔리어 문헌에서 윤회에서 중요한 역할을 하는 전통적인 식의 개념과 한층 유사한 것이다. 식은 생명에 본질적으로 수반되는 것의 하나로서, 그것은 수태할 때에 모태로 하강하고 죽을 때 신체를 떠나는 것으로, 한 생애의 처음과 끝을 나타낸다. 한 생에서 다음 생으로 지속하는 것으로서 설명된 유일한 과정으로서 윤회존재를 구성하고 (따라서 적집된 업의 잠재성의 지속과 연관된 것은) 바로 현세에서 식의 지속적 출현이나 머묾인 것이다. 더욱 식은 최종적으로 그것이 소멸하기 전까지 청정의 과정과 해탈 동안에 무수한 재생을 통해 계속 존속한다. 비록 보다 현대적 용어로 서술되긴 했지만 환멸문에서의 알라야식은 크게 비슷한 방식으로 특징지어지는데, 그것은 불교사상의 최초의 지층에서부터 유가행파 전통에 이르기까지 식의 다가성(多價性, multi-valence)을 반영하고 있다. 그러나 어떻게 그리고 왜 알라야식이 해탈로 이끄는 과정 속에서 근본적으로 변화되어야만 하는지를 이해하기 위해서는 그런 행위들이 수반하는 모든 불운한 귀결과 더불어 식이 특정한 과정을 통해 지속적으로 재창조되고 확대되고 영속화된다는 사실을 검토해야 한다. 이는 유전문의 주제이다. 우리는 여기서 텍스트의 구조 자체를 엄밀히 따를 것이다. 이를 위해 부록의 번역을 참조하기 바란다.

1) 알라야식의 잠재적인 인식대상과 인지과정

다른 유가행파의 문헌보다도 이 텍스트의 첫 부분은 잠재적 유형의 식으로서의 알라야식의 특징을 잘 보여준다. 비록 그것이 마치 전식처럼 그 자신의 인식대상과 결합하고 다른 심소들과 상응해서 일어난다고 말해지지만, 이들 모든 행상은 "구별되지 않고(aparicchinākāra)" 현자들에 의해서도 지각될 수 없다고 말해진다. 이런 잠재적인 식의 개념은 나머지 알라야식의 복합체와 결부되었을 때, 심층심리학의 불교적 형태를 위한 토대가 되었다.

*　　*　　*

『해심밀경』에서처럼 여기서 알라야식은 두 개의 대상적 근거를 갖고 생겨난다. 첫 번째 것은 '내적 집수들(adhyātman upādāna)'로서 신체, 즉 토대를 수반한 감각기관과 과거의 경험과 행위로부터 축적된 경향성과 태도, 분별, 즉 "변계된 것에 대한 집착을 향한 습기(parikalpita-svabhāvābhiniveśa-vāsanā)"[39]이다. 마지막 것은 습기들이 알라야식이라고 불리는 잠재적 형태의 식의 생기를 알려주고(inform)[40] 지지하는 한에서, 잘못된 이해에 대한 집착으로서 특정한 인지적이고 정서적 패턴들을 향한 습기를 가리킨다.

이 근저에 있는 심의 구조들은 나아가 알라야식의 두 번째 '외적인' 인식대상에 미세하게 영향을 주는데, 이는 『해심밀경』(VIII.37)을 연상시킨다. "알라야식은 지각하기 어려운 행상을 가진 외적인 외부세계의 요별에 의해 일어난다(bahirdhā-aparicchinnākāra-bhājanaloka-vijñapti)."[41] 유전문은 이 표현을 주석하면서 다음과 같이 설명한다.

---

39 유전문 (1.b) A.1. (첨부된 번역의 유전문과 환멸문을 가리킴.) 이 표현은 SNS V.2와의 비교를 내포한다. "관념상과 명칭, 개념들의 언어표현의 관점에서 희론을 향한 습기" (nimitta-nāma-vikalpa-vyavahāra-prapañca-vāsanā). See ASBh 92,5f (sarvadharma-nāma-abhiniveśa-vāsanā ālayavijñāne saṃniviṣṭā 'nādikālānusṛtā, yā 'sav ucyate prapañca-vāsanaeti) (Schmithausen 1987: 360, n.532)

40 우리는 어떤 것이 형성되는 과정의 의미에서 또 "형성됨, 양태, 성질의 부여"라는 점에서 "informed"라는 단어를 사용한다.

41 유전문 (1.b)A.2. (de la phyi rol gyi snod rnam pa yongs su ma bcad pa

"지각하기 어려운 행상을 가진 외적인 외부세계의 요별"이란 내적 집수를 대상적인 토대로 갖는 알라야식에 의거한 외부세계의 지속성의 지속적이고 중단되지 않은 요별을 가리킨다.[42] (Pravṛtti Portion (1.b) A.2)

우리는 간단하지만 매우 깊은 의미를 가진 이 문장을 낱낱이 분석할 필요가 있다.

먼저, 이 텍스트가 알라야식을 매 찰나 자신의 특정 대상과 결합해서 일어나는 인지적 앎(식)의 영역으로서 전통적 용어로 확립하려고 한다는 것은 분명하다. 사실상 이는 유전문의 첫 항목의 주제(ālambana-pravṛtti-vyavasthāna)이다. 그러므로 "외부세계의 지속성의 지속적이고 중단되지 않은 요별"은 알라야식이 (오직) 인식대상, 즉 외부세계와 결합해서 지속적으로 일어난다는 것을 의미한다. 그것은 그것의 인식대상이 항시 현존해 있기 때문에 지속적이다. 그것은 어떤 때는 이것이고, 다른 때는 저것이 아니다.((1.b) B.2) 그러나 텍스트는 다음과 같이 경고한다.

---

rnam par rig pa ni kun gzhi rnam par shes pa nang gi len pa'i dmigs 〔a gang yin pa de nyid la brten nas / rtag tu rgyun mi 'chad par 'jig rten dang snod kyi rgyun rnam par rig pa ste).

42 유전문 (1.b)A.2: de la phyi rol gyi snod rnam pa yongs su ma bcad pa rnam par rig pa ni kun gzhi rnam par shes pa nang gi len pa'i dmigs pa gang yin pa de nyid la brten nas / rtag tu rgyun mi 'chad par 'jig rten dang snod kyi rgyun rnam par rig pa ste.

알라야식은 그것의 인식대상과 관련해 찰나적이라고 알아야 한다. 비록 그것이 찰나적 흐름 속에서 지속해서 일어난다고 해도 그것은 단일한 것(ekatva)이 아니다.[43] (Pravṛtti Portion (1.b) B.3)

두 번째로, 이 텍스트는 이런 "외부세계의 지속성의 지속적이고 중단되지 않은 요별"이 물질적인 토대를 가진 감각기관이라는 내적

---

43 유전문 (1.b)B.2: dmigs pa de ni rtag tu yod pa yin te/lan 'ga' gzhan du 'gyur la/lan 'ga' gzhan du 'gyur ba ma yin no … (1.b)B.3: kun gzhi rnam par shes pa de ni dmigs pa la skad cig pa yin par blta bar bya ste / skad cig pa'i rgyun gyi rgyud kyis 'jug pa yin gyi / gcig pa nyid ni ma yin no. 현장은 skad cig pa;i rgyun gyi rgyud kyis 'jug pa yin을 "非一非常"으로 읽는다. Hakamaya(1979: 55)는 이 마지막 구절을 산스크리트 *kṣaṇika-srotaḥ-santāna-vartin으로 복원한다.

이런 효과적인 진술은 우리가 초점을 맞추고 있는 고전 유가행파의 문헌에서 알라야식을 실체화된 사물이나 "자아"의 대용물로 해석하려는 시도를 제거할 것이다. 그 해석은 심과 심소에 관한 대부분의 인도불교의 해석이 의거한 연기설의 넓은 맥락을 무시하는 것이다. 연기설은 그것의 기본 요소들의 해석에 정보를 주는 틀인 것이다. 이것이 왜 우리가 알라야식의 초기불교의 배경과 당대의 아비달마의 맥락을 그토록 강하게 강조했던가의 이유이다. 분명히 알라야식의 구별되고 혁신적인 특징들이 존재하지만, 적어도 이 텍스트들 속에서 그것은 압도적으로 식의 공인된 이해와 정의들 내에 떨어진다. 더욱 그런 해석은 명백히 알라야식은 "단일한 것이 아니며(ekatva)" 또 인식대상의 다양성에 (즉, 제행과 인식대상에) 의존해서 생겨난다고 설하는 구절들과 분명히 모순된다. 이것이 왜 알라야식을 심적 과정들의 차원을 위한 하나의 개념적인 항목으로 해석하는 것이 유익한지의 이유이다. 인도불교의 다른 학파에서 그 항목들의 대부분은 식의 범주와 연관되어 있는데, 그것들은 현상적인 인지적 과정들에 대한 아비달마의 분석 용어로 쉽게 표현될 수 없는 것이다,

집수와 인지적이고 정서적인 습기를 지닌 알라야식에 의거하고 있다고 서술한다. 그것은 사실상 식이 일어나는 어떤 찰나에 생리학적이고 심리학적 구조를 대표하는 것이다. 다른 말로 하면, 이런 불명료하지만 중단되지 않는 기세간의 요별은 신체적 기능들이 비록 어떤 식이 아무리 미세하더라도 일어나는데 충분히 영향을 미칠 때마다 지속적으로 일어나며, 그 식의 형태와 내용은 항시 과거 경험에 의해 주입된 인상인 습기에 의해 공지되는 것이다.

이 텍스트는 등불의 비유를 사용해서 어떻게 '외적' 요별이 '내적' 심의 조건들에 의존하는지를 예시한다.

> 따라서 우리는 알라야식이 내적 집수라는 인식대상과 외부세계라는 인식대상에 대해 일어나는 방식이 내적으로 타오르면서 심지와 기름에 의거해서 외적으로 빛을 방사하는 것과 비슷하다고 알아야 한다.[44]
> (Pravṛtti Portion, (1.b) A.3)

우리는 이를 알라야식이 그것의 생리학적 토대(심지)와 그것의 심리학적 연료(집수, upādāna)[45]에 의거해서 외부세계의 불명료한 요별로서 일어난다는 것을 의미한다고 이해한다. 이런 조건들의 결합은 전형적

---

44 유전문 (1.b)A.3. ('di lta ste / dper na mar me 'bar ba ni snying po dang snum gyi rgyus ni nang du 'jug par 'gyur la/phyi rol du ni 'od 'byung bar byed pa bzhin du nang gi len pa'i dmigs pa dang / phyi rol gyi dmigs pa 'di la yang kun gzhi rnam par shes pa'i tshul de dang 'dra bar lta bar bya'o).

45 앞에서 upādāna가 "연료, 공급물, 그것의 의해 능동적 과정이 유지되거나 진행되는 기체"(PED 149)를 의미하고 있음을 보았다.

으로 감각기관과 감각대상 및 작의를 포함하고 있는 인도불교에서의 대부분의 식의 분석과 넓은 의미에서 일관된다. 반면 몇몇 학파들은 습기나 생명을 구성하는 심으로서의 유분심(有分心, bhavaṅga-citta)을 언급하고 있다. 그것들은 식이 일어나기 위한 공통적인 조건들이다. 그렇지만 여기서 그것들은 모두 잠재적인 것이다.

따라서 세 번째 가장 중요한 것으로 알라야식이 대표하는 전체적인 복잡한 과정 전체는 미세하고 구별되지 않으며 일반인들의 시야를 넘어서 있다고 말해진다. 외부세계의 요별은 "구별되지 않으며",[46] 〔알라야식의〕 인식대상은 미세하고(sūkṣma) 현자들에 의해서조차 구별되기 어려운 것이다(duṣpariccheda).[47] 알라야식의 잠재적인 인지

46 유전문 (1.b)A.2. 핵심적인 유가행파 문헌에서 또 다른 구절은 '그것은 여기에 있고 그것은 저것이다'라는 요지의 행상에 의해 지각되지 않았기 때문에 대상이 '지각되지 않았다'(asaṃvidita)고 설명한다. (TrBh 19,14f: so 'smin idaṃ tad iti pratisaṃvedanākāreṇāsaṃvidita ity atas tad asaṃviditakopādi iti ucyate). 또한 ASBh 21,9f (asaṃviditavijñaptiḥ bhājanavijñaptiḥ, sarvakālam aparicchinnākāratvāt).

Schmithausen(1987: 391, nn.634, 637)은 이 모호하고 다양하게 해석된 용어의 두 가지 뉘앙스를 조화시키기 위해 aparicchinnākāra라는 표현을 "끊어지지 않은, (그리고/또는 구별되지 않고, 명백히 한계지어지지 않은) 형태"로 번역하기를 제안한다. aparicchinna에 대한 그의 상세한 주석(1987: 389f)을 보라. 그리고 Hakamaya(1979: 71, nn.6-7) 및 SNS VIII.37.1 참조.

47 유전문 (1.b)B.1. (dmigs pa de ni 'jig rten gyi mkhas pa rnams kyis kyang yongs su gcad par dga' ba'i phyir phra ba yin no). 더욱 견도를 얻지 못한 (역주: '사성제를 보지 못한'이 의미상 타당) 사람들은 알라야식을 이해할 수 없다. (5.b)B.2. (bden pa ma mthong ba bden pa rnams la mig ma thob pas ni kun gzhi rnam par shes pa sa bon thams cad pa yang rtogs par mi

과정들은 그것들의 대상에 대한 분명한 요별을 낳지 않고, 오히려 모호하고 미세한, 지각될 수 없는 형태의 인식을 일으킨다.

따라서 유전문의 다음 항목((2.b)B.2)에서 다룰 알라야식과 상응해서 일어나는 심소들도 마찬가지로 미세하다. 그것들은 소위 5종의 심과 상응하는 변행심소(citta-saṃprayukta-sarvatraga)로서, 작의(作意, manaskāra), 촉(觸, sparśa), 수(受, vedanā), 상(想, saṃjñā), 사(思, cetanā)이다. 이것은 표준적인 아비달마 교설과 일치하는데, 여기서 심의 각 찰나는 일련의 특정한 과정들에 의해 수반되어 일어난다. (그렇지만 이 과정들은 학파마다 차이가 있다.)[48] 그렇지만 알라야식과 상응해서 일어나는 과정들은 매우 미세하고 현자들에 의해서도 구별되

---

nus pa'i phyir ro).

48 예를 들어 유가행파는 5종의 변행심소(sarvatraga)의 과정들이 심의 매 찰나에서 작동하지만 상좌부는 一境性(ekaggatā)과 命根(jīvitindriya)이라는 두 개의 추가적인 것들이 있다고 생각하며, 유부는 欲(chanda), 慧(prajñā), 念(smṛti), 勝解(adhimokṣa), 三昧(samādhi)의 추가적인 다섯 법을 포함시키며, 따라서 매 찰나에 작동하는 법은 10종이 된다.

나아가 유부는 10종의 선법을, 유가행파는 11종을, 상좌부는 19종을 모든 선한 심의 찰나에 위치시킨다. 불선한 심의 찰나에 심이 무명과 [삿된] 견해와 상응할 때에는 그것은 번뇌들과 일반적으로 일어나는 (대번뇌지법의) 여섯 법들과 두 개의 불선법 그리고 거친 사유(vitarka)와 미세한 사유(vicāra)와 상응한다고 유부는 간주한다. 불선한 상태의 범주는 심이 네 가지 번뇌들의 하나와 상응할 때나 또는 10종의 수번뇌들과 상응하는 경우에 만들어진다. 상좌부는 불선한 상태를 수반하는 14종의 법들을 단지 나열하며, 반면 유가행파는 유부의 대번뇌지법의 범주 대신에 1차적인 번뇌(kleśa)와 2치적인 수번뇌(upakleśa)를 나열한다. AKBh ad II 24-29; Shastri: 186-98; Poussin: 149-68; Hirakawa 1973: vol.1, pp.xii-xxiv; Compendium 94-110; Chaudhuri 1983: 105-8.

기 어렵기 때문에(daurvijñānatva), 그 〔변행심소〕들은 표층적인 심의 과정들을 압도하거나 간섭하지 않는다. 그것들은 순전히 결과적 상태(vipāka)이며, 따라서 (思=의도조차도) 업의 측면에서 중립적(avyākṛta)이다. 그것들의 정서적인 색조는 불고불락이며, 표층적으로 상응하는 심소처럼 그것들은 모두 동일한 대상(ekālambana)에 대해 작용한다.[49] 물론 이 인식대상은 알라야식의 잠재적인 대상이며, 표층적인 전식의 대상은 아니고 그것과 분명히 구별된다(asamālambana). 따라서 알라야식의 미세한 생기와 상응하는(sūkṣma-pravṛtti-saṃprayukta) 모든 다양한 과정들은 모든 유형의 표층적 과정과 양립가능하다. 왜냐하면 그것들의 각각의 인식대상들과 감수, 업의 성격들은 매우 다르기 때문이다. ((4b)B.1).[50] 〈증명부분〉에서 설했던 것처럼, 알라야식은 두 번째의 별개의 심의 흐름이다.[51]

---

49 비슷한 대상에 작용하는 것은 『구사론』에서 “상응(saṃprayukta)”의 기준의 하나이다. 그것은 단지 동시적 생기(sahabhāva)와 대조된다. 2장 n.35 참조.

50 유전문 (4.b)B.1. (de ltar na kun gzhi rnam par shes pa ni 'jug pa'i rnam par shes pa rnam dang yang lhan cig 'byung zhing 'jug go // glo bur gyi tshor ba rnams dang / glo bur gyi chos dge ba dang / mi dge ba dang/lung du ma bstan pa rnams dang yang lhan cig 'byung zhing 'jug ste / de ni de dag dang mtshungs par ldan pa yin par ni mi brjod do // de ci'i phyir zhe na/dmigs pa mi mtshungs pa la 'jug pa'i phyir te).

51 〈증명부분〉 2(n.35)를 보라. 또한 Karmasiddhiprakaraṇa(§ 38-9)는 두 개는 원인과 결과로서 분리될 수 없이 생겨나기 때문에 또 이숙식(vipāka-vijñāna)의 흐름에 전식이 영향을 준다(paribhāvita)는 이유에서 명시적으로 한 개아 내에서 심의 흐름의 두 유형의 관념을 옹호한다. ('o na de lta na ni rnam par shes pa'i rgyun rnam par smin pa'i rnam par shes pa dang/gzhan dang gnyis cig

요약하면, 유전문의 첫 번째 부분은 별개의 식의 차원으로서 생기하기 위해 세 개의 특정한 조건들을 가진 알라야식을 묘사하고 있다. (1) 근본식으로서 그것은 물질적인 감각기관에 의존해서 일어난다. (2) "변계된 것에 대한 집착을 향한 습기"에 의해 공지된 심으로서 그것의 생기는 전생의 경험에 의해 축적된 다양한 정서적이고 인지적인 습기와 영향에 의해 조건지어져 일어난다. 그리고 이들 양자에 의거해서 (3) 잠재적인 식으로서 그것은 외부세계의 불명확한 요별로서 일어난다. 이들 과정은 대략 표준적인 아비달마 이론에서 발견되는 "심과 상응하는 대지법"과 동일한 도식에 의해 수반된다. 그렇지만 이 모든 것은 잠재적이며 의식적인 앎의 표층 아래에서 일어나고 있는 잠재적인 것이며, 현자들에게도 지각될 수 없는 것이다. 간단히 말하자면 이것은 전적으로 찰나적이고 분리된 법의 견지에서 표현된 아비달마 불교의 현상학적 초심리학 내에서 발전된 것으로 잠재적인 심적 과정들을 명시적이고 체계화시킨 개념이다.

이 발전과 더불어 아비달마적 유형의 분석은 법들을 청정하게 하기 위해 그것을 구별한다는 그것의 본래의 영역을 넘어 적용되었다. 법의 분석은 그 자체의 성공에 의해 제기된 진지한 개념적이고 종교적 문제들을 설하기 위해 "구별될 수 없는 과정들"에 덧붙여졌다. 즉각적인 표층적 심리과정들은 그것들의 작동을 지지하고 촉진하는 오랜

---

car 'byung bar 'gyur ro zhe na / de lta yin na ci nyes / … de gnyis ni rgyu dang 'bras bu'i dngos po dang tha dad pa ma yin par 'jug pa nyid kyi phyir dang / rnam par smin pa'i rnam par shes pa'i rgyud la cig shos kyis kyang yongs su sgo bar byed pa'i phyir ro).

기간 동안의 조건화 과정을 고려하지 않고서는, 또는 아비달마의 용어로 말하면 과거의 업의 지속적인 영향과 정서적이고 인지적인 번뇌들의 현존을 고려하지 않는다면 결코 완전하게 이해될 수 없다는 것을 〔알라야식의〕 분석은 보여준다. 그렇지만 이 영향들은 결코 실제로 지나간 것은 아니다. 포크너(Faulkner)가 언젠가 말했듯이 "과거는 죽은 것이 아니며, 그것은 지나간 것도 아니다." 왜냐하면 그것들은 존속할 뿐 아니라 나아가 모든 우리의 표층과정에 동시적으로 영향을 미치고 있기 때문이다. 지속적이고 끊어지지 않는 피드백 과정 속에서 양자는 조건짓고 또 그것들에 의해 조건지어지는 것이다. 식의 두 개의 형태 사이의 상호작용은 비록 초기 팔리어 문헌들에서 함축되었고 그리고 『해심밀경』에서 어느 정도 암시되었지만, 그 피드백 과정은 『유가론』의 유전문의 다음 항목 속에서 전적으로 아비달마적 내용으로 다듬어졌다.

2) 알라야식과 전식(pravṛtti-vijñāna)의 상호적이고 동시적인 관계

초기불교에서는 구별되지 않았지만 아비달마에서 분리되었던 식의 통시적인 차원과 공시적인 차원의 완전한 (재)통합은 텍스트의 이 항목에서 최종적으로 수행되었다. 그것은 알라야식의 잠재적인 형태와 전식의 표층적 형태 사이의 상호의존적이고 동시적인 관계를 정교하게 설한다. 이는 보통의 경우 심(citta)과 심소(caitta)[52]들의 관계를

---

52 AKBh ad II 53 (anyonyaphalārthena sahabhūtetuḥ). 2장 n.34를 참조. ASBh (37,6f)는 동시적 또는 병존하는 원인은 어떤 것, 특히 분리되어 존재할 수 없는 심과 심소의 병존에 필요하다고 설명한다. (sahāyanaiyam yena sahābhūhetur

나타낸다고 이해된 아비달마의 상호적이고 동시적인(sahabhū) 원인인 동류인(同類因)의 관계를 추정함에 의해 일차적으로 달성되었다. 유전문은 잠재적 과정뿐 아니라 표층적 과정도 동시적으로 생겨나며 또 상호적으로 서로서로 조건짓는다(anyonya-pratyayatā-pravṛtti)고 서술한다. 이 관념은 그 과정들의 불가분리적인 상호작용을 강조하면서도 모순되고 상응하지 않는 성질을 추정한다.[53] 식의 두 측면 사이의 상호조건성은 초기 연기설에서의 식의 다중성에서는 함축적이었지만 이제는 명시적으로 되었다. 텍스트는 전식을 조건짓는 알라야식으로부터 출발한다.

무엇보다 인지과정들은 단지 살아있는 신체 속에서만 일어나며, 그 신체에서 아무리 미세하더라도 어떤 심적 과정들이 일어나고 있는 것이다. 우리가 보았듯이, 알라야식은 처음부터 신체 속에 주하고 신체를 집수하며 그것을 죽음과 구별시키는 식의 성격을 갖고 있다고 간주되었다. 이런 의미에서 유전문이 말하듯이 알라야식은 그것에 의거하는 감각기관들을 집수함에 의해 전식을 위한 "토대로서 작용한다.(āśraya-kara)" 이것은 알라야식이 전식의 생기를 조건짓는 두 개의

---

vyavasthāpitaḥ / bhūtāni bhautikaṃm ca ity udāharaṇamātram etad veditavyam, cittacaitasikānām anyonyam avinābhāva niyāmāt).

53 분석심리학적 심의 구별에 관해 설해진 것은 마찬가지로 여기에도 적용된다. "독자는 세 개의 시스템 사이에 날카로운 경계가 존재하지 않는다는 점을 명심해야 한다. 그것들이 다른 명칭을 갖고 있다는 것은 그것들이 독립된 실체임을 의미하지는 않는다. id, ego, superego라는 명칭은 실제 자체로는 어떤 것도 의미하지 않는다. 그것들은 전체적인 인격 내에서 단지 다른 과정과 기능, 작용기제 그리고 역동성을 표현하는 축약된 방식에 지나지 않는다."(Hall 1954: 34f)

방식 중의 하나이다.[54]

두 번째 방식은 그것들의 생기를 위한 종자가 됨에 의해서이다. 각각의 식의 찰나는 자체로 과거의 업의 결과인 이숙의 상태로서, 다른 말로 하면 종자의 열매이다. 알라야식을 포섭하는, 진행하는 근저의 과정들은 표층적 식들이 저 이숙이 생겨나기 위한 특정한 인과적 조건들인 종자들을 저장하거나 "보존하고" 있는 한에서 그것들의 생기를 조건짓는다.

'종자가 됨'이나 '일체종자를 가진 심'이 불교학파에서 어떤 의미를 갖고 있는지를 되풀이하는 것은 도움이 될 것이다. 위에서 주목했듯이, 많은 심적 과정들은 동시에 생겨나며, 과거의 행위 때문에 일어나는 이숙상태이다. 이것까지는 표준적인 불교 교설이다. 그것들의 단초를 경량부로부터 받아들이면서 유가행파는 인과의 관계를 종자의 비유로 표현했고 그것들을 잠재적인 식의 과정들과 연결시켰는데, 이는 멸진정 동안에 존속하는 세우(Vasumitra)의 미세심(微細心, sūkṣma-citta)과 같은 개념에 의거해서 추출된 것이다. 따라서 알라야식이 모든 종자를 가진 것이기 때문에 그것이 전식의 생기를 위한 조건이라고 말하는 것은 다음과 같이 동시대 사람들이 말했던 것과 거의 동일한 용어로 말하는 것이다. (1) 모든 인도 불교학파들에 의해 인정된 인과 사이의

54 이것은 오랫동안 함축된 것을 명확히 한 것이다. 전식의 양태가 생겨나기 위해서는 그것들의 물질적인 감각기관들은 끊임없이 "집수되어야"만 한다. 〈증명부분〉(1d(n.29))에 따르면, 그 기능은 신체 전체에 변재하고 그럼으로써 모든 감각기관을 보조하는 심의 형태에 의해서만 달성될 수 있으며, 또한 그것은 수태 시부터 죽을 때까지 끊임없이 중단되지 않고 일어나는 것이다.

연결은 종자의 비유에 의해 유용하게 기술될 수 있으며, (2) 유가행파의 혁신으로서 그 종자들은 심적 흐름과 관련해서 차례로 가장 적절하게 명명될 수 있으며, (3) 일체 종자를 지닌 이 심의 흐름은 구별되는 형태의 잠재적 심으로 간주되어야 한다, 그것은 비록 구별되지만 동시적으로 표층의 식의 찰나적인 생기를 조건짓는 것이다.

"알라야식이 전식의 종자를 가짐에 의해 전식을 조건짓는다"는 진술은 따라서 찰나적으로 일어나는 심의 과정들은 대부분 과거로부터의 업의 영향의 조건에 기인하기 때문이며, 또 결실을 맺을 때에 이런 영향 자체가 심의 진행과정에서 역동적인 요소가 된다는 사실을 압축해서 표현한 것이다. 따라서 심의 매 찰나는 과거의 업으로부터 오는 다수의 사건들을 포함하기 때문에 다수의 종자들이 결실을 맺지 않는 그런 찰나는 실제로는 존재하지 않는 것이다. 그렇지만 상호인과의 나머지 반을 이루는 전식의 과정에 의해 그 찰나 속에서 알라야식이 동시에 "종자가 되는" 것이 아닌 그런 찰나는 마찬가지로 실제로 없는 것이다.

(1) 전식의 과정들이 업을 산출하고 알라야식을 증대시킴

우리는 어떻게 전식이 업을 산출하고 알라야식을 증대시키는지를 이미 일견했다. 『해심밀경』(SNS V.3)에서 다음과 같이 설해지고 있다.

> 그것은 심이라고도 불리는데, 왜냐하면 그것은 색·성·향·미·촉·법에 의해 집적되고(ācita) 축적되었기(upacitta) 때문이다. (SNS V.3)

유전문의 이 항목((3.b)B)은 어떻게 전식이 알라야식의 생기를 위한 조건으로 되는지를 정교하게 기술하고 있다. 먼저 6종의 전식은 자체 내에서 종자를 기르고 훈습함에 의해 알라야식을 조건짓는데, 그것은 여러 종류의 결과로 인도한다.

> "현세에서 종자를 기른다"는 것은 〔업의 측면에서〕 선하고 불선하고 중립적인 전식의 〔찰나〕들이 알라야식에 의거해서 일어나며, 그것들의 동시적인 생멸은 그들 자신의 토대에 의해 지지된 채, 알라야식 속에 종자를 훈습한다. (Pravṛtti Portion (3.b) B.1)

이 습기들이 훈습되고, 그것들의 종자가 훈습들이 중단되지 않은 잠재적 심의 흐름 내에서 길러졌을 때 그것들은 결과적으로 다양한 결과를 낳을 것이며, 그것들 중에는 당연히 이어지는 전식들도 있다.

> 저 원인(hetu)과 조건(pratyaya)에 의해 전식들이 선법 등에 의해 성공적으로 더욱 잘 길러지고 잘 조정되고 매우 분명하게 다시 일어난다.[55] (Pravṛtti Portion (3b) B.1)

---

55 유전문 (3.b)B.1. (de la tshe 'di la sa bon yongs su brtas par byed pa ni/ji lta ji ltar kun gzhi rnam par shes pa la brten pa 'jug pa'i rnam par shes pa dge ba dang / mi dge ba dang / lung du ma bstan pa 'byung bar 'gyur ba de lta de ltar rang gi rten la rten de dang lhan cig skye ba dang 'gag pas bag chags sgo bar byed do // rgyu de dang rkyen des na 'jug pa'i rnam par shes pa rnams kyang phyir zhing phyir zhing dge ba la sogs pa'i dngos pos shin tu brtas pa dang/shin tu sbyangs pa dang / shin tu 'od gsal ba

이런 방식으로 찰나적인 행위들은 계속해서 미래에 일어나기 위해 현세에서 종자를 증대시키고 "윤택하게 함"[56]에 의해 전식을 조건짓는다. 더욱 그것들은 미래에 윤회존재의 중개자로서 지속된 알라야식의 재산출을 야기한다((3.b)B). 이런 방식으로 생기하는 식의 형태는 윤회존재를 영속화시키는 데 기여한다.

더욱 그리고 매우 심원하게 이들 두 과정은 동시에 일어난다. 이는 〈동시성에 의한 〔알라야식의〕 생기의 건립(sahabhāva-pravṛtti-vyavasthāna)〉이라는 다음 항목에서 정교하게 설해졌는데, 이것은 어떻게 알라야식이 6식 전부나 어느 하나의 식, 그리고 새로운 종류의 마나스(manas, 意)와 동시에 일어나는지를 기술하고 있다. 이는 아래에서 다루어질 것이다.

알라야식은 여러 수(受, vedanā) 등과 또 다양한 업의 성질을 가진, 전식과 상응하는 심소(caitta)들과 함께 일어난다.((4.b)A.3.4) 그렇지만 알라야식은 그것들 중의 어느 것에 의해서도 직접적으로 영향받지 않는다. 왜냐하면 그것은 그것들과 동시에 일어나는 것(sahabhāva)이지 그것들과 상응하는 것(saṃprayukta)은 아니기 때문이다. 이는 심소들이 어떤 동일한 대상에 향하고 있을 때에만 심의 한 찰나와 상응하기 때문이다. 그러나 알라야식은 자신의 대상적 토대 및 또 상응하는 심소들과 결합하여 일어나기 때문에 그것은 표층적인 식과 상응하지 않는다. 그것은 마치 안근과 같은 다른 요소들처럼 그것들과 동시에

---

dag tu 'byung bar 'gyur ro). Hakamaya(1979)의 편집본을 따랐다.

56 ASBh 11,9: "온 등이 현행할 때, 그것들의 종자가 증대하는 것이 습기라 불린다." (skandhādīnāṃ samudācāre tadbījaparipuṣṭir vāsanā ity ucyate).

일어날 뿐이다((4.b)B.1). 비록 아비달마의 용어로 표현되지는 않았지만, 이 설명은 『해심밀경』에 함축된 것이다. 거기서 얼마나 많은 파도가 일어나더라도 "물의 흐름은 끊어지지도 않고 소진되지도 않는다."라고 설해졌다.

따라서 이들 두 조건화하는 과정은 동시에 일어나며 또 끊어지지 않는 것이다.

(1) 알라야식은 종자(bīja-bhāva)가 되고 또 토대를 제공함(āśraya-kara)에 의해서 표층적 식이 일어나기 위한 두 가지 본질적인 조건들을 제공한다.

(2) 역으로 이들 두 개의 식은 알라야식 내에서 미래에 종자가 일어나도록 야기하고 또 알라야식이 증대하고 익어가게 하면서 종자를 훈습하고 기른다.

우리가 보았듯이 넓게 두 종류의 식 사이의 통시적인 피드백 관계는 팔리 자료 속에서는 단지 함축적인 것으로 남았지만 이제 유전문에서는 분명 구별된 형태의 식 사이에서 동시에 일어나는 것으로 간주되었다. 이는 해로운 윤회존재를 가속화하고 영속화하는 역동적인 시너지로 묘사하는 것이다.

이 모든 것을 보다 구체화하기 위해서는 강의 물살과 강둑의 비유를 다시 논의하는 것이 필요할 것이다. 앞에서 우리는 어떻게 어느 하나가 독립적으로 강을 '형성'하는 것이 아니라 강은 양자 사이의 끊임없는 상호작용을 통해 형성된다는 것을 보여줌에 의해서 물의 흐름과 강둑 사이의 상호적인 관계를 논의했다. 각각은 다른 것에 끊임없이 영향을 주며 조건짓는다. 이는 마크 트웨인의 독자라면 누구나 알고 있는 것처럼, 강둑조차도 항시 변하며 모래사장도 계속 움직이고, 강둑은 침식되고 있는 등, 계속해서 물살의 방향에 의해 형성되고 또 그것을 형성하는 것이다. 우리는 이 비유를 식(vijñāna)과 제행(saṃskāras), 즉 의식과 인지의 형태와 내용을 전반적으로 지배하는 물리적이고 심리적 구조 사이의 동시적이고 상호적인 조건관계를 표현하기 위해 사용했다.

여기서 동시적이고 상호적 조건관계는 식의 두 차원 또는 두 단계 사이에서 일어난다. 두 차원이란 강둑의 형태와 보이지 않는 흐름의 강력한 관성에 의해 (= 두 집수에 의해) 깊이 굴곡지어진, "모든 종자를 운반하는" 심층적인 흐름의 차원과 또 이런 흐름들에 의해 추동되고 또 모든 바람의 몰아침에 의해 흔들리는 파도처럼 표층적으로 일어나는 전식의 차원이다. 물론 파도들은 물의 흐름 자체의 한 현상이다. 그것들은 끊임없이 파도의 생멸을 포함하고 지지해 주는 물의 흐름과 떨어져서 존재하지 않는다. 왜냐하면 비록 표층의 파도들은 심층의 보다 강력하고 완만한 흐름에 비해 보다 즉각적으로 반응하고 또 (특히 더운 날에) 다른 유형의 힘에 대해 반응하더라도, 그것들은 흐름 자체와 분리될 수 없는 것으로 남아 있다. 모든 지나가는 파도는 흐름 자체 속에서 동시적으로 하나의 지나가는 변화인 것이다. 어떤 때에도 그것들은 분리된 적이 없었다. 그것들은 무수히 말해지거나 말해지지 않는 방식으로 끊임없이 서로에게 영향을 끼친다.

비슷하게 알라야식에 초점을 맞춘 이런 심에 대한 이미지는 알라야식과 6종의 전식 사이의 지속적이고 상호적인 피드백 관계를 묘사하고 있다. 알라야식이 그것의 심층적 구조를 유지하고 또 그것들이 생겨나기 위한 종자들을 제공함에 의해 심의 파도를 지지해 준다면, 전식은 알라야식이라는 심의 심층적 흐름의 내용에 영향을 끼친다. 또는 비유를 바꾸면, (의향이 능동적인 심의 매 찰나에 일어나기 때문에) 종자들이 알라야식 속에 주입되지 않는 어떤 때도 실제 없는 것처럼, (앎이나 감수와 같은 심의 결과적 상태는 매 찰나 일어나기 때문에) 종자들이 결실을 맺지 못할 어떤 때도 실제로 없는 것이다. 즉, 마치 파도와 물살처럼 종자를 주고 종자가 되는 과정들은 단순히 그것의 부분의 합보다 많은 하나의 역동적인 전체 속에서 끊임없이, 동시적이고 상호적으로 영향을 끼치는 것이다. 이것이 '상호적인 조건에 의한 생기(anyonya-pratyayatā-pravṛtti-vyavasthāna)'로서 기술된 유가행파의 심의 모델의 의미이며 이미지인 것이다.[57] 유전문은 『해심밀경』으로부터 다음과 같은 비유를 빌려온다.

> 파도가 흐름과 동시에 생겨나는 데 있어 모순은 없고, 또 영상이 거울에 표면에 동시에 일어나는 데 모순이 없는 것처럼, 전식이

---

57 재생의 명확한 관념을 제외하고 이 과정에 통상적이지 않고, 신비하고, 필히 심원한 어떤 것도 존재하지 않는다. 특성과 경향성, 기억, 심적, 물적 능숙함 등은 확장된 기간 동안에 발전된 학습과정들이며, 그 속에서 우리는 계속적인 습관과 능숙함이 행해지고 획득되는 토대를 형성하는 서브루틴의 레퍼토리를 기반으로 하는 것이다. 그리고 그것들 모두는 비록 끊임없이 매 찰나의 표층적인 지각과정들에 의해 조건지어지지만, 그것들과 상대적이고 독립적으로 존속하는 것이다.

알라야식과 동시에 일어난다는 데 모순이 없는 것이다.[58] (Pravṛtti Portion (4.b)B.2)

그렇지만 앞에서처럼 어떤 중요한 점이 빠져 있다. 인지적 앎으로서의 식은 단지 과거의 업의 결과일 뿐이며, 비의도적인 결과의 상태로서 그것은 자체로 새로운 업을 일으킬 수 없다. 이는 번뇌의 활발한 작동을 요구한다. 왜냐하면 업이 구축되고 윤회가 영속화되는 것은 바로 그의 행위들이 번뇌들에 의해 수반되고 자극되었을 때이기 때문이다. 따라서 심의 흐름 내에서 이 번뇌들의 지속적인 현존을 설명하기 위해서 유전문은 지속적이지만 잠재적인 차원의 심으로서의 마나스(manas)라고 하는, 또 다른 구별되는 심적 과정의 장르를 묘사하고 있다. 뒤에서 보게 되듯이, 이 마나스는 "아견(我見, satkāya-dṛṣṭi), 아만(我慢, asmimāna), 아애(我愛, ātmasneha), 무명(avidyā)이라는 네 종류의 번뇌들과 항시 상응하며, 이것들은 알라야식을 '나는 〔이것이다〕', '〔이것이〕 나이다'라고 항시 인지하고 있다."고 설해진다. 알라야식을 자아로서 이해한다는 이런 관념은 『해심밀경』 심의식상품의 마지막에서 붓다께서 어리석은 자들이 아다나식(=알라야식)을 자아라고 망상하지 않도록 하기 위해 그것을 설하기를 주저했다는 데에서,

58 유전문 (4.b)B.2. ('di lta ste / dper na chu'i rgyun dang chu rlabs rnams lhan cig gi dngos pos 'jug par 'gal ba med pa dang / me long gi dkyil 'khor gsal ba dang / gzugs brnyan rnams lhan cig gi dngos pos 'jug par 'gal ba med pa de bzhin du kun gzhi rnam par shes pa la yang 'jug pa'i rnam par shes pa rnams lhan cig gi dngos pos 'jug par 'gal ba med par blta bar bya'o).

또한 〈증명부분〉에서 "'〔이것은〕 나이다'라는 지각은 매 찰나 동시에 일어나는 것을 경험된다."는 설명에서 반향을 찾을 수 있다. 물론 그것의 근원은 훨씬 이전으로 돌아간다.

3) 알라야식과 염오의의 동시적 생기

앞에서 우리는 어떻게 번뇌가 심의 흐름 속에서 각각의 찰나의 업의 성격을 결정함이 없이도 존속할 수 있는지를 논의했다. 이는 초기 팔리어 문헌에서 잠재성 대 명료성의 논의에서 예견된 것이다. 『논사(Kathāvatthu)』에서 우리는 처음으로 이런 아비달마의 문제점의 핵심적인 요소에 접하게 되며, 이 문제는 『구사론』에서 번뇌(kleśa)/수면(anuśaya)의 논의의 초점이 되었다. 이 문제에 대한 유가행파의 접근은 『해심밀경』과 위에서 설명한 〈증명부분〉의 구절에서 제시되어 있는데, 알라야식을 일종의 자아로서 지속적이고 동시적이지만 극히 해로운 것으로 이해하는 것이다. 그렇지만 이것은 『유가론』의 유전문과 환멸문에서 독립된 형태의 마나스(manas)로서 체계화되기 시작했으며, 다음 장에서 다룰 『섭대승론』에서 염오의(染汚意, kliṣṭa-manas)로서 정교히 발전되었다. 우리는 먼저 이 주요한 개념의 발전을 간략히 살필 것이다. 왜냐하면 그것은 알라야식 자체의 성격에 대한 강조점의 이동을 보여주기 때문이다. 즉, 신체를 유지하고 그 속에 퍼져 있고 또 의식과정에 영향을 주는 업의 종자와 인지적 성향을 보존하는 신체화된 식으로부터 윤회존재를 구성하는 잡염과 번뇌, 행고성, 추중(saṃkleśa, kleśa, saṃskāraduḥkhatā, dauṣṭhulya)의 담지자로서 기능하는 식으로 강조점의 이동이다. 우리는 특히 자아로서의 알라야식의 이해를 말하기 전에 일반적으로 이 잠재적 번뇌의 지속성을 검토할 것이다.

*　*　*

우리는 팔리어 문헌들에서 아만과 나라는 생각, 나의 것이라는 생각, 그리고 유신견이 그것들의 잠재적인 수면에 상응하게 지속적 윤회존재와 밀접히 관련되어 있으며, 반면 그것들의 완전한 소멸은 정견을 수반하며 고통의 종식이라고 하는 것을 보았다.[59] 이런 〔잠재적〕 성향들은 초기불교의 이해에 따르면 높은 단계의 수행도에서 최종적으로 끊어질 때까지 그의 윤회존재 전체에 걸쳐 존속한다.

따라서 이런 번뇌의 성향들은 아비달마의 맥락에서 업의 잠재성의 축적과 마찬가지로 비슷한 이유에서 문제가 되었다. 자기 존재에 대한 견해와 다른 번뇌들은 아라한의 상태가 획득될 때까지 끊어지지 않지만, 그럼에도 그것들은 무수한 재생 동안 심의 각각의 찰나부터 다음 찰나에 이르기까지 연속적인 법의 흐름 속에서 지존해야만 한다. 그러나 만일 그것들이 매 찰나에 작동한다면, 그런 번뇌가 없는 선업의 상태들은 결코 일어나지 않을 것이며,[60] 따라서 해탈은 불가능할

---

59 S III 131은 "〔성제자들에 의해〕 아직 제거되지 않는 '이것은 나다'라는 생각(māna, 慢), '이것은 나다'라는 욕구(chanda), '이것은 나다'라는 잠재적 경향성(anuśaya)"에 대해 말하고 있다. A III 32와 M I 47은 해탈하고 정견을 얻은 자들에게 그런 경향성이 완전히 제거되었다고 기술한다. 앞의 I.4를 참조하라.

60 그렇기에 잠재적 번뇌(anuśaya)들은 업의 측면에서 중립적인 것이어야 한다. "욕계(kāmadhātu)에서 유신견과 변집견은 그것들과 상응하는 무명과 함께 중립적인 것(無記)이다. 그 이유는 무엇인가? 왜냐하면 〔그것들은〕 보시 등과 모순되지

것이다.

따라서 『구사론』과 같은 몇몇 문헌들은 이 아견을 새와 동물들에게도 일어나며 업의 측면에서 중립적이며 따라서 선한 상태와 공존할 수 있는 구생俱生의 유신견(sahajā satkāyadṛṣṭi)과 업의 측면에서 결정되어 있고 따라서 불선업으로 이끄는 분별에서 생겨난(vikalpita) 유신견으로 구별한다.[61] 수행도에서 그것의 잠재 성향과 더불어 모든 흔적이 최종적으로 제거될 때까지 지속되는 것은 바로 구생의 아견이다. 그때까지 그 〔구생의 아견〕은 어떤 의미에서 심의 흐름의 '내부'에 존속해야 하며, 그곳에서부터 그것은 중생들의 업을 일으키고 부정적으로 영향을 미치고, 그들을 윤회에 가둘 수 있는 것이다. 그러나 정확히 어떤 의미에서 그것이 심의 흐름 속에서 존속하는지가 문제이다.

우리가 경량부가 종자의 비유를 사용하여 업의 잠재력의 축적과 잠재적인 번뇌의 존재를 나타냈음을 알고 있다. 그렇지만 우리가 지금까지 살펴본 유가행파의 문헌들 속에서 종자의 개념은 단지 원인

않는다. '나는 내생에 행복할 것이다'라고 생각할 때 그는 보시를 하고 계를 지킨다." (AKBh ad V 19; Shastri: 794; Poussin: 40: kāmadhātau satkāyātagrāhadṛṣṭī tatsaṃprayuktā cāvidyā avyākṛtāḥ / kiṃ karaṇam? dānādibhir aviruddhatvāt / ahaṃ pretya sukhī bhaviṣyāmīti dānaṃ dadāti śīlaṃ rakṣati … sahajā satkāyadṛṣṭir avyākṛtā). 『구사론』은 이것이 선궤범사(pūrvācāryāḥ)들의 교설이라고 제시하고 있다. Yaśomitra는 이 말은 세친이 유가행파와 관련된 교설을 일반적으로 가리킬 때 사용했던 용어라고 설명한다.(Poussin, Intro, LIX; AKVy ad III 53, IV 162, VI 141)

61 2장, n.39을 보라.

과 결과의 관계와 업을 가리킬 뿐이다. 종자는 잠재적인 경향성과 직접 연결되지는 않았다. 그럼에도 경량부가 종자(bīja)의 비유를 사용하고 유부는 득(得, prāpti) 개념을 사용해서 업의 축적뿐 아니라 잠재적 번뇌의 존속을 표현하려고 했던 것처럼, 유가행파도 업의 종자의 축적을 설하는 것과 같은 방식으로 잠재적 번뇌의 문제를 지적함에 의해 언급하는 것이다. 그것은 지속적이고 잠재적인 경향성의 〔심적〕 흐름이 다양한 업의 성격을 가진 표층적인 과정과 동시에 일어나며 그것과 모순된 것이 아니라고 하는 설명이다.[62]

이것은 갑자기 일어난 것은 아니다. 『해심밀경』에 대한 논의에서 우리는 비록 중립적인 업의 성격을 가진 이숙식인 알라야식과 전식들이 동시에 일어나지만, 그것들 사이의 인과관계는 완전히 정교하게

---

62 비슷하게 『유가론』은 다음과 같이 설명한다. "욕계에서 구생(sahaja)의 유신견은 중립적인 것이다. 왜냐하면 그것은 항시 계속해서 현행하기 때문이며, 또 그것은 자신이나 타인들에게 해를 끼치는 토대가 되지 않기 때문이다. 〔반면에〕 분별에 의해 집착된 〔유신견〕은 불선한 것이다. (Derge #4038, Shi 110b3 - 4: 'dod pa na spyod pa'i 'jig tshogs la lta ba lhan cig skyes pa gang yin pa de ni lung du ma bstan pa yin te / yang dang yang kun tu 'byung ba'i phyir dang / bdag dang gzhan la shin tu gnod pa'i gnas ma yin pa'i phyir ro // rtog pas mngon par zhen pa gang yin pa de ni mi dge ba yin no). 한역(621b9)은 『해구사론』의 반향을 주는데, 분별에서 생겨난 유신견과 반대되는 것으로서 금수들은 구생의 유신견을 갖고 있다,

『아비달마잡집론』도 어떤 경으로부터의 인용 직전에 아만(asmimāna)은 견도에 이른 성문들에게도 현행하고 있다고 언급한다. (ASBh 62,3ff: yām adhiṣṭhāyotpannadarśanamārgasyāpy āryaśrāvakasyāsmimāna,h samudācarati; Schmithausen 1987: 440, n.931) 새로운 차원의 심층적 심의 발전을 둘러싼 관련된 자료들과 논점들에 대한 추가적 논의를 위해서는 1987: 146 참조.

설해지지 않았다고 언급했다. 다시 말해, 비록 업의 과보를 위한 잠재력은 업을 발생시키는 능동적인 심적 과정들과 동시에 일어난다고 보이지만, 그들 양자 사이의 인과관계는 공시적인 다르마 용어로 설명되지 않았다. 식의 '축적된' 측면과 '축적하는' 측면 사이의 동시적인 영향은 윤회 개념에 매우 본질적인 역할을 하는 번뇌와의 접점을 확정적으로 아직 포함하지 못했다. 알라야식을 중심으로 한 심의 모델은 공시적인 다르마 용어 속에서 비록 잠재적이지만 지속적인 자기-집착의 장소를 포함할 때 비로소 완성될 수 있을 것이다. 이것은 "아견과 아만, 아애, 무지라는 네 가지 번뇌들과 항시 상응해서" 일어나는 마나스를 더해, 보다 많은 업을 발생시키기 위한 항시 현존하는 잠재력을 제공한다.

과거 업들의 영향과 새로운 업의 발생 사이의 연결은 연기설의 관례적인 통시적 용어 속에서 충분히 분명해졌다. 과거 업의 결과들은 업의 활동을 촉진하는 근저에 있는 번뇌들을 이끌어내는 경향이 있다. '인지적' 식은 이 업에서 중심적 역할을 하는데, 다시 이 업은 다른 시기에 재생하는 '윤회적' 식으로 이끄는 것이다. 이런 초기의 형태는 따라서 하나의 역동적이지만 해로운, 업과 결과, 반응의 피드백 순환을 묘사한다. 다시 말해 습관적인 업들은 전형적으로 비슷한 과거 행위들의 결과에 대한 반응하는 번뇌의 패턴을 야기하는데, 과거 행위는 역으로 동일한 것을 부추기는 경향이 있다. 이것이 반복적인 행동패턴의 자기강화 사이클로서 윤회의 기본적 의미이다.

(1) 번뇌들에 의해 자극되는 행위(karma)는 특정한 결과를 위한 잠재력을 축적한다.

(2) 이 결과들은 낙이나 고 등으로 경험된다. 왜냐하면 감수感受는 업의 우세한 결과이기 때문이다.[63]

(3) 반응 속에서 이 감수들은 잠재적 번뇌인 수면을 자극하고 활성화 시키며, 수면은 한번 나타나면 더 많은 업 등을 낳는 행위들을 계속 야기한다.

이러한 오래된 통시적 형태가 이제 공시적이고 대부분 잠재적인 형태로 명확히 변화되었다. 오래된 와인을 위한 새로운 병은 따라서 다음과 같이 나타난다.

(1) 번뇌에 의해 자극된 업은 특정 결과를 위한 잠재력을 축적하는데, 그 잠재력은 업의 종자의 형태로 매 찰나 알라야식이라고 불리는 심의 흐름 속에서 존속한다.

(2) 이 결과들은 낙이나 고 등으로 경험된다. 왜냐하면 감수들은 업의 우세한 결과이며, 심의 매 찰나에서 경험된다.[64]

---

63 AKBh ad IV 55c–d (vipākaḥ punar vedanāpradhānaḥ). 2장 n.67 및 팔리 텍스트 A II 157을 보라.

64 감수들은 모든 아비달마 체계에서 결과적인 상태이다. 예를 들면 『유가론』: "즐겁거나 고통스러운 〔모든〕 다른 감수들은 이숙에서 생겨난 것(vipākaja)이라고 간주되어야 한다."(Schmithausen 1987: 335, n.402; Y zi 225a1f; Y(ch) 665a3f) 감수 상태들은 매 찰나 심(citta)에 수반되는 법의 하나이기에(위의 n.48 참조), 그것들은 거의 끊임없이 일어난다. 이는 종자들에 의해 대표되는 그 이숙의 결과들이 거의 매 찰나에 결실을 맺는다는 것을 의미한다. 우리는 초기 팔리문헌 (M I 293)에서 감수와 想 그리고 식이 실질적으로 분리될 수 없다고 설하는

(3) 반응 속에서 이 감수들은 항시 다른 심의 과정들과 "매 찰나 동시에 일어나는" 잠재적 번뇌를 자극하고 활성화시키며, 한번 나타난다면 계속적으로 업의 작용을 촉진시킨다. 그 업의 작용의 결과가 알라야식 속에 업의 종자를 "구축하고", "주입한다."

따라서 업과 결과, 번뇌의 해로운 사이클에 대한 초기의 통시적인 분석은 이제 하나의 단일한 심의 모델 내의 구별되는 과정들 사이에서의 공시적 관련성 속으로 내성적으로 대체되었다. 사실상 이 모델은 제1장에서 인용된 계발적인 문장의 모든 세 개의 요소들을 포함하고 있다.

"업은 밭이고, 식은 종자이며, 갈애는 습기이다." (A I 223)

바로 번뇌라는 마지막 차원에서 알라야(ālaya)라는 용어의 정서적인 뉘앙스가 전면에 등장한다. 초기에 "집착하는" 또는 "집착"의 의미를 함축하고 있는 이 용어는 또 다른 그것의 '어원적 정의'에서 강조되었는데, 이는 〈증명부분〉에 바로 선행하는 『유가론』에서 나타난다.

법들이 거기에 종자로서 놓여 있기에(ālīyante[65]) 또는 중생들이 그것을 자아로서 파악하고 있기에 그것이 알라야식이다.[66] (ASBh 11,9-14)

것을 보았다.

65 MSg I.3, TrBh 18,24-6의 비슷한 구절을 보라.

66 알라야식의 설명과 동의어의 세트는 원래의 산스크리트문이 보존된 『아비달마잡

항시 "알라야식을 '나는 〔이것이다〕' 또는 '〔이것이〕 나다'로서 취하는 마나스라고 불리는 이 새로운 형태의 심에 의해, 다시 말해 지속적인 정신적 수행을 통해 최종적으로 그 뿌리가 잘려나갈 때까지 윤회존재를 영속화시키는 그치지 않는 힘에 의해 번뇌의 차원이 결정적으로 그림에 들어온다.

자신의 윤회존재의 측면을 자아로서 파악한다는 관념도 마나스(manas)라는 용어와의 관련성처럼 초기불교 전통에서 강력한 전례가 있다.[67] 초기불교에서 중생을 강박적인 행동패턴의 해로운 사이클

집론』에서 〈증명부분〉 직전에 나타났던 것으로 보인다. "〔식온의 정의란 무엇인가?〕 온들이 현전할 때 그것들의 종자를 증대하는 것이 습기(vāsanā)라고 불린다. 그것은 그들 온의 생기를 위한 종자를 가졌기 때문에 '일체종자를 가진 것(sarvabījakaṃ)'이라 한다. 법들이 거기에 종자로서 놓여 있기(ālīyante) 때문에 또는 그것을 자아로서 집착하고 잇기 때문에 알라야식이라고 불린다. 그것이 과거의 업에 의해 형성되었기 때문에 그것은 이숙의 결과로서의 식(vipākavijñāna)이다. 그것이 심신의 복합체(ātmabhāva)를 재생과 연결될 때에 계속해서 집수하기 때문에 그것은 집지식(ādānavijñāna)이다. 나아가 그것은 모든 법의 습기를 축적하기 때문에 심(citta)이다." (ASBh 11,9-14; T 31: 701a23-b3; D. 4053. 9b4-6: skandhādīnāṃ samudācāre tadbījaparipuṣṭir vāsanā ity ucyate / sarvabījakaṃ teṣāṃ eva skandhādīnām utpattibījair yuktatvāt / ālīyante tasmin dharmā bījataḥ, sattvā vātmagrāheṇa ity ālayavijñānam / pūrvakarmanirmitatvāt vipākavijnānam / punaḥ punaḥ pratisaṃdhibandhe ātmabhāvopādānād ādānavijñānam / tat punar etac cittam ity ucyate / sarvadharmavāsanācittatvāt). 여기서 마지막 문장의 vāsanā-citta는 불분명하다. 이 텍스트가 의존하고 있는 『아비달마집론』에서 게송 구절은 vāsanācitatam으로 읽는다. 여기에 의거해서 또 한역(積集: 701b2)과 티벳역(bsags pa: D 9b6)에 의거해서 우리는 이를 "축적했다"고 번역했다. citta의 어원에 대한 추가적인 논의를 위해서는 n.17을 보라.

속으로 가두는 주요 요인들의 하나는 집착의 대상인 오온을 마치 영원하고 독립적으로 단일한 실체인 것처럼 실체적인 자아(ātman)로

67 산스크리트어 manas(Pāli: mano)는 항시 어떤 지적 과정을 나타낸다. 어근 man "to think, believe, imagine, suppose, conjecture"에서 파생된 것으로서 manas는 라틴어 mens "mind, reason, intellect" 및 영어 "mind, mentate" "to mean"(PED 515, 520; SED 783)과 관련되어 있다. manas 와 māna(慢) 사이의 강한 연관성에 대한 논의를 위해서 Harvey(1995: 40)를 보라.

초기 팔리어와 아비달마 문헌들에서 citta, vijñāna, manas는 동의어라고 설해지지만, 다른 용법의 맥락들은 의미의 상이한 영역들을 보여준다. 예를 들어 『구사론』은 "citta, mano, vijñāna는 동일한 지시대상을 갖고 있다. 왜냐하면 그것은 축적하기에 citta(心)이며, 그것은 사유하기에 manas(意)이며, 대상을 요별하기에 vijñāna(識)이다. 왜냐하면 그것은 깨끗하고 깨끗하지 않은 요소들의 더미이기에 citta이고, 그것은 의지체(āśraya)이기에 manas이며, 그것은 의지된 것이기 때문에 vijñāna이다. 따라서 citta, mano, vijñāna는 동일한 지시대상을 가진다." (AKBh II 34a; Poussin: 177; Shastri: 208: citaṃ mano 'tha vijñānam ekārthaṃ cinotīti cittam / manuta iti manaḥ / vijānātīti vijñānam / cittaṃ* śubhāśubhair dhātubhir iti cittam / tad evāśrayabhūtaṃ manaḥ / āśritabhūtaṃ vijñānam ity apare / yathā cittaṃ mano vijñānam ity ekp 'rthaḥ). (Shastri는 AK와 AKBh, 그리고 AKVy에서 티벳역(bsags pa)과 진제의 한역에 의거해 모두 citaṃ으로 읽는다.) 그러나 Poussin은 AKVy에서 citram을 인용하는데, 이는 현장역의 種種(=citram)과 일반적으로 일치한다.(Schmithausen 1987: 536, n.1433)

Cf. D I 21, S II 95; 당대의 상좌부 저작인 Visuddhimagga 452; AKBh I 16a. 그렇지만 유가행파에게 있어서 이 세 개의 용어는 각기 다른 법들을 가리킨다. citta는 청정하고 부정한 법들을 종자의 형태로 축적하는 알라야식을 가리키고, manas는 염오의(kliṣṭs-manas)를 가리키며 (또는 후속하는 법들의 의지체로서 직전의 식 ṣaṇṇām api vijñānakāyānām anantaraniruddham), 그리고 vijñāna는 전통적인 6식을 가리킨다. (yad ālambanavijñaptau pratyupasthitam: YBh 11,4-8). TrBh 3.2; MSg I.6f (Lamotte 1973: 4; Nagao 1982: 92) 참조.

간주하는 것이다. 그리고 『구사론』에서 깨닫지 못한 중생들이 자아라고 오인하는 것은 바로 (유가행파가 알라야식과 동일시하는) 심(citta)인 것이다. 유가행파 전통에서 자아-동일성에 대한 집착의 과정은 독립적인 마나스의 차원으로 간주되기 시작했다. 그것은 그것의 대상인 알라야식을 자아라고 인식한다. 마찬가지로 『해심밀경』은 제5장 마지막에서 "나는 그 〔아다나식〕을 어리석은 자들이 그것을 자아라고 집착하지 않도록 그들에게 설하지 않는다."고 경고하고 있다.

이는 충분히 자연스러운 일이다. 우리의 신체적 경험과 정서적 특성, 개인적 역사에 각각 대응하는 우리의 체화된 존재와 지속적인 성향, 지속적인 업의 영향과 가장 밀접하게 관련된 우리 의식의 일부로서 알라야식은 우리의 삶에서 다른 모든 심적 과정들보다 가깝고 사랑스럽고 최고의 연속성과 일관성을 보여준다. 왜냐하면 비록 알라야식이 명시적으로 "그것의 인식대상과 관련해 찰나적이며, 또 찰나의 흐름 속에서 그치지 않고 일어나며", 따라서 "단일한 것은 아니다"(Pravṛtti Portion (1.b) B.3)라고 하지만 그럼에도

〔수태할 때 신체의〕 첫 번째 집수의 찰나부터 생명이 지속되는 한까지(yāvaj jīvam) 〔그것의〕 요별(vijñapti)은 항시 동질적인 것으로서(ekarasatvena)[68] 일어난다. (Pravṛtti Portion (1.b) B.2)

따라서 텍스트는 다음과 같이 서술한다.

68 AKBh ad I 39a-b (ahaṃkārasanniśrayatvāc cittam ātmā ity upacaryate). Schmithausen 1987: 55, n.386.

> 아집이나 아만, 자만의 측면을 가진 의(意, manas)는 의식작용이 있는 상태(sacittika)나 의식작용이 없는 상태(acittika)에서도 알라야식과 동시에 생겨나서 작동하는 것이다. 의(意, manas)가 알라야식을 그것의 대상으로 취하고, 그것을 '나는 이것이다. 이것이 나다'라고 인식하는 측면을 갖고 있다. (Pravṛtti Portion (4.b) A.1.a)

이러한 마나스 개념은 심(P. mano)과 '나는 ~이다'라는 만(慢, māna) 사이의 전통적 관계에 의거해서 지속적이고 동시적이지만 번뇌와 관련된 자아-동일성의 의미를 심의 매 찰나와 모든 찰나의 본질적인 구성요소로서 설정하기 위하여 추정한 것이다. 따라서 해탈을 증득할 때까지 그의 심적 과정들과 행위들을 염오시키는 이런 차원의 마나스는 자아-존재의 진행적 의미를 나타낸다. 유전문 항목의 마지막 부분은 다음과 같이 선언한다.

> 의(意, manas)는 항시 알라야식과 동시에 생겨나서 작동한다. 그것은 완전히 끊어질 때까지 항시 동시에 생겨나는 것을 본성으로 하는 4종의 번뇌,[69] 즉 유신견이라는 번뇌, 아만이라는 번뇌, 아애라는 번뇌, 무명이라는 번뇌와 상응한다고 이해해야 한다. 이런 4종의 번뇌는 집중된 단계에서나 집중되지 않은 단계에서 선 등과 모순됨이

69 유전문 (1.b)B.2. ('on kyang dang po pa'i len pa'i skad cig la brten nas / ji srid 'tsho'i bar du rnam par rig pa ro gcig pas 'jug par 'gyur ro). Visuddhimagga (XIV 115)에서 유분심에 대해서 2장 n.119 참조. 그것은 한 생애 동안 그것이 태어날 때 가졌던 특성을 보존하고 있다고 설해진다.

없이 일어나며, [번뇌에] 덮여있지 않고 또 [선과 불선으로] 명기되지 않는 것(nivṛtāvyākṛta, 無覆無記)이다.[70] (Pravṛtti Portion (4.b) B.4)

요약하면, 이런 심적 과정의 추가적인 차원과 함께 심의 알라야식 모델은 이제 두 번째 아비달마의 핵심적 문제에 반응하고 있다. 이 번뇌들이 해탈을 향한 수행도의 끝까지 존속하기 때문에 그것들은 지속적으로 그렇지만 심의 선한 상태(kuśala-dharma)를 방해함이 없이 일어난 이래 각각의 찰나 속에 나타난다. 그렇지만 동시에 그것들은 이제 영원히 현전하는 토대로서 기능할 수 있다. 그 토대에 의거해서 계속해서 번뇌에 속하고 또 잘못 인지된 생각과 감수, 행위들이 일어날 수 있다. 따라서 이 새로운 유형의 마나스는 알라야식처럼 심적 활동이 없는 때에도 존속하며, 심지어 높은 명상상태에서도 그것들의 선한 성격과 충돌함이 없이 일어난다. 다른 말로 하면, 마나스라고 불리는 근저에 놓인 번뇌과정의 차원은 동일한 선상에서 그리고 같은 이유에서 알라야식으로 인식되기 시작했다. 그것은 하나의 구별되고, 잠재적인 또한 업의 측면에서 중립적인 차원의 번뇌를 가진 마나스로서

---

70 유전문 (4.b)A.1.(a) (ngar 'dzin pa dang / nga'o snyam pa'i nga rgyal dang / rlom pa'i rnam pa can gyi yid gang yin pa de ni sems yod pa dang / sems med pa'i gnas skabs dag na yang dus rtag tu kun gzhi rnam par shes pa dang lhan cig 'byung zhing 'jug ste / de ni kun gzhi rnam par shes pa la nga'o snyam pa dang / bdag go snyam du dmigs shing rlom pa'i rnam pa can yin no). 우리는 Schmithausen(1987: 444)에 따라 *manyanā를 ahaṃkāra와 asmimāna와 관련된 동사로 간주할 것이다. 이는 현장역(T 30: 580c3)에서 분명히 표현되어 있다.

매 찰나 다른 전식들과 동시에 일어나는 것이다.

*　　*　　*

그러나 그 이상의 다른 점도 당연히 있다. 비록 공시적인 심의 개념에 대한 지속적인 보완은 이런 과정들이 인식작용의 매 찰나에 전달하는 유해한 효과들이 영원히 윤회존재의 사이클을 영속시키고 있음을 분명히 인식하고 있는 것이다. 왜냐하면 이 과정들은 자체적으로 업의 측면에서 중립적이기 때문에 그것들은 단지 간접적으로만 업의 윤리적 성격에 영향을 줄 수 있다. 다시 말하면 다른 어떤 요소가 이 잠재적 번뇌들이 현세적으로 나타나도록 유도해야만 하는 것이다. 이것은 여하튼 이 도식에서는 의식(意識, mano-vijñāna)의 중개적인 역할을 통해 초래되었다.

의식은 불교사상에서 불편한 범주이다. 표준적인 심의 분석에서 다섯 유형의 감각지각 각각은 대응하는 감각영역 내에서 또 대응하는 감각능력에 의거해서 적합한 대상과 상응해서 일어난다. 그러나 의식은 다르다. 순차적인 식의 생기의 관점에서 의식의 찰나는 (i) 직전 찰나의 심(=감각지각)에 의해 조건지어져 일어나거나 또는 (ii) 자신의 인식영역, 즉 심 자체 내에서 일어나는 법(dharma)과 상응해서 일어난다.[71] 첫 번째 경우에는 다섯 감각지각과 달리 의식은 그것의

---

71 유전문 (4.b)B.4. (gang sngar bstan pa'i yid gang yin pa de ni dus rtag tu kun gzhi rnam par shes pa dang lhan cig 'byung zhing 'jug ste /d e ni yang dag par ma bcom gyi bar du dus rtag pa kho nar lhan cig skyes pa'i rang bzhin 'dra ba'i kun nas nyon mongs pa rnam pa bzhi po 'jig tshogs la lta

현전하는 토대로서의 물질적 감관이나 감각능력이 없다는 점에서 비대칭성이 있다. 그것의 유일한 토대는 지나간 심의 찰나(또는 어떤 학파에서는 변칙적인 "심적 기관")이다.[72] 따라서 유전문((4.b) A.2)은 의식의 동시적 지지는 4종의 번뇌들과 상응하는 이 새로운 유형의 마나스라고 제시한다.

이것은 일반적 식의 생기에 대한 또 다른 영향의 층위를 더한 것이다. 의식이 이런 마나스에 의존해서 생겨나는 한, 그것은 이런 심의 형태가 대변하는 오인된 인지과정들과 번뇌의 영향에 의해 알려진다. 그러므로 유전문은 말한다.

---

ba'i kun nas nyon mongs pa dang / nga'o snyam pa'i nga rgyal gyi kun nas nyon mongs pa dang / bdag la chags pa'i kun nas nyon mongs pa dang / ma rig pa'i kun nas nyon mongs pa dang mtshungs par ldan pa yin par blta bar bya'o // kun nas nyon mongs pa rnam pa bzhi po de dag kyang mnyam par bzhag pa dang / mnyam par ma bzhag pa'i sa la dge ba la sogs pa dag la 'gal ba med par 'jug pa dang / bsgribs la lung du ma bstan pa yin par blta bar bya'o).

72 S IV 69: "의식은 의(manas)와 법(dharma)을 조건으로 해서 일어난다."(manañ ca paṭicca dhamme ca uppajjati maniviññāṇaṃ). 전통적인 배정은 알라야식과 관련된 유가행파 문헌들 속에서 반복되고 있다. 예컨대 YBh 4,10f: "의란 무엇인가? 직전에 지나간 안식과 같은 식이다." (manaḥ katamat / yac cakṣurvijñānasyānan-tarātītaṃ vijñānam). 또한 보다 정확하지만 조금 다른 맥락에서 YBh 58,14f는 말한다. ("의식은 필히 한 찰나 내에서 일어났던 5식의 그룹 직후에 일어난다." ekakṣaṇotpannānāṃ pañcanāṃ kāyavijñānānantaraṃ manovijñānamavaśyam utpadyate). 또한 YBh 4,6에서 意는 직전의 동질적인 의지체라고도 불린다. (manḥ samanantarāśrayaḥ).

의식은 마나스에 의거해 있다고 설해진다. 왜냐하면 마나스가 소멸하지 않는 한, 〔의식은〕 관념상(nimitta)[73]에 대한 요별(vijñapti)의 속박으로부터 벗어날 수 없기 때문이다. 그러나 만일 〔마나스가〕 소멸한다면 그 〔의식〕은 해탈하게 된다.[74] (Pravṛtti Portion (4.b) A.2)

여기서 우리는 인지적이고 정서적 번뇌들의 근원에 대한 변화된 인식을 보게 된다. 현상에 대한 차별과 집착을 향한 성향들은 『해심밀

---

73 보다 전문적인 술어로 각각의 감각적 식(vijñāna)은 특정한 감각기관을 그것의 동시적인 의지체로 갖고 있으며, 이때 의지체는 증상연(adhipati-pratyaya)으로 간주된다. 의식(mano-vijñāna)의 전통적인 의지체는 여기서 직전의 의지체(anantara-āśraya 또는 anantara-pratyaya)를 가리키는 manas(意)이다. 그러나 유가행파를 포함해 많은 아비달마 학파들은 의식은 자체를 위해 동시적이거나 또는 공존하는 의지체를 가질 필요가 있다고 생각한다. 이는 그들을 다양한 입장으로 이끌었다. MSgU는 물질이나 또는 심장에 위치한(hṛdayastharūoavastu, Lamotte 1973: 19) 물질적 실체가 의식의 의지체로서 역할을 한다는 두 개의 이론을 언급하는데, 그것들은 각기 경량부와 상좌부의 입장으로 확인된 것이다. 그렇지만 유부에게 있어 직전 찰나의 식 이외의 다른 意(manas)는 존재하지 않는다.(AKBh ad I 16c-d; Poussin: 30-3) Lamotte(1973)는 다른 학파들의 이론들에 대한 방대한 정보를 제시하고 있다. 또한 Bareau(1955: Ther, #220) 참조.

74 유전문 (4.b)A.2. (yid kyi rnam par shes pa de ni yid la beren pa zhes bya ste / rgyu mtshan gi yid ma 'gags na rnam par rig pa'i 'ching ba mi 'grol la / 'gags na ni de 'grol ba'i phyir ro). 우리는 여기서 이 구절에 대한 Schmithausen(1987: nn.1293-8)의 상세한 논의에 의존했다. 비슷한 설명이 Y(t) zi 190a2 (Y(ch) 651c3f)에 나타난다. "분별이 저 의지체와 더불어 일어나기 때문에 意(manas)는 의식의 의지체(āśraya)라고 불린다."(gzhi des de ltar rnam par rtog pa 'jug pa nyid kyi phyir yid de ni yid kyi rnam par shes pa'i gnas zhes bya'o). Schmithausen(1987: 487, n.1297)에서 인용.

경』에서 (이미지와 명칭, 분별의 세간언설의 관점에서 희론을 향한 분별(nimitta-nāma-vikalpa-vyavahāra-prapañca-vāsanā-upādāna)로서) 본래 알라야식의 집수(upādāna)의 부분이었지만, 점차로 마나스라는 이 새로운 심적 활동의 차원과 연결되었다. 여기서부터 그것들은 보다 직접적으로 전식에 영향을 줄 수 있었다.

이 구절은 의식이 마나스에 의해 조건지어지는 한, 현상에 대한 그것의 지각은 항시 이런 용어로 구성된다는 것이다. 다른 말로 하면, 그것들이 이런 심층에 위치한 무의식적인 자아-중심성에 의해 수반되는 한, 의식의 찰나들은 그런 자아 중심성을 견고하게 만드는 모든 잘못되고 미혹된 행위들을 초래하면서, 자신과 타자, 주체와 객체 등의 견지에서 사물을 인지하는 결박으로부터 결코 완전히 자유롭지 못하다는 것이다. 의식 자체가 "현상에 대한 관념상의 속박으로부터 벗어나는" 것은 바로 마나스가 최종적으로 종식될 때이다. 즉, 잠재적인 번뇌들이 최종적으로 또 완전히 근본적이고 잠재적인 차원에서 근절되었을 때에만 그것들은 세계에 대한 우리의 지각에 역으로 영향을 주는 것을 그치고, 그럼으로써 윤회존재를 지속시키는 번뇌의 작용을 유발하는 것을 그치는 것이다.

무의식적 심의 내용과 구조를 비우거나 완전히 변형시키는 것에 해당되는 이런 야심찬 기획은 이 굽타 시대의 '요가수행자들'인 유가행자들이 얼마나 깊이 "고행자와 명상적 삶에 대한 가장 큰 장애는 무의식의 활동으로부터 일어났다"(Eliade 1973: p.xvii)고 이해했는지를 반영하고 있다. 알라야 논증문헌의 최후의 주제는 바로 알라야식 자체의 완전한 소멸이다.

5. 알라야 논증문헌의 환멸문: 알라야식을 윤회적 지속과 동일시하기

알라야식에 중점을 두고 전개되는 심 개념은 식에 대한 불교도들의 고전적인 개념이 점진적으로 다시 정형화되고 있음을 보여준다. 이 과정은 특히 윤회적 존재의 연속성과 관계된 식의 '윤회적' 측면은 최소한으로 하면서, 즉각적인 대상에 대한 인식에 포함된 그것의 '인지적' 측면을 선호하는 아비달마적인 분석에 의해 포함된 다수의 문제 때문에 촉발되었다. 특히 문제가 된 것은 두 가지 가정을 결합하는 것이다. 첫 번째 가정은 심의 인지기능은 심과 심소(citta/caitta)가 어떤 주어진 찰나에 하나의 단일하고 공통된 대상과 상응해서 일어난다는 의미에서 단일하다는 것이다.[75] 두 번째 가정은 그것의 관련된 과정들의 총체성은 전적으로 공시적인 다르마 용어로 기술되어야 하고 확인되어야 한다는 것이다. 이런 다르마 용어야말로 사물들을 궁극적으로 여실하게(yathābhūtam) 기술할 수 있다고 간주되었다. 이들 두 가정이 동시에 주장되는 한에서, 궁극적인 용어로 심적 흐름의 핵심적이고 통시적인 구성요소의 지속성을 기술하는 것은 언제나 문제가 되었다. 우리가 아는 한, 어느 누구도 어떤 주어진 찰나에 명백하게 활동적인 과정들의 분석이 개체를 완전히 포괄적으로 설명한다고 주장하지 않았다. 오히려 그 〔설명〕들에는 효과적으로 분석하고 따라서 빈틈을 메꿀 수 있는 개념적 도구들이 결여되어 있었다. 교설의 관점에서는 해결되기 어려운 것으로 남아 있었던 그런 빈틈은 수행자

75 심과 심소를 연결하는 소위 "평등성(samatā)"에 대해서 2장 n.35를 보라.

들이 "고행과 명상적 삶에 대한 커다란 장애가 무의식의 활동에서 생겨났다"는 것을 점차 인식하면서 더욱 예리해졌다.

그런 문제들을 해결하는 첫 번째 단계는 심의 주요 과정들의 단일성과 투명성에 대한 함축적인 가정들에 의문을 제기하는 것이었는데,[76] 초기유가행파는 심을 지속하는 잠재적인 알라야식과 찰나적이고 표층적인 식(pravṛtti-vijñāna)의 두 가지 차원으로 개념적으로나 용어상으로 구별함에 의해 수행했다. 이것은 그 모델의 기본적인 통찰의 하나이다. 그러나 알라야식의 체계는 개념적인 수수께끼를 풀려고 고안된 것이 아니라, 업과 번뇌 그리고 그 결과라는 견고하고도 해로운 영향으로부터 중생들을 벗어나게 하기 위해 식의 다양한 측면들을 이해하려고 고안된 것이다. 식의 두 가지 구별되는 차원을 구분하는 것은 그 영향들의 복잡하고 상호 의존적인, 따라서 최종적으로는 윤회적인 관련성을 보다 정교하게 표현하기 위한 하나의 단계일 뿐이다. 그 단계는 우리가 직전에 검토했던 바로 유전문 항목에서 알라야식을 표준적인 아비달마 용어로 기술함에 의해 가장 체계적으로 수행되었다.

그러나 동시에 이 문제들을 재구성하는 데 성공한 것은 문제되고 있는 논점들을 근본적으로 변화시켰다. 왜냐하면 알라야식이 비록 잠재적인 것이지만 자체 인지적으로 작용하는 찰나적이고 별개의

---

76 Bareau(1955: 137f, 188, 197)에 따르면 적어도 몇 학파들은 법들은 전적으로 인지될 수 있고(jñeya) 지각될 수 있으며(vijñeya) 완전히 이해될 수 있다(abhijñeya)고 주장했다.(유부의 논제 #3, 후대 대중부의 논제 #3, 그리고 舍利弗阿毘曇論의 논제 #31)

차원으로서 보다 아비달마적인 용어로 기술되었을 때, 두 종류의 식은 더 이상 식의 '인지적' 측면과 '윤회적' 측면들에 대응하지 않기 때문이다. 유전문에서 알라야식의 '인지적' 측면들은 그것의 '윤회적' 측면들만큼 두드러진다. 이런 의미에서 식의 인지적이고 윤회적 측면 사이의 단층선은 더 이상 두 가지 종류의 식 사이에 놓인 것이 아니라, 바로 알라야식 자체의 두 가지 양상 사이에 놓여 있다고 말할 수 있을 것이다.[77] 이렇게 볼 때, 우리는 유전문과 환멸문이 각각 알라야식 자체의 인지적 측면과 윤회적 측면을 설명하고 있다는 점을 알 수 있다. 유전문이 일차적으로 알라야식의 공시적인 인지적 차원들과 그것과 전식의 관계를 아비달마의 용어로 기술하는 데 비해, 환멸문은 윤회존재의 영속의 관점에서, 그리고 보다 중요한 점이지만 그것의 최종적인 소멸이란 관점에서 알라야식을 직선적이고 통시적인 용어로 기술하는 데 주력한다. 우리는 (유가행파를 포함해) 아비달마의 체계적인 심리학에서 윤회의 최종적 소멸이라는 마지막 목표가 결코 망각된 적이 없었다는 점을 잊어서는 안 된다.[78]

---

77 『해심밀경』의 本識으로부터 유전문에서의 완전히 발전된 인지적 식으로의 발전과 그리고 다시 『섭대승론』의 보다 수동적인 종자식으로의 전개는 프로이드의 무의식 개념의 발전과 흥미로운 상관성을 보여준다. 무의식은 점차로 의식과 구별되었는데, 그것은 에고의 기능들과 동일시되었다. 이것은 '체계적인' 차이이다. 그러나 에고는 무의식적인 측면을 갖고 있다고 인식되었다. (다른 말로 하면, 무의식은 그 속에 에고의 기능을 갖고 있다.) 이 지점에서 무의식과 先意識, 의식 사이의 '체계들' 사이의 구별은 ego, id, superego 개념들에 의해 대체되었으며, 이 모든 것은 또한 그것들에 대한 무의식적 측면들을 갖고 있는 것이다. Archard(1984: 18-36, 특히 33-36)를 보라.

따라서 〈알라야 논증문헌〉의 마지막 항목인 환멸문(Nivṛtti Portion)은 '잡염의 근원의 소멸의 건립(saṃkleśa-mūla-nivṛtti-vyavasthāna)'이라고 명명된다. 여기서 알라야식은 중생들을 죽음과 재생의 해로운 순환에 빠지게 하는 잡염의 근원, 축적된 업의 종자들의 더미, 집수執受(upādāna)들, 그리고 추중(dauṣṭhulya)들과 사실상 동일시되고 있다. 따라서 알라야식은 윤회존재를 구성하고 또한 영속시키는 번뇌와 업이라는 과정들을 포괄하고 있다. 그리고 그것의 소멸은 우리의 정신적 추구의 핵심적 영역으로서 해탈에 상당한다. 이는 또한 초기 불전에서 보는 식의 측면들과 실질적으로 일치한다. 거기서 식은 과거의 윤회존재의 산물일 뿐만 아니라 그것이 지속하기 위한 토대이다. 그렇지만 그것의 소멸, 또는 근본적인 변화는 윤회로부터의 해탈인 것이다.

알라야식도 유사하게 과거 원인들의 결과이다. 그것은 12지 연기에서 행을 조건으로 하는 식에 있어서처럼 과거의 업의 형성물인 제행(諸行, saṃskārā) 자체에 의해서 야기될 뿐만 아니라, 아직 결과를 낳지 않은 과거의 업들로부터 산출된 모든 종자들을 포함하고 있다. 따라서 환멸문에서 알라야식은 "감각 기관들과 그것들의 물질적 토대, 그리고 식을 산출하는 것이기 때문에 중생 세계가 나타나는 근원으로 간주되고 있다."[79] 따라서 그것은 "현재에 고제(duḥkha-satya)"이다.((5.b)

---

78 AKBh I.3; Pruden 1988: 57: "법들의 요별을 제외하고 번뇌들을 제거할 방법은 없다. … 아비달마의 가르침 없이 제자는 법들을 구별할 수 없을 것이다." 2장 n.13 참조.

79 유전문 (5.b)A.1. (kun gzhi rnam par shes pa … sems can gyi 'jig rten 'grub

A.4a) 그리고 알라야식이 일체 종자를 가진 한에 있어서 그 것은 또한 "미래에 고제를 야기하고(utpādaka) … 현재에 집제를 낳는다."((5.b) A.4b, c)[80]

또한 알라야식이 윤회존재와 일치하는 "집수와 추중에 의해 수반되는" 한, 그것은 "모든 잡염〔법들〕의 근원"이며, "번뇌의 생기의 원인"이라고 불린다.((5.b) C.2(c))[81]

윤회존재를 영속시키는 업과 번뇌라는 이들 두 개의 엔진은 따라서 알라야식을 포함하는 과정들과 매우 밀접하게 동일시되었으며, 알라야식의 소멸은 윤회존재 자체의 소멸에 해당되는 것으로 이해되었다.

> 〔알라야식〕이 제거될 때, 집수執受의 두 가지 측면들이 제거되고 신체는 변화신처럼 잔존한다. 〔그 이유는 무엇인가?〕 왜냐하면 미래에 재생과 고를 일으키는 원인이 제거되었기 때문에, 미래에 재생(punarbhava)을 일으키는 집수가 제거된다. 현세에서 번뇌의 원인들이 모두 제거되었기 때문에, 현세에서 모든 번뇌의 근거의 집수도

pa'i rtsa ba yin te / dbang po rten dang bcas pa rnams dang / 'jug pa'i rnam par shes pa rnam skyed par byed pa yin pa'i phyir ro).

80 유전문 (5.b)A.4(a). (kun gzhi rnam par shes pa de nyid ni sa bon thams cad pa yin pa'i phyir … (b) ma 'ongs pa'i dus na sdug bsngal gyi bden pa skyed par byed pa dang / (c) da ltar gyi dus nyid na kun 'byung ba'i bden pa skyed par byed pa'ang yin no).

81 유전문 (5.b)A. (kun gzhi rnam par shes pa ni / mdor na kun nas nyon mongs pa thams cad kyi rtsa ba yin no); (5.b)C.2.(c) (kun gzhi rnam par shes pa ni nyon mongs pa rnams kyi 'jug pa'i rgyu).

제거된다. 정신적인 잡염들로부터 벗어나서 단지 물리적인 생명의 조건만이 남아 있다. (Pravṛtti Portion (5.b)C.3)[82]

이러한 알라야식의 제거 과정은 『섭대승론』을 검토하는 마지막 장에서 상세히 다루어질 것이지만, 그 과정은 유가행파의 세계관 내에서 알라야식 자체와 그것의 궁극적인 역할에 대한 흥미로운 통찰을 보여준다. 비록 알라야식이 『섭대승론』에서 "번뇌의 생기의 원인(kleśa-pravṛtti-hetu)"과 동일시되고 있지만, 그것은 "해탈로 인도하고, 또 확정된 인식으로 인도하는(mokṣa-, nirvedha-bhāgīya) 선근(善根, kuśala-mūla)의 종자들을 갖고 있다." 그 종자들이 알라야식의 윤회적 성격과 모순되기는 하지만 말이다. 물론 이는 알라야식이라는 단일한 용어에 포함된 심적 과정들의 이질적 성격과 잠재성에 기인한다. 해탈은 불선법에 종속되기보다는 이런 선법을 계발함에 의해 증득된다. 그 과정은 은유적으로 선근과 종자의 계발의 관점에서 표현되고 있다.

82 유전문 (5.b)C.3. (kun gzhi rnam par shes pa de'i spangs pa'i mtshan nyid ni de spangs ma thag tu len pa rnam pa gnyis spong ba dang / sprul pa lta bu'i lus kun tu gnas pa ste / phyi ma la sdug bsngal yang 'byung bar byed pa'i rgyu spangs pa'i phyir / phyi ma la yang 'byung bar byed pa'i len pa spong ba dang / tshe 'di la kun nas nyon mongs pa'i rgyu thams cad spangs pa'i phyir / tshe 'di kun nas nyon mongs pa'i gnas ngan len* thams cad spong ba dang / gnas ngan len thams cad dang bral zhing srog gi rkyen du gyur pa tsam kun tu gnas so). *: Schmithausen(1987: 366)은 한역에 따라 gnas ngan len을 gnas pa로 교정한다.

만일 이 〔선근〕들이 일어난다면 다른 세간적인 선근도 매우 분명하게 되며, 따라서 그것들은 자신의 종자들을 유지할 수 있는 더 큰 작용능력을 가질 것이며, 그 종자를 성숙시킴에 의해 〔미래의〕 증득을 향한 힘을 갖게 될 것이다. 순차적으로 그런 종자로부터 선법들이 분명해지고 이어 보다 좋고 즐거운 결과가 실현될 것이다. (Pravṛtti Portion (5.b) B.1)[83]

우리가 알라야식의 존재와 그것의 해로운 영향을 인식하기 시작할 수 있는 것은 이 과정과 그다지 멀리 떨어져 있는 것이 아니다. 특히 수행자들이 사성제를 최초로 이해하고 (또 "해탈이 보증된" 단계에 도달했을 때에만, 그들은 알라야식을 통달하고 얼마나 그들이 인지적으로는 '관념상의 속박(nimitta-bandhana, 相縛)'에 의해 또 정서적으로는 '추중의 속박(dauṣṭhulya-bandhana, 麤重縛)'에 의해 묶여 있는지를 깨닫게 된다.((5.b)B.2) 인식대상에 대한 앎의 장애(jñeya-āvaraṇa, 所知障)와 번뇌라는 장애(kleśa-āvaraṇa, 煩惱障)를 구분하는 대부분의 불교 전통은 이를 따르고 있으며,[84] 나아가 그것들은 알라야식을 제거하는 방식

83 유전문 (5.b)B.1. (de byung na de las gzhan pa 'jig rten pa'i dge ba'i rtsa ba rnams ni ches 'od gsal bar 'gyur zhing / des na de dag rang gi sa bon yons su bzung ba la ches mthu dang ldan pa dang sa bon yongs su brtas pas bsgrub pa la ches stobs dang ldan par 'gyur ro // sa bon de las dge ba'i chos de dag kyang ches 'od gsal bar 'grub pa dang/phyi ma la yang rnam par smin pa ches sdug pa dang / ches 'dod pa 'grub par 'gyur ro).

84 두 형태의 결박은 相縛(nimitta-bandhana)과 麤重縛(dauṣṭhulya-bandhana)로서 SNS VIII.32에서 샤마타와 비파샤나에 의해 제거된다고 설해진다.

속에 반영되어 있다.

알라야식은 희론(prapañca)에 포함된 모든 종류의 제행의 구성요소이기 때문에 〔수행자는〕 그 〔제행〕들을 알라야식 안에서 한 묶음, 한 뭉치, 한 덩어리로 만든다. 그것들을 하나로 모은 후에 그는 진여를 대상으로 하는 지(智, jñāna)를 근면하게 계발함에 의해 〔알라야식이라는〕 의지체가 전환된다(āśrayaṃ parivartate). 의지체가 전환될 때 알라야식도 끊어졌다고 설해야 한다. 그 〔알라야식〕이 실제로 끊어졌기 때문에, 모든 번뇌도 끊어졌다고 설해야 한다. (Pravṛtti Portion (5.b) C.1)[85]

알라야식이 끊어진 후에 남아 있는 것은 '의지체의 전환(āśraya-parivṛtti, 轉依)'이다. 다시 말해, 윤회존재의 근거인 알라야식이 이제 근본적이고 되돌릴 수 없이 전환되었기 때문에, 우리의 삶은 더 이상 무지의 해로운 영향에 의해, 즉 인지적이고 정서적인 번뇌(kleśa)들과

---

85 유전문 (5.b)C.1. (kun gzhi rnam par shes pa ni 'du byed kyi rnam par spros par bsdus pa de dag thams cad kyi khams pa yin pa'i phyir / kun gzhi rnam par shes pa la gcig tu sdud pa dang / gcig tu spungs pa dang / gcig tu sogs par byed de / gcig tu bsags nas de bzhin nyid la dmigs pa'i shes pas kun tu brten* cing goms par byas pa'i rgyus gnas 'gyur bar byed do // gnas 'gyur ma thag tu kun gzhi rnam par shes pa spangs par brjod par bya ste / de spangs pa'i phyir kun nas nyon mongs pa thams cad kyang spangs par brjod par bya'o). *: Schmithausen(1987: 199, n.1265)은 한역 修習에 따라 bsten으로 교정한다.

그것들이 야기하는 업들에 의해 추동되는 것이 아니라, 깨달은 마음에서 방출되는 지혜와 대비로 주입되게 되는 것이다.

6. 결론

요약하면 『유가론』의 유전문과 환멸문은 식의 형태로서의 알라야식을 가장 체계적으로 설명하고 있다. 유전문은 체계적인 아비달마의 용어로 양자 사이의 동시적이고 상호작용 관계를 충분히 설명함에 의해 식을 존속하는 알라야식과 전식의 형태로 구별하는 식의 분화를 발전시켰다. 여기서 또한 알라야식 및 다른 전식들과 동시적으로 존재하는 염오된 식의 차원으로서 마나스(manas)가 도입되고 있다. 이 개념은 『섭대승론』에서 보다 체계적으로 발전된다. 마지막으로 환멸문은 알라야식이 소멸했을 때 윤회존재도 소멸되는 것으로 기술함에 의해 알라야식을 번뇌들의 묶음과 장애들, 윤회존재에 대한 집착 이상으로 기술한다. 이 과정에서 유가행파는 자신의 종교적이고 형이상학적 틀 내에서 기술적이고 체계적인 내용을 지닌 본격적인 심층심리학을 발전시켰다.

그렇게 함으로써 알라야식은 통시적이고 공시적인, 또는 흐름과 법이라는 아비달마 교법의 두 가지 기본적 차원을 완전히 통합하면서 가장 체계적인 발전에 도달했다. 여기서 두 가지 요소는 초기 팔리 문헌들에서 발견되는 식의 두 "측면들"에 밀접히 관련된다. 이 점에서 알라야식은 심에 대한 초기의 설명과 크게 벗어난 것은 아니다. 비록 유가행파가 아비달마에 따르면서 불교의 심의 지도를 다시 그렸지만

〔지도의〕 범위는 마찬가지로 동일하게 남아 있는 것이다. 그렇지만 우리가 보아야 할 것은 어떻게 그들이 이런 혁신적인 심의 모델을 그들이 계승했던 보다 전통적인 범주들, 특히 연기설에서 처음으로 정형화된 과정들과 융합시키려고 시도했는가 하는 점이다. 그러므로 새로운 심의 모델은 자체적인 아비달마의 문제들을 제기한다. 이런 두 가지 점을 무착(Asaṅga)의 대저인 『섭대승론』을 다루는 다음 장에서 취급할 것이며, 이어 마지막 장에서 그것의 전망, 명확한 대승의 관심을 다룰 것이다.

IV. 『섭대승론』에서의 알라야식

(1) 모두를 집으로 가져오기

> 자아를 영화관의 필름처럼 작동하는 것으로 각각의 불연속적인 사진들로 이루어져 있다고 생각해 보라. 그 사진들을 함께 돌린다면 연속적이고 총체적인 어떤 인상을 준다. 물론 필름과 자아 양자에 문자적 의미에서 '동작'과 지속성의 경험은 환상이다. 그렇지만 이런 문자적 이해는 매우 어리석고 오도하기 쉬운 것이다. 그 '환상'은 자체로 매우 강력한 주관적 환상을 낳으며, 개별적인 그림들의 단순한 총합과 다른, 그것 이상의 더욱 커다란 '움직이는' 그림을 만들어낸다. 각각의 형태는 개별적이고 불연속적인 이미지이며, 또한 자신만의 스토리를 가진 하나의 커다란 연속적인 과정의 하위단위이다. 자아에 대한 현대 분석심리학적 관점의 가장 흥미로운 특징은 바로 자아를 다층적이고 불연속적인 것으로 그리는 것과 자아를 통합적이고 연속적인 것으로 그리는 것 사이의 창조적인 긴장이다. (Stephan A. Mitchel 1993)

우리는 이제 마지막으로 검토해야 할 문헌인 무착(Asaṅga)의 『섭대승론(Mahāyāna-saṃgraha = MSg)』에 이르렀다. 『섭대승론』은 어떤 초기 유가행파의 문헌보다 알라야식을 매우 광범위하게 다루고 있다.[1]

---

1 『섭대승론(MSg)』은 산스크리트어로 현존하지 않고 티벳역과 한역으로만 남아

실제로 이 책의 첫 장(MSg I)은 알라야식의 여러 특징들을 기술하는 데 치중하고 있으며, 이 특징적인 심리적 과정의 장르를 지지하는 다양한 해설적이고 교의적인 주장들을 제시하고 있다. 이것의 많은 부분은 이미 우리가 앞에서 언급했던 문헌들 속에서 이러저러한 형태로 나타난 것으로 이것을 다른 어떤 것보다 활용 가능하게 만들어주며, 따라서 "대승의 요약(攝大乘)"이라는 이름에 적합한 외관을 부여한다. 그러므로 우리는 일차적으로 넓은 역사적 또는 형이상학적 틀 안에서 이 문제를 명시적으로 맥락화하고 있는 알라야식 콤플렉스의 측면들에 초점을 맞출 것이다. 이 측면들은 이제까지 검토되지 않았던 이 모델의 함축성에 닿거나 또는 보다 체계적으로 『섭대승론』 내에서 발전된 것이다.

있다. 티벳역 북경판(P)과 데르게판(D)은 거의 비슷하다. 한역에는 4종이 있는데, 현장과 진제, 붓다샨타(Buddhaśānta)와 다르마굽타(Dharmagupta)가 수백 년의 거리를 두고 번역한 것이다. 그 번역들 사이의 차이는 크다. 여기서 영어번역을 위해 우리는 일차적으로 티벳역과 현장역에 의존했다. 또한 우리는 세친의 『섭대승론석』과 無性(Asvabhāva)의 주석(Mahāyānasaṃgraha-upanibandhana, MSgU)에 많이 의존했다. 티벳역으로만 현존하며 단지 제1장의 일부만 주석하고 있는 또 다른 주석서인 *Vivṛtagūḍhārtha=piṇḍavyākhyā(VGPVy)도 필요한 경우 인용했다.

나의 번역은 Lamotte(1973)와 Nagao(長尾雅人, 1982)의 프랑스역과 일역으로부터, 또한 Schmithausen(1987)의 대저 Ālayavijñāna로부터 도움을 받았다. 그렇지만 나는 그들의 주석이나 노트를 직접 인용할 경우에만 그 책들에 대한 인용을 명시적으로 밝혔다. MSg에서 삽입한 산스크리트 용어는 모두 재구성한 것이며, 일반적인 *표 없이 표기했다. 대부분의 경우에 나는 Lamotte와 Nagao, Schmithausen의 재구성을 시용했다. MSg 및 여러 주석서와 번역에 관한 자료에 대해서는 참고문헌을 보라.

첫 장의 대부분에서 『섭대승론』은 그 개념의 초기 경전의 배경과 동시대의 아비달마 맥락의 관점에서 알라야식 개념을 인증하고 확립하는 데 관심이 있다. 그것은 식의 두 측면들 사이의 모순을 강조하며, 우리가 제1장에서 했던 것처럼 이들 용어로 연기의 과정을 해석하고 있다. 나아가 『섭대승론』은 6종의 전식이 알라야식 내의 종자와 훈습에게 영향을 주거나 그것을 강화하기 위해서는 이 식의 두 형태가 서로 구별될 뿐 아니라 동시에 일어나야만 한다고 주장한다. 이는 동시에 일어나는 별개 유형의 과정들 사이에서만 일어날 수 있는 것이다. 또한 『섭대승론』 1장은 별개의 심적 과정으로서 무의식적인 염오의(kliṣṭa-manas) 개념을 보다 체계적으로 발전시켰다. 『섭대승론』 1장의 후반부에서 이 발전의 함축성은 언어와 개념화가 모든 우리의 찰나적인 경험들을 불러오고, 나아가 보다 심원하게, 인간존재라는 삶의 형태의 발전을 형성하는 데 영향을 주고 있다는 데로 확대된다. 우리는 이러한 포괄적인 고려사항을 마지막 장에서 다룰 것이다.

알라야식 모델을 완전히 개념화하는 데 있어 『섭대승론』은 번뇌와 업, 그것들의 결과라는 전통적인 범주들을 단일하지만 다층적인 심의 모델 내에서의 별개의 과정들 사이의 역동적인 상호작용의 관점에서 체계적으로 재구성했다. 유가행파는 연기의 정형구와 윤회존재라는 특성들과 같은 전통적인 주제의 '오랜 와인'을 재형성하기 위해 그리고 업과 번뇌의 지속성이나 해탈을 향한 수행도의 점진적인 성격과 같은 아비달마의 논점들의 주요한 난제들을 명시적으로 언급하기 위해 이런 '새로운 병들'을 사용했다. 그러므로 『섭대승론』 1장의 주요한 요점은 변호이며, 그것의 혁신적 이론들을 권위를 지닌 붓다의 교설과 연결시키거나 또는 아비달마의 논점들을 지닌 동시대인들에게 다가가려고 시도하는 것이다. 알라야 논증문헌에서처럼 우리는 『섭대승론』 1장의 기본적인 개요를 따라 관련된 구절들을 직접 인용하거나 주석하면서 설명할 것이다.

1. 전통적 불교 체계에 따른 구성

『섭대승론』은 시작 부분에서 알라야식의 혁신적인 성격과 그것이 대변하는 해석적 도전들을 인정하면서, 이 장의 주요 주제들을 스케치하고 있다. 그것들은 알라야식이 명확히 새로운 것이라는 경증과 그것의 넓은 구제론적 의의, 그것과 종자와의 복잡한 상호관계, 전식 및 자아에 대한 집착이다.

> MSg I.1: 세존께서는 어디서 알라야식이란 명칭을 사용해서 그것을 설하셨는가? 『아비달마대승경』에서 세존께서는 다음과 같은 게송을 설하셨다.
>
> "무시이래의 계는 모든 법의 공통된 근거라네.
> 이것이 존재하기에 모든 존재형태들과 열반의 증득도 있다네."[2]

---

2 MSg I.1 (anādikāloko dhātuḥ sarvadharmasamāśrayaḥ / tasmin sati gatiḥ sarvā ca nirvāṇādhigamo 'pi ca //). 산스크리트 원문은 TrBh 37 (마지막 ca를 vā로 읽고 있는 것을 제외). 이 게송은 Siddhi 169-72에서 주석되고 있다. MSg I.21 참조.

MSg I.2: 또한 같은 경에서 다음과 같이 설하셨다.

일체 종자를 가진 식은 모든 법들의 저장소(ālaya)이네.[3]
따라서 그것은 알라야식이라고 불린다네.
나는 그것을 오직 현자들에게만 설한다네.

이것이 경전의 증거이다.

MSg I.3: 왜 이 식이 알라야식이라고 불리는가? 왜냐하면 모든 염오된 법들이 아 〔알라야식〕 속에 원래 결과(phalabhāva)로서 주하고 있으며 또한 이 〔식〕이 그것들 속에 원인(hetubhāva)으로서 주하고 있기 때문에 알라야식이라고 불린다. 또는 중생들이 〔그들의〕 자아로서 이 식(vijñāna)에 집착하기(ālīyate) 때문이다.[4]

무착은 비록 현자를 위해서이긴 하지만 알라야식이 실제로 붓다에 의해 설해졌음을 보여주기 위해 『아비달마대승경』으로부터 '경증(āgama)'을 인용하고 있다. 비록 첫 번째 게송이 알라야식의 명칭을 언급하지 않지만, 그것은 윤회존재의 지속성과 그것의 가능한 소멸로서 열반이라는 넓은 구제론적 맥락에서 이어지는 논의를 위치시킨다. 또한 이 구절들은 알라야식의 종자 내에 존속하는 잠재적인 과거

---

3 Schmithausen(1987: 273, n.136)에 따름. Siddhi 172-3에서 이를 주석하고 있다. 산스크리트 복원은 Hakamaya(1978a: 223f)에서 논의되고 있다.

4 ālaya의 어원과 다의적 의미에 관해서 3장 n.8을 보라.

업의 잠재적 영향과 그것들이 새로운 업을 산출하는 데 있어서의 강력한 영향 사이에서 해로운 윤회 속에 빠지게 되는 가능성이라는 이런 견해의 핵심적 주제를 완곡하게 가리킨다. 그런데 업이란 알라야식을 자아로서 집착하는 데에서 야기되는 것이다. 이 사이클은 업을 야기하는 행위들이 중단되었을 때 비로소 그치며, 그것들을 야기하는 동기들은 정화되거나 없어진다. 이것은 업과 번뇌 그리고 청정의 점차적 수행도 개념을 전형적으로 보여주는데, 이들 세 개의 아비달마의 문제의 핵심적인 구성요소는 『논사』 이래 사상가들을 괴롭혀 온 것이다. 바로 유가행파의 핵심적인 주장은 단지 다층적인 심의 모델이 역동적인 윤회의 지속성과 그것의 소멸의 가능성을 적절히 설명해 줄 수 있다는 것이다.

1) 성문승에서 알라야식의 동의어

알라야식이 실제로 붓다에 의해 설해졌다는 주장을 지지하기 위해 무착은 동시대의 비대승학파들에 의해 설해진 다른 용어들로 표현된 많은 비슷한 개념들을 제시한다. 이들 아비달마 학파에게서 알라야식(ālaya-vijñāna)이라는 용어가 없다고 설명한 후에 무착은 그들의 "동의어적인" 개념들을 의식과 업, 번뇌의 동일한 난점들을 진술하려는 동일한 의도를 가진 시도라고 해석하고, 그들이 모두 지시하는 것은 사실상 알라야식 자체에 지나지 않는다고 결론 내린다. (아비달마 학파의 유사한 개념에 대해서는 부록 2를 보라.) 이들 항목들은 전체적으로 인용될 가치가 있다.

MSg I.10: 왜 심(citta)은 성문승에서 알라야식 또는 아다나식(ādāna-vijñāna)이라고 불리지 않는가? 왜냐하면 이것은 매우 미세한 인식대상에 포함되며, 성문들은 일체지(sarvajñeyajñāna)를 목표(adhikāra)로 하지 않는다. 따라서 〔그들에게 알라야식이〕 설해지지 않더라도 그들은 지智를 성취함에 의해 해탈(vimukti)을 추구하기 때문에 〔그들에게〕 설해지지 않았다.
보살은 일체지一切智를 목표로 하기에, 그들에게는 설해졌다. 그 지가 없이는 일체를 아는 자의 지智(sarvajñajñāna)에 이를 수 없기 때문이다.

I.11A: 더욱 알라야식은 성문승에서도 다른 설명방식(paryāya)으로 설해졌다. …

11B: 대중부(Mahāsaṅgika)의 경전(āgama)에서도 "근본식(mūla-vijñāna)"이라는 표현이 나타난다. 따라서 이런 동의어에 의해 알라야식이 설해진 것이다. 마치 뿌리에 의존하는 나무와 같다.

11C: 화지부(Mahīśāsaka)의 경전에서도 "윤회가 존속하는 한의 온(ā saṃsārika-skandha, 窮生死蘊)"이라는 표현이 나타난다. 이 동의어에 의해 이 〔알라야식〕이 설해졌다. 왜냐하면 비록 어떤 장소와 시간에서 색과 심이 중단되는 것이 나타나더라도 알라야식 내의 종자는 손상되지 않기 때문이다.

11D: 성상좌부(Āryasthāviravāda)의 경전에서도 존재의 지분(bhavaṅga, 有分識), 봄(darśana), 지(智, jñāna), 향함(āvarjana), 움직이는 것(iñjita), 이해(prekṣā), 일곱 번째로 일어나는 것

(pravartana)이라는 〔지각과정의 단계가〕 설해졌다.

I.12: 따라서 알라야식, 아다나식(ādāna-vijñāna), 심(citta), 알라야(ālaya)[5], 근본식, 궁생사온, 유분식으로 설해진 인식되어야 할 것의 의지체가 〔모두〕 알라야식이다. 〔이 동의어들에 의해〕 알라야식은 대왕로大王路라고 건립되었다. (MSg I.10-12)

우리는 앞장에서 알라야식의 몇 가지 '동의어들'을 검토하면서 이와 관련된 논의들을 설명했다. 그러나 유분식을 제외하고 여기서 언급된 용어들에 대한 충분한 지식을 갖지 못하고 있다. 우리가 거의 아무것도 알지 못하고 있는 것은 크게 후대의 대부분 부파의 자료들에 의거하고 있기 때문이다. 『섭대승론』은 그것들에 대해 추가적 빛을 던져준다. 그러나 그것은 아비달마 문제점의 어느 정도까지 인식되고 있는가를 보여주며, 또한 다른 표현들이 초기 교설과 새로운 아비달마의 발전 사이에서 벌어진 교의적이고 논리적인 빈틈을 설명하기 위해 고안되었다.

2) 두 가지의 식과 두 가지 연기

『섭대승론』은 심의 다층적 모델을 정당화하기 위해 연기설을 소환한다. 그것은 특히 이 연기계열의 첫 번째 부분에서 존속하는 식의

---

5 나는 여기서 많은 팔리어 문헌들에서 나타나는 ālaya란 용어가 ālaya-vijñāna로 해석되어야 한다고 주장하는 (MSg I.11a, 13b의) 두 항목을 건너뛰었다. 이 논의는 주로 "자아'로서 파악되는 것이 무엇인지에 대한 것이다. 이 주제는 染汚意(kliṣṭa-manas)와 관련해 추후에 논의할 것이다.

측면을 이 계열의 뒷부분에서 기술된 식의 인지적 측면과 구별하기 위한 필요성 때문이다. 제1장에서 보았듯이 이것은 연기 계열의 중간에 있는 갈애(tṛṣṇā)와 취착(upādāna)이라는 번뇌의 현존이 어떻게 가장 인지적인 과정들에 수반되며, 따라서 윤회하는 식의 영속성을 낳는 업을 촉발시키는가를 설명해 준다. 다시 말해 식으로부터 번뇌와 업으로, 그리고 번뇌와 업으로부터 다시 식으로의 피드백 사이클을 보여준다.

더욱 『섭대승론』은 식이 두 가지 측면 사이의 상호관계를 두 방식으로, 즉 첫 번째는 연기의 표준적 계열에서처럼 계기적 관계로서, 그리고 두 번째는 알라야식과 6식(및 염오의)이라는, 심의 다층적 모델의 별개의 구성요소 사이의 동시적 관계로서 해석한다. 다른 동시대의 문헌들을 반영하면서 MSg I.19[6]는 이것들을 연기의 두 가지 구별되는 종류라고 간주한다. 두 가지는 우리가 통시적인 것과 공시적인 것이라고 부른 것에 각각 대응된다. 비록 『섭대승론』이 연기의 공시적 유형을 먼저 설하고 있지만, 해설상의 편의를 위해 두 가지 식 사이의 상호인과성의 통시적 차원부터 시작할 것이다. 이는 크게 제1장의 분석을 다시 정리한 것이다.

---

6 12지 연기의 이중 해석은 많은 아비달마 문헌들에서 발견된다. 예를 들어 AKBh ad III 24d는 연기를 찰나적인 것(kṣaṇikaḥ)과 구별되는 시간적 상태(āvasthikaḥ)를 가리키는 통시적인 것으로서 논의하고 있다. Sthiramati의 『중변분별론석』(MAVT, ad MAV I.9-11; D #4032. 205a2f)은 이를 각기 pravṛtti-lakṣaṇa와 saṃkleśa-lakṣaṇa라고 부른다. 즉, 알라야식과 전식 사이에서 발견되는 찰나적이고 동시적인 인과성과 또 12지 연기에서 묘사된 시간적이고 연속적 인과성이다.(Nagao 1982: 149f)

주석에 따라 12지 연기는 종종 삼세로 구분된다. 전생으로부터 지속하는 구성된 업의 형성력(saṃskāra, 行)은 수태와 더불어 시작하는 현세에서 식의 생기의 직접적인 조건이 된다. (우리는 이 중요한 연결고리를 나중에 식을 설명할 때에 상세히 설명할 것이다.) 식이 모태로 "하강"할 때, 중생의 기본적 구성요소(nāma-rūpa, 名色)들은 인간의 여섯 가지 감각영역(ṣaḍāyatana) 속에서 자라나고 성장한다. 이런 심리적이고 물질적 토대들은 이어서 각각의 개별적인 감각영역 속에 있는 대상들과의 접촉을 가능케 하는데, (이 모든 것이 모여 '인지적" 식의 표준적인 구성요소를 이루며) 그것들은 그 후에 감수(vedanā)를 일으킨다. 이것들은 전형적으로 갈애(tṛṣṇā)와 취착(upādāna)이라는 번뇌과정들을 이끌어내며, 다시 갈애와 취착은 유(有, bhava)의 생기의 조건이 되며, 유有는 재생과 죽음의 또 다른 윤회의 시작을 개시한다.

그러나 『섭대승론』이 주장하는 것처럼, 여기서 알라야식이라고 하는 또 다른 종류의 식을 주장하는 데에는 분명한 중복이 있다. 즉, 명색은 오온으로 구성되어 있고, 색은 물질적 온에 해당되며, 명은 식을 포함해 남아 있는 네 가지 온이다. 따라서 명색이 식을 조건으로 해서 일어난다고 12지 연기가 주장할 때 이는 식온(vijñāna-skandha)이 식에 의해 조건지어져서 일어나고 있음을 함축하고 있다고 간주될 수 있다. 이런 중복은 식과 명색 사이의 상호의존성을 설하는 몇몇 초기경전의 문장들에 의해 악화되고 있다. 예를 들어 팔리어 경전 Naḍakālāpikasutta(한역 蘆束經, 잡아함 T2: 81a-b)에서 붓다는 다음과 같이 설하고 있다.

> 마치 두 개의 갈대 묶음이 서로 의지해서 서 있는 것처럼, 식도 명색을 조건으로 해서 생겨나는 것이며, 명색도 식을 조건으로 해서 생겨난다. 명색을 조건으로 해서 6처가, 그리고 6처를 조건으로 해서 촉이 〔생겨난다〕. 이것이 고의 더미의 기원이다. (S II 114)

『섭대승론』에서 무착은 이 구절을 알라야식이라는 (또는 보다 정확히 말하면, 그것의 동의어인 이숙식이라는) 별도의 형태의 식의 근거로서 간주한다.

> 식과 명색은 마치 갈대 묶음(naḍakālapa, 蘆束)처럼 서로서로 지지하는 방식으로(anyonyaniśrayogena) 작용한다. 명색은 이숙식(vipāka-vijñāna)이 없으면 가능하지 않을 것이다. (MSg I.36)

『섭대승론』의 주석들은 이를 잘 설명하고 있다. 주석들에 따르면 연기계열에서 첫 번째 식은 알라야식이며, 명색에 포함된 식온으로서의 두 번째 식은 전식(pravṛtti-vijñāna)을 가리킨다.[7] 바로 이런 종류의

---

[7] 주석서들은 다른 경을 인용하는데, 그것은 大因經(Mahānidāna-sutta: D II 63)의 부분과 대응한다. 여기서 붓다께서는 명-색(nāma-rūpa)과 식(vijñāna) 사이의 상호 의존성을 설하고 있다. "나는 명-색이 식에 의해 조건지어진다고 설한다. … 만일 식이 모태에 들어가지 않는다면 명-색은 그곳에서 용해되겠는가? 세존이시여, 그렇지 않습니다. 식이 모태로 들어온 후에 소멸한다면, 명-색은 이 존재의 상태에서 태어나겠는가? 세존이시여, 그렇지 않습니다. 식이 유아기나 청년기에 끊어진다면 명-색은 자라나고 증대되고 확장되겠는가? 세존이시여, 그렇지 않습니다. 아난다여, 그러므로 바로 이것, 즉 식이 명색의 원인이고 터전이고 일어남이고

식이 (6처와 촉, 수, 갈애, 취라는) 이어지는 정형구의 부분들에 포함된 것이며, 또 그것들과 상응하는 업들이 결과로서의 알라야식을 영속화하는 것으로, 알라야식은 정형구의 앞에서처럼 업의 형성력들(saṃskārā)에 의해 다시 조건지어져서 결과적으로 재생할 것이다. 따라서 우리가 앞의 제1장에서 검토했던 동일한 문헌자료를 인용하면서 유가행파는 우리가 보았던 것은 바로 연기의 정형구가 두 개의 별개의 식 사이의 통시적인 상호관계를 묘사하고 있는 경우라고 명시적으로 서술하고 있다.

그러나 『섭대승론』은 또한 알라야식과 전식 사이의 공시적인 상호관계도 앞에서 다루었던 유전문보다 상세하게 기술하고 있다. 이는 『섭대승론』의 수사적인 질문에 의해 효과적으로 나타나고 있다.

조건이다. … 나는 식이 명-색에 의해 조건지어진다고 설했다. … 만일 식이 명-색 속에서 어떤 토대도 얻지 못한다면, 생·노·사와 고통의 생기가 일어나겠는가? 세존이시여, 그렇지 않습니다. 아난다여, 그러므로 바로 이것, 즉 명-색이 식의 원인이고 터전이고 일어남이고 조건이다." (PTS, 번역은 바꿈.)

『무성석』(MSgU 393a29-b9; MSgU(t) 259b2-7)은 이에 대해 다음과 같이 주석한다. "식과 명-색이 마치 갈대묶음(naḍakalāpa)처럼 서로 지지함을 통해 작동한다는 것은 이숙식(vipāka-vijñāna) 없이는 가능하지 않다는 텍스트에 관해 붓다께서는 명-색이 식에 의해 조건지어진다(vijñānapratyayaṃ nāmarūpam)고 설하셨다. 그중에서 명(nāma)은 네 비물질적 온이고, 색(rūpa)은 칼랄라(kalala)이다. 그 양자의 조건이며, 한 찰나에서 다른 찰나로 진행하며, 바로 의지체(āśraya)로서의 식은 알라야식에 지나지 않는 것이다. 만일 그대가 명이 전식을 가리킨다고 주장한다면, '식'에 의해 의미되는 것은 대체 무엇인가? … 그리고 '식이 유아기나 청년기에 끊어진다면 명-색은 자라나고 증대되고 확장되겠는가?'라는 (D II 63의) 교설도 알라야식이 없다면 타당하지 않을 것이다."

> 우리는 어떻게 알라야식과 염오된 법들이 동시에(samakāle) 또 상호적으로 원인이 된다는 것을 이해해야 하는가? (MSg I.17)

앞에서 보았듯이 대답은 화염과 심지의 상호의존적인 생기 및 "동시적으로 서로에 의지하고 있는 갈대 묶음"의 두 가지 비유들로 주어진다. MSg I.17은 이를 보다 기술적으로 표현하면서, "알라야식이 염오법들의 원인인 것처럼, 염오법들도 알라야식의 주된 조건(hetu-pratyaya, 因緣)으로서 건립된다."고 말한다.

"첫 번째 연기"(MSg I.28)라고 불리는 이런 공시적인 상호성은 아래의 두 단락에서 잘 설명되고 있다.

> I.26: 다른 전식들은 모든 심신복합체(ātmabhāva)와 존재형태(gati)들에서 경험하는 것으로 간주된다. 『중변분별론』(MAV I.9)은 〔다음과 같이 설하고 있다〕.
>
> "첫 번째 것은 조건으로서의 식이며, 두 번째 것은 경험하는 〔식〕이다.
>
> 후자에게 향수와 판별, 작동이라는 심작용이 있다."[8]

---

[8] 세친에 귀속된 MAVBh에서 이 게송에 대한 주석은 다음과 같이 서술한다. "알라야식은 다른 전식의 원인이기 때문에 그것이 조건으로서의 식(緣識)이다. 그것에 의해 조건지어진 전식은 〔현상을〕 경험한다. 감수는 향수이고, 想은 판단이고, 思와 作意 등의 제행은 식을 작동시키는 것이다." (MAVBh ad I.9: ālaya-vijñānam anyeṣāṃ vijñānānāṃ pratyayayvāt pratyaya-vijñānaṃ / tatpratyayaṃ pravṛtti-vijñnanam aupabhogikaṃ / upabhoho vedanā / paricchedaḥ saṃjñā / prerakāḥ sa,mskārā vijñānasya cetanā-manaskārādayaḥ /) (Nagao 1964: 21);

I.27: 이 두 개의 식은 상호 조건이 된다. 『아비달마대승경』에서 하나의 게송이 있다.

"모든 법들이 식 속에 저장되어 있듯이, 마찬가지로 식도 법 속에 저장되어 있다.

〔그것들은〕 상호적으로 또한 항시 서로의 결과와 원인이 된다."

"첫 번째 연기"는 알라야 논증문헌이 알라야식과 전식 사이의 동시적이고 상호적인 인과(sahabhāva-, anyonya-pratyayatā-pravṛtti)라고 표현했던 것을 기술하고 있다. MSg I.14가 말하듯이, "알라야식은 무시이래 바로 이들 염오법들의 훈습에 의존해서 일어나기 때문에 과거의 업의 결과이다." 또한 그것은 "일체 종자를 가진(sarvabījaka) 알라야식이 모든 때에 그 염오법의 원인으로서 나타나기에" 전식이 일어나는 원인이다. 비슷하고 또 상호적으로 알라야식의 종자로부터 나오는 전식은 향수와 판별, 작동 등의 심적 요소들과 상응한다. 이 심적 요소들이 다시 미래에 알라야식의 생기를 영속화하는 새로운 업을 일으키는 데 핵심적인 것이다. 이와 같이 알라야식은 전식들의 결과이자 원인으로 간주되며, 이는 전식에게도 마찬가지이다.

요약하면, 『섭대승론』은 알라야식과 같은 심의 개념은 12지 연기 계열에서 묘사된 역동적이고 순환적인 인과성을 통시적이고 공시적으로 잘 설명하기 위해 필요하다고 주장한다. 통시적으로 시간적 피드백 과정에서 업을 낳는 심의 과정들은 그런 과정들을 일어나게끔 하는 결과들을 낳는데, 그 피드백 과정들은 연기 계열 내의 식을 "윤회적인

Stcherbatski 1977: 54; Anacker 1984: 215.

것"과 "인지적인 것"의 2종의 별도의 종류로 간주함에 의해 가장 잘 설명되는 것이다. 그리고 공시적으로 심의 동시적 과정들은 프로이드가 언젠가 말했듯이 "두 개의 구별되지만 상호 연관된 체계의 구성요소들 사이로 그것들을 구분함"(Freud 1984: 430-433; see n.18)에 의해, 또한 그들 사이의 공시적이고 상호적인 관계를 기술함에 의해 가장 잘 인식된다. 바로 이것이 알라야식과 전식의 관계인 것이다. 따라서 『섭대승론』에 따르면 12지 연기설과 같은 전통적인 교설도 알라야식과 같은 개념을 필요로 한다.

우리는 이미 앞에서 이를 살펴보았다. 실제로 그것은 초기문헌에서 함축되었거나 시작된 것을 명확히 한 것이다. 그렇지만 『섭대승론』은 그때까지 충분히 탐구되지 않았던 주제들을 정교하게 만들고 있다. 예를 들어, 생겨나는 알라야식이 그것들의 훈습(vāsanā)이나 종자(bīja)를 알라야식 속에 어떻게 정확히 훈습(paribhāvana)할 수 있는지는 여전히 불확실하다. 그리고 종자를 심는 과정이란 정확히 무엇인가? 이 과정들을 명확히 하면서 『섭대승론』은 식의 두 측면 사이의 이질성과 동시적인 관계성을 보다 정교하게 확립하고 있다.

3) 알라야식의 종자: 동시적인 내성 심리적 인과성으로서의 업의 과정

여기서 알라야식과 그것을 중심으로 한 심의 모델을 옹호하며 제시된 주장들은 먼저 식의 두 측면들의 매우 모순된 성격에 의거한다. 그 모순이란 궁극적으로 법의 분석에서의 전제들로부터 파생된 것이다. 두 번째로 식의 두 측면들의 불가분적인 동시성에 의거한다. 우리는 알라야식 개념과 염오의, 그리고 그것들을 옹호하기 위한 특정한 주장들을 이런 두 가지 전제를 고려함이 없이는 거의 이해할 수 없을 것이다. 비록 동시적인 조건이 바로 연기의 정형구 속에 함축되어 있지만 몇몇 불전들은 이런 요점을 『섭대승론』처럼 반복적이고 주저함이 없이 근원으로 몰고 간다.

『섭대승론』은 전식이 순차적으로 일어나는 표준적 모델을 비판하고, 대신에 종자와 훈습이 영향을 받기 위해서, 따라서 확장해서 업이 작동하기 위해서는 다양한 종류의 식이 동시에 일어나야만 한다고 주장한다. (종자들은 결국에는 원인과 결과 사이에서 업의 관계를 논의하는 하나의 방식이다.[9]) 더욱 우리가 앞에서 보았듯이, 알라야식과 그것이 제공하는 동시성 없이는 어떤 충분히 지속적이고 동질적인 중재수단은 없게 될 것이다. 그런 중재수단을 통해 종자와 훈습들은 심의 찰나적 과정들의 단절되지 않은 연속 속에서 전달될 수 있을 것이며, 이것 없이는 불교의 세계관이 요구하는 번뇌와 업, 점진적인 수행도의 과정의 지속성은 해명될 수 없을 것이다. 그러므로 『섭대승론』은 두 종류의 식 사이의 동시적 관계를 확립하려고 한다. 먼저 왜 이런 관계가 업설이 작동하기 위해 필요한가를 입증하기 위해, 그런 후에 이 관념들을 『논사』 이래 체계적인 불교 사유를 괴롭혀 왔던 다른 난제들에 준용해서 추정하기 위해 나아간다.

핵심적인 질문은 다음과 같다.

---

9 MSg I.16: "〔염오된 법들이〕 생기할 수 있는 특별한 능력을 가진(utpādaśakti-viśeṣaka) 방식으로 일어나는 알라야식은 일체 종자를 가진 것(sarvabījaka)이라고 불린다."

알라야식과 염오법들이 동시적이고(samakāle) 상호적인 원인(anyonyahetu)이라는 것을 어떻게 이해해야 하는가?[10] (MSg I.17)

원인(hetu)들은 여기서 종자 개념과 때로는 경향성이나 훈습(vāsanā) 개념에 의해 제시되었기 때문에, 원인들과 핵심 조건들에 관한 논의는 종자를 심고 훈습을 하고, 마침내 열매를 맺는 관점에서 진행된다. 다른 말로 하면 어떻게 알라야식과 전식이라는 '잡염법들'이 서로서로 영향을 주고 종자를 심는가에 대한 논의는 업설을 논의하는 한 방식이다. 어떻게 원인과 결과가 여러 종류의 심적 과정들 속에서 또 그 사이에서 작동하는지는 위에서 충분히 논의되었지만, 그것들의 동시성의 중요성은 『섭대승론』 이전까지는 충분히 강조되지 않았다.[11]

훈습이 스며들기 위해서는 (또는 다른 말로 경향성이 강화되기 위해서는) 또 종자가 뿌려지고 이들 양자가 싹을 내기 위해서는 『섭대승론』에 따르면 다양한 형태의 식이 동시에 서로서로 있어야만 하는 것이 필요하다. 그래서 〔문자적으로는 '향기(perfumation)'이지만 본서에서는 impression, predisposition으로 번역함〕 습기(vāsanā)는 MSg I.15

10 『섭대승론 무성석』은 동시적 관계(sahabhū-hetu)는 알라야식과 전식 사이에 속할 뿐 아니라, 因緣(hetu-pratyaya)의 범주에 포함된 다섯 원인(hetu)들은 알라야식의 동의어라고 서술한다. (MSgU 250a1f: gang dag gis rgyu lnga ni rgyu'i rkyen to zhes smra ba de dag kyang rnam grangs kyis kun gzhi rnam par shes pa nyid du smra'o). ASBh의 sahabhū-hetu의 정의는 3장 n.52를, 『구사론』에서의 그것의 의미는 2장 n.34를 보라.

11 Schmithausen(1987: 418, n.784)은 이러한 동시성의 요구를 "『섭대승론』의 핵심적 주장"이라고 지적한다.

에서 “하나의 법과 동시에 생하고 멸하는 것에 의거해서 〔미래에〕 그것의 생기의 원인(utpatti-nimitta)인 것”으로 정의된다.[12] vāsanā라는 술어의 어원을 “熏習”으로 하면서 이 텍스트는 이를 먼저 참깨 씨앗을 비유로 든다. 그 씨앗은 인도 전통에서 그 향의 저장소로 생각되었다. 두 번째로 과정들로 비유한다. 감각적 욕망의 발생이 그 과정들의 경향성을 강화시켜 주거나, 또는 텍스트의 설명대로 심(citta, 즉 알라야식)에 "훈습을 스며들게 하는 것"이다. 이 심으로부터 다시 후속하는 욕망의 경우들이 이어 생겨나는 것이다.

> 예를 들어 참깨 씨앗이 꽃에 의해 훈습되었을 때, 꽃은 참깨 씨앗과 동시에 생하고 멸하지만 참깨 씨앗은 그 꽃의 또 다른 향의 생기의 원인으로서 〔후에〕 일어난다. 또한 감각적 욕망 등에 따라 행하는 자(rāgādicarita)에게 감각적 욕망 등의 경향성(rāgādivādsanā)이 감각적 욕망과 동시에 생하고 멸하지만 심은 그 〔욕망〕의 원인(nimitta)으로서 〔후에〕 일어난다. ··· 알라야식도 마찬가지라고 알아야 한다. (MSg I.15)

이 텍스트는 이러한 훈습의 과정이 연속적으로 일어나는 것이 아니라 동시에 일어난다고 강조한다. 이는 공시적인 연기의 인과성이라는

---

12 vāsanā의 어원과 용법에 대해서 3장 n.15를 보라. 그것은 bhāvanā 또는 paribhāvita라는 단어에 의해 수반되며, 나는 이 경우에 각기 “infusion(스며듦)” 또는 “infusing”, “infused”로 번역했다.(역자: 훈습으로 번역) bhāvanā 등의 어원과 용법에 대해서는 2장 n.103을 보라.

인과성 개념을 지시하는 결정적인 구별로서, 이는 보다 연속적이고 직선적인 모델과 매우 다르다. 이것은 독립적인 실체들의 입장에서 고립된 행위들을 가리키기보다는, 상호 연관된 체계의 구성요소 사이의 동시적인 상호작용을 가리킨다. 다시 말해, 훈습과 스며듦은 그 속에서 꽃과 씨앗, 욕망과 심이라는 그것들의 구성요소들이 서로서로 동시에 분리될 수 없이 생겨나는 과정들인 것이다. 이것은 (앞의 제3장에서) 『해심밀경』(SNS V.5)에서 사용된 물의 흐름 속에서의 파도의 이미지에 의해 가장 잘 표현될 것이다. 물의 흐름은 분리되어 일어난다는 의미에서 파도의 일어남과 독립해 있는 것이 아니다. 흐름은 파도와 동시에 일어난다. 왜냐하면 파도는 흐름의 일부이고 부분이기 때문이다. 그러므로 파도에 영향을 주는 것은 동시에 흐름에도 영향을 준다. 이것은 하나의 분리된 과정이 아니다. 비슷하게 어떤 찰나에서의 심의 흐름도 독립된 실체라는 의미에서 감각적 욕망의 일어남과 분리된 것이 아니다. 오히려 심의 흐름은 감각적 욕망이 일어남과 동시에 영향을 받는다. 왜냐하면 그 욕망은 심의 흐름 자체의 부분이기 때문이다. 하나는 동시에 영향을 받는 다른 것 없이는 일어날 수 없다. 왜냐하면 그것들은 궁극적으로 분리된 실체들이 아니며, 또 그것들의 생기는 궁극적으로 분리된 과정들이 아니기 때문이다.[13] 이것이 "이것이 있을

---

13 이것은 프로이드 학파의 분석에서 사용된 ego, id, superego라는 개념들에 대한 Hall의 언급과 유사하다. "그것들이 다른 명칭을 갖고 있다는 것은 그것들이 독립된 실체임을 의미하지는 않는다. … 그것들은 전체적인 인격 내에서 단지 다른 과정과 기능, 작용기제 그리고 역동성을 표현하는 축약된 방식에 지나지 않는다."(1954: 34f)

때 저것이 생겨난다"라는 "첫 번째" 공시적 연기의 동시적 인과성에 의해 이 텍스트가 의미하는 것이며, (심이든 알라야식이든 간에) 심에 종자를 심고 스며드는 과정에 적용된 것이라고 생각된다.

비록 감각적 욕망이라는 염오된 법들에 따라 동시적으로 훈습이 일어난다는 논의가 『구사론』에서 즉각적으로 결과를 낳는 종자의 논의를 연상시키지만,[14] 그 형태는 문제의 핵심에 이르지는 못했다. 왜냐하면 그것은 6식과는 다른 종자를 위한 동시적인 중개자를 여의고 있기 때문이다. 이렇게 동시성을 이해하는 관점에서 『섭대승론』은 이 문제를 다음과 같이 설명한다. 만일 구별되는 식의 형태 사이에, 훈습을 주고 훈습을 받는 것 사이에 동시성이 없다면, 어떻게 종자의 훈습이 있을 수 있겠는가? 그러므로 한 찰나에 하나의 식이 있고 6식은 연속적으로 일어난다고 주장하는 어떤 이론도 마치 끈 없는 구슬처럼[15] 어떻게 종자들이 한 찰나에서 다른 찰나로 지속할 수 있는지, 나아가 어떻게 그 〔종자〕들이 애초에 다른 식으로 스며들 수 있는지를 설명하는 데 어려움을 갖게 될 것이다. 이런 사유는 아마도 〈증명부분(Proof Portion)〉에서 "상호 종자의 불가능성"이라는 증명 4에서 함축되었겠지만, 이제 완전히 명시적으로 수행되었다.

『섭대승론』은 종자의 특성을 다음과 같이 기술한다.

---

14 AKBh ad II 36d: "무엇이 '종자'인가? 나중에나 직후에 특정한 심의 흐름의 변화를 통해(santati-pariṇāma-viśeṣāt) 결과를 산출할 수 있는 심리적-물질적 유기체(nāma-rūpa)이다." 추가적 논의를 위해서는 본서 II.6.2)를 보라.

15 업의 지속성이란 "단지 염주의 줄로서, … 그것은 그것을 낳는 업의 힘을 제외하고는 잠재적으로 연결시키는 줄을 갖지 않은 것이다."라는 상좌부의 입장과 보조를 맞춘 것이다.(Collins 1982: 248)

> 모든 종자는 여섯 개의 특징을 갖고 있다고 간주된다. 찰나적이며, 동시적이고, 끊어지지 않는 흐름 속에서 존속하며, 〔업의 측면에서〕 중립적이고, 조건들을 필요로 하며, 그것들 자신의 결과에 의해 완결된다. (MSg I.22)

종자들에 의해 제시된 인과적 작용성을 위해 그 〔종자〕들은 업의 측면에서 중립적인 심의 형태와 동시에 생겨나야만 한다. 그런 심의 형태는 다음 항목에서 밝히겠지만 다음과 같은 특징을 갖고 있기 때문에 훈습될 수 있는 것이다.

> 견고하고, 중립적이고, 훈습될 수 있고, 훈습과 상응하는 것에 훈습(bhāvanā)이 있지, 그것과 다른 것에는 아니다. (MSg I.23)

"그것과 다른 것에는 아니다."란 6식은 간헐적이고 업의 측면에서 결정된 것이기 때문에 (즉, 업의 측면에서 이미 결정된, 향수와 같은 심적 요소들과 상응하기 때문에: MSg I.26) 서로 훈습할 수 없으며, 그리고 알라야식이 없는 교설 체계에서 그 〔종자〕들은 동시적이지 않다는 의미이다. 『섭대승론』은 〈증명부분〉의 증명 1에 공명하면서, 그것들은 훈습을 받을 수 없다고 주장한다.

> 6식은 서로 상응하지 않으며, 또한 〔토대와 인식대상과 작의라는〕 그것들의 세 가지 측면들 간에는 차이가 있기 때문이며, 또 두 개의 〔연속하는 식의〕 찰나들은 동시적이지 않기 때문이다.[16] (MSg I.23)

그렇지만 전식과는 대조적으로 알라야식은 견고하고 지속적으로 일어나며, 끊어지지 않는 흐름이며, 중립적(avyākṛta)이고, 항시 전식과 동시적으로 일어난다. 따라서 주석서는 단지 알라야식만이 훈습될 수 있고 또 훈습하기에 적합한 성질을 갖고 있다고 설명한다.[17]

요약하면, 동시성의 기준은 매 찰나에 표층적 식과 동시에 일어나는 심층적인 심의 흐름을 요구한다. 이것은 무엇보다 업의 지속성을 유지하기 위해서 필요한 것이지만, 보다 중요하게는 어떤 형태의 심이 애초에 '염오된 법들'로부터 종자와 훈습을 받을 수 있기 위해서 필요한 것이다. 우리가 보았듯이 바로 알라야식이 이런 구별되는 심의 흐름으로 간주된 것이다. 그 식의 흐름의 상부에 〔알라야식과〕 차별되는 파도가 일어나지만,[18] 그 〔알라야〕식은 『해심밀경』(V.5)이

---

16 "세 가지 구별되는 측면들"은 의지체(āśraya)와 인식대상(ālambana) 그리고 작의(manaskāra)를 가리킨다.(MSgBh 330a7-9; MSgBh(t) 156b1-2)

17 Lamotte 1935: 241; 무성석 389b24; MSgU 252a8-b3.

18 알라야식과 전식과의 구별에 대해서는 〈증명부분〉 증명2; 유전문 (4.b)B.1; Karmasiddhiprakaraṇa § 38-39를 보라.
이 포인트는 프로이드가 "Mystic writing Pad"를 언급하면서 행한 논의 속에서 행해졌다. 그것의 현대적 형태는 장난감 가게에서 여전히 발견할 수 있다. 그것은 전형적으로 예민한 왁스 코팅으로 덮인 판지 베이스로 이루어져 있고, 그 위에 판지 바닥의 상단에만 부착된 플라스틱 시트가 놓여있다. 우리가 플라스틱 시트 위에 펜으로 글을 쓸 때, 그 압력이 아래의 왁스 코팅 속으로 스며들고, 플라스틱 시트를 그것에 달라붙게 한다. 그것이 기호들이나 문자들로 보인다. 이 기호들은 왁스 판자로부터 떼어놓는 순간 이 시트로부터 즉시 사라지게 되지만, 판자는 여전히 압력을 보존하고 있다. 프로이드는 다음과 같이 말한다. "우리의 심리 기제는 새로운 지각을 위한 무제한적인 수용력을 갖고 있으며, 그럼에도 그것들의 영원한 -비록 변형 가능성은 있지만- 기억 흔적들을 저장하고 있다. … 따라서

말하듯이 "그 흐름이 중단되거나 소진됨이 없이" 각각의 파도와 분리될 수 없이 함께 일어나며, 동시적으로 그것들을 지지해 주는 것이다.

모든 이런 주장들은 초기 유가행파 문헌들과 『섭대승론』에서 표현된 두 개의 식의 모순성에 의거하고 있다. 우리는 6식은 동질성의 결여 때문에 서로 훈습할 수 없으며, 또한 지속성의 결여 때문에 업의 영향을 전달할 수 없다는 것을 보았다. 이는 다르마 분석의 논리에 따라 매 찰나 중단되지 않는 지지처를 요구하는 것이다. 그렇지만 이제 6식의 계기적인 생기 자체는 6식이 훈습이나 종자를 받을 수 없음을 보여준다고 『섭대승론』은 주장한다. 어떤 의미에서 이런 분석들이 행한 것은 공시적인 다르마 담론에서 상대적으로 좁은 식의 개념의 함축성을 점차적으로 이끌어낸 것이다. 여기서 좁은 식이란 즉각적이고 표층적인 식의 형태를 가리킨다. 찰나성과 심의 단층성의 전제는 단지 하나의 식만이 한 찰나에 다른 단일한 대상과 상응하여 일어난다는 것을 인정하는 것이지만, 그것을 인정하는 것은 6식이 매 찰나 인과적 영향을 흡수하고 보존하고 전달할 수 있다는 것을 효과적으로 배제하는 것이다. 이것은 어떤 체계적인 업의 이론을

그 패드는 마치 판자처럼 반복해서 사용할 수 있는 수용적인 표층을 제공할 뿐 아니라, 일반적인 종이 패드처럼 쓰여졌던 것의 영원한 흔적들을 제공한다. 이것은 두 **개의 분리되었지만 상호 연관된 구성요소들이나 체계들 사이에서 그것들을 나눔에 의해** 두 개의 기능들을 결합하는 문제를 해결해 준다."(강조는 원문) 이를 인용하면서, Harland는 다음과 같이 논평한다. "판자는 그것이 지각하지 못하는 것을 함유하고 있는 무의식적인 심과 비교될 수 있다. 종이 또는 셀룰로이드는 그것이 함유하지 않은 것을 전달하는 지각-의식 체계와 비교될 수 있다."(1987: 142)

심과의 관련 속에서 형성하지 못하게 방해할 것이다. 그리고 이것은 이런 기능들을 충족시키는 개념이 출현하리라는 것을 사실상 보장하려는 것이다. 그 결과는 다른 동시대의 아비달마 학파들의 혁신적인 개념들의 내용과 모습에 의해 충분히 입증되었다.[19] 모든 이런 개념들은 (특히) 그것을 해결하려는 시도에 있어서조차도 여전히 아비달마의 문제점의 관점에 피할 수 없이 잠복되어 있는 것이지만, 이는 알라야식에 있어서는 더 이상 사실이 아니다.

축적된 업의 잠재력을 종자의 형태로 받고 전달할 수 있는 심의 형태를 나타내는 한에서 알라야식은 그 문제점의 첫 번째 주요한 난점을 해결하고 있다. 이에 의거해서 『섭대승론』은 아비달마의 문제점의 마지막 두 가지 구성요소인 번뇌들의 지속성과 점진적인 해탈도의 성격을 설하기 위해 나아간다.

2. 아비달마적인 문제의 해결

『섭대승론』은 아비달마의 문제점의 난제들을 〈알라야식의 건립(vyavasthāna)〉이라고 명명된 세 번째 단락(MSg I.29-57)에서 직접적으로 다루고 있다. 이 단락의 첫 번째 항목은 그 목적과 기획을 분명하게 진술하고 있다.

---

19 데카르트주의자의 ego와 프로이드를 계승한 다양한 무의식적인 심 개념 사이의 관계에 대한 비슷한 결론은 L. L. Whyte (1978), *The Unconscious before Freud* 를 보라.

위에서 동의어들(I.1-13)과 특징들(I.14-28)에 의해 알라야식을 건립했다. 동의어들에 의해 설해지고 마찬가지로 특징들에 의해 설해진 것이 바로 알라야식이지 전식(pravṛtti-vijñāna)이 아니라는 것을 어떻게 알 수 있는가?[20]
왜냐하면 알라야식이 이와 같이 건립되지 않는다면 잡염(saṃkleśa)과 청정(vyavadāna)은 불가능하기 때문이다. 번뇌잡염(kleśa-saṃkleśa)과 업잡염(karma-saṃkleśa), 생잡염(生雜染, janma-saṃkleśa)도 불가능하며,[21] 또한 세간적이고 출세간적인 청정도 불가능하다. (MSg I.29)

잡염과 청정에 대한 이러한 계획적인 설명은 윤회존재의 영속화(pravṛtti)와 소멸(nivṛtti)이라는 〈알라야 논증문헌(Ālaya Treatise)〉의 마지막 두 부분들을 연상시킨다. 다시 말해 번뇌와 업, 그리고 그것들의

---

20 이 질문은 MSg I.29-56을 개시하는 것으로, 일차적으로 6식의 모델이 이러저러한 전통적으로 인정된 식의 기능을 설명할 수 없다는 사실을 지적함에 의해 알라야식의 존재 논증을 제시하고 있다. "형식적" 증명들로서 이 항목은 〈증명부분〉과 비교된다.

21 『무성석』에 따르면 잡염은 3종이다. 왜냐하면 그것들은 번뇌와 업 그리고 생(=결과)에 의해 만들어졌기 때문이다. (무성석 391a17f; MSgU 255a5: kun nas nyon mongs pa rnam pa gsum ni nyon mongs pas byas pa dang / las kyis byas pa dang skye bas byas pa'o). TrBh ad v.11 (28,25); MVBh ad V.23 - 6 (71,4) 참조.
잡염의 3종 구분은 불교학파에서 일반적이며, 부록 1이 보여주듯이 일반적으로 12지 연기와 관련되어 있다. Visuddhimagga 581(672, § 298); AKBh ad III 26a-b; Shastri: 442; Poussin: 68; MAVBh 21.

결과는 우리의 윤회 조건이 염오되고 때가 묻고 불만족스러운 한에서 잡염의 범주에 속한다. 그리고 이 조건은 그것들의 소멸(nivṛtti)로 이끄는 점진적인 청정(vyavadāna)의 과정들에 의해서만 제거된다. 다른 말로 하면 이 텍스트는 윤회나 열반은 알라야식이 상징하는 심의 지속성이 없이는 설명될 수 없는 것이다. 이것은 실제로 『섭대승론』(MSg I.1)의 첫 게송에서 해설되고 있다. "이 〔알라야식〕이 존재하기에, 따라서 모든 존재형태와 열반의 증득도 있다." 해설을 위해 우리는 염오의(kliṣṭa-manas)와 관련해 번뇌잡염을 다루기 전에 먼저 업잡염과 생잡염을 간략히 재생과정과 관련하여 논의할 것이다. 이것은 해탈도 위에서 『섭대승론』의 점진적인 청정 과정의 논의를 소개하는 데 도움이 된다. 나는 이를 제4장의 마지막 부분에서 다룰 것이다.

1) 업과 재생 그리고 알라야식

『섭대승론』(MSg I.33; 34-42)에서 업잡염(karma-saṃkleśa)과 생잡염(janma-saṃkleśa)이라고 불리는 항목은 크게 재생 과정에 초점을 맞추고 있다. 이는 물질적 법들의 연속이 한 생에서 다른 생으로 이동하는 시간 동안에 완전히 단절되기 때문에 개념적으로 문제가 된다. 이 텍스트는 전통적인 12지 연기의 삼세에 따른 해석 내에서 업의 형성물로서의 제행(saṃskārā)과 식(vijñāna) 사이에서, 또한 취(取, upādāna)와 유(有, bhava) 사이에서 일어나는 그런 연결지점들에 대해 설명한다. 식이 초기 팔리 전통과 아비달마 전통에서 한 생에서 다른 생으로 이어지는 유일한 요소라고 설해지기 때문에 "윤회가 지속하는 한" 존재해야만 하는 모든 요소들의 지속성은 이런 존속하는 식의 흐름과 어떤 관련 속에서, 또는 적어도 이런 결정적인 연결지점에서 지속해야만 했을 것이다. 비록 그 정확한 과정들에 대한 그들의 설명에는 상당한 차이가 있다고 해도, 이는 많은 아비달마 학파들에서도 공유된 것이다.

『섭대승론』(MSg I.33)은 이런 식의 형태는 알라야식이어야만 한다고 주장한다.

> 어떤 이유에서 〔알라야식이 없다면〕 업이라는 잡염들은 불가능한가? 왜냐하면 제행에 의해 조건지어지는 식은 존재하지 않게 될 것이기 때문이다. 저 〔알라야식〕이 없이 取(upādāna)에 의해 조건지어지는 유(bhava)도 불가능해질 것이다. (MSg I.33)

우리는 〈증명부분〉의 증명 1에서 이런 기본적 주장을 보았다. 과거의 제행의 지속하는 영향에 의해 조건지어지는 알라야식 없이 전식은 이런 연결지점을 넘어 전달되어야만 하는 종자와 훈습에 필요한 지속성을 자체적으로 제공해 줄 수 없다. 왜냐하면 그것들은 엄격하게 찰나적이고 또 현재의 조건들에 의존하기 때문이다.[22]

그렇지만 재생의 과정 동안에 심의 정확한 형태가 무엇인가에 대한

---

22 『무성석』 392a12-16; MSgU 257a2-5. 『세친석』은 有는 식 내의 습기가 취의 힘(upādāna-bala)에 의해 증대됨에 의해 생기기 때문에 取를 조건으로 하는 有(upādānapratyayo bhava)도 불가능할 것이라고 말한다. (세친석 331b24-27; MSgBh 159a4f: len pa'i rkyen gyis srid pa yang mi rung ste / gang gi phyir 'du byed kyis yongs su bsgos pa'i rnam par shes pa len pa'i dbang gyis bag chags rgyas pas srid pa 'byung bas so).

질문은 계속해서 복잡한 문제를 포함하고 있는데, 그 문제에서 두 가지 형태의 식의 모순된 성격이 다시 결정적인 것으로 되는 것이다. 이어지는 항목(MSg I.34)에서 재생의 과정에 대한 일련의 설명이 시작되고 있는데, 이것은 다른 두 가지 잡염인 번뇌잡염과 업잡염에서 나오는 생잡염 중에서 가장 중요한 과정이다.[23]

왜 생이라는 잡염(janmasaṃkleśa)은 〔알라야식이 없으면〕 불가능한가? 왜냐하면 재생과의 결합(pratisandhibandha)이 불가능할 것이기 때문이다. 의(意, manas)가 중유(中有, antarābhava)의 단계에 머무를 때, 그것은 염오된 의식(kliṣṭa-manovijñāna)에 의해 재생에 연결된다. 이 염오된 의식은 중유에서 소멸하고, 〔또 다른〕 식이 다시 모태에서 하나의 태아로서 응고된다(saṃmūrchati). …
응고된 식은 논리적으로 의식일 수 없다. 왜냐하면 〔의식은 중립적인 이숙식과는 달리〕 항시 염오된 의지체(kliṣṭāśraya)를 가지기 때문이며, 또 〔이〕 의식의 대상이 없기 때문이다. …
따라서 응고된 식이 의식이 아니라 일체 종자를 가진 이숙식(sarvabīja-ka vipākavijñāna)이라는 것이 증명되었다.[24] (MSg I.34)

23 부분적 주석으로서 『秘義疏』(VGPVy)는 우리에게 〔역주: 생잡염은 이숙으로 특징지어진다는 것을〕 상기시킨다. (P 416a4: skye ba'i kun nas nyon mongs pa ni rnam par smin pa'i mtshan nyid do) (Nagao 1982: 192, 196f).

24 현장역과 진제역은 "그것이 결코 중단되지 않기 때문에"라는 세 번째 이유를 포함하고 있다.
이 논증 모두는 체계적 사유에 의거하고 있다: 의식은 염오되기 위해서는 인식대상(ālambana)과 의지체(āśraya)를 가져야만 한다. 후자가 MSg I.6과 유전문에서

이것이 재생과정에 대한 기본적인 유가행파의 분석이다.[25] 이 텍스트

염오의(kliṣṭa-manas)인 것이다. 따라서 세친은 주석에서 의식이 manas에 의해 지지되며 그 manas는 탐욕 등의 번뇌들에 의해 염오된다고 설명한다. 왜냐하면 그것은 재생과정에서 그것을 인식대상으로 해서 생겨나기 때문이다. 반면에 결과적 상태로서 이 결생심(pratisandhi-citta)은 항시 중립적인 것(avyākṛta)이어야만 하고, 따라서 염오된 의지체를 가질 수 없다.(『세친석』 332a6f; MSgBh 159b4f) Lamotte(1973: 57) 참조. 더욱 다른 주석에 따르면 의식은 항시 요별될 수 있는 대상을 가진 반면에, 이 결생식은 그렇지 않으며, 따라서 그것은 의식의 찰나일 수 없다.(『무성석』 392a2f; MSgU 258b6f)

25 그렇지만 이것은 어떻게 유가행파가 재생과정을 인지했는지를 말하지는 않는다. 보다 상세한 기술은 『유가론』(YBh 24,1-10)에 보인다. Schmithausen(1987: 127f)에 의해 번역된 이 긴 구절은 유가행파의 재생과정을 보여주고 있다. "거기서 성욕에 찬 부모의 성욕이 강한 상태에 이르렀을 때 정액이 방출되며, 또 그 〔과정의〕 끝에서 분명히 정과 혈의 양자의 방울이 나타난다. 두 가지 정혈의 방울 모두가 어머니의 자궁에서 섞일 때, 마치 끓인 우유가 식은 상태로 되어가면서 크림으로 굳는 것처럼, 한 덩어리로 주한다. 일체 종자를 가진 알라야식(ālaya-vijñāna)이 이숙에 포섭되고 또 의지체를 집수하면서 그것 속에서(tatra) 화합, 의탁한다(sammūrcchati)."

"어떻게 그것은 화합, 의탁하는가? 생겨난 크림과 같은 저 정혈 덩어리와 함께 〔정혈을〕 그의 인식대상으로 잘못된 방식으로 인지하는 중유가 존재하기를 그친다. 또 그것의 소멸과 동시에 바로 그 일체종자를 가진 같은 심에 의해 〔선행하는 것과〕 비슷하지만 -〔정혈을 구성하는 4대와〕 다른- 미세한 감각기관의 4대와 섞인 또 다른 정혈덩어리가 생겨난다. 그것은 〔이미〕 하나의 감각기관을 갖고 있으며, (따라서 하나의 유정이다.) 그 상태에 있는 식이 結生(pratisaṃdhi)이라고 설해진다. 이것이 칼랄라(kalala)의 상태이다."

이와 관련해서 『구사론』에 인도불교도들의 인간 심리의 이해를 보여주는 흥미로운 구절이 있다. 그들은 재생하려는 유정들이 그들과 반대되는 성을 가진 부모에게 이끌릴 뿐 아니라, 그들 자체가 같은 성을 가진 부모에 대해 적대감을 경험한다는 사실을 인식하고 있다. "〔중유의 상태에 있는 유정은〕 업의 힘에 의해 갖게

(MSg I.34c)는 여기서 재생의 찰나에 생겨나는 것은 바로 염오된 의식이라고 하는, 유부 또는 아마도 경량부의 주장을 비판하고 있다.[26] 이런 주장들은 위에서 언급한 대로(MSg I.23) 업과 번뇌들의 지속성을 대변하는 종자와 습기가 단지 그런 종자들을 받아들이고 유지하고 전달할 수 있는 심의 형태를 통해서만 전달될 수 있다는 유가행파의 견해에서 예견된다. 그러므로 (티벳어 bardo로 더 잘 알려진) 중유中有에서부터 모태 속으로 들어가는 심의 형태는 의식일 수 없는 것이다. 왜냐하면 그것은 모든 종자를 운반하기 위해 필요한 업의 측면에서 중립적이고 견고한 이숙식(vipākavijñāna)의 성질을 갖지 못하고 있기 때문이다. 차라리 재생과 재결합할 때에 배아물질과 응고하는 식의 형태는-그것이 어떤 이름으로 불리든 간에[27]-일체 종자를 가질 수 있는 중립적인 이숙식(sarvabījaka vipākavijñāna)[28]이어야만 하는 것이다. 이 성질들은

된 신적인 눈을 통해 그가 재생할 곳을 보고, 그의 부모가 결합하고 있음을 본다. 그의 부모에 대해서는 이에 반하여 그가 남성이라면 어머니에 대해, 여성이라면 아버지에 대해 탐욕이 일어난다. 그들은 대립자에 대해 적대감을 갖고 있다."(AKBh ad III 15a-b; Shastri: 426f; Poussin: 50) 프랑스역에서 번역했다.

26 재생과 연결시키는 식의 정확한 유형에 관한 유부와 경량부 그리고 상좌부의 입장에 대해서는 2장 n.118을 보라.

27 MSg I.34.3: "만일 네가 용해된 식이 의식이라고 주장한다면, 그 용해된 의식은 모든 종자를 가진 것이거나 또는 모든 종자를 가진 저 〔첫 번째 식〕에 의해 지지된 채 생기하는 것이어야 한다. 만일 모든 종자를 가진 것이 바로 용해된 식이라면, 그렇다면 소위 '의식'이 동의어로서 건립된 알라야식인 것이다."

28 『무성석』(392c1f; MSgU 257b7)은 바로 이숙식이 모태에서 정혈과 응고하여 태아의 첫 번째 단계를 형성하고 그것과 운명을 같이 한다(ekayogakṣema)고 서술한다. ASBh 39,19-40,3은 이에 동의하면서, 중유의 마지막 찰나는 항시

중립적이고 잠재적인 심의 차원에만 허용된다. 따라서 업으로 인한 잡염(karma-saṃkleśa) 및 재생으로 인한 잡염(janma-saṃkleśa)은 알라야식이라는 심의 지속적인 과정에 의해 유지될 때 비로소 가능한 것이다.

2) 번뇌(kleśa)들의 지속성

이 텍스트는 번뇌의 지속성이라는 아비달마의 두 번째 주요한 문제를 논하고 있다. 비록 잠재적 조건 속에서이지만 해탈도가 다할 때까지 번뇌의 지속성의 문제는 『논사』 이래 체계적인 불교 사유 속에서 인식되었고 논의되었다. 실제로 논의의 기본요소들은 붓다의 여러 교설로 소급될 수 있다. 이는 대부분의 번뇌들은 여러 생 동안에 걸쳐 존속할 뿐 아니라 점진적으로만 끊어진다고 하는 두 개의 서로 연관된 문제들을 포함한다. 만일 해탈할 때까지 번뇌들의 지속적인 나타남이 우리로 하여금 어떤 찰나에도 선심이 나타나는 것을 방해한다면 번뇌의 점진적인 청정은 불가능해질 것이다. 그러므로 한편으로는 잠재적 번뇌들과 다른 한편으로는 업의 측면에서 청정의 선한 상태라는 업적으로 모순된 영향들의 심적 흐름 속에서 동시적인 나타남은 교의와 해설 양자에게 문제를 야기한다. 번뇌의 지속성과 그것들의 점진적인 청정의 문제는 사실상 각각의 거울의 이미지이다.

『섭대승론』(MSg I.30)은 왜 훈습의 문제가 알라야식 개념 없이는

염오된 반면에 재생의 첫 번째 찰나는 이숙의 상태라고 서술하고 있다. 유가행파의 입장은 주로 그 체계들의 발전사를 반영하고 있는 서로 모순된 구절들 때문에 복잡하다.(see Schmithausen 1987: 307f. nn.256, 259, 266)

해결될 수 없는지를 보여주기 위해 종자의 과정에 포함된 동일한 기본적인 사유를 사용한다. 이 텍스트는 6식의 어떤 것도 단지 찰나적이고 단절된 채 일어나기에 번뇌의 훈습의 종자들을 전달하거나, 또는 훈습들은 종자들과 상응하는 심과 구별되는 단지 동시적인 심의 형태로 훈습되기 때문에 그 〔종자〕들을 애초에 받아들일 수 있는 가능성을 부정한다. 단지 알라야식만이 번뇌의 훈습의 종자들을 받아들일 수 있으며, 그것들을 변화하는 업의 성질을 가진 표층적인 상태와 모순됨이 없는 식의 유형들과 모든 다른 존재영역을 통해 보존할 수 있는 것이다. 우리는 이 항목이 포함된 주장들의 형태와 논점들을 잘 보여주기 때문에 이를 온전히 인용할 것이다.

> 왜 번뇌라는 잡염은 〔알라야식 없이는〕 불가능한가?
> 왜냐하면 번뇌와 수번뇌(kleśa-upakleśa)의 훈습에 의해 만들어진 종자(bījabhāva)는 6식의 그룹(ṣaḍvijñānakāya) 속에 있을 수 없기 때문이다.
> (1) 예를 들어 만일 저 〔번뇌〕들의 종자가 탐욕(rāga) 등의 번뇌와 수번뇌와 동시에 생멸하는 동일한 안식 속으로 훈습되지 또 다른 〔식으로〕 훈습되는 것이 아니라고 〔생각한다면〕, 그렇다면 또 다른 식이 개입할 때(antarāyita) 어떤 훈습도 존재할 수 없을 것이며, 또한 훈습의 토대도 이미 소멸했던 〔과거의〕 안식 속에서 발견되지 않을 것이다. 앞서 소멸했던 안식이 또 다른 식으로 대체된 후에 지금 비존재하기 때문에 탐욕을 지닌 〔새로운 안식이〕 지금 비존재하는 과거의 안식으로부터 생겨나는 것은 불가능하다. 마찬가지로 지금

비존재하는 과거의 업으로부터 생겨나는 이숙과(vipāka-phala)도 〔만일 단지 안식만이 훈습되고, 알라야식이 훈습되지 않는다면〕 불가능하다.[29]

또한 탐욕(rāga)과 동시에 생겨나는 안식 내에 훈습하는 것도 〔다음과 같은 이유에서〕 불가능하다. 먼저 (2) 〔훈습은〕 탐욕 자체에 있지 않다. 왜냐하면 탐욕은 저 〔식〕에 의존하며(āśrita), 또 견고하지 않기 때문이다.[30] (3) 또 다른 식으로의 〔훈습도〕 없다. 왜냐하면 식의 의지체(āśraya)는 구별되며, 동시에 생하고 소멸하지 않기 때문이다.[31] (4) 〔또 다른 식〕 자체로의 〔훈습도〕 없다. 왜냐하면 〔식의 두 찰나〕 자체는 동시에 생하고 소멸하지 않기 때문이다.[32]

---

29 『무성석』(391b14f; MSgU 255b3f)에 따르면 이 마지막 점은 업의 이숙이 작동하는 방식에 관한 유부와 경량부 사이의 논쟁을 재산출하고 있다. 추가적인 논의를 위해서 II.6.2 참조.

30 『무성석』(391b23f; MSgU 255b7f)은 탐욕(rāga)은 심소caitta)이기 때문에 대응하는 인지적 앎(vijñāna)에 의존해야 한다고 설명한다. 비록 의지된 것(āśrita)은 그것을 지지하는 의지체(āśraya)를 훈습할 수 있지만, 그 역은 가능하지 않다. 심과 심소의 불가분리성에 대해 아래 n.39 참조.

Nagao(1982: 181)는 이 논증을 약간 다르게 읽는다. "안식이 탐욕과 동시에 생길 때에 저 〔안식〕이 훈습한다는 것은 가능하지 않다. 〔그리고 안식이 훈습하지 않는 한, 염오된 안식이 후에 그것으로부터 생길 수 있다는 것은 더욱 불가능하다.〕 첫 번째 경우에 (2) 훈습되는 것은 식이지 다른 것이 아니기 때문에 안식은 〔종자를〕 탐욕으로 〔훈습하지〕 않는다. 왜냐하면 저 〔식〕에 의지하는 것(āśritatva)은 탐욕이기 때문이며, 또 〔탐욕은〕 견고하지 않은 것(adhruvatva)이기 때문이다.

31 이것은 〈증명부분〉 #1.d. 및 MMSg I.23에서의 논증을 반영하고 있다.

32 우리는 여기서 안식의 두 종류는 동시에 생기하지 않는다고 서술하는 『세친석』을

따라서 안식이 번뇌와 수번뇌, 탐욕 등의 훈습에 의해 영향을 받는다는 것은 불가능하다. 저 식이 〔또 다른〕 식에 의해 훈습을 받는 것도 불가능하다. 안식의 경우에서처럼 이치에 따라(yathāyogam) 다른 전식(pravṛtti-vijñāna)들에 있어서도 마찬가지라고 알아야 한다. (MSg I.30)

이 항목에서 이 구절들은 알라야식 이외의 어떠한 다른 형태의 식도 인지적 경험의 염오된 찰나의 훈습의 종자들을 받아들이거나 전달할 수 있는 가능성을 효과적으로 반론하고 있다. 이것은 비슷하거나 상이한 전식 사이에서, 또는 동일한 식 내에서 일어날 수 없다. MSg I.30 (1)은 먼저 만일 모든 형태의 전식과 그것을 수반하는 심적 요소들이 엄격히 찰나적인 것이라면, 하나의 번뇌와 동시에 생겨나고 소멸하는 하나의 단일한 안식의 찰나는 또 다른 식의 찰나에 의해 바로 대체될 것이라고 주장한다. 첫 번째 안식의 찰나로부터의 훈습은 후속하는 안식의 찰나 속으로 훈습될 수 없다. 왜냐하면 첫 번째 것은 〔다음 찰나에〕 더 이상 존재하지 않기 때문이다. 나아가 (3)의 이유에 따르면 "또 다른 식으로의 〔훈습도〕 없다. 왜냐하면 식의 의지체는 구별되며, 동시에 생하고 소멸하지 않기 때문이다." 요약하면,

---

따른다. 『세친석』(331a16f; MSgBh 158a8: rang gi dngos po la yang ma yin te zhes bya ba ni / mig gi rnam par shes pa la mig gi rnam par shes pa'i bag chags kyang ma yin te / mig gi rnam par shes pa gnyis 'byung ba ni med de / gnyis kyi ngo bo med pas na lhan cig 'byung ba dang 'gag pa med pa'i phyir ro).

종자와 훈습의 전달은 식의 두 찰나 사이에서 일어날 수 없는 것이다. 왜냐하면 그것들의 지속성은 끊어졌기 때문이다. 또한 훈습도 다른 유형의 식 사이에서는 일어날 수 없다. 왜냐하면 그것들의 의지체는 구별되며, 사실상 동시적인 것이 아니기 때문이다.

탐욕과 식에 있어서 자기 훈습의 두 가지 가능성이 배제되었다. 식의 찰나에 수반되는 탐욕(또는 번뇌들)은 자체를 훈습할 수 없다. 왜냐하면 그것은 하나의 심적 요소(caitta, 心所)이며 심적 요소들은 심(citta/vijñāna)에 의해 지지되며, 따라서 견고하지 않기 때문이다. (2) 또한 저 안식은 자체를 훈습할 수 없다. 첫째로, 주석들에 따르면 바로 탐욕이라는 심적 요소의 의지체가 그것을 훈습하기 때문에, 이것은 의지체를 의지하는 것과 섞는 것으로, 훈습되는 것을 훈습하는 것과 혼동하는 것이다.[33] 둘째로, 안식의 두 찰나는 동시에 생겨나지 않기 때문이다. (4) 요약하면, "번뇌와 수번뇌의 훈습에 의해 만들어진 종자는 6식에 존재할 수 없기에"(MSg I.30) 알라야식이라고 하는, 종자를 받아들이고 전달할 수 있는 또 다른 구별되는 형태의 식이 있어야만 하는 것이다.

전식이 찰나적인 인식대상들에 의존하고 있기 때문에 알라야식과

---

33 『무성석』은 이 논증에 대해 주석하면서, 자기-훈습은 대상(karma)을 착각하는 오류에 빠지기 때문이라고 서술한다. (무성석 391c1; MSgU 256a5: bsgo bar bya ba dang sgo bar byed pa las dang byed pa dag 'tshol ba'i skyon du 'gyur ba'i phyir ro). (역주: 한역 能熏所熏, 作者作業 相雜過故는 "능훈과 소훈은 행위자와 행위를 서로 뒤섞는 오류가 되기 때문이다." 반면 티벳역은 "훈습되는 것과 훈습하는 것은 행위와 행위자를 탐구하는 오류가 되기 때문이다." Waldron의 번역은 한역에 의거한 것이다.)

전식 사이의 모순은 번뇌들의 지속성이 중단된 시간 동안에 잠재적 번뇌들의 존속과 재출현에 관한 문제들에 적용된다. 『섭대승론』은 세 가지 조건들을 인용하고 있다. (i) 무상정과 멸진정, (ii) 심적 과정들이 없고 따라서 전식이 부재하는, 그 〔명상〕들에 대응하는 "존재영역" 속에서의 수명, 그리고 (iii) 심이 번뇌의 대치에 전념할 때이다.

『섭대승론』(MSg I.31)은 체화되고 염오된 존재의 세계와 그런 신체나 거친 번뇌가 없는 존재영역에서의 삶 사이의 관계라는 중간의 문제를 논의한다. 이것은 집중적인 요가훈련에 의해 계발된 명상 상태들이 정신적 '영역'에 대응한다고 하는 인도종교의 공통 관념을 가리킨다. 그 관념에 따르면 수행자는 이런 영역 속으로 직접적으로 들어가거나 또는 간접적으로 명상의 산물의 하나로서 재생을 통해 들어가는 것이다. 예를 들어 무상천無想天의 존재들은 전식이나 번뇌 심소 등 모든 종류의 심적 작용들을 결여했기에 "심적 작용이 없는 자(acittaka)"라고 간주된다. 그럼에도 그들은 적어도 무명과 아집, 아만 등의 잠재력은 갖고 있다고 간주된다. 왜냐하면 그들은 윤회에 머물기 때문이다. 그러나 잠재적 상태 속에서 그 번뇌들의 지속성은 그런 상태를 심적 과정의 총체적 부재로 정의하는 것과 모순되는 것처럼 보인다. 우리는 이를 앞에서 논의했다. 그러나 『섭대승론』이 거론하는 문제는 그 번뇌들의 지속성이 무상천에서의 삶 동안에 끊어졌을 때 그것들이 재발하는 조건이다.

나아가 무상천 등의 높은 영역(bhūmi)을 떠나 여기 〔욕계에서〕 재생

> 한 자들의 식은 번뇌와 수번뇌에 염오된다. 그 경우의 식이 처음으로 생겨날 때 그것도 〔알라야식이 없다면〕 종자 없이 생겨나게 될 것이다. 왜냐하면 〔번뇌들의〕 훈습은 〔이미〕 지나갔고, 〔지금은〕 비존재하기(atītābhāva) 때문이다. (MSg I.31)

이런 관점의 논변은 지금쯤은 명백해야 한다. 왜냐하면 멸진정 후에 식과 그 종자들의 지속성에 대한 평행하는 주장들은 제2장 및 유가행파의 문헌들에서 논의되었기 때문이다. 종자와 훈습을 위한 직접적이고 업의 측면에서 중립적인 토대 없이 어떻게 이 번뇌들이 다시 생겨날 수 있는가? 『섭대승론』은 몇 항목(I.38-41)에서 심적이고 물질적인 감각기관들이 없는 영역에서 종자와 훈습의 지속성에 대한 질문을 다루고 있다. 이 영역 내에서 또는 이 영역들 사이로 이동하는 도중에 물질적인 신체나 번뇌의 경향성들을 위한 토대 또는 그것들에 대한 선행조건과 동질적인 조건들이 존재한다. 그것들은 일체 종자를 가진 이숙식(sarvabījaka vipākavijñāna)이 없다면 이 영역에서 다시 생겨날 수 없을 것이라고 『섭대승론』은 주장한다. 우리가 이들 영역의 실재성에 대해 어떻게 생각하건 간에 그것들의 상황은 중요하고 특이하기에, 불교사상가들이 그것들을 체계적으로 일관된 방식으로 설명하기에 충분하다.

이 항목들이 다루는 마지막 주제는 대치(pratipakṣa)가 현전할 때에 번뇌들의 지속성을 설명하는 데 있어서의 어려움이다. 이 주장들은 그것들을 지지하는 알라야식 없이는 번뇌들의 종자가 대치의 한 찰나 동안 존속할 수 없으며 또는 한 찰나 후에 생겨날 수 없다고 하는,

지금에 이르러 친숙해진 사유를 요구한다.

> 번뇌를 대치하는 식이 일어났을 때 모든 세간적 식은 소멸한다. 알라야식 없이 저 대치를 행하는 심이 번뇌와 수번뇌의 종자들을 지닐 수 있다는 것은 불가능하다. 왜냐하면 그것은 본성상 해탈해 있으며 (svabhāva-vimukta), 번뇌들과 동시에 생멸하지 않기 때문이다.
> 만일 알라야식이 없다면 후에 세간적 식이 일어날 때 그것은 종자가 없는 것에서부터 생겨나게 될 것이다. 왜냐하면 훈습 및 그것의 의지체(sāśraya)는 〔지금〕 비존재하며, 이미 오래전에 지나가버렸기 때문이다.
> 따라서 알라야식이 없다면 번뇌라는 잡염(kleśa-saṃkleśa)은 불가능하다.[34] (MSg I.32)

다시 말해서 만일 업의 성질을 가진 찰나적인 전식과 독립해서 존재하는 알라야식과 같은 별개의 심의 흐름이 없다면, 번뇌를 대치하는 한 찰나조차 전적으로 번뇌들의 지속성을 차단하고 그럼으로써

34 『무성석』에 따르면 현행하는 번뇌들을 대치하는 식(kleśa-pratipakṣa-vijñāna)은 성자가 견도(darśana-mārga)의 첫 번째 찰나인 예류과를 얻었을 때 생긴다. 그렇지만 잠재적 경향성(anuśaya)들은 수행도의 다음 단계인 수도(bhāvanā-mārga)에서도 남아 있다. 그렇다면 특히 대치하는 심이 모순된 성격을 가진 종자와 연결될 수 없다는 점을 고려할 때, 만일 알라야식이 없다면 수도에서 제거되지 않은 잠재적 경향성은 어디에 존속할 수 있겠는가?(『무성석』 391c26-29; MSgU 256b3-5) ASBh 62도 유신견은 견도를 획득했던 성제자들에게도 나타난다고 서술하고 있다. 3장 n.62를 보라.

그 〔번뇌〕들이 다시 일어나는 것을 방해해야만 할 것이다. 『섭대승론』(MSg I.40)이 지적하듯이, 그 경우에 만일 알라야식이 없다면, "대치가 현전할 때 모든 대치의 반대항(vipakṣa)이 소멸했기 때문에 노력 없이도 무여의열반(nirupadhiśseṣanirvāṇa)이 획득되어야 할 것이다."(『섭대승론석』 393c11-16; 260b1-4) 그러나 이것은 적어도 인도전통에서는 가능한 것이 아니다. 청정은 전형적으로 점진적이고 간헐적인 과정이다. 따라서 알라야식과 같은 구별된 심의 장르는 번뇌의 대치 또는 치료제가 현전하는 강력한 순간에서조차 잠재적 상태 속에서 번뇌의 지속성을 설명하기 위해 요청된다.

번뇌로 인해 일어나는 잡염들은 알라야식 없이는 불가능하다는 것을 확립하는 이 항목에서 대부분의 주장들은 무심의 상태와 무색계의 상태에서 알라야식의 지속성을 긍정하며, 또한 그것이 업의 측면에서 모순된 상태와 양립한다는 것을 받아들인다. 이 주장들은 이 항목의 앞부분에서 간략히 언급했던 몇 개의 기본적 원칙들에 의거하고 있다. 그 원칙들은 알라야식과 전식 사이의 모순성 및 심의 구별되지만 동시적인 과정 사이의 훈습, 그리고 앞의 양자 때문에 전식이 종자나 훈습에 의해 대변되는 어떠한 인과적 영향도 받고, 보존하고, 전달할 수 없다는 것이다. 이제까지가 업과 번뇌라는 아비달마 문제점들의 처음 두 개의 난제들을 다룬 것이다.

세 번째 난제는 청정도의 점진적인 성격이다. 『섭대승론』에서 청정의 과정의 점진적인 성격은 대승불교 형이상학 내에서 알라야식의 확대된 역할을 논의하는 데로 나아가기 때문에, 우리는 이 질문들도 함께 제기할 것이다. 그러나 먼저 우리는 인도 유가행파의 문헌에서 염오의(kliṣṭa-manas)에 대한 가장 상세한 논의를 짧게 검토할 것이다. 번뇌들이 새로운 업을 촉발할 준비가 되어 있는, 번뇌의 에너지의 심층적인 근원과 상응하는 한에 있어, 인지적이고 정서적인 번뇌들이 바로 염오의이다. 번뇌는 전체로서의 윤회존재의 영속화에 필수적이다. 유가행파의 주석자인 안혜(Sthiramati)가 강조하고 있듯이,

> 윤회의 원인은 업과 번뇌이다. 양자 중에서 번뇌가 근원적이다. … 재생을 산출하는 업(karma)조차 만일 번뇌가 존재하지 않는다면 재생을 낳지 못할 것이다. … 왜냐하면 주도적이라는 점에서 번뇌는 일어남의 근원이기 때문이다.[35] (Pañcaskandha-vibhāṣā)

(1) 『섭대승론』에서의 염오의(kliṣṭa-manas)

바로 『섭대승론』에서 염오의는 최종적으로 심적 과정의 독립된 범주로 발전되었으며, 알라야식에서 보았던 것과 같이 교의적, 체계적, 논리적 이유들이 섞인 그런 종류의 주장들로 체계적으로 기술되고 옹호되었다. 이 주장들은 공통적인 아비달마의 범주들에 의거하고 있고 세 개의 핵심적인 포인트에 의해 둘러싸여 있다. 그것은 심과 단지 동시적(sahabhū)이라는 것과 반대되는 것으로서 상응하는(saṃpray-

---

35 Pancaskandha-vibhāṣā (Tib. P #5567, Hi 52b3 - 6: ‘khor ba’i rgyu ni las dang nyon mongs pa rnams so // de gnyis las kyang nyon mongs pa ni gtso bo ste / … yang srid ba ‘phangs pa’i las kyang nyon mongs pa med na yang srid pa ‘byung bar mi ‘gyur te / … de ltar na gtso bo yin pa’i phyir nyon mongs nyid mngon par ‘jug pa’i rtsa ba ste /). 비슷한 견해는 AKBh ad V 1a (2장, p.68; n.66)를 보라.

ukta) 잠재적 번뇌들의 구별, 의식(mano-vijñāna)이 전5식과 비슷한 동시적인 토대를 가질 필요성, 그리고 수행도에 따른 점진적인 번뇌의 제거를 둘러싼 문제들이다.

『섭대승론』(MSg I.6)은 먼저 유가행파 전통에서 사용된 의(意, manas)의 두 가지 의미를 서술한다. 첫 번째 의미는 인도불전을 통해 발견되는 것으로서 다음 찰나의 의식을 위한 의지처(āśraya)로서 기능하는 직전 찰나의 식(vijñāna)이라는 의意의 정의를 따르고 있다. 두 번째 의미는 유가행파에 특유한 것이다.

> 두 번째는 염오의로서, 유신견(satkāyadṛṣṭi)과 아만(我慢, asmimāna), 아애(我愛, ātmasneha), 무명(avidyā)라는 네 가지 번뇌들과 항시 상응한다. 그것은 식을 염오시키는 의지처이다. 식들은 첫 번째 〔意를〕 의지처로 해서 생겨나지만, 두 번째에 의해 염오된다. (MSg I.6)

이것은 유전문((1.4.b)B.4)에서 발견되는 의意의 기술과 약간 다르다. 거기서 의意는 네 가지 번뇌들을 나타내고 있다. 여기서 특징적인 것은 오히려 그러한 염오의를 지지하는데 사용된 존재이유이다. 염오의는 존재해야만 한다고 『섭대승론』은 주장한다.

> 왜냐하면 아집(ātmagrāha)은 선심과 불선심, 무기심에서도 모든 때에 현행한다고 주장되기 때문이다. 그렇지 않다면 아만의 번뇌는 단지 불선심과 상응하기 때문에 〔단지 불선한 상태에서만〕 나타나고, 선하거나 무기의 상태에는 나타나지 않을 것이기 때문이다. 따라서

그것은 동시에 나타나지 〔그런 형태의 심과는〕 상응해서 나타나지 않기 때문에 이런 오류는 없다.[36] (MSg I.7a.6)

이 주장은 심과 상응하는 심소(caitta)들과 그것과 동시에 일어나거나 공존하는(sahabhū) 심소들에 대한 아비달마 체계에서 보는 그런 구별에 의거하고 있다.[37] 한 찰나의 심과 공존하는 번뇌는 미래의 업과를 낳는 의도(cetanā, 思)를 일으키는 것이 아니다. 따라서 그 〔업과〕는 업의 측면에서 중립적이다. 공존하는 번뇌들은 단순히 심을 '따라 존속'할 뿐이다. 〔'따라 존속함'이 수면(anuśaya)의 문자적 의미이다.〕 반면에 그런 번뇌들이 심의 찰나와 상응해서 일어날 때 그것들은 그 찰나에 의도적 행위(karma)의 성질을 갖고 그것을 업이라는 미래의 결과를 위한 잠재력으로 만든다.

따라서 만일 "선심과 불선심, 무기심에서도 모든 때에 현행"하는 네 번뇌들이 항시 심과 상응한다면, 그 모든 찰나들은 염오될 것이며 선심은 결코 일어날 수 없을 것이다. 특정한 번뇌들이 수행도의 끝까지 존속하기 때문에 세친은 『섭대승론석』에서 "보시 등의 선한 상태들이 항시 그 〔번뇌〕들과 상응한다면, 그것들은 일어날 수 있는가?"[38] 하는

---

36 마지막 문장에서 현장역(T 31.1594: 133c22)의 非相應現行에 따라 부정어가 있다고 이해했다. 이것이 표준적인 아비달마 교설의 관점에서 보다 적절한 의미를 준다. 그렇지만 티벳역에서는 두 관계가 모두 긍정적으로 표현되어 있다. "따라서 그것은 동시적으로 현행하고 또 상응해서 현행하기에 …" (D 4a5: de'i phyir lhan cig 'byung bar kun tu 'byung ba dang / mtshungs par ldan par kun tu 'byung bas skyon 'di dag tu mi 'gyur ro).

37 2장 n.35에서 아비달마 전통에서 상응(saṃprayukta)의 정의를 보라.

질문을 던진다. 따라서 그것들은 지속적이지만 은밀하게 다른 심의 과정들과 공존해야만 한다. 그러므로 유가행파는 그것들을 분명하지만, 중립적인 심적 과정들로서, 즉 염오의로서 간주한다.

그렇지만 심소(caitta)는 심(citta)에 의존해서만 일어날 수 있다.[39] 따라서 『섭대승론』은 그런 독특한 번뇌들이 심의 흐름 내에서 동시적인 '의지처'나 '토대'를 요구한다는 데 의거하여 염오의의 존재를 주장한다. 각각의 식은 물질적인 감각기관이라는 자신만의 동시적 의지처를 가진다. 그 감각기관에 의거하여 식들의 적절한 기능이 일어나는 것이다.[40] 그렇지만 의식은 동시적인 의지처가 없다. 왜냐하면 전통적으로 그것의 의지처는 직전 찰나의 심이기 때문이다. (그러나 이에 대해 학파들은 의견이 갈린다.)[41] 그러므로 『섭대승론』은 염오의가 없다

---

38 『세친석』 326a2f; MSgBh 151b1 ad MSg I.7a (ji ltar sbyin pa la sogs pa dge ba'i sems 'byung bar 'gyur / de dang mtshungs par ldan pa las te). 이 문장은 실제로 다른 번뇌들에 의해 수반되지 않는 무명 *āveṇikī avidyā)에 대해 주석하고 있지만, 요점은 여기에 대해서도 적용된다. 왜냐하면 그것들은 매 찰나 일어나기 때문이다.

39 심과 심소의 불가분리성은 아비달마 문헌에서의 공통된 주제이다. AKVy ad AKBh II 23a; Shastri: 185: cittacaittāḥ sahāvaśyam iti / na cittaṃ caittair vinā utpadyate, nāpi caittā vinā cittenety avadhāryate; ASBh 37,6f: cittacaitasikānām anyonyam avinābhāvaniyamāt. 또한 MSg I.53.1에 대한 MSgBh 165b3-5(세친석 335b11-13): "의지된 것을 의지체와 분리시킬 수 없기 때문이다. citta는 의지체(āśraya)이고, 심소는 의지된 것(āśrita)이다. 다시 말해, 심과 심소는 서로 당기기 때문에 무시이래의 윤회에서 상호 분리될 수 없다."

40 또한 유가행파 전통에서(유전문 (I.3.b)A.2.a), 알라야식은 그것들의 직접적 의지체인 물질적 감각기관을 집수함에 의해 식에 간접적으로 의지체를 제공한다(āśraya-kara).

면 다음과 같은 〔모순이 있을 것이라고〕 주장한다.

> 〔의식이〕 5〔식〕들과 같지 않을 것이라는 단점이 생겨날 것이다. 왜냐하면 5식의 그룹들은 반드시 안眼 등을 그들의 동시적인 의지처(sahabhū-āśraya)로 가져야만 하기 때문이다. (MSg I.7a.2)

이것에는 형식적 대칭 이상의 학문적 관심이 있다. 비록 이 네 가지 번뇌들이 중심적인 심적 과정과 상응하지 않는다고 해도 그럼에도 그것들은 심소이며, 또한 심소로서 심에 의존하여 일어난다. 그러나 주석이 무명의 경우에 주장하듯이, 동시성(sahabhū)조차 업의 측면에서 너무 가까운 것이다.

> 무명도 하나의 심소이기 때문에 의지처(āśraya) 없이는 일어나지 않는다. 그러나 〔선심 동안에〕 염오의를 제외하고 다른 의지처가 없다. 왜냐하면 하나의 선심소는 무명 〔등〕의 의지처가 될 수 없기 때문이다.[42] (『무성석』 384c24-28; MSgU 242b8-243a3)

그러므로 선한 상태 동안에 네 가지 번뇌들을 지지할 수 있는 심적

---

41 비대승의 여러 관점에 대한 추가적인 제시는 Bareau(1955 Ther, #220); AKBh ad I 16; Lamotte(1973: 5*)를 보라.

42 『무성석』 384c24; MSgU 242b8-243a3. 이것은 다음과 같은 논평 다음에 나온다. "보시 등과 같은 선한 상태도 아집을 갖추고 있다. 왜냐하면 '나는 보시를 행할 것이다'라고 생각하기 때문이다. 자아에 대한 집착은 무명 없이 일어나지 않는다. 왜냐하면 무명은 하나의 심소이기 때문이다. …"

과정들의 또 다른 흐름, 즉 염오의가 존재해야만 한다. 이 염오의 개념은 "동시적인 식을 염오시키는 의지처"로서, 위에서 『섭대승론』(MSg I.6)에서 서술했듯이 그것에 의해 그것들은 염오된다.

네 가지 번뇌의 경향성의 지속적이고 동시적인 의지처로서 염오의는 이제 알라야식을 중심으로 하는 심의 모델 속으로 (이후에 제7식으로 명명되기도 하면서) 완전히 체계적으로 통합되었다. 그러나 이 번뇌들을 전적으로 공시적인 다르마 용어로 명시함에 의해 그것은 심의 흐름 속에서 번뇌의 현존의 문제라는, 아비달마의 두 번째 주요한 난제를 근본적으로 다루게 되었다.

그렇지만 이 해결책도 명상과정 동안에 심의 흐름이 끊어지고 모든 심적 작용들도 중단된다는 점에 의해 다시 위협받게 된다. 따라서 '무심'의 획득의 문제가 알라야식의 요청으로 이끈 이유의 하나가 되었던 것처럼, 이 상태 동안에 어떠한 번뇌의 부재도 근저에 놓인 염오의의 존재를 상정하는 이유의 하나가 되었다. 이 명상의 획득 및 그것들에 대응하는 존재영역에서의 수명을 고려하면서 『섭대승론』은 염오의가 없다면 다음과 같은 〔모순이 있을 것이라고〕 주장한다.

> 만일 무상無想의 〔상태〕에 있는 자가 자아에 대한 집착이나 아만을 갖지 않는다면, 그는 무상의 상태에서의 수명 동안 염오되지 않을 것이다. (MSg I.7a5)

또한 만일 무상정 속에서 자아에 대한 집착이 전혀 없다면, 먼저 '무상정'과 '멸진정'의 차이는 없게 될 것이다. 하지만 그 차이는 바로 염오의의 현존이나 부재에 의해 특징지어진다고 이 텍스트는 말한다.[43] 그러나 아마 보다 의미가 있겠지만, 만일 번뇌심이 이 상태들 속에서 완전히 없다면 세친은 그의 주석에서 다음과 같이 주장한다.

> 무상정의 영역에 사는 자(āsaṃñika)들에게 자아에 대한 집착(ātma-grāha)이 없게 될 것이라는 결론이 나온다. 〔그들은〕 더 이상 범부(pṛthagjana)가 아닐 것이며, 그들의 심의 흐름은 일시적으로 자아에 대한 집착으로부터 벗어나게 될 것이다.[44] (『세친석』 326b7-11)

이는 견도에 들어갔고 최종적인 해탈을 예약한 예류자로 되었을 것이다. 즉, 그들은 간략히 말해 성자가 되었을 것이다. 그러나 이것은 무상정에 대한 전통적인 규정과 모순된다. 무상정을 얻은 자들은 확정적으로 세간적인 존재이다. 그러므로 하나의 지속적인 번뇌심의 장소가 존재해야만 한다. 그것의 현존과 부재가 각기 명상성취와 그들의 대응영역을 차별화시키는 것이다.

---

43 MSg I.7a. 4-5. 이 질문은 알라야식의 증대되는 성질을 잘 나타낸다. 유전문(I.4.b)A.1.(a)는 manas(意)를 멸진정과 관련하여 언급하고 있다. manas는 "항시 알라야식과 동시에 심작용이 있는 상태(sacittaka)에서나 심작용이 없는 멸진정과 같은 상태(acittaka)에서도 일어나고 작동한다." 그렇지만 환멸문의 뒷부분(II.2.a)에서 알라야식을 가졌지만 6종의 식을 결여한 자들에 대해 두 명상상태를 가리키면서 기술하고 있다. Schmithausen(1987: 481, n.1232)이 주목하고 있듯이, 이 새로운 manas는 이 지점에서는 아직 유가행파 체계 속으로 완전히 통합되지는 않았다고 보이며, 그것의 완전한 발전은 『섭대승론』에 이르러서이다.

44 이것에 대응하는 티벳역은 없다(Lamotte 1935: 194).

『무성석』(384c3; MSgU 241b4-7)은 두 가지 유형의 명상의 차이를 취해서 범부를 성인과 구별시키는 것은 바로 전체로서의 심의 흐름 내에서 염오의의 현존이나 부재라고 주장한다.[45] 이것은 반복할 가치가 있다. 성인을 범부와 구별시키는 것은 심의 흐름(santāna) 내에서 염오의 (특히 염오의를 포괄하는 네 가지 번뇌들의) 현존이나 부재인 것이다.

우리는 이것이 아비달마의 다르마 담론의 구조에서 산출된 문제들의 하나라는 점을 기억하고 있다. 그 담론은 엄격히 찰나적인 심과 심소의 분석 내에서 어떻게 심의 흐름에서 번뇌적 성향의 상대적인 나타남, 그럼으로써 청정의 수행도의 상대적인 발전을 구별하기 위한 기준을 발견할 수 있는가 하는 것이다. 번뇌의 득(得, prāpti)이나 종자(bīja) 개념은 『구사론』에서 제시된 학파들이 성인과 범부를 구별하는 두 가지 방식이었다. 이제 우리는 유가행파가 잠재적 수면(anuśaya)을 염오의라고 하는 심적 과정의 독립적인 범주 속으로 형성하면서, 그것들의 현존과 부재를 사용해서 획득의 단계를 구별하고 있음을 본다. 식의 무상한 내용과 독립해서 상대적으로 존재하는 지표들을 위한 이런 공통적인 탐구는 점진적인 번뇌의 제거의 문제를 전형적으

45 두 유형의 명상 상태 사이의 차이는 AKBh ad II 44d에서 설명되었다. 無想定과 멸진정은 존재의 다른 차원에서 일어난다. 그것들을 획득하기 이전의 노력(prayoga)은 다르다. 식의 흐름, 이 경우 그것들을 얻는 사람의 유형은 다르다. 일상인은 전자를 얻는 반면에, 성자만이 후자를 얻는다. 명상의 결과도 다르다. 그리고 처음으로 그런 명상 상태를 산출하기 위한 장소도 다르다. 양자 사이의 공통점은 심과 심소의 소멸이다.(AKBh II ad 44cd; Poussin: 210-12: cittacaittanirodhasvabhāva) Griffiths (1986) 참조.

로 보여준다. 이것이 우리가 아비달마 문제점으로 확인했던 세 번째이자 마지막 난제이다.

3) 세간적이고 출세간적인 청정한 수행도

알라야식의 존재 이유를 도입하면서 『섭대승론』(MSg I.29)은 청정의 과정들은 지속적이고 잠재적이며 업의 측면에서 중립적인 심의 차원에 의해 제공된 심의 지속성이 없이는 가능하지 않다고 주장했다. '알라야식의 건립(vyavasthāna)'(MSg I.43-57)이라는 남아 있는 텍스트 부분은 이 질문을 다루고 있다. 여기서 기본적인 사유는 〈증명부분들〉에서 발견되는 동일한 형태에 의해 표현된다. 심의 알라야식 모델 속에서 제시된 바와 같은 다층적인 심적 과정들의 가능성이 없이는 청정의 수행도 위에서 어떤 지속성도 있을 수 없으며 실로 어떤 발전도 없다. 이 문제는 일차적으로는 출세간적인 증득을 위한 준비로서의 세간적인 심(citta)의 상태들과 출세간적인 증득 내에서의 심 사이의 질적 간극에 의해, 그리고 이차적으로는 수행도의 발전적인 성질에 의해 악화되었다. 수행도에 있어서 초기에 이런 명상상태들을 획득한 보다 집중된 심이 그런 상태들을 계발하고 완성해야 하는 덜 집중된 심에 의해 이어지게 된다. 『섭대승론』에 따르면 방해하는 심의 상태에도 불구하고 이런 성취의 종자들을 받아들이고 보전하고 전달할 수 있는, 중립적이지만 동시적인 심의 형태의 중개가 없이 그런 관계는 이루어질 수 없는 것이다. 이 문제는 사실상 다른 업의 성질을 가진 심과 공존하는 종자와 훈습의 거울의 이미지이며, 논점들도 따라서 매우 비슷하다. 물론 여기서 문제가 된 것은 업의 잠재성의 축적이나 존속하는 잠재적 성향이 아니라 수행도 위에서 성취를 위한 종자이다. 그리고 이런 논점들은 일차적으로 낮은 차원과 높은 차원의 명상 내지 세속적이고 출세간적 명상 사이에서 동시성의 결여의 문제이며, 또한 알라야식에 의해 제공된 중개 없이 그것들 사이에서 영향을 전해 줄 수 없다는 문제이다.

특히 『섭대승론』(MSg I.43)은 세간적인 청정을 수행하는 자들은 우리의 체화된 존재의 차원인 욕계에 속한 심을 갖고 수행한다고 주장한다. 그렇지만 욕계에서 가행심은 더 높은 색계의 집중된 단계에 속한 심의 형태의 직접적인 원인이 될 수 없다. 왜냐하면 MSg I.43에 따르면 "욕계에 속한 가행심은 색계에 속한 심과 동시에 생멸하지 않기 때문이다." 다시 말해 동일한 심이 동시에 두 영역에 속할 수 없으며, 또한 이런 획득의 인과적 영향은 한 찰나에서 다음 찰나로 넘어간다. 왜냐하면 다른 유형의 종자처럼 그것들은 동시적이지만 그러나 구별되는 심의 형태 속으로 훈습되어야만 하기 때문이다. 다른 말로 하면, 알라야식에 의해 제공된 별도의 중개 없이 수행도를 따라 성취해 가는 발전은 단지 하나의 단계만을 가진 사다리를 오르려고 하는 것과 같을 것이다. 우리는 더 높은 가로대로 가기 위해 지금 사용하고 있는 낮은 가로대로부터 같은 발을 사용해서 밀어 올릴 수 없다. 우리는 두 발을 가져야 하며, 하나는 낮은 가로대에 놓여 지지대로서 작용하고, 다른 하나는 동시에 더 높은 가로대에 이르는 것이다.

그리고 만일 아래의 발이 그것을 단독으로 행할 수 없다면 위의 발도 마찬가지다. 따라서 만일 과거에 획득의 종자를 보존하는 알라야식이 없다면 이미 과거에 획득했던 색계의 심조차 현재의 집중된 심(samāhitacitta)의 종자가 될 수 없다. 왜냐하면 색계에 속한 과거의 심은 무수한 전생에서의 다른 심에 의해 방해되어 더 이상 존재하지 않기 때문이다.(MSg I.43) 그것이 더 이상 나타나지 않기에 더 높은 단계의 심은 직접적으로 낮은 단계의 것을 훈습할 수 없다. 그리고 상계로부터의 이런 종자의 훈습이 없다면 욕계에서의 현재의 정화를 위한 수행도 높은 명상의 성취를 초래할 수 없을 것이다. 그러므로 『섭대승론』(MSg I.43)은 다음과 같이 결론 내린다.

> 계속해서 존속하는 일체 종자를 가진 이숙식이 현재에 색계에 속한 집중된 심의 주요한 조건(hetu-pratyaya, 因緣)이며, 반면 선한 가행심은 지배적인 조건(adhipati-pratyaya, 增上緣)이라고 확립되었다. (MSg I.43.3)

여기서 수행의 핵심적인 역할에 주의하라. 세친의 주석(MSgBh 333b2-6; Ch. 162a2-4)은 비록 그런 예비적 수행이 색계에 속한 저 집중된 심의 원인은 아니라고 해도, 탐욕을 제거하는 수행이 그것의 증상연일 때 그 심의 종자가 바로 이 영역에서 결과를 낳는다고 설명한다. 이에 대한 진제의 번역(T31: 172b1-4)은 가행심이 없이는 우리는 욕계의 탐욕을 제거할 수 없다는 말을 덧붙인다. 만일 욕계의 탐욕이 그치지 않는다면 과거의 색계에 속한 집중된 심으로부터의 종자도 그런 집중된 심을 일으킬 수 없는 것이다. 비록 그것들 자체는 낮은 심의 상태이지만 그런 수행은 집중된 심의 종자로 하여금 이 존재형태에서 결실을 일으킬 수 있게 하는 데 필수적이다.

세간적 청정의 과정들에서처럼 『섭대승론』은 출세간적 청정(lokottara-vyavadāna)의 과정들도 알라야식 없이는 가능하지 않을 것이라고 주장한다. 『섭대승론』(MSg I.44)은 왜 그런 심의 형태가 출세간적인 정견의 훈습을 받을 수 없는지를 보여주기 위해 전식의 비상응성과 비지속성이라는 익숙한 주장들을 처음으로 사용한다.

> "타인의 말에 의존하고 또 내적인 여리작의에 의존해서 정견이 일어난다"고 세존께서 설하셨다.[46]
> 〔어떤 이들은 법을 설하는〕 타인의 말을 듣고 또 〔가르침에 대해〕 철저히 사유하는 것은 〔정견의 습기를〕 이식(耳識, 청각 지각)이나 의식(mano-vijñāna), 또는 양자 모두에 훈습한다(*bhāvita)[47]고 〔생각한다〕.
> 〔그렇지만〕 그 경우에 이식耳識은 〔의식이〕 그 가르침에 대해 철저히 사유할 때에는 생겨나지 않는다. 의식도 다른 산란된 식(vikṣepa

---

46 이것은 A I 87과 밀접히 대응한다: dve 'me bhikkhave paccayā sammādiṭṭiyā uppādāya. katame dve? parato ca ghosa yoniso ca manasikāro. ime kho bhikkhave dve paccayā sammādiṭṭhiyā uppadāya ti. M I 294 참조. 대응하는 산스크리트 경은 AKVy ad II 49에 인용되어 있다. (shastri: 278; Poussin: 245: tathā hy uktaṃ bhagavatā - "dvau hetū dvau pratyayau samyagdṛṣṭer utpādāya / katamau dvau? parataś ca ghoṣp 'dhyātmaṃ ca yoniśoma〔na〕skāraḥ" iti). Nagao(1982: 218f) 참조.

47 티벳역(D 10a5)은 bag chags su bsgos par 'gyur로 읽는다. 이 표현은 다른 어떤 표준적인 색인에서도 발견되지 않는다. 그것은 *vāsanā bhāvita와 비슷할 것이다. 현장역(136b18: 爲熏)도 의심할 바 없이 bhāvita 형태와 연관된다.

-vijñāna)에 의해 방해받는 것(antarāyita)이다. (MSg I.44)

따라서 청문과 사유 양자는 (문·사·수의 명상 체계에서) 실재성에 대한 정견(samyag-dṛṣṭi)을 계발하기 위해 수행도를 따라 나아가는 데 있어 필수적이다. 그러나 "타인의 말"을 통한 가르침의 청문으로부터의 훈습은 표준적인 모델에서 가르침에 대한 사유와 병존할 수 없다. 왜냐하면 양자가 의거하는 이식과 의식은 동시에 존재할 수 없기 때문이다. 그렇지만 이 〔동시성이야말로〕 훈습이 일어나는 유일한 방식인 것이다. 전식은 그런 훈습과 그 훈습에 의거한 청정을 허용하기에는 자체적으로 불충분한 것이다.

그리고 세간적 청정에서처럼 아래의 발이 행할 수 없는 것을 위의 발도 행할 수 없다. 그러므로 MSg I.44는 알라야식 없이는 그가 과거에 획득했던 정견과 상응하는 출세간적 심도 그것의 종자를 세간적 심에 훈습할 수 없다고 주장한다. 왜냐하면 그것들은 동시에 일어나지 않기 때문이다.

사유와 상응하는 세간적 심은 정견과 상응하는 출세간적 심과 동시에 생하고 소멸하지 않는다. 따라서 이 〔세간적〕 심은 저 〔출세간적 심〕에 의해 훈습되지 않는다. 그것이 훈습되지 않기 때문에 그것은 저 〔출세간적 심〕의 종자일 수 없다. (MSg I.44)

다시 확인하면 알라야식 없이 이런 획득을 위한 종자들은 전식 사이에서는 전달될 수 없다. 청문훈습을 포함해서 일체 종자를 가진 이숙식(sarvabījaka-vipāka-vijñāna)이 존재해야만 한다고 『섭대승론』은 결론 내린다. 그것이 출세간적 심이 생겨나기 위한 항시 현전하는 주요 조건(因緣)으로 기능한다.

이와 같이 "알라야식의 건립"에서 유가행파는 아비달마의 문제점 중에서 주요한 모순들을 마지막으로 언급했다. 즉, 처음에 그것들을 얻은 심의 찰나적인 성질에도 불구하고, 또한 청정도를 완성시키는 점진적이고 장구적인 과정에도 불구하고, 어떻게 우리는 더 높은 성취를 통해 나아갈 수 있는가? 『섭대승론』은 수행도에 따른 점진적인 발전과 같은 전통적인 관념들조차 알라야식에 의해 제공된 동시적인 심의 다층적 차원 없이는 해명 불가능하게 될 것이라고 주장한다. 그러나 우리는 아직 최종 목표에 이르지 못했다.

3. 아비달마를 넘어서: 우연적 번뇌와 청정한 종자, 자성청정심

이 장에서, 실제로 이 책 전체에서, 나는 『섭대승론』의 제1장의 알라야식의 변호에 대한 관심을 반영하는 목적보다는 알라야식이 원래 설해지고 있던 문제점들에 초점을 맞추었다. 그러나 '타인의 말'을 청문한다는 관념은 이제까지 다루었던 알라야식의 아비달마적 맥락을 넘어서는 것이며, 대승의 구제론의 영역으로 이동하는 것이다. 즉, 이런 출세간적 종자의 궁극적인 기원은 무엇인가? 어떻게 그 종자들은 알라야식 내에서 다른 종자들과 공존하는가? 어떻게 그것들은 알라야식 자체를 청정하게 하는 과정들과 관련되는가? 알라야식이 완전히 끊어졌을 때 그것의 본성은 무엇인가? 이런 질문들에 대한 대답은 알라야식의 궁극적인 '증명'을 구성한다. 즉, 나머지 대부분의 항목(MSg I.45-49, 57)[48]들은 왜 출세간적인 청정이 알라야식 없이는 불가능한가를 확립하는 한에 있어 이런 깊은 논점들을 다루고 있다. 우리도 이런 흥미로운 질문들이 알라야식을 '확립하기 위해' 제시되는 한에서 그것들을 검토할 것이다. 왜냐하면 이 항목들의 내용과 맥락이 실제로 우리가 이제까지 몰두했던 아비달마 배경으로부터의 실질적인 출발을 나타낸다면, 기본적 접근과 나아가 특정한 주장들은 결코 그렇지 않기 때문이다.

MSg I.45는 새로운 관심을 몇 가지 수사적 질문들을 갖고 소개한다. 먼저 알라야식에 의해 대변되는 세간적 심과 높은 명상상태에서 나온 출세간적인 심의 종자 사이의 양립성의 문제를 제기한다. 다음으로 출세간적 심의 종자들의 기원에 대한 질문이다.

만일 일체 종자를 가진 이숙식이 잡염의 원인(saṃkleśa-hetu)이라면 어떻게 그것은 그것을 대치(pratipakṣa)하는 출세간적 심의 종자[49]일 수 있는가?

출세간적 심은 〔이전에(anucita)〕[50] 경험되지 않았고, 그것의 훈습은

---

48 나는 멸진정과 관련된 MSg I.50-55를 논하지 않았다. 왜냐하면 이것은 『구사론』과 〈증명부분〉과 관련하여 이미 논의되었기 때문이다. Schmithausen(1987: 402, n.710)은 그 항목들이 I.29에서 시작하고 실질적으로 I.44에서 끝나는 "유기적" 부분이 아니라, (출세간적 청정의 관점에서 하나의 부록으로서의 I.45-49와 함께) 멸진정을 언급하지조차 않고 단지 형식적으로 I.56에서 끝나고 있다고 지적한다.

49 Schmithausen(1985: 156, n.29)이 지적하듯이, 이 항목에서 알라야식은 종자를 "갖고" 있거나 "소유하고" 있는 것으로서, 그리고 종자로서 특징지어지며, 이는 두 특징들이 "결코 모순된 것으로 여겨지지 않았음"을 보여준다.

명확히 존재하지 않는다. 만일 저 훈습이 존재하지 않는다면 어떤 것으로부터 그것이 일어났다고 설해야 하는가? (MSg I.45)

이는 즉시 해로운 윤회를 암시한다. 어떤 경험도 이전의 종자 없이는 일어나지 않을 것이지만, 그러나 어떤 종자도 이전의 경험 없이는 결코 산출되지 않는다. 이는 비정통적이지만 분명 내재적으로 모순은 아닌 조건을 낳지만, 그 조건 하에서 "문제는 해결될 수 없다." 그렇지만 『섭대승론』(MSg I.44)은 이미 탈출구를 암시하고 있는데, 이를 『섭대승론』(MSg I.45)이 이제 다음과 같이 단호하게 선언하는 것이다. "〔출세간적 심은〕 청문했던 법의 훈습의 종자로부터 생겨나는데, 그것은 극히 청정한 법계로부터 흘러나오는 것(suviśuddha-dharmadhātu-niṣyanda-śruta-vāsanā-bīja)이다."

중생의 염오된 심 안에 있는 본성적으로 청정한 요소라는 관념은 초기불교 전통에 깊이 뿌리박고 있지만, 그것이 완전히 개화한 것은 대승의 구제론에 있어서이다. 예를 들어 팔리어 문헌에서의 한 구절은 다음과 같이 설한다. "비구여, 이 심(citta)은 빛나고(pabhassaram) 있지만, 우연적인(āgantuka) 번뇌들에 의해 염오되어 있다."(A I 10) 이 교설은 "본성적으로 빛나고 있는 청정한 심"(prakṛti-prabhāsvara-citta)

---

50 anucita는 문자적으로 "unusual, unaccustomed, strange"를 의미한다. 나는 주석서들에 의거해서 이를 자유롭게 번역했다. (세친석 333c12f; MSgBh 162b5: "그것이 이전에 생겨나지 않았기 때문에" 'jig rtenn las 'das pa'ii sems ni ma 'dris pa ste zhes bya ba dang / de ni sngar ma skyes pas; 무성석 394b26f: "청정한 심은 이전에 획득되지 않았다.")

을 설하는 유가행파 자료 속에서 축어적으로 반복되고 있다. 그것의 오류는 그것에 덧붙여진 항시 우연적이고(āgantuka) 외재적인 것 때문이다.[51] 『구사론』의 주석은 '해탈의 종자들(mokṣa-bīja)'은 극히 미세하기에 오직 붓다만이 그것들에 대해 확실하게 안다고 설하는 경전 구절을 인용한다.[52] 이런 청정한 법이나 그것들의 종자들이 근본적인 번뇌로서의 같은 심의 흐름 내에 공존한다는 것은 아비달마 문제점들의 하나로서 제기된 것이다. 예를 들어 이 문제는 『구사론』(AK II 36c-d)에서 세친으로 하여금 두 가지 유형의 선법들을 구별하는 데로 이끌었다. 하나는 노력을 통해 산출되는 것(prāyogika)으로서 정려의 수행과 같은 것이며, 다른 하나는 태어나면서 갖춘 것(utpattilambhika)으로서 선근의 종자들이 이미 모두 끊어진 자들에 있어서조차(samucchinna-kuśalamūla) 그 〔선법〕의 종자가 아직 파괴되지 않은 것이다.[53]

---

51 A I 10. (pabbassaram idaṃ … cittaṃ taṃ ca kho āgantukehi upakkilesehi upakkiliṭṭhaṃ). Nyanaponika 1999: 36. Jaini 1959: 249; Johansson 1979: 102 참조.

āgantuka라는 용어는 유가행파 텍스트, 특히 MSA와 MAV에서 prakṛti-prabhāsvara-citta("본성적으로 빛나는 심")라는 표현 속에서 사용되고 있다. MSA XIII.19: mataṃ ca cittaṃ prakṛti=prabhāsvaraṃ prakṛtau sadā āgantuka-doṣa-dūṣitaṃ / na dharmatā-cittam ṛte 'nya-cetasaḥ prabhāsvaratvaṃ prakṛtau vidhīyate; MAVBh I.22c-d: prabhāsvaratvāc cittasya / kleśasyāgantukatvataḥ).

52 AKVy ad AKBh VII 30; Poussin: 72: "나는 그의 극히 미세한 해탈의 종자가 마치 광석을 가진 바위에 금맥처럼 숨겨져 있다고 본다." (mokṣabījam ahaṃ hy asya susūkṣmam upalakṣaye / dhātu-pāṣāṇa-vivare nilīnam iva kāñcanam). 번역은 Jaini(1959: 248).

『섭대승론』이 출세간적 청정이라는 주제를 먼저 알라야식의 존재와 연결하는 것은 종자들의 기원, 그것들의 번뇌와의 병존, 점진적인 출세간적 심의 계발이라는 바로 이러한 논점들이다. 왜냐하면 『섭대승론』은 모든 이런 느슨한 끈들을 알라야식을 둘러싼 직조물 속으로 묶으려고 시도하면서 텍스트들 속에서 이미 발견되는 주장들을 사용하기 때문이다. 몇 개의 항목(I.45-49)들에서 『섭대승론』은 정견이 일어나기 위해서는 붓다에 의해 법이 먼저 설해져야 하며 그럼으로써 법의 청문의 종자가 그의 알라야식 안으로 침투한다고 서술한다. 이 종자들이 그 후에 사유와 수습에 의해 점차 키워지고 그 결과 이에 따라 법의 훈습이 점차 증대하고 다른 세간적 종자들은 "모든 면에서 감소한다." 다시 말해 전체적으로 그리고 유가행파의 전문용어에도 불구하고 이는 하나의 전통적인 이미지로서 (聞思修의 수행처럼) 불교의 많은 해탈도의 설명들과 부합하고 있다.

구별되는 것은 대승의 구제론과 결합된 알라야식 개념이다. 『섭대승론』(MSg I.45)은 출세간적 심이 "극히 청정한 법계로부터 흘러나오는 청문한 법의 훈습의 종자로부터 생겨난다."고 서술한다.[54] 다시 말해

---

53 ad AKBh II 36c-d; Shastri: 216; Poussin: 184. Jaini 1959: 248. 비록 『구사론』이 어떻게 그러한 종자들이 전체로서 심의 흐름과 관련되는지에 대해 정확히 보여주지는 않지만, Jaini(1959: 249)는 다음과 같은 노트를 남기고 있다. "파괴될 수 있고 현상적이며 유루의 법의 한가운데에 내재적이고, 파괴되지 않는, 무루의 법의 이론은 대중부의 자성청정심의 교설과 유사성을 보여준다. 그것에 따르면 심은 본질적이고 원래 청정하지만, 단지 우연적인 번뇌들에 의해서 염오된 것이다."

54 śruta(聞)란 용어는 스승에서 제자에게로 지식의 구전 전승이 '텍스트'를 전달하는

심은 수행자의 심의 흐름 내에서 법을 청문했던 것의 종자로부터 생겨난다. 그것 자체가 극히 청정한 법계(dharmadhātu)로부터 흘러나오는 것 또는 그것의 표현이다. 실재성의 영역으로서의 법계는 붓다의 완전한 깨달음으로부터 흘러나오는 것이다. 그러므로 해탈을 위한 최초의 필요한 근본조건(hetu-pratyaya, 因緣)이 되는 것은 바로 이 세상에 붓다의 출현과 그의 가르침, 가르침의 전승과 그것이 중생들의 마음에 스며드는 것이다.

잡염의 원인(saṃkleśa-hetu)으로서의 알라야식과 그것을 대치하는 통찰의 종자들 사이의 기본적인 부조화에도 불구하고, 이 종자들은 알라야식 내에 보존되고 유지된다. 그것이 가능한 이유를 『섭대승론』(MSg I.46)은 다음과 같이 설명한다.

일상적 방법이었던 인도전통에서 특별히 상기적인 의미를 갖고 있다. 따라서 śruta는 일차적으로 "듣다, 배우다, 언급되다, 구두로 전승되다, 유명한 etc."의 의미를 갖고 있고, "들려진 것, 구전전통이나 현시, 성스런 지식, 학습, 가르침, 교육"(SED 1101) 등의 파생적 의미를 갖고 있다. 많이 들었던(bahuśruta) 자는 "지식이 있고, 정통한 자"이다.

『세친석』(333c14-23; MSgBh 162b6-163a2)은 "극히 청정한 법계로부터 흘러나오는 청문했던 〔법의〕 훈습의 종자(suviśuddha-dharmadhātu-niṣyanda-sruta-vāsanā-bīja)"에 대한 하나의 고전적인 풀이를 제시한다. "극히 청정한"이란 그것이 번뇌장(kleśāvaraṇa)과 소지장(jñeyāvaraṇa) 양자를 제거하기 때문에 성문승과 연각승이라는 두 개의 승과의 차이를 나타낸다. "극히 청정한 법계로부터 흘러나오는 것"이란 經 등의 교법(deśanādharma)이다. 경의 청문은 "청문했던 법계로부터 흘러나오는 것"이다. 그것의 훈습(vāsanā)이란 "법계에서 흘러나오는 것으로서 청문했던 것의 훈습이다." 출세간심은 알라야식 내에 남아 있는 훈습이라는 원인으로부터 일어난다. (한역은 마지막 구절에서 熏習相續(vāsanā-santāna)이란 표현을 상용한다.)

붓다의 보리를 획득하기까지[55] 청문했던 〔법의〕 훈습이 어떤 지지처에 의거해서 일어날 때에, 그것은 마치 우유와 물처럼 그것과 동시에 존재함에 의해(sahasthānayoga) 이숙식(vipāka-vijñāna)에서 일어난다. 그러나 저 〔훈습〕은 그것을 대치(pratipakṣa)하는 종자이기 때문에 알라야식 자체가 아니다. (MSg I.46)

하나의 과보(vipāka)로서, 따라서 업의 측면에서 중립적인 것으로서 이런 형태의 심은 모든 종류의 종자(sarvabījakaṃ vipākavijñānam)들을 지니고 지지할 수 있다. 왜냐하면 마치 우유와 물처럼 "알라야식과 알라야식이 아닌 것이 동일 장소에서 동시에 주하기 때문에"(MSg I.49) 대치의 종자들은 동일한 심의 흐름 속에서 번뇌법과 공존한다. 다시 한 번 강조하면, 바로 심의 동시성과 다층성이 이를 촉진하는

---

55 티벳역에 의거한 대안적인 읽기: "청문했던 〔법의〕 훈습이 붓다의 깨달음에 의거해 일어난다." 이 구절은 한역과 티벳역이 모두 근본텍스트와 주석들에서 상이하기 때문에 문제가 있다. 티벳역(D 10b5)은 brten nas "의지해서"로 읽지만, 한역들은 "증득할 때까지"(乃至證得: T 31: 136c8)로 읽는다.

Nagao(1982: 224, n.2)는 두 개의 다른 원전이 있을 수도 있다고 놀라워한다. 또한 그는 진제의 『세친석』(T 31: 173b21ff: "어떤 것으로부터 이 청문의 작용(samartha)이 일어나는가? 그것은 어떤 단계에 이를 때까지 지속하는가?")과 『비의소』(432a3f)가 사실상 두 개의 다른 질문을 하고 있다고 말한다: 무엇으로부터 청문훈습이 일어나는가? 또 그것의 의지체는 무엇인가?

진제의 『세친석』은 답한다: 완전히 청정한 법계로부터 흘러나오는 교법이 청문했던 법으로부터의 훈습이다. 청문훈습의 의지체(āśraya)는 심의 흐름이다. (T 31: 173b21ff; MSgBh 334a8f; 『무성석』 394c15f; MSgU 262a2f: gnas gang la zhes bya ba smos te / rgyud la 'jug pa ste; VGPVy 432a4: gnas gang la zhes bya b ani sems can gyi rgyud gang la'o).

것으로서, 이것은 전식 단독으로는 가능하지 않을 것이다.(MSg I.32)

그러나 출세간적 심의 종자들은 그럼에도 어떤 것이 일어나기 위한, 단지 종자들이나 단지 잠재력이 아니다.[56] 그것들은 증상연(adhipati-pratyaya)으로서 가행심(prāyogika-citta)을 지닌 노력에 의해 결과를 산출해야만 하는 것이다.(MSg I.43) 이런 관념은 위에서 언급했던 (AKBh II 36c-d) 본래적이고 파괴될 수 없는 선법들과 정신적 수행(prāyogika)을 통해 일어나는 선법들에 대한 세친의 구별과 쌍을 이룬다. 그러므로 수행도의 점진적인 성격이란 다음과 같다.

> 왜냐하면 〔문훈습은〕 문·사·수(śruta-cintā-bhāvanā)의 반복에 의해 성취되기 때문에, 약한 훈습(mṛduvāsanā)에 의지해서 중간의 훈습(madgyavāsanā)이 있고, 중간의 훈습에 의지해서 강한 훈습(adhimātravāsanā)이 있는 것이다. (MSg I.47)

알라야식 내에 포함된 잡염의 원인인 종자와 훈습을 보살초지의 법신에 포함된(Dharma-kāya-saṃgṛhīta) 출세간적 심의 종자와 훈습으로 변화시키는 과정은 점진적이고 간헐적인 것이다. 그러나 마침내 이 훈습들의 수습은 알라야식 자체의 대치로서 작용하고, 최종적으로 알라야식이 완전히 "종자를 여의게" 될 때까지, 즉 "의지체가 전환"될

56 따라서 그것들은 세간적인 것이다.(MSg I.48) "비록 그것은 세간적인 것이지만 출세간적 심(lokottaracitta)의 종자이다. 왜냐하면 〔그것은〕 출세간적인 극히 청정한 법계에서 흘러나오는 것(lokottara-suviśuddha-dharmadhātu-niṣyanda)이기 때문이다."

때까지, 점차 그것을 "모든 측면에서"[57] 제거해 가는 것이다.

> 약·중·강의 문훈습이 점차 증대되자마자(vardhate) 이숙식(vipāka-vijñāna)은 줄어들며, 의지체는 전환된다(āśraya-pāravṛtti, 轉依). 모든 측면에서 의지체가 전환될 때, 일체 종자를 가진 이숙식(sarvabījakaṃ vipākavijñānam)도 마찬가지로 모든 측면에서 종자를 여의게 되며 소멸되는 것이다.[58] (MSg I.48)

이런 의지체의 전환(āśraya-parāvṛtti)은 알라야식을 확립하는 최종적인 형식적 증명이다. 왜냐하면 이런 전환은 그것의 내용을 제거하는 과정 자체를 지지할 뿐 아니라 원인으로서의 대치와 결과로서의 전환된 의지체 사이의 구별을 유지하는 이중적인 심의 모델에 의해서만 가능하기 때문이다. 그것 없이는 어떤 청정의 과정도 불가능하게 될 것이다.[59] 따라서 『섭대승론』은 다음과 같이 주장한다.

---

57 알라야식의 측면들과 획득의 여러 단계들을 기술한 후에 MSg I.61은 다음과 같이 주장한다. "〔부분적으로 제거된 알라야식의 특징〕 없이 잡염(saṃkleśa)의 점진적 소멸(kramanivṛtti)은 불가능할 것이다." 이것은 알라야식을 하나의 단일한 실체라기보다는 기능이나 과정의 축적된 등급으로서 해석하는 것을 지지한다.

58 주석서에 따르면 종자 없이 생겨남이란 모든 잡염의 종자(saṃkleśa-bīja)의 측면들이 근절되었다는 것을 의미한다. (『무성석』 395b10-12; MSgU 263a3f: sa bon thams cad pa yang sa bon med par 'gyur zhes bya ba la sogs pa ni sa bon gyi rnam pa thams cad spangs pa'i phyir te / kun nas nyon mongs pa'i sa bon thams cad med pa nyid 'di'i spangs par rig par bya'o).

59 이 주장은 MSg I.57b에 나온다. 게송 부분은 I.56에서 요약된 잡염과 청정에 의해 알라야식의 "증명"을 보여주는 I.29-56을 보충하고 있다.

대치 자체가 의지체의 전환이라는 것은 가능하지 않다. 왜냐하면 그것은 〔그 번뇌들의〕 끊음이 아니기 때문이다. 만일 저 〔대치〕가 〔자체적으로 번뇌들의〕 끊음이라면, 원인과 결과 사이의 구별이 없게 될 것이다. (MSg I.57.2)

이 주장은 명백히 번뇌를 가진 심 내에서 선법들의 종자의 존재에 관해 앞에서 보았던 담론의 하나이다. 만일 심의 내용들이 단일하고 하나의 심의 찰나가 전적으로 번뇌들에 의해 둘러싸여 있다면 어떻게 선법의 종자들이 거기에 공존할 수 있는가? 여기서 우리는 정반대의 시나리오를 본다. 만일 그 심의 찰나가 전적으로 번뇌들의 대치에 의해 둘러싸여 있다면 어떻게 불선법의 종자들이 거기에 공존할 수 있는가? 대치하는 심의 단일한 찰나는 모든 염오법의 종자들을 제거할 것이며, 점진적인 청정을 위한 어떤 필요성이나 가능성도 남아 있지 않게 될 것이다. 왜냐하면 알라야식 내에 있는 제거되어야 할 종자들이 더 이상 존속하지 않는다면, 주석서가 제시하듯이 대치의 단순한 산출은 그 자체로 열반의 획득과 동일한 것이 될 것이다.[60] 다른 말로 하면, 만일 대치가 전의를 향한 점진적인 수단이 아니라 전환된 의지체와 같다면, 대치가 생겨났을 때에는 대치해야 할 어떤 것도 없게 될 것이다. 대치라는 원인은 모든 종자들의 제거와 의지체의 전환이라

60 『무성석』 397a10; MSgU 266a8f. 우리는 번뇌의 존속을 포함하는 이 주장의 변형을 보았다.(MSg I.40) 알라야식 없이는 "대치(pratipakṣa)가 나타날 때, 모든 반대항(vipakṣa)들이 소멸하기 때문에 무여의열반(nirupadhiśeṣanirvāṇa)은 저절로 노력없이 획득되게 될 것이다."

는 결과와 같게 될 것이다. 그러므로 『섭대승론』은 수행도를 따르는 점진적인 과정뿐 아니라 완전한 해탈 자체도 일체 종자를 지닌 과보식이라는 하나의 구별되는 심의 차원이 존재하기 때문에 가능하다고 주장한다. 그것이야말로 대치와 대치가 실행되는 것의 양자를 동시에 지지할 수 있는 것이다. 요약하면, 제1장의 앞에서 인용된 붓다의 게송이 설하듯이,

> 무시이래의 계가 모든 법들의 공통된 근거라네.
> 이것이 존재하기에, 모든 존재형태들과 열반의 증득이 있다네. (MSg I.1)

V. 『섭대승론』에서의 알라야식

(2) 그것을 넘어서 보기

그것에 의해 생명체가 그들의 환경을 구성하는 방법과 감각적 수단들은 세계라는 환경 자체가 생명체에게 되돌려 주는 수단들과 같을 것이다. ··· 언어는 세계가 무엇인지를 명명하며, 세계는 우리 자신의 명명을 통해 자신을 다시 우리에게 전해준다. 언어는 진실로 생태환경들과 같다. (William Paden, 1992)

우리는 공유하는 가상세계에서 살아간다. ··· 이 가상세계로 들어가는 입구는 바로 언어의 발전에 의해 우리에게 개방된 것이다.

(Terrence Deacon, 1997)

마지막 장은 『섭대승론』의 마지막 항목들(MSg I.58-61)에 초점을 맞추고 있는데, 여기서 알라야식 개념은 하나의 패션에 따라 그것의 기원과 영속화, 소멸이라는 윤회존재의 근본적인 구성요소로 되돌아간다. 이는 우리를 친숙한 장소로 되돌아가게 하지만, 매우 다른 분위기 속으로이다. 이 간결한 문장들은 인간경험의 공유된 세계의 구성과정 속에서 언어와 지각, 업 사이의 상호작용의 견지에서 전통적인 주제들을 표현하고 있다. 인간세계의 조건적 생기관계를 충분히 음미하기 위해 우리는 어떻게 심과 심적 과정들 그리고 우리들 각자가 끊임없이 그리고 동시적으로 함께 생겨나고 있는지를 재고해야만 한다. 앞에서와 같이 우리는 초기 아비달마와 유가행파 전통의 배경과 맥락의 관점에서 텍스트와 그 주석서들로 먼저 나아갈 것이다.

첫 번째 항목(MSg I.58)은 알라야식의 유형이나 차이(prabheda)를 말하고 있을 뿐으로 그것들의 깊은 의미를 기술하는 것은 주석서로 돌리자. 알라야식은 여기서 3종의 습기(vāsanā)의 관점에서 분류되고 있다. (1) 명언名言의 습기(abilāpa-vāsanā), (2) 아견我見의 습기(ātmadṛṣṭi-vāsanā), (3) 유지有支의 습기(bhavāṅga-vāsanā)이다. 그것들은 각기 알라야식의 인지적, 번뇌적, 심리적-존재론적 차원을 보여준다. 다시 말해, (1) 알라야식이 종자와 습기를 포함하고 있는 한에서(MSg I.45) 그것은 과거 업의 지속하는 영향과 현재의 심의 과정들에 대한 경험들을 나타내는데, 그것들은 여기서 우리의 인지적인 앎에 끼치는 언어의 영향이라는 언설의 습기의 견지에서 표현되고 있다. (2) 허위적이지만 잠재적인 자기동일성에 대한 견해(=유신견)의 대상으로서 우리의 잠재적인 심적 과정들은 우리의 일상적 사고와 행위를 물들이고 있는 자기중심적 관념과 번뇌들을 끊임없이 일으킨다. (3) 앞의 두 가지로부터 나온 식의 형태로서 알라야식은 여기서 연기에서 12유지(有支, bhavāṅga)의 습기의 견지에서 표현된 윤회존재의 지속성을 전형적으로 보여준다. 주석서들과 남은 1장의 항목들은 알라야식의 세 가지 차원들의 함축성을 이끌어내는데, 그것들은 업과 번뇌 그리고 그 결과라는 표준적인 범주들과 밀접히 대응한다. 이들 중에서 언어 및 그것이 일으키는 개념들은 특히 중요하고 생산적인 영향을 전해준다. 우리는 먼저 이 짧은 항목들에 대한 텍스트와 그 주석들을 간략히 살펴본 후에 그것들의 함축성을 검토할 것이다.

1. 명언습기와 아견, 그리고 생명의 구성요소

이 항목에 대한 주석서들은 지각과 인식, 자아에 대한 집착과 그것들이 야기하는 작용들에 대한 언어의 영향을 기술한다. 먼저 『무성석無性釋』(Upanibandhana)은 식(vijñāna)이 언설습기(abhilāpa-vāsanā)의 '특별한 힘(śakti-viśeṣa)' 때문에 자아(ātman)와 법, 작용(kriyā)들의 표현과 관련해서 일어난다고 설명한다. 다시 말해 식은 인간이나 신들, 눈, 색, 오고 감 등과 같은 관습적인 언설 표현 때문에 일어난다고 텍스트는 서술한다. 『세친석』(MSgBh)은 이숙식(vipāka-vijñāna)에서 명언습기는 대상이 일어나는 산출인(abhinirvṛtti-hetu)으로서 기능한다고 서술함으로써 이 점을 뒷받침한다. 예를 들어 '눈'이라는 명칭을 발설하는 행위는 (인식대상으로서의) 눈의 생기에 기여하며, 이는 귀 등의 법들에 대한 다른 모든 표현에서도 비슷하다.[1] 즉, 일상언어

---

1 Ad MSg I.58 (『무성석』 397a24 - b4; MSgU 266b4 - 267a1: mngon par brjod pa'i bag chags kyi bye brag ces bya ba ni bdag dang chos dang / bya bar mngon par brjod pa tha snyad btags pa rnams te / lha dang / mi (D 217b6) dang / mig dang / gzugs dang / 'gro'o zhes bya ba la sogs pa'i bag chags sna tshogs yin te / nus pa'i khyad par gang las bdag dang / chos dang / bya ba'i mngon par brjod par 'byung ba'o // bdag tu lta ba'i bag chags kyi bye brag ces bya ba ni nyon mongs pa bzhis nyon mongs par gyur pa'i yid

(vyavahāra)의 관습적 표현들은 그런 '대상들'의 앎이 일어나는 방식을 미세하게 조건짓는다. 사람들이 가진 인지적 경험들의 유형, 즉 우리가 보고 만지는 '사물들'의 범주는 우리에게 익숙한 언어의 표현과 형태들에 의해 지울 수 없이 영향을 받는다.

자아와 타자 사이의 구별은 습관적인 범주들 중에서 가장 늦게 인지될 수 있고, 분명 가장 중대하며, 확실히 가장 완고하게 지울 수 없는 범주이다. 『무성석』에 따르면 아견의 습기(ātmadṛṣṭi-vāsanā)는 유신견(satkāya-dṛṣṭi)에 의거한 자아에 대한 집착(ātmagrāha)의 습기를 가리킨다. 업을 일으키고 윤회존재를 영속화하는 반복된 행위들의 근본원인의 하나인 자타의 구별을 일으키는 것은[2] 이 〔아견의〕 습기라고 세친은 설명한다.

'jig tshogs la lta ba'i dbang gis kun bzhi rnam par shes pa la bdag go snyam pa'i bag chags kyi bye brag go // srid pa'i yan lag gi bag chags kyi bye brag ches bya ba ni bsod nams dang bsod nams ma yin pa dang / mi gyo ba'i 'du byed kyi dbang gyis lha (D 218a1) la sogs pa'i 'gro ba rnams su ma rig pa nas rga shi la thug pa rnams gyi bag chags kyi bye brag go //). (세친석 336c5 f.; MSgBh 168b7f: mngon par brjod pa'i bag chags kyi bye brag ni 'di lta ste / mig ces rjod par byed pa'i rnam par smin pa'i rnam par shes pa'i bag chags de ni mig mngon par 'grub pa'i rgyur 'gyur te / mig gang grub cing rnam par smin pa las skyes par brjod par bya ba de mig ces brjod pa'i rgyu las gyur pa'o // de bzhin du rna ba la sogs pa brjod par bya ba thams cad la zhes bya ba ni 'di' bye brag go //).

2 『무성석』에 대해서는 위의 노트를 보라. 『세친석』 336c9f; MSgBh 169a2: gang gis bdag zhes bya ba dang / gzhan zhes bya ba'i bye brag 'dir 'gyur bar byed do).

그리고 윤회존재를 영속화하는 것은 바로 일상적인 언설의 습기와 뿌리깊은 자아존재의 견해에 의해 영향받은 행위들로서, 그것의 습기들이 알라야식 속에 포함되어 있는 것이다. 『무성석』은 '유지의 습기(bhavāṅga-vāsanā)'를 천신 등의 다양한 존재형태(gati, 趣) 내에서 무명에서부터 노사에 이르기까지 연기의 12지의 특별한 습기들이라고 풀이한다. 이 모든 것은 업의 측면에서 결정적인 행위들(saṃskārā)의 우세한 힘(ādhipatya) 때문에 일어난다.

2. 공통된 경험, 공통된 체화: 언어와 알라야식, 그리고 "세계의 생기"

이 세 개의 범주는 『해심밀경』과 〈알라야 논증문헌〉에서 개관했듯이 이미 알라야식 복합체 내에서 확인된 전통적인 불교의 주제들과 일관되어 있다. 새로운 업은 번뇌들에 의해 영향받은 행위들에 의해 산출되며, 그것들 중에서 지배적인 것은 자기동일성에 대한 견해로서 이것은 식에 의해 유발된다. 식 자체도 "관념상과 명칭, 분별의 일상언어의 견지에서 희론을 향한 습기라는 집수"(nimitta-nāma-vikalpa-vyavahāra-prapañca-vāsanā-upādāna: SNS V.2)에 의해 지지되고 거기에 의거하는 것이다. 『섭대승론』과 그 주석서들은 어떻게 언어가 업에 영향을 주는지를 고려함에 의해 이런 관념들 위에서 하나의 주제를 발전시켰는데, 그 주제는 그때까지 예상치 못했던 문제들을 제기하고 있다. 텍스트가 (언어 습기의 '특별한 힘'이라는 말로) 제안하듯이, 만일 언어사용이 인과적으로 효과적이라면 그렇다면 그 언어의 피할 수 없는 상호주관적 성격의 의미는 무엇인가? 우리는 상호주관적인 '원인들'을 공유하고 있는가? 그리고 우리는 공유된 언어사용에 의해 비슷하게 영향받은 중생들의 행위에 의해 산출된 상호주관적 '실재성' 내에서 살아가는가? 만일 우리가 잘못 이해한 것이 아니라면, 이는 『섭대승론』 제1장의 나머지 부분이 정확히 제시하고 있는 것이라고 보인다.

『섭대승론』(MSg I.58)이 앞부분에서 알라야식의 유형(prabheda)을 습기의 유형에 따라 분류하는 데 비해, 『섭대승론』(MSg I.59)은 그것을 그것의 다른 기능이나 측면들에 따라서 구별하고 있고, 그 마지막이 우리가 보게 될 그것의 특징(lakṣaṇa)이다. 텍스트는 알라야식을 먼저 하나의 특징을 가지고, 그리고 이어지는 항목들에서는 일련의 이중적인 특징을 갖고 규정하는데, 대부분의 남은 부분들에서 그 특징들이 정교하게 설명되고 있다. 첫 번째 쌍은 다른 것들을 위한 도약대이다.

> 〔그것의〕 특징에 의해 구별되는 〔알라야식〕이란 공통적인 특징(sādhāraṇa-lakṣaṇa)을 가진 것이며, 또 공통되지 않은 특징(asādharaṇa-lakṣaṇa)을 가진 것이다.[3] (MSg I.59)

다음 항목은 설명한다.

> 〔알라야식의〕 공통된 〔특징〕은 물질세계(bhājana-loka)의 종자이며, 공통되지 않은 〔특징〕은 내적 영역의 종자이다. (MSg I.60)

우리는 이 설명을 세밀히 검토할 필요가 있다. "물질세계"와 "내적

---

3 sādhāraṇa는 여기서 "같은 의지체 또는 토대에 의거하는 것"을 의미한다.

영역" 사이의 구별은 종종 '객관적' 세계와 '주관적' 세계 사이의 구별로 이해되었다. 이 해석은 유가행파가 관념론의 유형으로 간주되어야 하는지에 대한 커다란 논란의 일부지만, 그것은 알라야식 개념의 발전에 초점을 맞추고 있는 우리의 입장에서는 거의 무관한 것이다.[4] 그러나 알라야식의 '공통된' 특징과 '공통되지 않은' 특징 사이의 구별이 여기서 알라야식의 존재를 위한 주장의 하나로서 제시되고 있기 때문에 주의깊은 고찰을 요구한다.[5] 우리는 특히 알라야식의 '공통적' 측면과 '물질세계' 사이의 관계, 그리고 언어가 그들 사이에서 중개하는 역할을 다루는 이 개념을 일차적으로 『섭대승론』과 그 주석서들에 따라 해석할 것이다. 그러나 먼저 우리는 '세계'와 언어, 지각과 자기동일성의 집착에 의해 영향받은 행위의 결과 사이의 강력한 상호의존성

---

4 그렇지만 몇 개의 코멘트는 맞지 않는 것이 아니다. 우리는 알라야식을 서력기원 전후 몇 세기 동안의 기본적인 지적이고 형이상학적인 불교사유의 틀로서 인지된 아비달마의 배경 속에서 넓게 맥락을 잡았다. 식의 새롭고 구별되는 차원을 위해 『섭대승론』 제1장에서 제시된 거의 모든 주장과 또 그것을 기술하기 위해 사용된 대부분의 용어들은 그런 아비달마 체계에 의존하고 있으며, 그것의 일반적인 교설과 목적 및 그것들에 동반되는 문제점들을 고려하지 않고는 이해될 수 없는 것이다. 이것은 대단히 중요한 맥락이며, 바로 그 맥락 내에서 알라야식의 옹호가 저 텍스트들 내에서 행해지는 것이다. 그리고 그것들은 근저에 있는 전제들인 것이다. 그리고 어떤 논증들 속에서도 "유식(vijñaptimātra, mind-only)"이나 "외부 대상들"의 비실재성은 직접적으로 제시되지 않았다. 그것들은 사실상 알라야식의 경우에는 무관한 것처럼 보인다. 나의 탐구는 크게 이를 가장 체계적으로 논의하고 또 옹호하고 있는 초기 유식 문헌의 여러 부분들에서 기술된 바로서의 알라야식에 제한되어 있기 때문에 이 주제에 대한 심층적인 논의는 하지 않았다.

5 MSg I.60. "〔알라야식의 특징들이〕 없이 기세간과 중생세간의 구별은 불가능할 것이다."

들에 대한 초기와 동시대의 몇몇 문헌들을 재고함에 의해 이 논의의 맥락을 파악하고자 한다.

* * *

우리는 초기 팔리어 자료의 몇몇을 간단히 검토함으로써 시작할 것이다. 바로 처음부터 초기불교의 교의와 수행은 경험된 현상세계에 초점을 맞추고 있었다고 보인다.[6] 왜냐하면 우리로 하여금 해로운 윤회 속으로 얽매는 것은 우리가 경험하는 현상세계에 대한 우리의 반응이기 때문이다. 이것이 『법구경』의 유명한 첫 번째 게송의 근본 메시지이다.

> 모든 상태(dhammā)들은 마음(mano)을 그것들의 전조로 하고, 마음은 그것들의 주인이며, 그것들은 마음이 만든 것이네. 만일 염오된 마음으로 말하거나 행동한다면, 마치 바퀴가 황소를 따라가듯이 고통이 뒤따르게 된다네. (Dhammapada I: Rahula 1959: 125)

6 Marlya Falk(1943: 63f)는 이 점을 지적한다. "원래 용법에서 dhammā라는 복수형은 사실상 意의 기능의 내용들인 경험의 변화될 수 있는 요소들에 지나지 않으며(see Dhammapada 1), 그리고 이를 받아들일 때 그 단어는 감각적이고 비감각적 측면 속에서 확정되지 않은(contingent) 실재성의 전 범위를 포괄한다. 실재성이 단지 경험의 내용에 불과하고, 따라서 그것이 심적 본질의 성격을 가졌다고 보는 이런 관점은 6계의 근저에 있는 관점과 일치한다. 여기서 감각적 존재는 실재성의 이차적인 파생된 측면으로서 나타난다. 그 실재성의 일차적 측면은 비감각적이고 심적인 것이다."

현상의 경험의 분석과 그것을 변화시키는 실천적 기법들은 우리의 습관적인 경향성과 체화된 인지구조의 이해와 변화, 그럼으로써 그것들이 야기하게 될 행위들을 방지하는 데 초점을 맞춘 거의 모든 인도불교 전통의 핵심적인 특징이다. 이 목적을 위해 불교사상은 우리가 실재성을 구성하는 과정들을 정교히 설명하고 비판했다. 이 '세계-구성적' 의식의 측면들은 고타마 싯다르타가 태어났던 더 넓은 문화적 맥락의 일부였으며, 그 맥락 내에서 인도불교전통들은 발전된 것이다.[7] 붓다는 반복해서[8] 다음과 같이 설한다.

> 벗이여, 나는 세계와 세계의 기원, 세계의 소멸, 세계의 소멸로 이끄는 도가 있는 것은 바로 지각과 사고를 가진 이 길이의 신체 속에서라고 설한다.[9] (A II 48)

---

7 초기 베다와 우파니샤드적 의미에서 다층적 "세계"로서의 세간에 대해서는 예를 들어 Collins(1982: 44-9)를 보라.

8 Johansson(1979: 28f)은 이런 취지로 초기 팔리어 문헌에서 많은 구절들을 수집했다. Sn 169: "세계(loka)는 여섯 개를 통해 생겨나며, 그것은 여섯 개를 통해 지식을 낳는다. 여섯 개 위에서 구축된 세계는 여섯 개 소에서 파괴된다." 여기서 "여섯 개"는 6식을 가리킨다. 그것들의 인식대상과 각각의 기능들, 그리고 그것들이 일으키는 식이다.

A IV 430: "다섯 욕망의 대상들(kāmaguṇa)은 성자의 방식으로 세계(loka)라고 불린다. 다섯이란 무엇인가? 안에 의해 인지되고, 갈구되고, 매력적이고 즐겁고, 사랑스럽고, 탐욕과 욕망과 묶여있는 색들이며, 또 성·향·미·촉이다. …"

S I39: "세계는 심에 의해 인도되며, 심에 의해 곤경에 빠진다."(cittena nīyati loko, cittena parikissati) A II 49: "세계의 끝에 이르지 않고는 고통으로부터의 해탈은 없다."(na ca appatvā lokantaṃ dukkhā atthi pamocanaṃ).

그렇다면 이 맥락에서 '세계(loka)'는 최소한 "경험된 세계"에 대해 말하는 방식이다. 위에서 주장했던 것처럼 이것은 심의 동요하는 내용들과 독립해 존재하는 어떤 것의 궁극적인 실재성을 부정하는 관념론의 형태가 아니며, 또한 인식과 그 식이 재현한다고 하는 '대상적 실재성' 사이에 비록 완전히 동일하지는 않더라도 밀접한 대응관계가 있다고 가정하는 실재론의 형태도 아니다.[10] 오히려 이것은 "이것이 있을 때 저것이 생겨나는" 연기의 세계이다. 이 경우에 식(vijñāna)은 감각기관들과 그것들에 대응하는 대상들 그리고 작의의 병존에 의거해서 일어나는 것이다. 식의 '경험대상'으로서 간주된 것은 특정한 감각기관과 거기에 포함된 기능들의 구조에 의존하기 때문에 어떠한 식의 가능한 대상들은 시초부터 상당히 한정된 것이다. 비구 냐냐난다(Ñāṇananda)는 설명한다.

---

9 A II 48; IV 45, Nyanaponika(1999: 90) #60.

10 Johansson(19979: 28f)도 비슷한 결론을 내린다. 초기불교에서는 "독립적으로 존재하는 세계란 없다. 세계는 하나의 역동적인 과정으로서, 우리의 감관과 사고, 욕망들에 의해 항시 산출되고 정교하게 구성되는 것이다. … 이는 우리와 세계가 비실재한다거나 또는 단순한 환상이라는 의미는 아니다. 대상은 외부에 있지만, 그것들에 대한 우리의 지각이 그것들의 본질적 부분이며 그것들을 구성하는 것이다. … 모든 우리의 통각(saññā, 즉 지각과 이미지)은 실재하는 과정들이며, 그리고 그것들을 제어하거나 그것들로부터 벗어나기란 극히 어렵다. 벗어남을 달성하는 것, '세계의 해체'는 열반의 성취와 같으며, 명상과 지혜(paññā)에 의해 가능하다. 이 견해를 올바로 이해하기 위해서는 우리는 그것이 단순한 주관성이 아님을 잊지 말아야 한다. '주관'과 '객관'의 분열은 결코 행해지지 않았다. 이미지를 만드는 주관적 과정은 대상 자체의 부분이라고 생각되었다."

세계란 우리의 감각기관이 우리에게 제시하는 것이다. 그렇지만 세계는 전적인 관념론의 의미에서 순수하게 심의 투사는 아니다. 단지 경험적 의식 자체가 현상에 포함되어 있기 때문에 의식은 그것을 넘어 파악할 수 없는 것이다. 물론 우리는 경험적 의식을 초월해서 그 현상을 그에게 '세계'로 만드는 바로 그 특징들이 공하다(suñña)고 발견하는 지혜(paññā, 慧)의 빛에서 세계를 객관적으로 볼 수 있다. (Ñāṇananda 1976: 84)

우리에게 어떠한 인지적 경험(vijñāna)을 가능케 하는 업의 구조들(saṃskārā)인 이 '경험의 세계'를 조건짓는 생리학적 기관들과 심리학적 기능들은 자체로 넓게는 과거의 업의 결과이다. 그 결과는 바로 이 인지구조들에 의해 훈습되고 또 그 〔인지구조〕들의 견고한 심층적인 경향성에 의해 자극된 계속적인 행위들에 의해 보존되고 영속화된다. 이것이 연기의 정형구에서 그려진 윤회인 것이다.

세계에 대한 인간의 경험을 일으키는 주요한 조건의 하나가 언어이다. 왜냐하면 앎의 대부분의 순간들은 이미 언어적 범주들에 의해 강하게 중재되고 있기 때문이다. 우리는 초기불교사상, 특히 의식(mano-vijñāna)의 작용 속에서 이런 관념의 조짐을 발견할 수 있다. 의식은 직전 찰나의 감각지각 및 반성과 분석(vitakka-vicāra)과 밀접히 연관된 그 자체의 '심적' 대상이라는 두 종류의 법들과 상응해서 일어난다. 그렇지만 어떤 의미에서 감각대상에 대한 앎조차 의식에 의존한다. 왜냐하면 "이러저러한 감각적 지각"이 일어났다고 반성적으로 아는 것은 바로 이런 형태의 앎이기 때문이다. 그리고 이런 반조성

(reflexivity)은 의식 자체가 의(意, manas)의 기능에 의거하여 일어나기 때문에 가능한 것이다. 이런 의意의 기능에 몇 가지 주목할 만한 성질들이 있다. 첫째로 각기 분리되고 구별되는 다섯 종류의 식과는 달리, 의(manas)는 "그것들의 영역과 대상들 〔각각〕을 경험한다."(M I 195)[11] 이는 그들 각각에 대한 반조적 앎이 일어나는 것을 허용한다. 보다 중요한 것은 고대 인도에서 의意는 우선적으로 언어적 과정으로 간주된 사고 자체가 수행되는 수단이라는 점이다.[12] 이것은 언어작용으로서의 반성과 분석(vitakka-vicārā vacīsaṃkhārā, M I 301)에 포함된 기능으로서의 그것의 역할을 통해서 수행되었다. 요약하면 두 종류의 대상을 위해[13] 사고와 반성, 분석을 가능케 하거나 또는 그것들을 구성하는

---

11 M I 295: "다섯 감각기관들은 각기 독립적인 인식영역들과 또 분리된 경계를 가지며, 다른 영역이나 경계들을 경험하지 못하지만, 심을 그것들의 토대로 가지면 심은 그것들의 영역과 경계를 경험한다."(Ñāṇamoli 1995: 391) 1장 n.47을 보라.

12 Sn 834는 意에 있는 견해들에 대한 사고(manasā diṭṭhigatāni cintayanta)에 대해 말하며, S I 207은 "意의 숙고(manovitakkā)"에 대해 말한다(Johansson 1965: 183, 186). Ñāṇananda(1976: 5): "개념 작용은 언어를 전제로 하며, 그런 한에서 사고 자체는 음성 하위적 언어 형태라고 간주될 수 있다."

이것은 인간의 인지과정에서 언어사용의 역할에 대한 다음과 같은 현대적 사고와 비교된다. "따라서 Karmiloff-Smith 모델에서 지식과 이해라는 두 개의 기본적인 차원이 있다. 전자는 인간이 다른 동물들과 공유하는 지식의 종류이다. … 두 번째 차원은 이 과정적 지식의 재현적인 재기술로부터 파생된다. … 사고체계들은 이런 반조적 행위로부터 등장한다. 왜냐하면 자기관찰은 외부세계를 지각하고 이해하고 범주화하는 데 사용된 모든 종류의 범주화와 분석적 기술을 사용하기 때문이다. - 사실상 주관은 그것이 외적으로 언어로 표현되었다는 사실에 의해 촉발된 그 자신의 인지를 지각하고 이해하고 범주화한다.(Tomasello 1999: 195)

13 따라서 언어는 전5식의 구성부분은 아닐지라도 모든 의식(manovijñāna)의 구성부

언어의 범주와 구조에 의해 조건지어져서 의식은-의意를 경유하여-일어난다.[14]

분이다. 경전의 한 구절은 언어적 접촉과 감각적 접촉은 명-색의 발생에 필요하다고 서술한다. "명-색이 접촉의 조건이라는 것은 다음과 같은 방식으로 이해되어야 한다. 아난다여, 만일 그것들에 의해 명칭의 그룹(nāma-kāya)이 나타나는 그러한 양태와 특징, 기표와 신호가 부재하다면, 색의 그룹(rūpa-kāya) 속에 언어와의 접촉의 출현은 있게 될 것인가? 존자시여, 그렇지 않습니다. 아난다여, 만일 그것들에 의해 색의 그룹(rūpa-kāya)이 나타나는 그러한 양태와 특징, 기표와 신호가 부재하다면, 명칭의 그룹(rūpa-kāya) 속에 감각적 접촉의 출현은 있게 될 것인가? 존자시여, 그렇지 않습니다." (D II 62; Reat 1990: 311).

Reat는 그 구절들로부터 명-색은 "식의 주어진 대상의 출현과 개념화를 가리키기 때문에 감각적 접촉과 언어적 접촉 모두는 모두 필요하다"(Reat 1990: 306)는 결론을 내린다. 감각적 접촉과 언어적 접촉은 각기 색의 측면과 심리적 측면에 대응하며, 또 그것들은 각기 5식과 意(manas)의 기능이다. 그러므로 "종종 'attention'(주의집중)으로 번역되지만 문자적으로 '심에서 행함'의 의미를 가진 manaskāra(作意)라는 용어는 주어진 대상(ruupa)의 개념적(nāma) 측면을 지각하는 데 있어 manas의 특정한 기능을 가리킨다. 그것은 나아가 vedanā(감수)와 saṃj,nā(想, 통각)가 식의 발생의 측면들이기 때문에, **언어적/개념적 내용을 수반하지 않는 안식의 실제적 사례는 존재할 수 없다는** 사실을 주의해야 한다. 다른 말로 하면, nāma 없이 ruupa도 없는 것이다. 이것은 의심할 바 없이 공통된 감정으로서의 manas의 위상 속에 반영되어 있다. 경험적인 5근은 공통된 감정으로서의 심이 감관들이 불러오는 정보를 분류하고 배열한다는 의미에서 manas에 의존하고 있다. 나아가 그것들은 adhivacana-samphassa(언설적 접촉)에 책임이 있는 감각기관으로서의 manas가 부분적으로 이전의 식에 의거함에 의해 nāma를 5근에 의해 전달된 색에 공급하고 있다는 의미에서 manas에 의존하는 것이다."(1990: 317, 강조는 필자)

14 이 견해는 결코 불교나 인도사상에만 한정된 것은 아니다. 영장류와 인간 아이들 사이에서 소통을 연구한 Michael Tomasello는 그의 *The Cultural Origins of*

이 '인간경험의 언어화'는 감각지각과 사고나 관념 등과 같은 비감각적 대상에 대한 앎인 의식 및 개념적인 희론(戱論, prapañca)의 그물 사이의 상호관계에 대한 새로운 차원을 도입한다.[15] 왜냐하면 이 반조적 자기인식은 그것이 의존하는 언어적 구조처럼 끝까지 개방적이며, 거의 피할 수 없을 정도의 재귀성을 포함하는 것이다. 팔리어 문헌이 서술하듯이, "통각(saññā, 想)은 언어표현(vohāra)으로 귀착된다. 어

---

*Human Cognition*에서 다음과 같이 서술하고 있다. "독특한 인간의 사고형태는 … 상호주관적이고 원근법적인 언어적 상징들과 구성물, 그리고 담화 패턴들의 중개를 통해서 일어나는 상호작용적인 담화에 의존할 뿐 아니라, 사실상 그것들로부터 파생된 것이며, 아마도 그것들에 의해 구성되고 있을 것이다." (1999: 215).

15 이런 prapañca 개념과 현대언어학, 특히 기호론에서 설명된 언어에 대한 관점 사이에는 강력한 유사성이 있다. 상호적이지만 구별된 용어들에 의거한 분류적인 상징체계로서 언어들은 문법이라고 하는 체계적인 결합규칙에 의해 조직되었을 때에만 의미가 있다. 따라서 언어는 지시양태로서, Charles Peirce에 의해 발전된 기호론 모델을 갖고 작업하는 신경생리학자인 Deacon은 그의 대작인 The Symbolic Species: The Co-evolution of Language and the Brain에서 그것을 상징적이라고 정의한다.

왜냐하면 상징들은 세계 내에서 사물들을 직접적으로 지시하는 것이 아니라, 다른 상징들을 지시함에 의해 간접적으로 그것들을 지시하기 때문에, 그것들은 결합적인 것들이며, 그것들의 지시적 힘들은 다른 상징들의 조직된 체계 내에서 확실한 위치를 차지함에 의해 파생된다. (Deacon 1997: 99).

환언하면, 사전에서 어떤 단어의 의미를 찾는 것이 다른 단어들로 이끄는 것처럼, 어떤 언어학 체계에서 한 용어의 의미는 직접적으로 "그것 자체"를 좇는 것이 아니라 다른 용어들을 좇는 것에서 나오는 것이다. 이것은 무한소급으로 이끈다. Deacon에 의하면 "상징적으로 중개된 사물의 모델들은 비직선적이며 재귀적인 복잡한 구조를 드러낼 뿐 아니라, 또한 그것들의 결합적 성격에 기인한 새로움을 위한 거의 무한한 유연성과 능력을 보여준다."(Deacon 1997: 434)

떤 것을 알게 될 때 그는 '그와 같이 나는 생각했다'고 표현한다."(A III 413) 그리고 그가 생각하고 인식한 것은 이어지는 인식과 개념화를 위한 조건이 되며, 다음과 같은 해로운 결과가 나온다.

> 안眼과 색色에 의존해서 안식이 일어난다. 삼자의 만남이 촉觸이다. 촉을 조건으로 해서 受가 있다. 그가 감수하는 것을 그는 통각한다. 그가 통각하는 것을 그는 두루 분별한다. 그가 두루 분별하는 것을 그는 심적으로 다양화(戱論)한다. 심적으로 희론한 것을 토대로 해서 희론에 의한 통각과 개념들(prapañca-saññā-sankhā)이 안眼에 의해 인식될 수 있는 과거와 미래, 현재의 색 내지 의意에 의해 인식될 수 있는 의意의 대상들과 관련해 사람들을 괴롭힌다. (M I 111f.)[16]

다시 말해 (심의 매 순간에 일어나는)[17] 식과 통각의 생겨남은 다른 식의 대상들과 관련해서 통각과 개념들을 계속해서 일으키는 심적 희론의 과정들을 작동시킨다. 이렇게 해서 (1장 4.1을 보라) 촉과 통각, 희론이 함께 자기를 영속화시키는 일련의 피드백 서클을 낳는다. 이런 피드백 구조는 우리의 경험세계에 매우 특징적이기 때문에 희론(prapañca)은 윤회존재 자체와 동의어로 종종 사용된다.

---

16 Ñāṇamoli 1995: 203. "지각(perception)"은 용어상의 통일을 위해 "통각(apperception)"으로 바꿨다.

17 M I 293. "감수와 통각, 인지적 앎. 이들 요소들은 상응하는 것이지, 상응하지 않는 것이 아니다. 그들 사이의 차이를 기술하기 위해 각각의 한 상태를 다른 상태와 분리하는 것은 불가능하다. 왜냐하면 그가 감수하는 것을 그는 통각하며, 그가 통각하는 것을 그는 인지하기 때문이다."

이런 재귀적이고 자기지시적인 과정들에서 나오는 가장 중요한 귀결은 의심할 바 없이 독립적인 행위자 또는 지속하는 경험의 주체로서 우리의 뿌리깊은 자아의식, 다시 말해 '아만(asmimāna)'이다. 초기 불전(S IV 202f.)이 표현하듯이, "'이것은 나다'는 희론이며, '나는 이것이다'는 희론이며, '나는 무엇이 될 것이다'는 희론이다." 비구 냐냐난다(Ñāṇananda)가 설명하듯이, '나'라는 표식이 '희론의 산물'일 뿐 아니라, 『숫타니파타』(915-6)가 말하듯이 그것은 희론의 뿌리인 것이다. 그것을 제거하지 않고서는 통각과 개념적 희론, 그리고 이어지는 통각의 재귀적인 피드백 순환은 결코 끝나지 않을 것이다.

요약하면, 아만이라는 자기동일성의 감정은 단순히 언어의 지시대상으로서 나타나는 것이 아니라 언어라는 재귀성의 가상적 산물로서 일어난다. 불전에서 끊임없이 설하듯이 '나'는 오온 중의 어디에서도 발견되지 않는다. 왜냐하면 '나'는 애초에 어떤 '곳'에 존재하는 어떤 '것'이 아니기 때문이다. 자아의식은 하나의 개념적인 희론이며 끊임없이 뒤로 사라지는 암호로서, 언어적으로 영향받은 반조적 의식의 재귀성과 언어적 지시체의 독립적인 망 및 언어사용자 사이에서의 상호주관적인 관계 사이의 복잡한 상호관계로부터 일어나는 것이다. 이 암호의 유일한 '실재성'은 우리와 같은 상징을 공유하는 중생들의 심장과 마음, 사고와 행위에 영향을 주는 데 있다.[18] 그리고 우리를

---

18 Deacon은 다음과 같이 관찰한다. "자아의 경험을 일으키는 상징들이 제공하는 것이 실제적인 지시대상이 아니라 가상의 것이라는 것은 최종적인 아이러니이다. 이러한 가장 부정할 수 없는 진실한 경험은 **가상** 실재이며, … 그것의 가상적 성질에도 불구하고, 우리가 동일시하는 바로 이 의식의 상징영역을 우리는 행위자

윤회에서 달리게 하는 것은 바로 이 실질적이지 않은 환상을 붙잡으려는 강박적인 시도인 것이다.

* * *

우리가 위에서 검토했던 유가행파의 문헌들은 마찬가지로 현상적인 경험세계와 인지과정들에 대한 언어의 영향 그리고 이 〔인지과정〕들이 일으키는 개념적인 희론, 특히 아만 개념을 둘러싼 자기동일성의 감정 사이의 복잡한 내적 관계를 다루고 있다.

초기불교의 견해와 일치하게 아비달마와 유가행파의 가르침은 "세계의 발생"을 중생들의 경험과 활동과 연결시킨다.[19] 예를 들어 『구사론』은 유정세간과 기세간(물질세계) 양자가 무수한 중생들의 집적된 활동으로부터 나왔다고 서술한다.[20] 무착(Asaṅga)은 양자를 그것들을

라고 동일시하며, 그 상징영역으로부터 우리의 행위자와 자기-조정의 느낌이 생겨나는 것이다."(1992: 452. 강조 원문)

19 세계나 환경이 그것을 인식하는 생명체와 독립해서 존재하는 객관적 실재성을 가리키지 않는다는 관념은 현대 과학적 사유의 몇몇 흐름들에 의해서도 공유되고 있다. 유전학자인 Richard Lewontin(1983)은 그것을 정의하면서, "환경은 외부로부터 생명체에 부가된 구조가 아니라, 사실상 … 그 종의 생명작용의 반향인 것이다."(Varela et al. 1991: 198에서 인용) 또한 "환경은 둘러싸고 있는 어떤 것이지만, 둘러쌈이 있기 위해서는 중심에 둘러싸여지는 어떤 것이 있어야만 하는 것이다. 한 유기체의 환경은 그것과 관련된 외부조건들의 반음영이다. 왜냐하면 그것은 외부세계의 그런 측면들과 실질적인 상호작용을 하기 때문이다."(Lewontin 2000: 48)

20 AKBh ad IV 1.a; Shastri: 567; Poussin: 1 (sattvabhājanalokasya bahudhā vaicitryam uktaṃ tat kena kṛtam? … sattvānāṃ karmajaṃ lokavaicitryam), AKBh

산출하는 업과 연결시킨다. '기세간(bhājanaloka)'과 중생세간은 각기 중생들의 공통된 업과 고유한 업으로부터 생겨난다.[21] 다시 말해 한편으로 비슷한 물질세계를 경험하게 하는 종자를 낳는 것은 공통되거나 비슷한 중생들의 업이다. 이 종자들은 위의 『섭대승론』(MSg I.60)이 비슷한 존재들의 '알라야식의 공상共相'이라고 부른 것을 포함한다. 다른 한편으로 상이하고 개별적인 감각영역(prātyātmikāyatana)을 경험하게 하는 종자를 낳는 것은 바로 중생들의 공통적이지 않고 상이한 업이다. 이 종자들은 각각의 중생들의 '알라야식의 공통되지 않은 측면'이라고 부른 것을 포함한다. 이것은 비슷한 행위들은 비슷한 결과로 이끄는 비슷한 종자를 야기한다고 말하는 것에 다름 아니다. 반면에 그 반대가 개별적 업들과 그것들의 종자들 및 결과들에 타당하다. MSg I.60에 대한 주석은 이 구절을 잘 표현하고 있다.

> '〔알라야식의〕 공통된 〔특징〕은 기세간의 종자이다'란 기세간으로서 나타나는 것은 표상들의 능작인(kāraṇa-hetu)임을 의미한다. 저 표상들이 그것들을 경험하는 이들에게 이숙(vipāka)의 힘에 따라, 즉 그들 자신의 비슷한 업과 상응하게 비슷하게 나타나기 때문에 그것은

---

ad V 1a (2장, n.66), ad II 56b, 57b (Schmithausen 1987: 203) 참조.

21 무착의 Abhidharma-samuccaya(T 31: 679b24-7, P 102b6-8f: las thun mong ba zhes kyang 'byung / las thun mong ma yin pa zhes kyang 'byung / … thun mong ba gang zhe na / gang snod kyi 'jig rten rnam par 'byed pa'o // thun mong ma yin pa gang zhe na / gang sems can gyi 'jig rten rnam par 'byed pa'o). 알라야 논증문헌(I.5.b)A.1-3도 알라야식을 기세간과 유정세간의 근원이라고 언급한다. Schmithausen 1987: 491f, n.1302-3을 보라.

공통적이다.[22] (『무성석』 397c12f., MSgU 267a8-268a1)

이것은 매우 심오하고 의미깊은 구절이다. 단순히 표현하면, 우리의 '세계'는 우리에게 비슷하게 나타난다. 왜냐하면 우리는 비슷한 업을 갖고 그것을 비슷하게 경험하기 때문이다. 그러나 어느 정도까지 우리의 과거의 업이 우리의 '경험된 세계'를 비슷하게 만드는가? 그리고 어떻게 또는 왜 우리는 비슷한 업을 갖게 되는가? 처음에는 이것은 비교적 간단해 보인다.

대부분의 인도종교에서 업의 부분이 포함하고 있는 것은 동일한 종의 구성원들은 비슷한 업을 갖고 있다는 것이다. 우리 심신의 구조들(saṃskārā)이 정의상 과거의 업에 의해 산출되었고 또 동일한 종의 구성원들은 비슷한 종류의 심과 신체를 갖고 있기 때문에, 이는 그들이 비슷한 업과 비슷한 인연을 갖고 비슷한 형태의 신체를 가진 재생을 산출했음을 의미한다. 이것이 왜 우리가 고양이나 박쥐 또는 각다귀의 세계 대신에 인간세계에서 살아가는지의 이유이다. 우리의 종에 적합한 공통된 인식의 능력은 우리가 보통 보고 느끼고 생각할 수 있는

22 여기서 "능작인(kāraṇa-hetu)"을 티벳역은 byed rgyu, 한역은 因으로 제시한다. "표상(vijñapti)"을 한역은 識으로 제시한다. "힘(adhipatubala)"을 한역은 增上力으로, 티벳역은 단지 dbang으로 번역한다. "비슷하게"를 한역은 相似로 번역한다. (무성석 397c12f; MSgU 267a8-268a1: de la thun mong ni snod kyi 'jig rten gyi sa bon gang yin pa'o // zhes bya ba ni snod kyi 'jig rten du snang ba'i rnam par rig pa rnams kyi byed rgyu'o // thun mong pa ni rang gi las dang mthun pa'i rnam par smin pa'i dbang gis de la spyod pa po thams cad la der snang ba'i rnam par rig pa skye ba'i phyir ro).

사물들의 종류를 가능케 하고 또 제한하기 때문에 우리는 세계를 차별적으로 인간의 방식 속에서 경험한다. 특정한 구조와 또 이런 능력을 상응하게 수용하는 것은 우리가 보통 거주하는 가능 "세계"를 규정하고 또 한정하는 것이다.[23] 붓다께서 설하듯이, "세계와 세계의 기원, 세계의 소멸, 세계의 소멸로 이끄는 도가 있는 것은 바로 지각과 사고를 가진 이 길이를 가진 신체 속에서이다."(A II 48) 따라서 우리가 경험하는 세계란 우리의 능력들과 우리의 제행(saṃskārā)이 비슷하기 때문에 비슷하다고 대부분의 인도불교 전통들은 주장할 것이다. 정의상 우리의 업은 비슷하기 때문에 그 능력들은 비슷한 것이다. 이 때문에 앞에서 언급한 주석이 바로 "표상들이 그것들을 경험하는 모든 이들에게 그들 자신의 비슷한 업과 상응하게 비슷하게 나타나기 때문에 기세간은 공통적이다."라고 말하는 것이다.

우리는 이제 MSg I.58에서의 첫 번째 알라야식의 유형인 '명언습기(abhilāpa-vāsanā)'의 함축성을 보다 깊이 이해하게 된다. 왜냐하면

23 생물학적 사고 중의 (몇몇 경향들)에서 한 유기체의 "세계"는 그것이 반응하는 것에 의해 규정된다. "살아있는 유기체들은 그들에게 주어진 자극의 극히 작은 부분에만 반응한다. … 이와 같이 각각의 유기체의 구조는 그 자신의 차별적인 구조에 따른 그 자신의 차별적인 세계 위에 구축되어 있다. … 생명조직이 그 자신의 환경과 함께 갖는 상호작용의 범위가 그것의 '인지영역'을 정한다. … 인지는 하나의 독립적이고 미리 주어진 세계의 재현이 아니라, 오히려 하나의 세계를 산출하는 것이다. 그 세계는 확정된 세계(the world)가 아니라 단지 하나의 세계(a world)일 뿐으로, 항시 유기체의 구조에 의존하는 것이다. 종 내의 개개의 유기체는 다소간 동일한 구조를 갖고 있기 때문에, 그들은 비슷한 세계를 낳는다." (Capra 1996: 269f).

바로 언어야말로 알라야식의 '공통된 측면'이 '공통된' 기세간(bhāja-na-loka)을 산출하는 수단이기 때문이다.[24] 앎을 인지하고 표현하고 공유하는 수단으로서 언어는 비슷한 유형의 인지적 경험을 일어나게 하는 수단이다. 이 인지적 경험은 비슷한 반응들을 야기하는 경향이 있으며,[25] 그 반응들은[26] 전형적으로 비슷한 결과를 낳는 것이다. 다시 말해, 비슷한 조건들에 의해 훈습되고 또 비슷한 의향들에 의해 야기된 행위들은 비슷한 종류의 '경험된 세계'를 낳는다. 이를 간단히 설명해보

---

24 Tomasello(1999: 95): "언어적 상징과 다른 상징적 인공물을 사용하는 학습의 결과는 다채롭다. … 아이들이 타인들과의 사회적 상호작용 속에서 배우는 상징적 재현들은 특별하다. 왜냐하면 그것들은 (a) 하나의 상징이 다른 사람들과 사회적으로 '공유'된다는 의미에서 상호 주관적인 것이며, 그리고 (b) 각각의 상징이 어떤 현상을 보는 특정한 방식을 선택한다는 의미에서 원근법적이다. (이것이 범주화는 이 프로세스의 특별한 경우로서 범주화이다.) 중심적인 이론적 요점은 언어적 상징들이 역사적 시간을 초월해 하나의 문화 속에서 축적된 세계를 상호주관적으로 구성하는 무수한 방법을 구현한다는 것이다. 이러한 상징적 인공물의 일상적 사용을 획득하고 또 그에 따라 이러한 해석을 내재화하는 과정은 아이들의 인지적 재현의 성격을 근본적으로 변화시킨다."

25 Tomasello(1999: 189): "개체 발생 동안에 사회적이고 문화적 과정들은 기본적인 인지적 능숙함들을 만들지 않는다. 그것들이 하는 것은 기본적인 인지적 능숙함을 극히 복잡하고 정교한 인지적 능숙함으로 바꾸는 것이다. … 아이들이 문화에서 통용되는 언어의 사용을 지속해서 사용하는 것은 그들이 그 언어 속에서 구현된 범주들과 관점, 그리고 관련된 유비의 견지에서 세계를 구성하는 데로 이끈다."

26 의식의 발생과 그것에 뒤따르는 반응의 연쇄가 유사한 패턴으로 일어난다는 것은 일반적으로 연기설의 요지일 뿐 아니라 특히 잠재적 경향성의 발생의 요지이기도 하다. (M I303: "탐욕에 대한 잠재적 경향성은 즐거운 감수의 근저에 있다. 진에에 대한 잠재적 경향성은 즐겁지 않은 감수의 근저에 있다. 무명에 대한 잠재적 경향성은 중립적 감수의 근저에 있다.")

자.

『해심밀경』 심의식상품(SNS V 2)에서 알라야식은 예를 들어 언어 표현에 의해 훈습된 지각과 개념 구조에 의존해서 일어나는 잠재적인 세계에 대한 앎으로서 규정된다. 감각기관에 의존해서 일어나는 것에 더해 아다나식/알라야식도 "대상적 현상과 명칭, 분별에 대한 세간언설의 견지에서 희론을 향한 습기라는 집수(nimitta-nāma-vikalpa-vyavahāra-prapañca-vāsanā-upādāna)"에 의존해서 일어난다. 다시 말해, 모든 다른 식의 근저에 있는 잠재적 심의 형태는 이 '토대'와 상응해서 일어난다. 이 토대란 현상(nimitta)과 명칭(nāman), 분별(vikalpa)과 관련해 개념적으로 세간언설(vyavahāra)을 희론(prapañca)하기 위한 습기(vāsanā)의 집수(upādāna)이다. 그리고 알라야식이 모든 전식(pravṛtti-vijñāna)의 '동시적 지지처'로서 기능하는 한에서 이런 희론하는 경향들은 활동상태의 의식의 매 찰나에 지우기 어려운 잠재적인 영향을 준다. 말하자면 모든 우리의 감각적이고 심적 유형의 앎들은 언어의 표현들과 차별들에 의해 미리 조건지어지는 것이다. 왜냐하면 유가행파의 심의 모델에서 그것들은 언어 사용에 뒤따르는 범주들과 언어 표현들, 특히 개념적 희론들에 의해 이미 구조화된 알라야식에 의존해서 일어나기 때문이다. 인지적 앎은 결코 단순히 보고, 맛보고, 듣는 것이 아니다.[27] 왜냐하면 그것은 근저에서 언어적 범주들에 의해

---

27 Deacon은 "두뇌-언어 공동발전은 top-down으로부터 인지를 급격히 재구성했으며, …" 따라서 "그것의 이차적 효과들은 분기되어 전체적인 인간인지에 영향을 주고 있다. 인간존재는 감각적 자극의 세계에 접근하며, 우리의 상징적-언어적 능력들이 관여하지 않았을 때조차도 동력은 다른 종들과는 다르게 요구한다.

지우기 어려울 정도로 형성되었기 때문이다.

우리의 인지구조들이 처음부터 이 명언습기(abhilāpa-vāsanā)에 의해 구성되었기 때문에 인지적 앎 자체도 언어의 무한한 재귀성에 종속된다. (MSg I.58에 대한 주석이 말하듯이) 자아와 법, 행위들의 표현들과 관련해 앎을 일으키는 특별한 힘(śakti-viśeṣa)을 가진 '명언습기'는 결코 완전히 소진된(anupabhukta) 적이 없다. 왜냐하면 MSg I.61.2에 따르면 "명언습기의 종자들은 무시이래 개념적 희론을 일으키기" 때문이다. 그것 없이 "명언습기의 새로운 일어남은 불가능할 것이다."라고 텍스트는 말한다.[28]

이는 우리가 팔리어 문헌에서 보았던 것을 유가행파의 용어로 다시 표현한 것이다. 즉, "통각(saññā, 想)은 언어 표현으로 귀결된다."(A III 413) 또는 "우리가 통각하는 것을 우리는 심적으로 희론한다." 나아가 "심적 희론에 의해 가미된 통각과 개념들은 눈에 의해 인지될 수 있는 색 내지 의(意, manas)에 의해 인지될 수 있는 심적 대상(dharma)과

…"고 주장한다.(1997: 417, 강조 저자)

28 Mathurana와 Varela도 주목할 만하게 비슷한 점을 지적하고 있다. "언어를 통해서 우리는 **기술의** 영역에서 상호작용하며, 우리는 우주나 또는 그것에 대한 우리의 지식에 관해 주장할 때에도 반드시 그 상호작용 내에 머물러 있다. 이 영역은 한정된 동시에 무한하다. 우리가 말하는 모든 것이 하나의 **기술**이기 때문에 한정된 것이며, 또 모든 **기술은** 우리 안에서 새로운 상호작용을 위한, 따라서 새로운 **기술을** 위한 토대를 이루기 때문에 무한한 것이다. 행동 자체로 향하는 신경-생리학적 토대 이상의 또 다른 신경-생리학적 토대를 가짐이 없이, 이러한 재귀적인 기술의 적용과정으로부터 자기의식이 자기기술의 영역에서 새로운 현상으로서 떠오른다. 그러므로 재귀적인 자기기술의 영역으로서 자기의식의 영역은 한정된 동시에 무한한 것이다."(1980: 50, 강조는 원문)

관련해서 사람들을 괴롭힌다."(M I 111) 그렇지만 여기서 이 과정은 언어적이고 개념적인 범주들 및 일상 상태의 앎의 매 찰나에 대한 그것들의 잠재의식적인 영향의 지각될 수 없는 습기(vāsanā)의 관점에서 설명되었다.[29]

그리고 팔리어 자료들과 더불어 유가행파 문헌에서도 바로 아만이 초점으로서, 그것에 의해 희론이 현상세계의 지각과 경험들에 효과적으로 끼어들게 된다. 다시 말하지만 그런 의식이 잠재적 지각과정과 아만에 의존해서 일어나는 한에서, 다른 말로 하면 '이것은 나다'라는 지각의 형태와 아만 그리고 알라야식을 '나는 이것이다' 및 '이것은 나다'로 지각하는 형상을 가진 의(意, manas)에 의해 훈습되는 한에서 (유전문 (4.b) A.1.(a)), 그것은 의식의 중개를 통해서 행해지는 것이다. 이것이 우리를 끝없는 희론의 윤회적 삶에 떨어지게 하는 것이다. 왜냐하면 "의意가 그치지 않는 한, 〔의식은〕 관념상과 관련된 표상(vijñapti)의 결박으로부터 벗어나지 못하기" 때문이다.(유전문 (4.b) A.2.) 즉, 의식이 아만을 향한 번뇌의 습기에 의해 염색되어 있는 한, —세친에 따르면 이것이 자신과 타자의 구별을 일으키는데[30]—중생들은 현상적 지각에 묶여 있게 될 것이다. 그러나 자신과 타자 사이의 구별은 언어의 재귀성에 불가분적으로 포함되었기 때문에 그것도

---

29 언어학자이며 인지과학자인 Lakoff & Johnson이 지적하고 있듯이, 우리가 형성하는 범주들은 **우리 경험의 일부**이다! 그것들은 우리 경험의 측면들을 파악될 수 있는 종류로 차별화시킨다. 따라서 범주화는 경험의 사실을 따라 생기는 순전히 지적인 것만은 아니다. 오히려 범주들의 형태와 사용이 경험의 재료인 것이다."(1999: 18f, 강조는 원문)

30 앞에서 인용했던 MSg I.58에 대한 세친의 MSgBh에 나온다.

무한한 희론을 일으키는 것이다. MSg II.16.1은 다음과 같이 지적한다.

> 의식은 변계된 것이다. … 그것은 자신의 언설습기의 종자로부터 일어나며, 또 모든 표상의 언설습기의 종자로부터 일어난다. 그러므로 그것은 무수한 행상을 가진 분별에 의해(anantākāravikalpena) 일어난다.[31] (MSg II.16.1)

다른 말로 하면, 우리는 한편으로 의식이 무수한 차별을 가진 언설의 습기와 결합해서 일어나는 한, 또 다른 한편으로 언어적 희론의 산물일 뿐 아니라 (알라야식이라는) 잠재적인 앎의 형태와 관련해서 일어나는 자아의식이라는 염오된 의에 의해 대변되는 뿌리깊은 잠재적 자기동일성의 감정에 의거한 한, 현상적 지각에 (또한 업과 결과, 그리고 이것이 포함하는 반응의 사이클에) 얽매여 있다. 그런 잠재성 자체도 ("대상적 현상과 명칭, 분별에 대한 세간언설의 견지에서 희론을 향한 습기"라는) 언어적 재귀성을 향한 경향에 의거하는 것이다. 우리는 사이클 내에 있는 사이클 내에서 사이클 속에 던져져 있다.

언어와 연결된 희론의 경향성은 따라서 몇 가지 중복되는 피드백 과정들을 포함한다. 먼저 팔리어 자료들 속에서 상세히 설해지고 있듯이 공시적으로 우리의 인지적 과정들, 개념적 희론의 재귀성과 그것들이 촉발하는 행위 사이에서이다. 다음으로 유가행파 문헌들에서 명시적으로 상설되고 있듯이, 알라야식과 염오의에 의해 대변되는

31 나는 이 맥락에서 이 구절의 중요성을 지적했던 大谷大學의 Odani 교수에게 감사드린다.

잠재적인 아만 또 앞의 양자가 산출하는 전식과 그것들이 집단적으로 촉발하는 행위들 사이에서이다. 이 행위들은 다시금 알라야식 내의 종자를 강화시킨다. 이러한 내성심리학적인 순환적 인과성의 그림은 하나의 수명의 경과 속에서뿐 아니라 전통적인 불교 형이상학 속에서 윤회 재생에서의 다수의 수명을 통해서도 매 찰나 일어나는 동시적인 과정들에 마찬가지로 적용된다.

그렇지만 유가행파의 문헌들은 초기 팔리어 문헌들에서는 상대적으로 초보적으로 남아 있었던 두 가지 차원을 발전시켰다. 첫 번째는 우리의 자기집착의 구생적(sahaja) 형태를 포함해서 우리의 지각경험을 채색했던 이 언어적 재귀성이 이제 "성자들에게조차" 지각될 수 없을 정도로 무의식적으로 작동한다는 것이다. 두 번째는 그 과정들은 집단적 차원에서뿐 아니라 개인적 차원에서도 업의 측면에서 산출적이라는 것이다. 다시 말해 그것들은 공통된 '세계'를 창조한다. 우리가 '언어화된' 피조물[32]이라는 사실은 세 번째로 무의식적이지만 그럼에도 전적으로 상호주관적인 피드백 체계를 이룬다. 그것은 다른 주요한 윤회의 '엔진'인 업과 번뇌처럼 끊임없이 윤회존재를 다양화하고 영속화하지만, 그것들과는 달리 우리의 개인적이고 집단적인 세계의 경험을 이어주며, 우리의 비슷한 업의 활동을 그런 활동들이 초래하는 비슷한 '세계'와 연결시킨다.

---

32 Deacon(1997: 409f): "인간 해부학, 인간의 신경생물학 또는 인간 심리학들이 모두 하나의 관념으로, 즉 상징적 지시라는 관념으로서 가장 잘 설명될 수 있는 어떤 것에 의해 형성되었다는 사실을 인식함이 없이 그것들을 이해하는 것은 불가능하다. 그것은 언어이다."

우리의 공통된 언어활동(vyavahāra)을 통해 촉진되고 유지되는, 우리가 공유하는 세계는 따라서 무수한 중생들의 공통된 원인과 공통된 업에 의해 초래된 것이다. 이들 대부분 알아차릴 수 없는 과정들은 개인으로서뿐 아니라 보다 본질적으로 사회적 존재로서 우리가 사는 문화적, 사회적, 인지적 '세계'를 낳는다. 왜냐하면 앞의 표제문에서처럼 "언어는 일차적인 중개자로서, 그것을 통해 인간들은 그들의 세계에 주하는 것이다."(Paden 1992: 7) "언어는 진실로 생태환경들과 같다." 왜냐하면 그것들은 분류와 개념화라는 소진되지 않는 희론(prapañca)의 과정들을 일으키기 때문이다. 그런 분류와 개념화에 의해 우리는 관습적으로 "거의 피할 수 없을 정도로 그리고 대부분 알지 못하면서 우리를 둘러싼 세계"에 참여하고 그것을 구성하고 유지하며, 세계는 상호적으로 또 동시에 우리를 유지시키고 가두는 것이다. 그리고 우리는 다음과 같은 것이 핵심적이고 대승적인 알라야식의 의미라고 제안한다. 우리가 주하는 생태환경(habitat), 우리가 주위에서 경험하는 "공통된 기세간"을 일으키는 것은 바로 우리가 장기적으로 오온 속에서 친숙해진 무의식적인 신·구·의의 습관인 것이다.[33]

그리고 이들 '세계'는 특정한 개체의 운명과 관련 없이 오온 속에서 존속한다. 첫 번째 장의 마지막 부분인 MSg I.60에 따르면 비록 알라야식의 개체적 특성이 개인적으로 불교의 해탈도에서 제거될 수도 있지만 그럼에도 "타인들의 분별에 의해 포착된(paravikalpa-parigṛhīta) 공통된 〔세계〕"는 여전히 존재하는 것이다. 이런 공통된 세계는 끝나지

33 나는 이것들과 또 관련된 주제들을 Waldron(2002)에서 상세하게 다루었다.

않는다. 주석이 설명하듯이 "왜냐하면 그것은 타인들의 차별적인 분별에 의해 포착되고 있기 때문이다."[34]

이는 우리가 생각하는 것 이상으로 우리의 '세계'의 구성에 많은 책임이 있다는 것을 보여준다. 왜냐하면 만일 우리가 오로지 우리의 두뇌 내부에 갇혀 있지 않고 토대 없는 토대로부터 위로 인과적으로뿐 아니라 인지적으로 상호 주관적이라면, 우리가 무의식적으로 산출하고 주장하고 보호하는 개개의 개념들과 범주들, 분류들의 문제는 매우 중요하기 때문이다. 우리는 "끊기 어렵고 이해하기 어려운" 우리의 '공통된 결박(sādhāraṇa-bandhana)'을 집단적으로 풀기 위해 노력해야 한다.(MSg I.60) 그렇지만 어떻게 이를 실행할 수 있는지는 다른 이야기이다.

---

34 『무성석』 398a10f; MSgU 268a2f.

부록 1

연기의 계열: 번뇌와 업, 그것들의 결과

아래 도표에서 제시하듯이 번뇌와 업 그리고 그것들의 결과들은 윤회 존재의 성격을 나타내는 연기의 표준적인 계열에서 두 차례 일어난다. 이 도표에서 12지는 업을 낳는 행위들과 그것들이 인도하는 결과들, 그리고 그것들을 이끌어내는 번뇌적인 반응들로 범주화된다. 이것과 삼세의 도식은 초기 담론보다는 조금 후대의 주석시기에서 유래한 것이다.

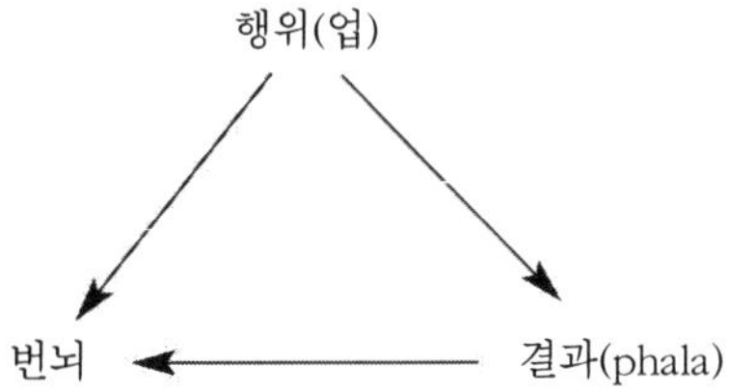

번뇌:	(1) 무명, (8) 갈애 (9) 취
업 또는 원인:	(2) 행, (10) 유
결과 (또는 janman):	(3) 식, (4) 명색, (5) 6처 (6) 촉, (7) 수, (11) 생, (12) 노사

(자료: Visuddhimagga, XVII 298. AKBh III 26a-b에도 같은 도식이 있다.)

(1) 무명(P. avijjā; S. avidyā)	번뇌
(2) 행(sankhārā, 업의 형성, 복합체)	업
(3) 식(P. viññāṇa, S. vijñāna)	결과
(4) 명색(nāmarūpa)	결과
(5) 6입(saḷāyatana)	결과
(6) 촉(phassa)	결과
(7) 수(vedanā)	결과
(8) 애(P. taṅhā; S. tṛṣṇā)	번뇌
(9) 취(upādāna)	번뇌
(10) 유(bhava)	업
(11) 생(jāti)	결과
(12) 노사(jarāmaraṇam 등)	결과

부록 2

관련된 논쟁들의 색인

아비달마 전통은 궁극적 타당성을 개인의 경험을 구성하는 찰나적 요소들에 놓았다. 그것들의 그치지 않는 연속이 언어적으로 심의 흐름(citta-santāna, 心相續)이라 불린다. 법들이 자신의 사고와 행위들을 구성하기 때문에 법의 분석은 심의 청정과 업의 축적의 소멸이라는 최고의 종교적 목표에 기여하는 강력한 분석법을 제공했으며, 저들 목표를 향한 점진적인 발전을 촉진시켰다. 그렇지만 이런 새로운 아비달마의 분석법이 넓은 구제론적 체계 내에서 맥락화되었을 때 점차 문제가 되었다. 왜냐하면 심(citta)과 그것과 함께 일어나는 심리적 작용(caitta, 심소)들의 찰나적인 과정들의 분석의 관점에서 업과 번뇌와 그것들의 점진적인 제거의 전통적인 의미를 기술했을 때 주석적, 체계적, 경험적 문제들이 현저하게 되었다. 이런 현상을 적절히 설명하기 위한 법의 분석의 비효율성은 심의 찰나적 과정들에 대한 업과 번뇌의 영향을 알아차리고 그럼으로써 그것들의 해로운 결과를 극복하려는 바로 그 법의 분석의 목적을 약화시켰다.

아비달마의 분석에 의해 만들어진 문제들의 전체성은 그것들이 하나의 체계적인 성격을 갖고 있음을 제시한다. 그 체계적 성격이란 각기 유부와 경량부가 대변하는, 심의 흐름(santāna)의 공시적 분석과 통시적 분석에 의해 〔대략〕 대표되는 두 개의 별개의 담론 세트 사이의 분리에 의해 유도된 것이다. 따라서 이 두 개의 담론은 팔리어 자료들에서 찾아볼 수 있는 식의 두 개의 시간적 차원에 매우 적절히 대응한다. 이 문제들은 모두 이러한 두 개의 구별되는 담론 사이의 경계에서 드러나는 유사한 오류를 따라 놓여 있다. 그것들을 잇는 공통된 실은 그것들이 모두 지시하고 의존하고 또는 요구하는 바로서, 찰나적인 인식과정들을 넘어서거나 그 외부에서, 또는 그것과 독립해서 어떤 방식으로 존속하는 심의 측면들이다. 그리고 그 지속하는 요소들이나 에너지들은 수동적으로 현존하는 반면에 그것들의 직접적인 업의 영향들은 엄격히 중립적이어야 하는 것이다. 그렇지 않다면, 해탈에 이르기까지 그것들이 수행도에서 지속적으로 나타남은 업의 측면에서 어떤 선한 상태가 생겨남을 배제할 것이기 때문이다.[1]

우리는 여기서 몇 가지 논점들을 짧게 제시할 것이다. 그것들의 대다수는 텍스트 본문과 현대 학파들의 다양한 의견에 대한 간단한 각주에서 이미 논의했다. 관련된 논점들의 숫자는 (아래에서 다룰 것이지만) 그것들의 체계적인 성격을 확인할 뿐 아니라 우리가 아비달마의 문제점이라고 부른 것들이 널리 인정되고 있음을 반영하고 있다.[2]

---

1 그렇지 않다면 강한 결정론과 무한소급이 뒤따를 것이다. 예를 들어 Kathāvatthu XVII.3은 모든 것이, 심지어 업조차도 〔과거의〕 업에 기인한다는 주장을 올바로 부정하며, 반면 VII.10은 과보(vipāka) 자체가 계속해서 결과를 낳는다는(vipāko vipākadhammadhammo ti) 생각을 부정한다.

2 여러 학파들이 취한 입장의 다양성은 아비달마 전통 내에서 이 질문의 보편성과 동시에 그들이 받아들인 전제조건 내에서 그 문제들을 해결할 수 없음을 입증한다. 그 논점들의 많은 것이 Kathāvatthu와 Vasumitra(世友)의 異部宗輪論

업(karma)

1) 업의 축적(karma-upacaya)의 구별되는 요소가 존재하는가?[3]

2) 업의 축적은 식과 관련되는가?[4]

(Samayebhedoparacanacakra)과 같은 초기 텍스트에서 초보적 형태로 나타난다. 후자의 가장 철저한 편집은 Teramoto와 Hiramatsu(1935)의 것으로, 세 개의 한역과 하나의 티벳역, 그리고 Bhavya와 Vinītadeva의 주석들의 일역, 그리고 비교차트와 색인을 포함하고 있다. 그 논점들은 유부 문헌과 『구사론』의 시기에 발전되었고, 그것들 중의 많은 것이 유가행파와 동시대이다.

이 논점들을 논의하는 데 사용된 어휘의 유사성은 유가행파와 동시대의 다른 학파들 사이의 공통점들을 보여주며, 아비달마 문헌들에 대한 우리의 참고를 보장한다. 어느 누구도 다양한 아비달마 학파들이 형성될 시기에 그들간의 교리적이고 어휘적 공통성을 Bareau 이상으로 명확히 보여주지는 못했다. 그는 그것들의 하위학파를 포함해 모든 전통적인 18부파들의 교의적 입장들에 대한 참고자료들을 모으고 수집했다. 이하에서 우리는 그의 연구로부터 많이 인용했다. 그는 주로 Kathāvatthu와 위에서 언급한 세우의 문헌, Vijñaptimātratā-siddhi(La Vallée Poussin 1928) 그리고 몇몇 한문주석들을 참고했다. 그러나 그 자료들은 그것들의 원래 시기와 원 자료와의 근접성, 그것들의 학파적 관점, 그리고 그것들의 궁극적인 신뢰성이란 점에서 크게 차이가 난다. 따라서 우리는 그것들을 적절히 주의하면서 사용할 것이다. 예를 들어 Kathāvatthu에서 논란된 견해들의 학파 귀속성은 훨씬 후대의 주석으로부터 나온 것이다. Dube(1980)는 거의 비슷한 자료들에 의거해서 보다 접근하기 쉬운 주제에 따른 서술 형태로 그 논점들의 많은 것들을 편집했고 논의했다.

지면의 제한 때문에 우리는 이하의 연구노트에서 다만 각각의 논점들에 대한 여러 학파들의 입장을 기록할 것이며, 산스크리트와 팔리어 어휘를 통일하려고 시도하지 않을 것이다.

3 Kathāvatthu XV.11: Andhakas와 Sammatīyas(정량부)는 동의, 상좌부는 동의하지 않음.

4 Kathāvatthu XV.11: Andhakas와 Sammatīyas는 동의, 상좌부는 동의하지 않음.

잠재적이고 현기적인 번뇌(anuśaya/kleśa) 사이의 구별

3) 번뇌들의 분출(paryavasthāna)은 그것들의 잠재적 경향성(anuśaya, 隨眠)과 구별되는가?[5]

4) 잠재적 경향성은 심과 불상응하며 따라서 업의 측면에서 중립적인가?[6]

5) 잠재적 경향성은 선심과 동시적인가 아니면 상응하는가?[7]

6) 구생이지만 업의 측면에서 중립적인 번뇌들은 존재하는가?[8]

7) 잠재적 경향성과 그것들의 습기 및 업의 결과를 위한 잠재력을 나타내는 종자(bīja)들이나 또는 미세한 형태의 식은 존재하는가?[9]

---

5 Kathāvatthu XIV.5: Andhakas와 Sammatīyas(정량부)는 동의, 상좌부는 동의하지 않음. Bareau: Mahāsāṃghikas(1955: 70, thesis 63), Vibhajyavādins(177, thesis 38), Mahīśāsakas(183, thesis 4)는 동의, 상좌부는 동의하지 않음(230, thesis 139).

6 Kathāvatthu IC.4; XI.1; XIV.5: Mahāsāṃghikas(대중부)와 Sammatīyas는 동의. 상좌부는 동의하지 않음. Bareau: Bahuśrutīyas는 어느 대안도 거부(1955: 83, thesis 11); Andhakas(95, thesis 47); Dharmaguptakas(194, thesis 5: anuśaya와 kleśa 양자는 심불상응), Uttarāpathakas(249, thesis 13)와 Vātsīputrīyas는 동의하지만, 후자는 anuśaya가 pudgala에 속한다고 주장(120, 118, thesis 37, 18); 유부(142, thesis 26, 27)와 상좌부(226, 230, thesis 108, 140)는 동의하지 않음.

7 Kathāvatthu IX.4; XI.1: Andhakas, Mahāsāṃghikas와 Sammatīyas는 동의.

8 Bareau: 유부는 동의(1955: 148, thesis 85). AKBh ad V 19를 보라.

9 Bareau: Mahāsāṃghikas(1955: 68, thesis 46), 경량부(157, thesis 12), Vibhajyavādins(177, thesis 38), Mahīśāsaka의 하위종파(188, thesis 10)는 동의, 상좌부는 동의하지 않음(240, thesis 222).

수행도의 단계들

8) 성자들은 번뇌나 잠재적 경향성을 갖고 있는가?[10]

9) 아라한과 해탈하지 못한 자들과 구별시키는 분명한 명상상태는 존재하는가?[11]

식의 지속성

10) 미세한 형태의 식은 멸진정이나 무상정 동안에 나타나는가?[12]

11) 다른 시기에 미세하고 지속하는 형태의 심은 존재하는가?[13]

---

10 Kathāvatthu I.2; III.5: 상좌부는 동의하지 않음.

11 이 논란은 현재나 미래에서 수행도의 결과의 획득 또는 예견된 미래의 획득에 관한 것이다. 그것은 Kathāvatthu I.5; V.2, 4,10; VI.1; XII.5; XIX.7에서 다양한 점에서 논의되었다(Dube 1980: 180-3). 수행도에 들어가는 확정성(sammattaniyāmāvakkanti)은 S I 196; S III 225; Sn 55, 371; A I 121 그리고 Kathāvatthu V.4, VI.1; AKBh ad VI 26a에서 언급되고 있다.

12 Bareau: 경량부(1955: 159, thesis 29), Dārṣṭāntikas(165, thesis 58), Vibhajyavādins(172, thesis 5, 6)은 동의. Bareau는 Siddhi(pp.142, 202-3, 207)를 인용해서 상좌부(1955: 240, thesis 217)가 멸진정에 존재하는 미세한 의식(sukṣma-manovijñāna)을 주장했다고 서술하지만, 이것은 Collins(1982: 245f)와 상충된다. 텍스트에서의 논의를 보라.

13 Bareau: Mahāsāṃghikas(1955: 72, thesis 78)는 6식의 근저에 있고 그것들의 의지체(āśraya)인 근본식(mūla-vijñāna)을 설정한다. 대중부의 하위종파(1955: 72, thesis 78)는 전 신체에 변재하는 미세한 의식(sukṣma-manovijñāna)을 주장했다. Mahīśāsakas(187, thesis 37)는 윤회가 지속하는 한 존재하는 온(saṃsāra-koṭiniṣṭha-skandha)을 설정했다. 상좌부(240, thesis 219)는 존재의 구성요소인 유분심(bhavaṅga-citta)을 설정했다. 즉, 그것은 존재의 원인이며 다양한 연속적 존재의 통일이다. 2장과 4장에서의 논의를 참조하라.

12) 재생으로 넘어가는 구별되는 유형의 식은 존재하는가?[14]

다른 심소들의 동시성

13) 일상적 식은 종자(bīja)나 훈습(vāsanā)을 받을 수 있는가?[15]

14) 전식의 근저에서 그들의 토대(āśraya)나 뿌리(mūla)가 되는 구별되는 유형의 식이 존재하는가?[16]

15) 상이한 식들은 동시에 작용할 수 있는가?[17]

관련된 문제들의 전체적인 계열들이 이와 같이 생겨날 때 그것들의 기원은 그것들이 의거하고 있는 전제들에 놓여 있기에 단편적인 해결책만으로는 충분히 만족할 수 없다. 여러 아비달마 학파들에 의해 제안된 다양한 개념들은 그것들의 근저에 놓인 전제들에 도전하거나 또는 그것들을 보다 넓은 포괄적인 체계 내로 맥락화하지 않고 결국 단지 어떤 하나의 논점에 대해 제안된 임시적인 미봉책이 지나지

14 Bareau(1955: 240, thesis 218): 상좌부는 재생시에 존재하는 어떤 의식(mano-vijñāna)을 주장하며, 경량부와 유부도 그것이 의식의 찰나라고 간주함(AKBh III 42b-c).

15 Bareau: 경량부는 동의하면서 심과 신체는 상호 종자가 되며(1955: 158, thesis 18), 일상적 식은 종자로부터 일어난다고 주장(159, thesis 28). Mahāsāṃghikas는 동의하지 않음.

16 Bareau: Mahāsāṃghikas(1955: 72, thesis 78)는 동의, 경량부는 동의하지 않음(159, thesis 30); Mahīśāsakas(화지부)의 하위종파는 anuśaya와 bīja는 현재에 영원히 머물며, 거기서 그것들은 다른 법들을 산출한다고 주장.

17 Kathāvatthu XVI.4: 상좌부는 동의하지 않음. Bareau: Mahāsāṃghikas는 동의(1955: 72, thesis 79).

않았다. 우리의 주장명제는 이 후자의 메타비판적인 접근은 단지 유가행파가 알라야식에 중점을 놓는 심의 이론을 근본적으로 재구성했을 때에만 비로소 수용될 수 있었다는 것이다. 유가행파는 아비달마의 심의 분석에서 주변부에 놓였던 식의 통시적인 측면들을 공시적인 법의 담론의 관점으로 체계적으로 변환시키고, 그럼으로써 초기의 식 개념에서는 원래 차별되지 않았던 다양한 기능들을 재통합함에 의해 이를 수행했다.

이런 발전은 쿤(Kuhn, 1970)의 "패러다임 변화"의 역동성의 분석과 대응하고 있다고 보인다. 변화는 "기존 패러다임에 동화되기를 완고히 거부하는 특징적인 모습을 가진 인정된 변칙성"(Kuhn 1970: 97)의 숫자 때문에 이전의 패러다임 속에서의 "위기"에 의해 촉발된다. 따라서 쿤은 "하나의 이론의 판본의 확산은 위기의 징조이다"(p.71)라고 간주한다. 위에서 언급한 변칙성에 대한 아비달마논자의 첫 번째 반응은 "어떤 명백한 모순을 제거하기 위해 그들의 이론의 무수한 세분화 및 임시적 변형"(p.78)을 고안하는 것이었다. 그들의 이론의 각각의 변형은 "패러다임의 몇몇 사소하거나 사소하지 않은 세분화로서, 그들 중의 어떤 것도 완전히 비슷하지 않으며, 각각은 부분적으로 성공적이지만 어느 것도 패러다임으로 받아들일 만큼 충분하지 않은 것"(p.83)이다. 마지막으로 새로운 패러다임은 "새로운 기초로부터 재구성함"을 통해 "그 영역의 가장 기본적인 이론적 일반화에서 중요한 것"(pp.84f)의 변화를 나타낸다.

알라야식의 존재를 위한 다양한 "증명"들은 전형적으로 상대방의 이론들의 비정합성을 지적함으로써 알라야식을 기술하고 옹호한다.

그것들 또한 그런 패러다임 변화를 암시하는 것이다. 왜냐하면 "패러다임은 일군의 전문가들이 날카롭게 인식했던 몇 가지 문제들을 해결하는 데 경쟁이론들보다 더욱 성공적이기 때문에 패러다임의 상태를 얻기"(p.23) 때문이다. 쿤은 말한다. "하나의 패러다임을 부정하려는 결정은 항시 동시에 다른 것을 인정하려는 결정이며, 그런 결정으로 이끄는 판단은 두 패러다임을 자연과 비교하고, 또 상호 비교하는 것을 포함한다." 그러므로 알라야식의 존재의 공식적인 "증명들"은 단층적이고 연속적인 작용의 전제를 가진 전통적인 6식의 이론에 대한 그것들의 일관된 비판을 함께 포함하는 것이다.

부록 3

『유가론』 「섭결택분」의 유전문과 환멸문의 번역

『유가론』 「섭결택분」의 앞에 있는 〈증명부분〉과 달리 유전문과 환멸문은 원 산스크리트어로 사용될 수 없다. 우리는 티벳역과 한역에 의거해야 한다. 다행히 현장역(T 1579: 579c23-582a28)과 진제역(T1584: 1019a25-1020c22)의 두 개의 한역이 현존하며, 또 데르게판(D No.4038, Shi 3b4-9b3)와 북경판(P No.5539, Zi 4a5-11a8)의 티벳역이 남아 있는데, 양자는 거의 비슷하다. 여기서 이들 문헌을 각기 데르게판(D.), 현장역(H.), 진제역(P.)로 표시한다. 이 텍스트는 하카마야 노리아키(袴谷憲昭, 1979)에 의해 편집되고 분석되고 일본어로 번역되었으며, 이하 우리의 번역은 하카마야의 편집본에 의거하고 있다. 하카마야와 슈미트하우젠(1987)의 작업을 쉽게 참조할 수 있도록 우리는 하카마야의 연구로부터 대강을 따를 것이며, 미세한 부분에서 약간의 수정을 할 것이다. 여기서 모든 산스크리트 용어들은 일차적으로 하카마야와 슈미트하우젠의 작업에 의거해서 티벳역과 한역으로부터 환원한 것이며, 일반적인 별표(*) 없이 사용했다. 각주는 텍스트와 용어의 설명에 한정했다.

유전문(Pravṛtti[1] Portion): 알라야식의 생기

I. (O.a) 요약송 (uddāna)

(1) 인식대상 (ālambana)

(2) 상응 (saṃprayukta)

(3) 상호 조건성 (anyonya-pratyayatā)

(4) 동시적 생기 (sahabhāva pravṛtti)

(5) 모든 염오법들의 소멸(nivṛtti)

(O.b) 요약하면, 알라야식의 끊임없는 생기(pravṛtti)는 〔앞의〕 네 측면에 의해 확립되며, 〔그것의〕 소멸(nivṛtti)은 나머지 한 측면에 의해 확립된다. 즉, 그것의 끊임없는 생기는 다음 네 가지 측면들에 의해 확립된다. 인식대상, 상응, 상호 조건성 그리고 동시적 생기에 의해서이다. 반면 〔알라야식의〕 소멸은 번뇌들의 소멸에 의해서 증명된다.

---

1 pravṛtti를 한 단어로 번역하는 것은 그것이 가진 "to come forth, issue, originate, arise, be produced, result, occur, happen, take place, commence, continue etc."(SED 693) 등의 다면적인 의미를 전해주지 못한다. 이 단어는 알라야식이 매 찰나 그것의 대상적 토대와 심소법 등과 상응하여 일어난다는 것을 강조할 뿐 아니라 그것의 영속이 윤회존재의 영속임을 강조한다. 이것은 "to turn back, cease, disappear" 및 윤회존재의 "소멸"을 뜻하는 nivṛtti와 대조된다. 따라서 이 텍스트의 주제는 어떻게 알라야식이 생겨나고, 지속하며, 그런 존재를 연장하는지, 그리고 역으로 어떻게 그것이 알라야식의 소멸을 통해 끊어지는지를 다루는 것이다.

1. 〔알라야식이 인식대상에 의해 일어남을 건립하기(ālambana-pravṛtti-vyavasthāna)〕

(1.a) 이것들 중에서 어떻게 알라야식이 인식대상에 의존해서 일어난다고 건립되는가?

(1.b) 알라야식은 요약하면 두 가지 인식대상에 의거해서 일어난다.

(1) 내적인 집수의 요별에 의해

(2) 그 행상이 분명히 구별되지 않는 외적인 기세간의 집수(bahirdhā aparicchinnākāra-bhājana-vijñapti)[2]에 의해서이다.

(1.b) A.1. 이들 중에서 내적 집수란 (1) 변계된 자성에 대한 집착의 습기(parikalpita-svabhāvābhiniveśa-vāsanā)[3]와 (2) 토대를 수반한 물질적 감각기관(sādhiṣṭhānam indriyarūpam)이다. 더욱〔양자는〕 물질적 형태의 영역 〔즉, 욕계와 색계〕에서 〔일어난다〕. 무색계(ārūpyadhātu)에서는 오직 습기의 집수만이 〔일어난다〕.

---

2 전체 산스크리트 문장은 TrBh 19,5f에서 찾을 수 있다: ālaya-vijñānaṃ dvidhā pravartate/ adhyātmam upādānavijñaptito bahirdhā 'paricchinnākāra-bhājana-vijñaptitaś ca. Cf. ASBh 21,9f: asaṃviditavijñaptiḥ bhājanavijñaptiḥ, sarvakālam aparicchinnākāratvāt. 추가적인 자료는 3장 n.46 참조.

3 알라야식의 생기를 위한 두 개의 대상적인 토대를 가리키는 유사한 산스크리트 구절이 TrBh 19,7에 보인다: tatrādhyātmam upādānaṃ parikalpitasvabhāvābhiniveśavāsanā sādhiṣṭhānam indriya-rūpaṃ nāma ca. 따라서 여기서 알라야식의 대상적인 토대는 과거의 경험과 앎 그리고 신체적 과정들에서 획득된 습기이다. 다음의 대상적 토대인 기세간과 함께 그것들은 알라야식의 생기를 촉발하는 세 개의 대상적 토대를 이룬다. 따라서 셋은 과거의 경험과 앎, 신체적 감수 그리고 기세간이다.

(1.b) A.2. "그 행상이 구별되지 않는 외적인 외부세계의 요별"이란 내적 집수를 인식대상으로 갖는 알라야식에 의거한 외부세계의 지속성의 지속적이고 중단되지 않은 요별을 의미한다.[4]

(1.b) A.3. 따라서 우리는 알라야식이 내적 집수라는 인식대상과 외부세계라는 인식대상에 대해 일어나는 방식이 내적으로 타오르면서 심지와 기름에 의거해서 외적으로 빛을 방사하는 것과 비슷하다고 알아야 한다.

(1.b) B.1. 〔알라야식의〕 인식대상은 미세(sūkṣma)하다. 그것은 세상의 현자들에 의해서도 분간되기 어렵기 때문이다.

(1.b) B.2. 〔알라야식의〕 인식대상은 항시 존재하며, 어떤 때에 이것이고 다른 때에 저것으로 되는 것이 아니다. 그렇지만 〔수태할 때 신체의〕 첫 번째 집수의 찰나부터 생명이 지속되는 한까지(yāvaj jīvam) 〔그것의〕 요별은 동질적인 것으로서(ekarasatvena)[5] 일어난다.

(1.b) B.3. 알라야식은 그것의 인식대상과 관련해 찰나적이라고 알아야 한다. 비록 그것이 찰나적 흐름 속에서[6] 지속해서

---

4 이 구절은 알라야식의 인지적 기능들뿐 아니라 그 〔알라야식〕의 기세간의 지각이 알라야식의 내적 집수, 즉 습기와 신체에 의존하고 있음을 강조하고 있다.

5 SED 229에 따르면 ekarasa(一味)는 "(항시) 동일한 사랑의 대상을 가진, 변치 않는"을 의미한다. 그러나 이 용어는 우파니샤드 전통에서부터 보다 심원하고 형이상학적인 뉘앙스를 갖고 있다. Falk 1943: 135 참조.

6 Hakamaya(1979: 55)는 이 구절의 산스크리트를 *kṣaṇika-srotaḥ-saṃtāna-vartin 으로 제안한다.

일어난다고 해도 그것은 단일한 것(ekatva)이 아니다.[7]

(1.b) C.1. 알라야식은 욕계(kāma-dhātu)에서는 〔그것의〕 인식대상으로서 작은 집수(*upādāna)[8]를 갖고 있다.

(1.b) C.2. 그것은 색계(rūpa-dhātu)에서는 〔그것의〕 인식대상으로서 커다란 집수를 갖고 있다.

(1.b) C.3. 그것은 무색계(ārūpya-dhātu)의 공무변처(ākāśānantyāyatana)와 식무변처(vijñānānantyāyatana)에서는 〔그것의〕 인식대상으로서 무량한 집수를 갖고 있다.

(1.b) C.4. 그것은 무소유처(ākiṃcanyāyatana)에서는 〔그것의〕 인식대상으로서 미세한 집수를 갖고 있다.

(1.b) C.5. 그것은 비상비비상처(naivasaṃjñā-nāsaṃjñāyatana)에서는 〔그것의〕 인식대상으로서 극히 미세한 집수를 갖고 있다.

(1.c) 〔요약〕 이와 같이 인식대상에 의한 알라야식의 생기는 (A.1-3) 두 종류의 인식대상의 요별을 통해 확립된다. (B.1) 미세한 〔인식대상의〕 요별을 통해, 또 (B.2) 〔유사한〕 인식대상의 〔끊임없는〕 요별을 통해, (B.3) 찰나적인 〔인식대상의〕 요별을 통해, (C.1) 작은 집수의 인식대상의 요별을 통해, (C.2) 커다란 집수의 인식대상의 요별을 통해, (C.3) 무량한

---

7 T 30: 580a18: 非一非常.

8 Schmithausen(1987: 393, nn.647, 653)은 MSg I.5 + YBh zi 189b4f에서 upādāna가 rgyu 와 len rgyu로 번역되었다는 사실에 의거해서 여기서 upādāna라고 주장한다.

집수의 인식대상의 요별을 통해, (C.4) 미세한 집수의 인식대상의 요별을 통해, (C.5) 극히 미세한 집수의 인식대상의 요별을 통해서이다.[9]

2. 〔알라야식이 상응에 의해 일어남을 건립하기(saṃprayoga-pravṛtti-vyavasthāna)〕

(2.a) 어떻게 〔알라야식은〕 상응에 의해서 일어난다고 건립되는가?

(2.b) A. 이 맥락에서 알라야식은 상응(saṃprayoga)에 의해서란 심과 상응하는 5종 변행심소(cittasaṃprayukta-sarvatraga)들과 상응하는 것이다. 그것들은 작의(作意, manaskāra), 촉(觸, sparśa), 수(受, vedanā), 상(想, saṃjñā), 사(思, cetanā)이다.

(2.b) B. 이들 법들은 (B.1) 이숙의 〔범주에〕 포함되며(vipāka-parigṛhīta), (B.2) 세상의 현자에 의해서도 요별되기 어렵기 때문에 미세하며(sūkṣma), (B.3) 항시 하나의 인식대상(ekālambana)에 대해 같은 방식으로 일어난다.

더욱 이들 심소 중에서 알라야식과 상응하는 수(受, vedanā)는 (B.4) 전적으로 고통스럽지도 않고 전적으로 즐거운 것도 아니며(aduḥkhāsukha), 또한 (B.5) 그것은 〔업의 측면에서〕 중립적인 것(avyākṛta)이다. 다른 심소법들도 같은 방식으로 설명된다.

(2.c) 〔요약〕 이와 같이 우리는 상응의 관점에서 알라야식의 생기는

---

9 이 구절들은 SNS VIII.37.1.3-7에 나오는 구절들을 비슷하게 따르고 있다. Schmithausen 1987: 383f, 392 참조.

(A.) 변행심소와의 상응(sarvatraga-caitasika-saṃprayukta)에 의해 확립되며, (B.1.) 이숙이라는 비슷한 유형의 법들과의 상응에 의해(vipākasāmānya-jāti-saṃprayukta), (B.2) 심소의 미세한 생기와의 상응에 의해(sūkṣma-pravṛtti-saṃprayukta), (B.3) 하나의 인식대상에 대해 그와 같이 생기는 법과의 상응에 의해, (B.4) 불고불락의 〔법과의〕 상응에 의해, (B.5) 〔업의 측면에서〕 중립적인 〔심소〕와의 상응에 의해서이다.

3. 〔알라야식이 상호 조건에 의해 일어남을 건립하기(anyonya-pratyayatā-pravṛtti-vyavasthāna)〕

(3.a) 어떻게 〔알라야식은〕 상호 조건에 의해 일어난다고 건립되는가?

(3.b) A. 알라야식은 전식들의 조건으로서 두 가지로 작동한다. 그것들의 종자가 됨(bījabhāva)에 의해, 또 그것들의 토대를 제공함(āśraya-kara)에 의해서이다.

(3.b) A.1. 그중에서 "종자가 됨"이란 전식들이 선이나 불선, 정립적인 것으로 일어나든 간에 그것들은 모두 알라야식을 〔그들의〕 종자로서 가지는 것이다.

(3.b) A.2. "그것들의 토대를 제공함"이란 전5식은 알라야식에 의해 집수된(upātta) 물질적인 감각기관들(rūpīṇy-indriyāṇi)에 의거해서 일어나지, 〔알라야식에 의해〕 집수되지 않은 것들로부터는 일어나지 않는다는 것이다.

5식의 지지처인 안眼과 같은 〔물질적〕 감각기관처럼, 알라야식은 마나스(manas)와 의식(意識, mano-vijñāna)의 지지처이다. 〔알라야식이〕 존재할 때, 마나스와 의식은 일어나지만, 〔알라야식이〕 존재하지 않을 때에는 아니다.[10]

(3.b) B. 그리고 전식들은 알라야식의 조건으로서 두 가지로 작동한다. 현세에서 종자를 기름에 의해, 또 내세에 스스로의 산출(abhinirvṛtti)을 위한 종자를 추하게 함에 의해서이다.[11]

(3.b) B.1. "현세에서 종자를 기른다"는 것은 〔업의 측면에서〕 선하고 불선하고 중립적인 전식의 〔찰나〕들이 알라야식에 의거해서 일어나며, 그것들의 동시적인 생멸은 그들 자신의 토대에 의해 지지된 채, 알라야식 속에 종자를 훈습한다. 저 원인(hetu)과 조건(pratyaya)에 의해 전식들이 선법 등에 의해 성공적으로 더욱 잘 길러지고 잘 조정되고 매우 분명하게 다시 일어난다.

(3.b) B.2. 〔요약〕 다른 유형의 습기는 〔알라야식이〕 이숙을 취하도록 야기하는데, 그것이 미래에 바로 알라야식이다.[12]

---

10 여기서의 논점은 물질적 감각기관들이 6식의 동시적 토대(sahabhuu-āśraya)인 것처럼 알라야식도 manas(意)와 manovijñāna(意識)의 동시적 토대라는 것이다. 염오의가 manovijñāna의 토대라고 설하는 MSg I.7a.2와 비교하라. 현장역(580b13-17)은 여기서 알라야식이 manas의 토대이며, 그것은 다시 의식의 토대라고 서술하고 있다. Siddhi: 235, 240 및 Schmithausen 1987: 326, n.358 참조.

11 Schmithausen(1987: 60, 562, 564)은 *tad-abhinirvṛtti에서 대명사 tad(Tib. de)는 분명히 알라야식을 가리킨다고 서술한다. D 5a4: tshe phyi ma la de mngon par 'grub pa'i sa bon yongs su 'dzin pa skyed par byed pas so.

12 이 구절도 이해하기 어렵다. Schmithausen(1987: 564, n.1477)은 "취해진 이숙

(3.c) 〔요약〕 이와 같이 우리는 〔알라야식의〕 생기는 서로 알라야식과 전식이 상호 조건이 됨에 의해 확립된다고 알아야 한다. (A.1) 알라야식이 종자가 됨에 의해, (A.2) 〔전식들의〕 토대를 만듦에 의해서이며, 또 (B.1) 전식이 〔알라야식 속에〕 종자를 기름에 의해, (B.2) 〔알라야식이〕 〔미래에 존속하기 위한〕 종자를 취하게 함에 의해서이다.

4. 〔알라야식이 동시적으로 일어남을 확립하기(sahabhāva-pravṛtti-vyavasthāna)〕[13]

(4.a) 어떻게 알라야식이 동시적으로 일어나는 것이 확립되는가?

(4.b) A.1. (a) 어떤 때에는 알라야식은 다만 하나의 식과 동시에 작동한다. 즉, 의와 동시에 〔작동하는 것〕이다. 왜냐하면 아집이나 아만, 자만의 측면을 가진 의(意, manas)는 의식작용이 있는 상태(sacittika)나 의식작용이 없는 상태(acittika)에서

(vipāka)이 새로운 알라야식이라는 것은 … 분명하다"라고 서술한다.

13 sahabhāva는 문자적으로 "co-existence"를 뜻한다. 아비달마 교설에서 "동시성 또는 공동발생"의 뉘앙스를 가진 이 용어는 saṃprayoga(相應, association, conjoined)와 구별된다. saṃprayoga는 어떤 심소법들이 어떤 주어진 찰나에 심과 밀접히 연관되어 있기에 그것들이 그 찰나의 업의 성격에 영향을 주거나 조건짓는 그런 관계를 가리킨다. 반면에 "함께 일어나고, 공존하고, 또는 동시적인" 요소들은 그런 영향력이 없으며, 따라서 각 찰나에서의 심의 業的 성질을 방해함이 없이 심의 흐름 속에서 존속할 수 있다. 이 두 가지 관계의 정의와 차이에 관해서는 2장 nn.34-35를 보라. "동시성"에 대한 유가행파의 이해에 대해서는 3장 n.52를 보라.

도 알라야식과 동시에 생겨나서 작동하는 것이다. 의意가 알라야식을 그것의 대상으로 취하고, 그것을 '나는 이것이다. 이것이 나다'라고 인식하는 측면을 갖고 있다.[14]

(b) 어떤 때에는 알라야식은 두 개의 식과 동시에 생겨나서 작동한다. 즉, 의(manas)와 의식(mano-vijñāna)이다.

(c) 어떤 때에는 〔알라야식은〕 세 개의 〔식과 동시에 생겨나서 작동한다〕. 의와 의식, 그리고 전5식 중의 하나와 〔동시에 생겨나서 작동한다〕.

(d) 어떤 때에는 〔알라야식은〕 네 개의 식과 〔동시에 작동한다〕. 5종의 식 중에서 두 개와 동시에 〔생겨나서 작동한다〕.

(e) 어떤 때에는 〔알라야식은〕 일곱 개의 식과 〔동시에 작동한다〕. 5종의 식과 동시에 〔생겨나서 작동한다〕.[15]

(4.b) A.2. (a) 의식은 마나스에 의거해 있다고 설해진다. 왜냐하면 마나스가 소멸하지 않는 한, 〔의식은〕 관념상(nimitta)[16]에 대한

---

14 이 중요한 구절은 후에 염오의(kliṣṭa-manas)로 불린 것을 기술하고 있다. 흥미롭게도 그것은 여기서 전식의 하나로 간주되고 있다. 현장역 503c3에서 명확하듯이, 우리는 *manyanā를 ahaṃkāra와 asmimāna와 관련된 동사로 간주하는 Schmithausen(1987: 444)에 따르고 있다. Schmithausen은 이 구절이 "새로운 manas의 가장 오래된 전거일 가능성이 높다"(1987: 149f)고 서술한다.

15 여기서 "동시에"는 모두 lhan cig의 번역이다.

16 이 구절은 티벳역보다 한역을 따랐다. (D 5b4: yid kyi rnam par shes pa de ni yid la brten pa zhes bya ste / rgyu mtshan gyi yid ma 'gags na rnam par rig pa'i 'ching* ba mi 'grol la / 'gags na ni de 'grol ba'i phyir ro). Schmithausen(1987: 202, nn.1293~8)은 이것을 상세하게 논의하고 있다. 증익된 것들의 분별은 '나는 무엇이다'라는 느낌이 manas를 수반하는 한 남아 있을

요별(vijñapti)의 속박으로부터 벗어날 수 없기 때문이다. 그러나 만일 〔마나스가〕 소멸한다면 그 〔의식〕은 해탈하게 된다. 저 의식은 다른 〔전5식의〕 영역을 그것의 인식영역으로 하며, 자신의 영역에 속한 것을 인식대상(svaviṣaya-ālambana)으로 한다.

여기서 "다른 〔전5식의〕 영역을 그것의 인식영역으로 하며"란 그것의 인식대상이 동시에 일어나건 아니면 동시적으로 일어나지 않건 간에 전5식의 어느 하나의 영역이라는 것이다. "자신의 영역에 속한 것을 인식대상으로 한다"란 의식이 전5식의 인식대상 없이도 〔순전히 심소〕법을 인식대상으로 갖고 생겨난다는 것이다.

(4.b) A.3. 나아가 알라야식은 때로 괴로운 감수, 즐거운 감수, 불고불락의 감수와 섞여 일어난다. 왜냐하면 〔그것은〕 전식에 의거해서 일어나는데, 〔그것들은〕 어떤 하나의 감수에 의거해 있기 때문이다. (한역은 여기서 "상응해서"를 보충하고 있다.)

인간이나 욕계의 신들, 동물들, 아귀들에 있어서 전식의 감수의 흐름은 동시에 일어나며, 불고불락(aduḥkhāsukha)인 〔알라야식의〕 구생의 감수와 섞여 일어난다.[17]

것이다. 그것들이 그러한 심층적인 무의식적 자기중심성에 의해 수반되는 한, 심의 찰나는 모든 현상을 주-객과 자-타의 견지에서 지각하는 결박으로부터 완전히 벗어나지 못할 것이다.

17 다시 말해, 만일 6종 전식의 감수가 고통이라면, 알라야식은 고통과 섞여 일어난다.

지옥중생에게 있어서 불고불락인 〔알라야식의〕 감수는 압도된다. 〔그것은〕 오로지 고의 흐름과 동시에 일어나며 작동한다. 더욱 그것이 압도되었을 때 〔알라야식의 불고불락의 감수는〕 지각되기 어렵다.

(4.b) A.4. 때로 알라야식은 전식에 속한 선법과 불선법, 무기법과 동시에 일어난다.

(4.b) B.1. 이런 방식으로 알라야식은 전식과 함께 일어나며 작동한다. 또한 그것은 우연적인(āgantuka) 감수 및 우연적인 섭법과 불선법, 무기법과 함께 일어나고 작동한다.[18] 그러나 그것들과 상응하는 것은 아니라고 설해진다. 그 이유는? 왜냐하면 그것은 상이한 인식대상(asamālambana)과 함께 일어나기 때문이다.[19]

이는 예를 들어 안식이 눈과 동시에 생겨나지만 그것과 상응하

그렇지만 6종 전식과 고통과의 관계가 상응한다는 것에 비해, 알라야식과 고통과의 관계는 동시적(sahabhuu)이지만 상응(saṃprayukta)하지는 않는다. 따라서 고통의 상태의 발생은 전식에 의존하는 것이다. Hakamaya(1979: 75, n.43) 참조.

18 현장역 580c27에서 caitasika(心所).

19 n.13을 보라. 이 중요한 구절은 알라야식이 심의 표층과정들과 직접 연결되지는 않고, 차라리 식의 구별되는 흐름을 이룬다고 서술하고 있다. 이는 세친이 Karmasiddhiprakaraṇa # 38에서 명백히 서술했던 입장이다. ('o na de lta na ni rnam par shes pa'i rgyun rnam par smin pa'i rnam par shes pa dang / gzhan dang gnyis cig car 'byung bar 'gyur ro zhe na / de lta yin na ci nyes). Lamotte 1935 - 36.

지는 않는 것과 같이 적절한 유사성(sādharmya)[20]에 따라 이해되어야 한다.

(4.b) B.2. 예를 들어 심소법들은 다양한 성질을 갖고 있기 때문에 그것들이 심소인 한에서 차별이 없기 때문에 그것들의 동시적 생기에 어떤 모순이 없는 것처럼, 알라야식과 동시에 일어나는 전식에는 어떤 모순도 없는 것이다.

예를 들어 파도가 물살과 동시에 생겨나는 데 있어 방해(avirodha)[21]가 없고, 또 영상이 거울에 표면에 동시에 일어나는 데 모순이 없는 것처럼, 전식이 알라야식과 동시에 일어난다는 데 모순이 없는 것이다.[22]

(4.b) B.3. 예를 들어 안식은 어떤 때에는 하나의 사물에 대해 동일한 종류의 무차별적인 측면을 지각하기도 하고, 또 다른 때에는 많은 다양한 측면을 동시에 지각하기도 한다.

안식이 색을 지각하는 것처럼 〔이에 준용하여〕 이식耳識은 소리를 〔지각하고〕 비식鼻識은 향을 지각하고 설식舌識은 맛을 지각한다. 또한 예를 들어 신식身識은 어떤 때에는 하나의 감촉될 수 있는 사물에 대해 동일한 종류의 무차별적인 측면을 지닌 감촉을 지각하고,[23] 어떤 때에는 많은 측면을 지닌 〔감촉

---

20 이 구절은 chos mtshungs pa 'gas tshul de bzhin du blta bar bya'o로 읽는다. 이는 현장역(依小分相似道理 故得爲喩)에 의해 지지된다.

21 virodha는 "장애, 불상응, 양립하지 않음, 충돌, 모순, 방해"의 의미를 전해주며, a-virodha는 그거의 부재를 나타낸다.

22 SNS V.5를 보라. 3장의 대응하는 인용문 참조.

23 P 7b5: dper na lus kyi rnam par shes pas (D 6b3: pa'i) reg bya'i dngos po

을] 동시에 지각하는 것처럼, 우리는 의식의 요별이 동일하거나 여러 (측면을 가진 대상을 동시에) 지각하는 것에 어떤 모순도 없다고 알아야 한다.[24]

(4.b) B.4. 앞에서 설했던 의(意, manas)는 항시 알라야식과 동시에 생겨나서 작동한다. 그것은 완전히 끊어질 때까지 항시 동시에 생겨나는 것을 본성으로 하는 4종의 번뇌,[25] 즉 유신견이라는 번뇌, 아만이라는 번뇌, 아애라는 번뇌, 무명이라는 번뇌와 상응한다고 이해해야 한다. 이런 4종의 번뇌는 집중된 단계에서나 집중되지 않은 단계에서 선 등과 모순됨이 없이 일어나며, 〔번뇌에〕 덮여있지 않고 또 〔선과 불선으로〕 명기되지 않는 것(nivṛtāvyākṛta, 無覆無記)[26]이다.

---

gcig la res 'ga' ni reg bya rig gcig pa sna tshoogs ma yin pa ;dzin par byed la. P를 따라 번역했다.

24 괄호 속의 내용은 현장역 581a15f(如是分別意識, 於一時間 或取一境相, 或取非一種種境相)를 따랐다.

25 현장역(581a18)에 따랐다.(D 6b5: kun nas nyon mongs = 雜染)

26 '명기되지 않는 것'(avyākṛta, 無記)은 그 번뇌들이 업의 측면에서 중립적이라는 것을 의미한다. 다시 말해 번뇌들은 특정한 종류의 결과를 초래하는 업을 촉발하지 않는다. AKBh II 30a-b + V 59d에서 유신견(satkāyadṛṣṭi)과 변집견(antagrāhadṛṣṭi) 사이의 구별과 관련한 2장 n.38의 논의를 보라. 이 입장은 유가행파 문헌들에서도 발견된다. Siddhi(2a12ff)에서 예를 들면 Schmithausen이 지적하듯이 "(알라야식을 그것의 대상으로 갖는,) manas의 지속적이고 잠재적인 구생의 아집은 오온을 그것의 대상으로 갖는, 표층적인 의식의 차원에서의 간헐적인 구생의 아집과 구별된다."(1987: 447, n.953)

(4.c) 〔요약〕 이와 같이 전식과의 동시성에 의해서도, 감수와의 동시성에 의해서도 선 등과의 동시성에 의해서도 알라야식이 동시인 것으로 작용하는 것이 건립되었다고 알아야 한다.

환멸문

5. 〔잡염의 근원의 소멸의 건립 (saṃkleśamūla-nivṛtti-vyavasthāna)〕

(5.a) 잡염의 소멸[27]의 건립이란 무엇인가?

(5.b) A. 요약하면 알라야식은 모든 잡염〔법〕의 근원이다. 따라서

(5.b) A.1. 그것은 중생세간의 생기의 근원이다. 왜냐하면 〔그것은〕 토대를 수반한 감각기관(sādhiṣṭhānam indriyarūpam)과 전식을 생기시키는 것(utpādaka)이기 때문이다.

(5.b) A.2. 그것은 기세간(bhājana-loka)[28]의 생기의 근원이다. 왜냐하면 〔그것은〕 기세간을 생기시키는 것이기 때문이다.[29]

(5.b) A.3. 나아가 모든 중생은 서로 영향을 주기 때문에(anyonya-adhipatyāt) 〔그것은〕 또한 중생들의 서로에게 행하는[30] 근원이다. 왜냐하면 다른 중생들을 보는 등에 의해 낙(sukha)과 고(duḥkha) 등을 경험하지 않을(nānubhāvet) 그런 중생들은 없기

---

27 nivṛtti(還滅)는 pravṛtti(流轉)의 반대말로서, 그것의 문자적 의미인 "되돌리다"에 함축된 모든 의미, 즉 "벗어나다, 제거하다, 중지하다, 끝나다, 사라지다, 포기하다, 끊다, 제거하다" 등의 의미를 갖고 있다.

28 bhājana-loka(器世間)는 문자적으로 "recipient, receptacle, vessel"을 의미한다.

29 알라야식은 업의 종자를 갖고 있으며, AKBh와 ASBh에 따르면 기세간과 유정세간의 다양성을 낳는 것은 바로 업이다.(5장 nn.20~21 참조)

30 *itaretarādhipatyāt라고 제안하는 Schmithausen(1987: 491, n.1303)에 따랐다.

때문이다. 이런 방식으로 중생계(sattva-dhātu)는 서로 영향을 준다.

(5.b) A.4. 이와 같이 알라야식은 일체 종자를 가진 것(sarvabījaka)이기 때문에 그것은 (a) 현세에서 고제를 본질(duḥkha-satya-svabhāva)로 하고, (b) 미래에 고제를 일으키는 것이고, (c) 바로 현재에 집제(samudaya-satya)를 일으키는 것이기도 하다.[31]

(5.b) A.5. 이와 같이 알라야식은 중생세간을 생기시킴에 의해, 기세간을 생기시킴에 의해, 고제를 본질로 하기 때문에, 미래에 고제를 일으키기 때문에, 현재에 집제를 일으키기 때문에, 모든 잡염의 근본이다.

(5.b) B.1. 그렇지만 해탈로 이끌 수 있고(mokṣabhāgīya, 順解脫分) 또 결택으로 이끌 수 있는(nirvedha-bhāgīya, 順決擇分) 선근(kuśala-mūla)의 종자를 가진 알라야식은 집제의 원인은 아니다. 해탈 등으로 이끌 수 있는 선근들은 〔잡염법의〕 생기와 모순된 것(virodhatva)이기 때문이다.

만일 저 〔선근〕들이 일어난다면, 다른 세간적인 선근들은 매우 분명해지며, 따라서 이미 지니고 있는 자신들의 종자에

31 알라야식은 과거의 제행으로부터 귀결되기 때문에, 사물의 조건지어짐 속에 내재된 것으로서의 행고성(saṃskāra-duḥkhatā)에 포섭된다. 바로 그것이 미래에 경험되어지는 업의 종자를 받는 것이며, 또 현재 상태들의 종자를 지지하는 것이다.

대해 보다 큰 능력을 가질 것이며, 〔바로 그〕 증대된 종자에 의해 〔미래의 그것의〕 성취를 향한 보다 강한 힘을 갖게 될 것이다. 이 종자들로부터 선법이 보다 분명해지고, 미래에 보다 즐겁고 보다 바람직한 과보가 성취되게 된다.

일체 종자를 가진 알라야식(sarvabījakam ālaya-vijñānam)을 의도해서 붓다께서는 안계(眼界, 眼의 요소)와 색계(色界, 색의 요소), 안식계(眼識界, 안식의 요소)로부터 意界와 法界, 意識界까지를 설하셨다. 왜냐하면 다양한 요소(nānā-dhātu)들이 알라야식 내에 존재하기 때문이다. 또한 경전에서도 알라야식에는 많은 요소들이 있다고 설하기 때문이다. 악샤 더미(akṣa-raśi)의 비유와 같다.[32]

그러므로[33] 잡염의 근원인 알라야식은 선법의 수습(kuśaladharma-bhāvanā)에 의해 환멸된다(vinivṛtta)고 알아야 한다.

(5.b) B.2. 선법의 수습에서 범부들은 심을 안주시키기 위해 전식을 대상으로 하는 작의에 의해 노력해야 하며, 그는 처음으로

---

32 이 비유는 Siddhi(Poussin: 102; T 31: 8b)에도 나온다. YBh에서 dhātu(界)는 bīja의 동의어의 하나로 나열되고 있다. (YBh 26,18-19: bījaparyāyāḥ punar dhātur gotram prakṛtir hetuḥ).

33 Schmithausen은 앞의 세 구절들이 "이질적인 요소들이며, 또 마미막 결론을 포함해서 핵심 텍스트의 작성 이후에 추가된 것으로 의심된다."(1987: 221f)고 결론 내리면서, 이 구절은 (5.b)A.5의 요약을 가리키고 또 그것을 잇고 있다고 제안한다. 이런 주장들에 의거해서 우리는 Hakamaya(1979)의 개요를 변경시켜, 이 구절 (5.b)B.2를 다음 단락으로 옮겼다. 따라서 모든 외관상 삽입된 자료는 (5.b)B.1에 한정된다.

〔사〕제의 현관에 들어가기 위해 수습한다. 왜냐하면 〔사〕제를 아직 보지 못하고, 〔사〕제에 대한 법안을 얻지 못한 자는 일체 종자를 가진 알라야식을 통달(*pratividh-)할 수 없기 때문이다.

그것을 얻은 후에 그가 성문의 결정성(samyaktvaniyāma, 定性離生)에 들어가거나 보살의 결정성에 들어가서,[34] 일체법이 법계를 통달한다면, 알라야식도 통달하게 될 것이다. 거기서 모든 잡염에 대해 총체적으로 보고 그는 외적인 관념상의 결박(nimitta-bandhana)과 내적인 추중의 결박(dauṣṭhulya-bandhana)에 의해 자신이 결박되어 있음을 낱낱이 관찰한다.[35]

(5.b) C.1. 알라야식이 희론에 포섭된 제행(saṃskārā)의 구성요소이기 때문에 〔요가행자는〕 그것들을 알라야식 내에 하나의 뭉치, 하나의 무더기, 하나의 더미로 한다.[36] 한 종류로 모은 후에, 진여를 대상으로 하는지에 의해 노력하고 수습하기 때문에

---

34 Schmithausen(1987: 197)의 산스크리트 복원: samyaktvaniyāmam avakrānta "해탈의 보장."

35 우리는 이 구절들과 마지막 몇 개의 구절들의 의미를 확보하기 위해 Schmithausen에 많이 의존했다. 상박(nimitta-bandhana)과 추중박(dauṣṭhulya-bandhana)이라는 2종의 결박은 각기 샤마타와 비파샤나에 의해 제거된다.(SNS VIII.32)

36 Hakamaya(1979: 78, n.71)는 비록 다른 문맥에서이지만 ASBh 121,29f에서 이 문장과 병렬된 산스크리트가 발견된다고 지적한다: ekadhyam a〔bhi〕saṃkṣipyaikaṃ bhāgaṃ karoty ekaṃ piṇḍaṃ, ekaṃ puñjam ekaṃ rāśiṃ karoty ekaṃ kṛtvā.

의지체가 전환된다. 의지체의 전환 직후에 알라야식이 끊어졌다고 말하는 것이다. 그것이 끊어졌기 때문에 모든 잡염도 끊어졌다고 말해야 한다.

(5.b) C.2. 의지체의 전환은 알라야식과 모순되기 때문에 그것을 대치한다.[37]

알라야식은 무상하고 취를 수반한 것(sopādāna)[38]이지만, 의지체의 전환은 영원하고 취를 여읜 것이다. 왜냐하면 그것은 진여를 대상으로 하는 수행도에 의해 변화되었기 때문이다.

(b) 알라야식은 추중에 의해 수반되지만, 의지체의 전환은 모든 추중으로부터 영원히 벗어나 있다.[39]

(c) 알라야식은 번뇌의 생기의 원인이지만, 수행도의 지속의

---

37 이것은 현장역을 충실히 따른 것이다. 티벳역은 문자적으로 번역하고 있다. "의지체인 알라야식은 〔그것의〕 대치와 적에 의해 변화되었다고 알아야 한다." (D 8a4: kun gzhi rnam par shes pa de'i gnas ni / gnyen po dang / dgra bos bsgyur bar rig par bya'o.). 이 짧은 ((5,b)C.2) 항목을 통해 Paramārtha(T 30: 1020b11-19)는 "의지체의 전환"을 뜻하는 āśraya-parivṛtti(轉依)를 일관되게 amala-vijñāna("無垢識")로 번역하고 있다. āśraya-parivṛtti는 유가행파의 구제론에서 중심 술어의 하나이다. āśraya "의지체, 토대"는 알라야식을 가리키며, 그것의 변화 또는 전환은 여기서 염오된 자기중심성으로부터 완전한 깨달음과 지혜로 개체존재의 토대 자체의 변화로 이해되고 있다. 유가행파에서 전환의 주제는 그것의 여러 차원과 함께 Ronald Davidson(1985)의 Buddhist Systems of Transformation: Āśraya-parivṛtti/parāvṛtti Among the Yogācāra에서 다루어지고 있다.

38 Paramārtha(T 31: 1020b13)는 이 반의어들을 有漏法(sāsrava-dharma)과 無漏法(anāsrava-)으로 번역하고, 후자를 阿摩羅識(amala-vijñāna)이라고 제시한다.

39 Schmithausen(1987: 499, n.1337)은 이 구절도 이질적인 것이라고 제안한다.

원인은 아니다. 반면 의지체의 전환은 번뇌의 생기의 원인이 아니며, 수행도의 지속의 원인이다. 왜냐하면 그것은 〔후자의〕 토대인(pratiṣṭhā-hetutva)이지만 〔전자의〕 산출인(janma-hetutva)은 아니기 때문이다.

(d) 알라야식은 선법과 무기법을 지배하지 못하지만, 의지체의 전환은 선법과 무기법을 지배한다.

(5.b) C.3. 알라야식의 끊음의 특징은 그것을 끊은 직후에 2종의 집수가 끊이지는 것이고, 변화와 같은 신체가 존속하는 것이다. 왜냐하면 미래에 재생의 고를 일으키는 원인이 끊어졌기 때문에, 미래에 재생을 낳는 집수가 끊어졌기 때문이다. 또한 현세에서 모든 잡염의 원인이 끊어졌기 때문에, 잡염의 토대의 집수가 현세에서 끊어졌다.[40] 모든 추중으로부터 벗어나 수명의 조건이 되는 것만이 남아 있다.[41] 그것이 존재한다면 그는 신체의 극한이나 생명의 극한에 속한 감수(vedanā)가 경험된다. 따라서 경전에서 "현세에서 모든 감수는 그런 한에서 끝나게 된다."[42]고 상세하게 설해진다.

(5.c) 〔요약〕 이와 같이 (A.) 잡염법의 소멸이 〔알라야식을〕 잡염법

---

40 이는 현장역 581c21을 따른 것이다. Schmithausen 1987: 365, n.555 참조.

41 Schmithausen(1987: 499, n.1337). Paramārtha(1020b23f)는 "아말라식을 획득한 원인 때문에(得阿摩羅識之因緣故)"를 덧붙인다.

42 세 가지 끊음은 (5.b)A.4.a-c에서 제시된 세 가지 측면으로서, 미래에서 고통의 제거와 현세에서 고통의 원인의 제거, 그리고 현세에서 고통의 제거에 대응한다.

의 근원으로 건립함에 의해, (B.) 〔사제의 현관에〕 들어가고 통달하고 수습하고(bhāvanā)[43] 작의하는 것의 건립에 의해, (C.) 의지체의 전환의 건립에 의해 건립되었다고 알아야 한다.

6. 따라서 이것이 심·의·식을 건립하는 올바른 방식이다. 이와 같이 설했던 삼계에 속한 모든 심·의·식의 방식에 의해 모든 잡염의 방식과 청정의 방식이 이해되어야 한다. 심·의·식의 방식을 달리 설하는 것은 교화되어야 할 자의 단계 때문이다. 즉, 일상적인 지혜를 가진 교화되어야 할 자에 대해 쉬운 방편으로 이해시키기 위해서이다.

II.1. 알라야식을 가진 자들은 전식을 갖고 있는가, 그리고 전식을 가진 자는 알라야식을 갖고 있는가?

2. 네 가지 가능성이 있다.

(a) 전식 없이 알라야식을 가진 자들은 의식작용 없는 잠에 빠진 자와 의식작용 없이 기절한 자들, 무상정을 얻은 자들, 멸진정을 얻은 자들 그리고 상이 없는 중생〔의 영역〕에서 태어난 자들이다.[44]

---

43 Schmithausen(1987: 208f)은 이것들은 각기 가행도(prayoga-mārga)와 견도(darśana-mārga), 수도(bhāvanā-mārga)에 대응한다고 지적한다.

44 manas(意)는 여기서 전혀 고려되고 있지 않다. 이는 (우리 텍스트에서 인용된) MSg I.7.4-5와 대비되는데, 그것은 무의식적인 manas는 이들 두 유형의 명상을 구별하기 위해 필요하다고 주장한다. 다시 말해, 그것은 무상정(asaṃjñī-samāpatti)에 존재해야만 한다. 따라서 Schmithausen(1987: 481, n.1232)은 "새로운

(b) 〔6종〕 식을 갖고 있지만 알라야식을 갖고 있지 않은 자들은 아라한과 연각, 불퇴전의 보살 또는 의식을 가진 상태에 있는 여래이다.

(c) 〔6종 식과 알라야식의〕 양자를 가진 자들은 위에서 언급한 것 이외의 의식작용을 가진 상태에 있는 자들이다.

(d) 어떤 것도 갖지 않은 자들은 아라한이나 연각, 불퇴전의 보살들이나 멸진정에서의 여래 또는 무여의열반계(nirupa-dhiśeṣa-nirvāṇadhātu)에 있는 자들이다.

---

manas는 위의 진술이 형성되었을 때에는 아직 도입되지 않았기 때문에 고려되지 않았다."고 제안한다.

참고문헌

텍스트 약호

A	*Aṅguttara-nikāya*. Nyanaponika Thera and Bhikkhu Bodhi (trans.) (1999), *Numerical Discourses of the Buddha: An Anthology of Suttas from the Anguttara Nikaya*, Walnut Creek, Cal.: AltaMira Press *Aṅguttara Nikāya*. F. L. Woodward and E. M. Hare (trans.) (1885 - 1910; 1932 - 6), *The Book of the Gradual Sayings*, London: Pali Text Society
Abhidhammattha	See *Compendium*
Abhidharmadīpa	P. S. Jaini (ed.) (1959; 2nd edn, 1977), Patna: K. P. Jayaswal Research Institute
Abhidharmasamuccaya	W. Rahula (trans.) (1980), *Le Compendium de la super-doctrine (philosophie) (Abhidharmasamuccaya) d'Asanga*, Paris: École Française d'Extrême Orient
AKBh	*Abhidharmakośa-bhāṣya*. S. D. Shastri (ed.) (1981), Varanasi: Bauddha Bharati Series; L. de La Vallée Poussin (trans.) (1971), *L'Abhidharmakośa de Vasubandhu*, Bruxelles: Institut Belge des Hautes Études Chinoises; L. Pruden (trans.) (1988), *bhidharma-kośabhaṣyam*, Berkeley: Asian Humanities Press. Cited by chapter, verse, and page number
Ālaya Treatise	A section of the *Yogācārabhūmi-Viniścayasaṃgrahaṇī* comprised of the *Proof Portion and the Pravṛtti and*

Nivṛtti Portions

Proof Portion: The *Proof Portion* is in substantial agreement with corresponding passages in the ASBh, 11.9 - 13.20, still extant in Sanskrit. Hsüan Tsang's Chinese translation: T. 31.1606.701b4 - 702a5.

Tibetan Peking edn.: #5554. Si. 12a2 - 13b5; Derge edn.: #4053 Li. 9b7 - 11a5. See Hakamaya (1978); Griffiths (1986)

Pravṛtti and Nivṛtti Portions in the *Yogācārabhūmi*: Hsüan-Tsang's Chinese: T. 30.1579.579c23 - 582a28. Tibetan Peking edn.#5539 Zi. 4a5 - 11a8; Derge edn, #4038. Shi. 3b4 - 9b3. See Hakamaya (1978, 1979)

ASBh — *Abhidharmasamuccaya-bhāṣyam*. n.Tatia (ed.) (1976), Patna: K. P. Jayaswal Research Institute, TSWS 17

Bh — Hsüan Tsang's Chinese trans. of Vasubandhu's *Mahāyānasaṃgraha-bhāṣya*, T. 1597

BHSD — *Buddhist Hybrid Sanskrit Grammar and Dictionary*. F. Edgerton (1953; rep. 1985), Kyoto: Rinsen Book Co.

Bodhisattvabhūmi — U. Wogihara (ed.) (1971), Tokyo: Sankibo - Busshorin

Compendium — *Compendium of Philosophy (Abhidhammattha-sangaha)*. S. Z. Aung (trans.) (1979), London: Pali Text Society.

Also: Narada (trans.), Bhikkhu Bodhi (rev.) (1993), *A Comprehensive Manual of Abhidhamma*, Kandy: Buddhist Publication Society

D — L. Walshe (trans.) (1987), *Thus Have I Heard*, Boston: Wisdom Books. Dīgha Nikāya (1890 - 1911), T. W. Rhys-Davids and C. A. F. Rhys-Davids (trans.) (1899 -

1921), *Dialogues of the Buddha*, London: Pali Text Society

D. Derge edition of the Tibetan Tripitaka

Dhammasangaṇi *A Buddhist Manual of Psychological Ethics*. C. A. F. Rhys-Davids (trans.) (1974), London: Pali Text Society

H Hsüan Tsang's Chinese translation of the Mahāyānasaṃgraha. T. 1594

I Pu Tsung Lun Lun Teramoto Enga and Hiramatsu Y. Kokusho (ed.) (1975), Tokyo: Kanko - kai

Kathavatthu (1979) London: Pali Text Society

Karmasiddhiprakaraṇa E. Lamotte (ed. and trans.) (1935 - 6), *Mélanges Chinois et Bouddhiques* 4. English translation from the French in L. Pruden (1988), *Karmasiddhiprakaraṇa: Treatise on Action by Vasubandhu*, Berkeley: Asian Humanities Press. See also Muroji (1985), Anacker (1984)

Kośa *Abhidharmakośa-bhāṣyam*. See AKBh

M Ñamamoli (1995), *The Middle Length Discourses of the Buddha*, Boston: Wisdom. *Majjhima Nikāya* (1948 - 51), I. B. Horner (trans.) (1954 - 9), *Middle Length Sayings*, London: Pali Text Society

Miln. *Milinda's Questions*. I. B. Horner (trans.) (1963 - 4), London: Pali Text Society

MSg *Mahāyānasaṃgraha*, T. 1594; P. 5549; D. 4048. Cited by chapter numbers and section.See Griffiths et al. (1989)

MSgBh Tibetan translation of Vasubandhu's Mahāyānasaṃgraha-bhaṣya, P. #5551

MAVBh *Madhyāntavibhāga-bhāṣya of Vasubandhu*. G. Nagao

	(ed.) (1964), Tokyo: Suzuki Research Foundation
Nivṛtti Portion	See *Ālaya Treatise*
P	Paramārtha's Chinese translation of MSg. T. 1593
P.	Peking edition of the Tibetan Tripitaka
PED	*Pāli - English Dictionary*, T. W. Rhys-Davids and W. Stede (eds) (1979), London: Pali Text Society
Poussin	See AKBh
Pravṛtti Portion	See *Ālaya Treatise*
Proof Portion	See *Ālaya Treatise*
S	*The Connected Discourses of the Buddha*. Bhikkhu Bodhi (trans.) (2000), Somerville: Wisdom. *Saṃyutta Nikāya* (1894 - 1904), C. A. F. Rhys-Davids and F. L. Woodward (trans.) (1917 - 30), *The Book of the Kindred Sayings*, London: Pali Text Society
SED	*Sanskrit - English Dictionary*, M. W. Monier-Williams (ed.)(rep. 1986), Tokyo: Meicho Fukyukai
SNS	É. Lamotte (ed. and trans.) (1935), Saṃdhinirmocana Sūtra. *L'Explication des mystères*. Louvain. Cited by chapter and section
Shastri	*Abhidharmakośa-bhāṣya*. See AKBh
Siddhi	*Vijñaptimātratāsiddhi*, L. de La Vallée Poussin (trans.) (1928), Paris: Libraire Orientaliste, Paul Geuthner. French translation of Hsüan Tsang's Chinese translation (T. 1585) of Dharmapala's commentary on Vasubandhu's *Triṃśikā*
Sn	*Sutta-nipata* (1948), London: Pali Text Society; Saddhatissa (trans.) (1985), London: Curzon Press
T	*Taisho* edition of the Chinese Tripiṭaka

TrBh	*Triṃśika-bhāṣya of Sthiramati*. S. Levi (ed.) (1925), *Vijñaptimātratāsiddhi*, Paris: Librairie Ancienne Honoré Champion
U	Hsüan Tsang's Chinese translation of Asvabhāva's *Mahāyānasaṃgraha-upanibandhana*. T. 1598 and Tibetan translation of Asvabhāva's *Mahāyānasaṃgraha-upanibandhana* P. #5552
Vibhanga	*Vibhanga*, T. W. Rhys-Davids (ed.) (1904), London: Pali Text Society
VGPVy	**Vivṛtagūḍhārtha-piṇḍavyākhyā*. P. #5553. Tibetan commentary on MSg I.1 - 49
Visuddhimagga	*The Path of Purification* by Buddhaghosa. Ñāṇamoli (trans.) (1976), Berkeley: Shambala. Cited by chapter and paragraph
Vyākhyā	*Abhidharmakośa-vyākhyā*. Yaśomitra's commentary on AKBh in Shastri
Y	*Yogācārabhūmi of Asanga*. Bhattacharya (ed.) (1957), Calcutta: University of Calcutta
Y-C	Hsüan Tsang's Chinese translation of *Yogācārabhūmi*. T. 1579

Dictionaries and reference works

Apte, V. S. (1986), *The Practical Sanskrit - English Dictionary*, Kyoto: Rinsen Book Co. *Bukkyo Gaku Jiten* (1986), Kyoto: Hozokan.

Childers, R. C. (1979), *A Dictionary of the Pali Language*, New Delhi: Cosmo Publications.

Chandra, L. (1982), *Tibetan - Sanskrit Dictionary*, Kyoto: Rinsen Book Co.

Chu Fei Huang (1988), *Fa-hsiang Tai Tz'u-tien*, Taipei: Hsin Wen Li Kung-Ssu Chupan Yin-hsing.

Concise Oxford English Dictionary (1976), 6th edn, Oxford: Oxford University Press.

Das, S. C. (1981), *Tibetan - English Dictionary*, Kyoto: Rinsen Books Co.

Hirakawa, A. *et al.* (1973, 1977, 1978), *Index to the Abhidharmakośa*, Tokyo: Daizo - Shuppan Kabushikikaisha.

Jäschke, H. A. (1985), *A Tibetan - English Dictionary*, Kyoto: Rinsen Book Co.

Matthew, R. H. (1952), *Chinese - English Dictionary*, Cambridge: Harvard University Press.

Mizuno, K. (1987), *Pāli-go Jiten*, Tokyo: Shunjukai.

Nakamura, H. (1986), *Bukkyo-go Daijiten*, Tokyo: Tokyo sho - seki.

Nelson, A. n.(1982), *Japanese - English Character Dictionary*, Rutland: Charles E. Tuttle Co.

Nyanatiloka (1980), *Buddhist Dictionary: Manual of Buddhist Terms and Doctrines*, Colombo: Frewin & Co. Ltd. Reprint: (1977), San Francisco: Chinese Materials Center, Inc.

2차 자료

Anacker, S. (1972), "Vasubandhu's *Karmasiddhi-prakaraṇa* and the Problem of the Highest Meditations," *Philosophy East - West*, 22 (3): 247 - 58.

Anacker, S. (1984), *Seven Works of Vasubandhu*, New Delhi: Motilal Banarsidass.

Aramaki, n.(1985), "The Short Prose Pratītyasamutpāda," *Buddhism and its Relation to Other Religions*, Kyoto: Heirakuji Shoten: 87 - 121.

Archard, D. (1984), *Consciousness and Unconsciousness,* London: Hutchinson & Co.

Barash, D. (1979), *The Whisperings Within: Evolution and the Origin of Human*

Nature, New York: Harper & Row.

Bareau, A. (1955), *Les Sectes Bouddhiques du Petit Vèhicule*, Paris: École Française d'Extrême-Orient.

Bateson, G. (1979), *Mind and Nature: A Necessary Unity*, New York: Bantam Books.

Becker, E. (1973), *Denial of Death*, New York: The Free Press.

________. (1975), *Escape from Evil*, New York: The Free Press.

Buswell, R. and Gimello, R. (1992), *Paths to Liberation: The Marga and its Transformations in Buddhist Thought*, Honolulu: University of Hawaii Press.

Capra, F. (1996), *The Web of Life*, New York: Anchor Books.

Chaudhuri, S. (1983), *Analytical Study of the Abhidharmakośa*, Calcutta: Firma KLM Ltd.

Collins, S. (1982), *Selfless Persons: Imagery and Thought in Theravāda Buddhism*, Cambridge: Cambridge University Press.

Conze, E. (1973), *Buddhist Thought in India*, Ann Arbor: University of Michigan Press.

Cousins, L. S. (1981), "The Paṭṭhāna and the Development of the Theravādin Abhidhamma," *Journal of the Pali Text Society*, 9: 22 - 46.

Cox, C. (1995), *Disputed Dharmas: Early Buddhist Theories of Existence*, Tokyo: International Institute for Buddhist Studies. Studia Philologica Buddhica. Monograph Series XI.

Davidson, R. M. (1985), "*Buddhist Systems of Transformation: Akraya-parivgtti/paravgtti Among the Yogācāra*," unpublished Phḍ. dissertation, Univ. of California (University Microfilms #8609992).

Deacon, T. W. (1997), *The Symbolic Species: The Co-evolution of Language and the Brain*, New York: W. W. Norton & Co.

Dube, S. n.(1980), *Cross Currents in Early Buddhism*, New Delhi: Manohar Publications.

Dutt, n.(1960), *Early Monastic Buddhism*, Calcutta.

Eliade, M. (1973), *Yoga: Immortality and Freedom,* Princeton: Princeton University Press.

Falk, M. (1943), *Nāma-rūpa and Dharma-rūpa*, Calcutta: University of Calcutta.

Flanagan, O. (1992), *Consciousness Reconsidered*, Cambridge, Mass.: MIT Press.

Frauwallner, E. (1995), *Studies in Abhidharma*, Albany: SUNY.

Freud, S. (1965), *New Introductory Lectures on Psychoanalysis*, New York: W. W. Norton & Co.

________. (1984), *On Metapsychology: The Theory of Psychoanalysis*, "Papers On Metapsychology" (1915); "The Unconscious" (1915). Pelican Freud Library, Harmondsworth: Penguin Books.

Gazzaniga, M. (1998), *The Mind's Past*, Berkeley: University of California Press.

Govinda, A. (1969), *Psychological Attitude of Early Buddhist Philosophy*, London: Rider & Co.

Griffiths, P. J. (1986), *On Being Mindless*, La Salle, Ill.: Open Court.

________ and Hakamaya, N., Keenan, J., and Swanson, P. (1989), *The Realm of Awakening: A Translation and Study of the Tenth Chapter of Asanga's Mahāyānasaṃgraha*, New York: Oxford University Press.

Guenther, H. V. (1959), *Philosophy and Psychology in the Abhidharma,* Delhi: Motilal Banarsidass.

________. (1989), *From Reductionism to Creativity*, Boston: Shambala.

Hakamaya, n.袴谷憲昭 (1978), "アーラヤ識存在の八論證に關する 諸文獻"『駒澤大學佛教學部研究紀要』16: 1 - 26.

Hakamaya, n.(1978a), "Mahāyāna-saṃgrahaにおける心意識說,"『東洋文庫研究紀要』76: 197 - 309.

________. (1979), "Viniścayasaṃgrahaṇīにおける アーラヤ識の規定,"『東洋文庫研究紀要』79: 1 - 79.

Hall, Calvin S. (1954), *A Primer of Freudian Psychology*, New York: Mentor Book.

Harland, R. (1987), *Superstructuralism,* London: Routledge.

Harvey, P. (1995), *The Selfless Mind*, London: Curzon Press.

Hoagland, M. and Dodson, B. (1995), *The Way Life Works*, New York: Times Books.

Hocart, A. M. (1927, repr. 1969), *Kingship*, London: Oxford University Press.

Jackson, R. (1993), *Is Enlightenment Possible?*, Ithaca, New York: Snow Lion.

Jaini, P. S. (1959), "The Sautrāntika Theory of Bīja," *Bulletin of the School of Oriental and African Studies* 22 (2): 236 - 49.

________. (1959a), "The Development of the Theory of Viprayukta-saṃskāras," *Bulletin of the School of Oriental and African Studies* 22 (2): 531 - 47.

________. (1959b), "The Vaibhāṣika Theory of Words and Meanings," *Bulletin of the School of Oriental and African Studies* 22: 95 - 107.

Jayatilleke, K. n.(1963), *Early Buddhist Theory of Knowledge*, Delhi: Motilal Banarsidass.

Johansson, R. E. A. (1965), "Citta, Mano, Viññāṇa - A Psychosemantic Investigation," *University of Ceylon Review* 23 (1, 2): 165 - 215.

________. (1970), *The Psychology of Nirvana*, Garden City: Anchor Books.

________. (1979), *The Dynamic Psychology of Early Buddhism*, London: Curzon Press.

Keenan, J. P. (1982), "Original Purity and the Focus of Early Yogācāra," *Journal of the International Association of Buddhist Studies* 5 (1): 7 - 18.

________. (2000), *The Scripture on the Explication of Underlying Meaning*, Berkeley: Numata Center for Buddhist Translation and Research.

Kihlstrom, J. F. (1987), "The Cognitive Unconscious," *Science* 237: 1445 - 52.

Kritzer, R. (1999), *Rebirth and Causation in the Yogācāra Abhidharma*, Vienna: Arbeitskreis für Tibetische und Buddhistische Studien Universität Wien.

Kuhn, Thomas S. (1970), *The Structure of Scientific Revolutions*, Chicago: University of Chicago Press.

Lakoff, G. and Johnson, M. (1999), *Philosophy in the Flesh: The Embodied Mind and its Challenge to Western Thought*, New York: Basic Books.

Lamotte, E. (1935), "L'Ālayavijñāna (Réceptacle) dans la Mahāyānasaṃgraha (Chapter II)," *Mélanges Chinois et Bouddhiques* 3: 169 - 255.

________. (ed. and trans.) (1935), *Saṃdhinirmocana Sūtra. L'Explication des mystères.* Louvain.

________. (ed. and trans.) (1935 - 6), *Karmasiddhiprakaraṇa Mélanges Chinois et Bouddhiques* 4. English translation from the French in Pruden, L. (1988), *Karmasiddhiprakaraṇa: Treatise on Action by Vasubandhu*, Berkeley: Asian Humanities Press.

________. (1973), *La Somme du Grand Véhicle d'Asanga (Mahāyāna-saṃgraha)*, Université de Louvain, Institut Orientaliste Louvain-la-Neuve.

La Vallée Poussin, L. de (1913), *Théorie des Douze Causes*, Gand: Université de Gand.

________. (1935), "Notes sur l'ālayavijñāna," *Mélanges Chinois et Bouddhiques* 3: 145 - 68.

________. (1937a), "Documents d'Abhidharma," *Mélanges Chinois et Bouddhiques* 5: 7 - 158.

________. (1937b), "Le Bouddhisme et le Yoga de Patañjali," *Mélanges Chinois et Bouddhiques* 5: 223 - 42.

Lewontin, R. (1983), "The Organism as the Subject and Object of Evolution," *Scientia* 118: 63 - 82.

________. (2000), *The Triple Helix: Genes, Organism, Environment*, Cambridge, Mass.: Harvard University Press.

Luckmann, T. (1967), *The Invisible Religion: The Problem of Religion in Modern Society*, New York: MacMillan.

Matthews, B. (1983), *Craving and Salvation: A Study in Buddhist Soteriology*, Waterloo, Ontario: Wilfrid Laurier University Press.

Maturana, H. and Francisco Varela (1980), *Autopoiesis and Cognition: The Realization of the Living*, Dordrecht, Holland: D. Reidel Pub.

Mitchell, S. (1993), *Hope and Dread in Psychoanalysis*, New York: Basic Books.

Mizuno, K. 水野弘元 (1978), 『Pāli 佛教お 中心とした佛教の心意識論』, Tokyo: Piṭaka Press.

Muroji, G. (1985), *The Tibetan Text of the Karmasiddhi-prakaraṇa of Vasubandhu with Reference to the Abhidharmakośa-bhāṣya and the Pratītyasamutpāda-vyākhyā*, Kyoto (privately published).

Nagao, G. 長尾雅人 (1982), 『攝大乘論, 和譯と註釋』 (Japanese translation and commentary of the MSg with Sanskrit reconstruction by n.Aramaki), 東京: 講壇社.

________. (1985), 『中觀と唯識』, 東京: 岩波書店.

________. (1991), *Madhyamika and Yogācāra* (trans. and ed.), L. Kawamura, Albany: SUNY.

Ñāṇananda, Bhikkhu (1976), *Concept and Reality in Early Buddhist Thought*, 2nd edn, Kandy: Buddhist Publication Society.

Nyanaponika, Thera (1976), *Abhidhamma Studies*, 3rd edn, Kandy: Buddhist Publication Society.

________ (1986), *The Vision of Dharma*, York Beach, Maine: Samuel Weiser.

Nyanatiloka, Mahathera (1983), *Guide through the Abhidhamma-pitaka*, 4th edn, Kandy: Buddhist Publication Society.

Odani, n.(2001), *Shôdaijôronkôkyj*, Kyoto: Shinshj-ôtaniha-shjmusho Shuppanbu.

Paden, W. (1992), *Interpreting the Sacred*, Boston: Beacon Press.

Piatigorksy, A. (1984), *The Buddhist Philosophy of Thought*, London: Curzon Press.

Powers, J. (1995), *Wisdom of Buddha: The Saṃdhinirmocana Mahāyāna Sūtra*, Berkeley: Dharma Publishing.

Puhakka, K. (1987), "The Doctrine of Karma and Contemporary Western Psychology," *The Dimensions of Karma*, Delhi: Chanakya Publications.

Rahula, W. (1959), *What the Buddha Taught*, New York: Grove Books.

Reat, n.R. (1990), *Origins of Indian Psychology*, Berkeley: Asian Humanities

Press.

Saussure, F. (1959), *General Course in Linguistics*, New York: The Philosophical Library.

Schmithausen, L. (1985), "Once Again Mahāyānasaṃgraha I.8" *Buddhism and Its Relation to Other Religions*, Kyoto: Heirakuji Shoten, 139 - 60.

________. (1987), *Ālayavijñāna*, Tokyo: International Institute for Buddhist Studies.

Silva, P. de (1972), *Buddhist and Freudian Psychology*, Colombo: Lake House Investment, Ltd.

________. (1979), *An Introduction to Buddhist Psychology*, London: Macmillan Press.

Sopa, Geshe Lhundup (1986), "The Special Theory of Pratityasamutpada: The Cycle of Dependent Origination," *Journal of the International Association of Buddhist Studies* (9)1: 105 - 19.

Sparham, G. (1993), *Ocean of Eloquence*, Albany: SUNY.

Sparkes, A. W. (1991), *Talking Philosophy: A Wordbook*, London: Routledge.

Sponberg, A. (1979), "Dynamic Liberation in Yogācāra Buddhism," *Journal of the International Association of Buddhist Studies* 2 (1): 44 - 64.

Stcherbatsky, T. (1956), *The Central Conception of Buddhism*, Calcutta: Susil Gupta Ltd.

________. (1976), *The Soul Theory of the Buddhists*, Delhi: Bharatiya Vidya Prakashan.

________. (1977), *Madhyānta-vibhāga, Discourse on the Discrimination Between Middle and Extremes*, Tokyo: Meicho-fukyj-kai.

Stern, D. G. (1995), *Wittgenstein on Mind and Language*, New York: Oxford University Press.

Tanaka, K. (1985) "Simultaneous Relation (Sahabhū-hetu): A Study in Buddhist Theory of Causation," *Journal of the International Association of Buddhist Studies* (8)1: 91 - 111.

Tomasello, M. (1999), *The Cultural Origins of Human Cognition*, Cambridge, Mass.: Harvard University Press.

Varela, F., Thompson, E., and Rosch, E. (1991), *The Embodied Mind: Cognitive Science and Human Experience*, Cambridge, Mass.: MIT Press.

Verdu, A. (1985), *Early Buddhist Philosophy: In the Light of the Four Truths*, Delhi: Motilal Banarsidass.

Waldron, W. (1994), "How Innovative is the Ālayavijñāna?" *Journal of Indian Philosophy* Part I: 22: 199 - 258; Part II: (1995) 23: 9 - 51.

________. (2000), "Beyond Nature/Nurture: Buddhism and Biology on Interdependence" *Contemporary Buddhism* 1. 2: 199 - 226.

________. (2002), "Buddhist Steps to an Ecology of Mind: Thinking about 'Thoughts without a Thinker'" *Eastern Buddhist* 34.1: 1 - 52.

Whyte, L. L. (1978), *The Unconscious Before Freud*, London: Julian Friedmann Publishers.

Wijesekera, O. H. de A. (1964), "The Concept of Viññāṇa in Theravāda Buddhism" *Journal of the American Oriental Society* 84 (3): 254 - 9.

Williams, D. W. (1974), "Translation and Interpretation of the Twelve Terms in the Paṭiccasamuppāda" *Numen* 21 (1): 35 - 63.

Williams, Paul (1981), "On the Abhidharma Ontology" *Journal of Indian Philosophy* 9: 227 - 57.

Yūki, R. 結城令聞 (1935), 『心意識論より見たる唯識思想史』, 東京: 東方文化學院東京研究所.

역자 후기

불교에서 심 또는 의식이 가장 중요한 주제라는 사실에 대해 누구도 이의를 제기하지 않을 것이다. 하지만 심이 무엇인가에 대해 불교의 설명은 때로 모순된 것처럼 보이기도 한다. 이는 불교가 제시했던 심 내지 의식에 대한 세 가지 설명에서도 나타날 것이다.

첫 번째는 6식(vijñāna)의 의미에서 표층적이고 현재적인 지각작용으로서, 초기불교와 아비달마에서 중요시되었다. 두 번째는 알라야식(ālayavijñāna)으로 대변되는 심층적이고 잠재적인 의식으로서, 유식학파(또는 유가행파)에 의해 창안된 새로운 개념이다. 세 번째는 자성청정심(cittasya prakṛtiprabhasvaratā) 개념으로서 이미 간헐적이지만 초기불전에서 설해진 심의 의미이다.

첫 번째와 두 번째의 식은 항시 무엇에 대한 의식이란 점에서 대상을 가진다고 설명되며, 의식의 흐름으로서, 불교용어로 표현하면 상속(相續, santāna)으로서 어떤 고유한 자기본성도 갖고 있지 않다는 것으로 이해되었다. 그러나 자성청정심의 경우는 이런 종류의 지향적 대상도 갖고 있지 않다는 점에서 대상화된 의식의 범주에 속하지 않는다고 간주되었고, 또한 그러한 것으로서 청정심이 무상한 의식의 흐름에 속하는지의 여부는 후대 불교사상에서 논란거리가 되었다. 이는 흥미로운 주제이지만 본서가 다루는 주제영역을 벗어나기에 저자는 언급하고 있지 않다.

세 번째 심의 의미가 6식이나 알라야식과 상이한 맥락에서 제시된 것임은 직관적으로 분명하지만, 6식과 알라야식의 관계도 그다지 분명치는 않다. 이런 점에서 보통 유식학파의 창안으로 불리는 두 번째의 알라야식 개념이 초기불교와 아비달마 불교에서 설하는 6식의 맥락과 어떻게 연결될 수 있는지를 보여주려는 목적에서 저작된 이 책은 주목될 가치가 있다.

『불교의 무의식』의 원제는 *The Buddhist Unconscious: The ālayavijñāna in the context of Indian Buddhist thought*로서, 2003년 William Waldron에 의해 RoutledgeCurzon에서 출판되었다. 저자는 3년간에 걸쳐 일본 용곡대학大谷大學에서 방문학자로서 오가와 이치조(小川一乘), 미야시타 세이키(宮下清輝) 등의 지도를 받고 연구한 후에 University of Wisconsin-Medison에서 박사학위를 취득했고, 현재 미국 Middlebury College의 종교학과 교수로 있다.

책의 제목과 부제가 보여주듯이, 이 책은 유식학파의 창의적인 알라야식(ālayavijñāna) 개념이 어떤 인도불교사상의 맥락에서 출현했는지의 문제를 다루고 있다. 알라야식 개념의 기원과 발전에 관해서는 Lambert Schmithausen의 *Ālayavijñāna: On the Origin and Early Development of a Central Concept of Yogācāra Philosophy*(1987)이 유명하지만, 본서는 알라야식 개념이 초기불교 이래 불교의 마음 이론으로 소급될 수 있다고 보면서, 이를 넓은 의미에서 불교의 심식설의 맥락에서 추적한 것이다. 달리 표현하면, 우리는 일반적으로 알라야식이 유식학파에 의해 도입된 창의적인 사상사적 발견으로 이해하고 있지만, 저자는 이 개념이 초기불교 이래 문제되었던 식이 가진 대립되는 두 가지 성격을 통합하려는 시도 중에서 가장 성공적인 이론으로서 평가하는 것이다. 이런 관점에서 저자는 알라야식의 도입은 불교사상에 내재된 식에 대한 상이한 이해를 종합하려는 시도로 해석한다. 이를 논의하기 위해 본서는 3부로 나뉘어 알라야식의 배경과 성립과정, 그 기능을 논의하고 있다. 먼저 1부 〈알라야식의 배경과 맥락〉에서는 제1장 초기불교의 배경 및 제2장 아비달마의 맥락으로 나누어 논의하고 있다. 그리고 이 책의 핵심부인 제2부 〈유가행파 전통에서 알라야식의 도입〉을 논의하기 위해 제3장에서는 주로 『유가사지론』과 『해심밀경』 등의 초기유식문헌에서 알라야식의 도입 맥락을 논의하고 있고, 제4장과 제5장에서는 『섭대승론』에서 알라야식의 발전된 해석을 다루고 있다. 그리고 마지막 제3부는 세 개의 부록으로 구성되어 있는데, 세 번째 부록은 『유가사지론』 섭결택분의 모두에서 기술된 유전문과 환멸문에 대한 하카마야 노리아키(袴谷憲昭)의 일역에 의거하여 영역을 제시한 것이다. 이제 그의 논의를 따라가면서 어떻게 그가 이 문제를 정리해 가는지를 보자.

왈드론은 초기불교에서 식(vijñāna)은 크게 두 가지 상이한 의미에서 사용되고 있다고 구별한다. 하나는 (1) 인지적 앎(cognitive awareness)의 의미이고, 다른 하나는 (2) 윤회적 식(saṃsāric consciousness)의 맥락으로서, 두 가지 식은 서로 밀접한 관련성을 갖고 있음을 M III 260을 통해 보여준다.

(1) 인지적 앎으로서의 식은 붓다가 18계의 교설에서 설했던 것으로, 안식은 안근과 색色에 의존해서 생긴다는 S II 73 등의 설명을 가리킨다. 이 설명은 매우 깊은 함축성을 가진 것으로서 우리의 인지적 앎은

각각의 생명체의 감각기관(根)에 의해 제약되며, 또한 대상(境)에 의해 조건지어진다는 것이다. 우리는 〈근+경 → 식〉의 도식이 지각과정의 설명을 위해 다양하게 적용될 수 있다고 생각하지만, 왈드론은 현대의 인지과학의 관점에서 설명하고 있다.

그는 언급하고 있지 않지만 나는 식이 대상에 의존하고 있다는 측면은 후설 현상학의 지향성(Intentionalität) 개념을 통해 보다 잘 이해되고 확장될 수 있다고 생각한다.

(2) 두 번째 의미에서의 윤회적 식은 12지 연기에서 식이 행을 조건으로 해서 생긴다고 할 때의 맥락이다. 12지 연기설은 중생이 어떻게 윤회적 생존에 떨어지는가를 보여주려는 설명으로, 여기서 현생의 첫 번째 찰나로 간주된 식은 전생의 행(saṃskāra)에 의해 조건지어져서 모태로 떨어지는 것으로 기술되고 있다. 왈드론은 이 맥락에서 식은 찰나적으로 작용하는 인지적 앎의 맥락일 수는 없고, 어떤 방식이든 지속성을 요구한다고 생각한다.

그는 Rune Johansson(1970: 106)이나 Wijesekera와 같은 초기불교 연구자들을 인용하면서 이러한 이해가 초기불교 연구자들에 의해 공유되고 있음을 보여주면서, 동시에 초기불전 곳곳에서 어떤 형태의 지속성을 전제하는 경향성을 전제하는 무의식적인 인지과정에 대한 기술이 나타난다고 지적한다. 예를 들어 "'나는 x이다'라는 생각과 욕구와 수면隨眠이 있다.(asmīti māno chando anusayo)"는 케마카경(Khemakasutta)의 표현이 그것이다. 하지만 초기불전에서 이는 이론적 설명이 아니라 단지 그런 무의식적 상태가 존재한다는 사실을 기술하고 있을 뿐이다.

그렇지만 아비달마 불교에서는 찰나적이고 의식적인 인지과정에 대한 분석에 초점이 놓여있다. 특히 찰나적인 것으로서의 하나의 인지는 한 찰나에 생-멸하고 다음 찰나에 또 다른 인지적 앎이 생겨난다. 전후 찰나는 실체적으로 이어지는 것이 아니라 단지 심적 인과성에 의해서만 연결될 뿐이다. 이것이 아비달마에서 법의 통시적(diachronic) 분석의 목적으로 이를 위해 복잡한 인과설이 발전되었을 것이다. 동시에 아비달마에서는 소위 식의 공시적(synchronic) 분석으로서 한 찰나의 인지적 앎의 구조를 보여주는 데 분석의 초점을 맞추었다.

여기서 보다 중요한 포인트는 이런 통시적, 공시적 분석의 대상은 현재 작동하고 있는 식, 즉 표층적인 6식이며, 보다 지속성을 전제하는 윤회적 식은 아니라는 점이다. 따라서 식의 의미에서 지속성을 전제하는 맥락은 약화될 수밖에 없었고, 이를 왈드론은 아비달마의 문제점(Abhidharmic problematic)이라 불렀다.

아비달마 학파들이 이러한 아비달마의 문제점을 알고 나름대로 해결을 시도했다는 것은 『섭대승론』에 분명히 나타난다. 상좌부의 유분심(bhavaṅgacitta)이나 세우(世友, Vasumitra)의 미세심(*sukṣma-citta), 대중부의 근본식(*mūlavijñāna), 화지부의 궁생사온 등은 식의 찰나성과 지속성 사이의 문제점을 해결하려는 시도였지만, 표층적인 6식의 작용과 별도로 심의 심층에서 지속하는 무의식적 과정을 포함하는 다층적인 심의 모델을 창안하고, 더구나 이를 교설 체계 전체 속에 성공적으로 융합시킨 것은 오직 유식학파의 알라야식 개념이었다. 그런 의미에서 알라야식의 도입은 바로 아비달마의 심의 분석에 대한 도전이었다고 왈드론은 생각한다.

저자는 초기유식 문헌인 『해심밀경』과 『유가사지론』 섭결택분, 그리고 『섭대승론』을 택해 알라야식 개념이 어떻게 도입되고, 그 존재가 논변되고, 체계화되었는지를 논의한다. 먼저 그는 『해심밀경』 심의식상품에서 전통적인 6식과는 다른 알라야식의 특징이 분명히 제시되고 있다고 말한다. 그 특징이란 알라야식이 6식의 대상들에 의해 적집되고 축적되며, 6식은 알라야식에 의해 지지된다는 것이다. 이는 후대에 현행훈종자現行熏種子, 종자생현행種子生現行으로서 표층적 식과 심층적 알라야식의 상호작용을 표현한 것이다. 『해심밀경』은 알라야식과 6식의 상호작용이 동시적이라고 주장함으로써 한 찰나에 단지 하나의 식만이 존재한다고 하는 아비달마의 대전제를 창조적으로 파괴한 것이다. 또한 알라야식의 대상은 현상적 특징과 명칭, 언설작용에 의거한 분별의 다양성의 습기라고 규정함으로써 알라야식이 비록 미세하다고 해도 인식대상을 갖고 있다고 말하고 있다. 그것은 대상을 가진 한에서 6식과 마찬가지로 역시 지향성으로 특징지어질 것이다.

『유가사지론』 섭결택분의 알라야문헌에서 이러한 식의 두 측면은 체계적으로 논변되고 있다. 저자는 여기서 알라야식이 『유가사지론』의 다른 부분들보다 매우 아비달마의 용어를 사용하여 기술되고 있다고 지적한다. 여기서 알라야식이 어떻게 생겨나며(pravṛtti) 또 어떻게 환멸되는지(nivṛtti)가 구분되어 설명된다. 저자는 이 부분을 부록 3에서 번역해서 제시하고 있다.

저자는 마지막 4장과 5장에서 『섭대승론』 제1장의 알라야식의 기술을 상세히 해설하면서, 여기서 아비달마의 문제점들은 〈알라야식의 건립(vyavasthāna)〉으로 명명된 세 번째 단락(MSg I.29-57)에서 직접적으로 논의되고 해결되고 있다고 이해한다. 그것은 유식문헌에서 중요시된 잡염(saṃkleśa)과 청정(vyavadāna)의 두 범주에 의해 수행되며, 특히 잡염은 번뇌잡염과 업잡염, 생잡염의 3종으로 분류되어 12지연기 전체를 포괄하는 의미로 사용되고 있음을 보여준다.

이런 서술도 알라야식의 발전된 측면의 서술이라는 점에서 흥미롭지만, 보다 주목을 끄는 설명은 알라야식이 3종의 습기(vāsanā)의 관점에서 설해지는 부분(MSg I.58-61)이다. 3종이란 (1) 명어名言의 습기(abilāpa-vāsanā), (2) 아견我見의 습기(ātmadṛṣṭi-vāsanā), (3) 유지有支의 습기(bhavāṅga-vāsanā)이다. 그것들은 각기 알라야식의 인지적, 번뇌적, 심리적-존재론적 차원에 대응한다고 지적하면서, 그중에서 명언습기 개념을 가장 핵심적인 것으로 설명한다. 나는 이런 언어에 대한 관심이 대승 전통에서 법무아의 설명과 밀접히 연관되어 있다고 생각하는데, 이는 저자가 지적하듯이 『해심밀경』(SNS V.2)의 "관념상과 명칭, 분별에 의거한 언설의 다양성을 향한 습기라는 집수(nimitta-nāma-vikalpa-vyavahāra-prapañca-vāsanā-upādāna)"라는 설명과 맥을 같이 하는 것이다.

이 책의 장점은 이런 언어에 의한 세계의 구성이라는 유식사상의 핵심적 아이디어를 인지과학을 인용하여 설명하고 있다는 점이다. 언어에 의한 세계의 구성의 문제는 유식에서, 특히 삼성설 중에서 변계소집성의 작용으로서 나타나는 것이지만, 저자는 최근의 인지과학의 성과를 인용하면서 유식사상이 인지과학의 통찰과 어떻게 연결될 수 있는지를 웅변적으로 보여주고 있다.

이상으로 나는 불교의 무의식의 중요한 특징과 그 학문적 기여를 간단히 요약했다. 앞에서 불교가 말하는 심의 세 가지 측면 중에서 비록 마지막 측면인 자성청정심 내지 자증지에 대해서는 언급하지 않고 단지 앞의 두 측면이 서로 연결될 수 있는지를 논의의 주제로 삼았지만, 그럼에도 불교의 마음의 이론에 대해 관심을 가진 사람이라면 이 책의 독서를 통해 많은 점을 얻을 수 있을 것이라고 믿는다.

찾아보기

지은이 윌리엄 왈드론(William S. Waldron)

미국 미시간에서 태어났다. 60년대의 젊은이들처럼 그는 실존적 관심에서 인도와 네팔 등지를 여행했으며, 티베트불교에 대한 관심으로 Wisconsin-Medison 대학에서 인도불교와 티베트불교를 공부했다. 도중에 교환학생으로 대만 타이완대학과 일본 교토대학에서 중국어와 일본어를 배웠다. 그리고 1990년 박사학위를 취득했다. 학위 후에 그는 진화생물학 등의 학제적 연구에도 몰두했는데, 이는 그가 후에 불교철학과 인지과학을 접목시켜 강의하고 연구하는 데 기여했다. 1996년 그는 저명한 Liberal Art College 중의 하나인 Middlebury College에 자리를 잡고 힌두이즘과 불교, 티베트 종교, 비교심리학과 심리철학 등 다양한 영역을 강의하면서 저술 활동을 병행하고 있다.

옮긴이 안성두

독일 함부르크 대학에서 인도불교를 전공하고 2001년「유가사지론의 번뇌설」로 박사학위를 취득했다. 금강대학교 연구원과 교수를 거쳐 현재 서울대학교 철학과 교수로 인도불교철학을 가르치고 있다. 중심적인 연구 분야는 인도불교의 유식사상이며, 동아시아와 티베트불교에서의 유식사상도 관련하여 연구하고 있다. 주요 업적으로는『보성론』,『보살지』,『성문지』등의 고전번역 외에 다수의 연구논문이 있다.

대원불교 학술총서 02 불교의 무의식

초판 1쇄 인쇄 2022년 6월 7일 | 초판 1쇄 발행 2022년 6월 15일
지은이 윌리엄 왈드론 | 옮긴이 안성두 | 펴낸이 김시열
펴낸곳 도서출판 운주사
(02832) 서울시 성북구 동소문로 67-1 성심빌딩 3층
전화 (02) 926-8361 | 팩스 0505-115-8361
ISBN 978-89-5746-696-4 94220 값 23,000원
ISBN 978-89-5746-694-0 (총서)
http://cafe.daum.net/unjubooks 〈다음카페: 도서출판 운주사〉